2025 中财传媒版

年度全国会计专业技术资格考试辅导系列丛书·*注定会赢*®

初级会计实务
通关题库

财政部中国财经出版传媒集团　组织编写

中国财经出版传媒集团
经济科学出版社
·北京·

图书在版编目（CIP）数据

初级会计实务通关题库／财政部中国财经出版传媒
集团组织编写 . -- 北京 ： 经济科学出版社，2024.12.
（中财传媒版 2025 年度全国会计专业技术资格考试辅导系
列丛书）. -- ISBN 978 - 7 - 5218 - 6534 - 9
Ⅰ. F233 - 44

中国国家版本馆 CIP 数据核字第 2024MH6983 号

责任校对：徐　昕
责任印制：张佳裕　邱　天

初级会计实务通关题库
CHUJI KUAIJI SHIWU TONGGUAN TIKU
财政部中国财经出版传媒集团　组织编写
经济科学出版社出版、发行　新华书店经销
社址：北京市海淀区阜成路甲 28 号　邮编：100142
总编部电话：010 - 88191217　发行部电话：010 - 88191522
天猫网店：经济科学出版社旗舰店
网址：http：//jjkxcbs.tmall.com
北京联兴盛业印刷股份有限公司印装
787×1092　16 开　18 印张　480000 字
2024 年 12 月第 1 版　2024 年 12 月第 1 次印刷
ISBN 978 - 7 - 5218 - 6534 - 9　定价：68.00 元
（图书出现印装问题，本社负责调换。电话：010 - 88191545）
（打击盗版举报热线：010 - 88191661，QQ：2242791300）

前　　言

　　2025 年度全国会计专业技术初级资格考试大纲已经公布，辅导教材也已正式出版发行。与 2024 年度相比，新考试大纲及辅导教材的内容都有所变化。为了帮助考生准确理解和掌握新大纲和新教材的内容、顺利通过考试，中国财经出版传媒集团本着为广大考生服务的态度，严格按照新大纲和新教材内容，组织编写了中财传媒版 2025 年度全国会计专业技术资格考试辅导"注定会赢"系列丛书。

　　该系列丛书包含 5 个子系列，共 9 本图书，具有重点把握精准、难点分析到位、题型题量丰富、模拟演练逼真等特点。本书属于"通关题库"子系列，突出对教材知识点的练习，配以大量的经典练习题，题目全面覆盖知识点，并根据难易程度，划分为"基础训练篇"和"提高演练篇"，每道题目均配有答案和详细解析。

　　中国财经出版传媒集团旗下"中财云知"App 为购买本书的考生提供线上增值服务。考生使用微信扫描封面下方的防伪码并激活下载 App 后，可免费享有课程讲解、题库练习、学习答疑、每日一练等增值服务。

　　全国会计专业技术资格考试是我国评价选拔会计人才、促进会计人员成长的重要渠道，是中国式现代化人才战略的重要组成部分。希望广大考生在认真学习教材内容的基础上，结合本丛书准确理解和全面掌握应试知识点内容，顺利通过 2025 年会计资格考试，在会计事业发展中不断取得更大进步，为中国式现代化建设贡献更多力量！

　　书中如有疏漏和不当之处，敬请批评指正。

财政部中国财经出版传媒集团

2024 年 12 月

目　录

第一章　概　述

【重难点分析】 …………………………………………………………… 1
【基本内容框架】 ………………………………………………………… 1
【基础训练】 ……………………………………………………………… 2
【基础训练参考答案及解析】 …………………………………………… 5
【提高演练】 ……………………………………………………………… 8
【提高演练参考答案及解析】 …………………………………………… 11

第二章　会计基础

【重难点分析】 …………………………………………………………… 15
【基本内容框架】 ………………………………………………………… 15
【基础训练】 ……………………………………………………………… 16
【基础训练参考答案及解析】 …………………………………………… 21
【提高演练】 ……………………………………………………………… 28
【提高演练参考答案及解析】 …………………………………………… 35

第三章　流动资产

【重难点分析】 …………………………………………………………… 44
【基本内容框架】 ………………………………………………………… 44
【基础训练】 ……………………………………………………………… 45
【基础训练参考答案及解析】 …………………………………………… 51
【提高演练】 ……………………………………………………………… 56
【提高演练参考答案及解析】 …………………………………………… 72

第四章　非流动资产

【重难点分析】 …………………………………………………………… 86
【基本内容框架】 ………………………………………………………… 86
【基础训练】 ……………………………………………………………… 87
【基础训练参考答案及解析】 …………………………………………… 92
【提高演练】 ……………………………………………………………… 98
【提高演练参考答案及解析】 …………………………………………… 111

第五章　负　债

【重难点分析】 …………………………………………………………………………… 122

【基本内容框架】 ………………………………………………………………………… 122

【基础训练】 ……………………………………………………………………………… 123

【基础训练参考答案及解析】 …………………………………………………………… 128

【提高演练】 ……………………………………………………………………………… 132

【提高演练参考答案及解析】 …………………………………………………………… 146

第六章　所有者权益

【重难点分析】 …………………………………………………………………………… 158

【基本内容框架】 ………………………………………………………………………… 158

【基础训练】 ……………………………………………………………………………… 159

【基础训练参考答案及解析】 …………………………………………………………… 161

【提高演练】 ……………………………………………………………………………… 163

【提高演练参考答案及解析】 …………………………………………………………… 172

第七章　收入、费用和利润

【重难点分析】 …………………………………………………………………………… 179

【基本内容框架】 ………………………………………………………………………… 179

【基础训练】 ……………………………………………………………………………… 179

【基础训练参考答案及解析】 …………………………………………………………… 185

【提高演练】 ……………………………………………………………………………… 190

【提高演练参考答案及解析】 …………………………………………………………… 212

第八章　财务报告

【重难点分析】 …………………………………………………………………………… 231

【基本内容框架】 ………………………………………………………………………… 231

【基础训练】 ……………………………………………………………………………… 231

【基础训练参考答案及解析】 …………………………………………………………… 235

【提高演练】 ……………………………………………………………………………… 238

【提高演练参考答案及解析】 …………………………………………………………… 250

第九章　产品成本核算

【重难点分析】 …………………………………………………………………………… 261

【基本内容框架】 ………………………………………………………………………… 261

【基础训练】 ……………………………………………………………………………… 261

【基础训练参考答案及解析】 …………………………………………………………… 263

【提高演练】 ……………………………………………………………………………… 265

【提高演练参考答案及解析】 …………………………………………………………… 269

第十章　政府会计基础

【重难点分析】 ·· 273

【基本内容框架】 ··· 273

【基础训练】 ·· 274

【基础训练参考答案及解析】 ·· 275

【提高演练】 ·· 277

【提高演练参考答案及解析】 ·· 279

第一章 概　述

重难点分析

本章是会计课程的入门章节，内容属于会计基础知识，难度不大，但知识点较零碎，需要记忆的内容较多。考试中多以客观题形式出现，涉及题型为单项选择题、多项选择题、判断题。

本章主要测试基本概念和基本理论，在学习过程中，需要循序渐进地学习和了解本章的基本知识，在全面了解基本知识的基础上，重点关注以下内容：

1. 会计的概念和职能；

2. 会计目标；

3. 会计基本假设（4项基本假设）和会计核算基础（权责发生制和收付实现制）；

4. 会计信息质量要求（8项要求）；

5. 会计职业道德规范。

2025年教材本章内容有如下调整：（1）第一节重新编写了"会计核算的内容"。（2）第二节调整了"会计核算基础"的部分内容。（3）第四节调整了"会计职业的特征"中"会计职业的时代性"的内容。（4）第五节更新了"企业会计准则体系"和"政府会计准则体系"的内容。

基本内容框架

```
                                      ┌ 会计概念
                 会计概念、职能和目标 ┤ 会计职能
                                      └ 会计目标

                 会计基本假设和会计核算基础 ┤ 会计基本假设
                                           └ 会计核算基础

                 会计信息质量要求 ┤ 会计信息
                                  └ 会计信息质量要求
概述 ┤
                                  ┌ 会计职业及其特征
                 会计职业道德 ┤ 会计职业道德概述
                              │ 会计职业道德的内容
                              └ 会计职业道德的相关管理规定

                 会计准则制度体系 ┤ 企业会计准则体系
                                  └ 政府会计准则制度体系
```

基 础 训 练

一、单项选择题

1. 会计是以（　　）为主要计量单位，采用专门的方法和程序，对企业和行政、事业单位的经济活动过程及其结果进行核算和监督的。
   A. 实物　　　　　　B. 货币
   C. 工时　　　　　　D. 劳动耗费

2. 会计的基本职能是（　　）。
   A. 计划和核算　　　B. 预测和监督
   C. 核算和监督　　　D. 决策和监督

3. 下列各项中，关于会计监督职能表述正确的是（　　）。
   A. 会计监督是利用财务报告信息对经济决策备选方案进行的可行性分析
   B. 会计监督是对经济业务和会计核算的真实性、合法性和合理性的审查
   C. 会计监督是会计核算的基础
   D. 会计监督是会计的拓展职能

4. 根据会计法律制度的规定，下列各项中，不属于会计核算内容的是（　　）。
   A. 资产的增减和使用
   B. 财务成果的计算和处理
   C. 需要办理会计手续的事项
   D. 编制财务报告

5. 下列各项中，体现谨慎性原则的是（　　）。
   A. 对固定资产采用年限平均法计提折旧
   B. 低估负债
   C. 高估资产
   D. 预计负债

6. 会计基本假设中，会计分期是对（　　）的必要补充。
   A. 会计主体　　　　B. 持续经营
   C. 权责发生制　　　D. 收付实现制

7. 根据权责发生制原则，以下属于本期收入或费用的是（　　）。
   A. 商品在本期销售，但货款尚未收到
   B. 支付下年的报刊费

8. 下列各项中，属于要求企业提供的会计信息应当反映与企业财务状况、经营成果和现金流量有关的所有重要交易或者事项的会计信息质量要求的是（　　）。
   A. 重要性　　　　　B. 及时性
   C. 相关性　　　　　D. 可理解性

9. 以权责发生制为核算基础，下列收入或费用中，不属于本期的是（　　）。
   A. 本期支付下期的房租
   B. 本期支付本期的房租
   C. 上期支付本期的房租
   D. 本期销售商品，尚未收到货款

10. 下列各项会计处理中，以权责发生制为基础的是（　　）。
    A. 预收商品销售货款时确认收入
    B. 销售商品以实际收到货款的时间确认收入
    C. 预付下一年度的保险费时确认为当年费用
    D. 销售商品在客户取得商品控制权时确认收入

11. 会计目标的实现状况及其结果主要表现为会计的（　　）。
    A. 经济决策　　　B. 经济后果
    C. 经济活动　　　D. 经济交易

12. 会计职业采用各种专门方法和程序履行其职能反映了会计职业的（　　）特征。
    A. 规范性　　　　B. 时代性
    C. 技术性　　　　D. 经济性

13. 会计法律制度依靠（　　）保证其贯彻执行。
    A. 传统习惯　　　B. 社会舆论
    C. 国家强制力　　D. 道德评价

14. 会计职业道德是会计法律制度的（　　）。
    A. 重要补充　　　B. 最低要求
    C. 基本制度保障　D. 重要组成部分

以下为右栏题目开头部分：

C. 本期预收的销货款，货物尚未生产完成
D. 当期按照税法规定预缴的税费

15. 财政、审计、税务、金融管理等部门依照有关法律、行政法规规定对各有关单位会计资料的真实性、完整性、合法性等实施的监督检查并出具检查结论，指的是（　　）。
    A. 个人监督　　　　B. 单位内部监督
    C. 国家监督　　　　D. 社会监督

16. 下列关于"三坚三守"说法中，错误的是（　　）。
    A. "坚持诚信，守法奉公"要求会计人员牢固树立诚信理念
    B. "三坚三守"强调会计人员"坚"和"守"的职业特性和价值追求
    C. "三坚三守"是对会计人员职业道德要求的集中表达
    D. "三坚三守"包括"坚持惯例，守护传统"

17. "坚持准则，守责敬业"体现了对会计从业人员的（　　）要求。
    A. 自律　　　　　　B. 诚信
    C. 履职　　　　　　D. 发展

18. 《律师事务所相关业务会计处理规定》属于（　　）。
    A. 民间非营利组织会计制度
    B. 政府会计制度
    C. 企业会计准则
    D. 小企业会计准则

二、多项选择题

1. 下列各项中，属于会计基本职能的有（　　）。
    A. 参与经济决策　　B. 进行会计核算
    C. 实施会计监督　　D. 预测经济前景

2. 下列各项中，符合谨慎性会计信息质量要求的有（　　）。
    A. 金额较小的低值易耗品分期摊销计入当期损益
    B. 在财务报表中对收入和利得、费用和损失进行分类列报
    C. 对很可能承担的环保责任确认预计负债

D. 固定资产预期可收回金额低于其账面价值的差额确认资产减值损失

3. 下列各项中，属于会计监督分类的有（　　）。
    A. 单位内部监督　　B. 国家监督
    C. 社会监督　　　　D. 群众监督

4. 根据会计法律制度的规定，下列各项中，属于会计监督内容的有（　　）。
    A. 对财经法律、法规、规章进行审核和监督
    B. 对财务收支进行监督
    C. 对账外设账行为，应当制止和纠正
    D. 对原始凭证进行审核和监督

5. 下列各项中，属于企业在落实会计信息质量的可靠性要求时应该做到的有（　　）。
    A. 如实反映符合确认和计量要求的会计要素及其他相关信息
    B. 以实际发生的交易或者事项为依据进行确认、计量、记录和报告
    C. 保证会计信息真实可靠、内容完整
    D. 财务会计报告中列示的会计信息应当与财务会计报告使用者的经济决策需要相关

6. 重要性要求企业提供的会计信息应当反映与（　　）有关的所有重要交易或事项。
    A. 公司治理　　　　B. 财务状况
    C. 经营成果　　　　D. 现金流量

7. 下列各项中，属于及时性要求的有（　　）。
    A. 及时收集会计信息
    B. 及时处理会计信息
    C. 及时传递会计信息
    D. 及时保存会计信息

8. 下列各项中，可确认为会计主体的有（　　）。
    A. 子公司　　　　　B. 销售部门
    C. 集团公司　　　　D. 母公司

9. 下列各项中，关于会计信息质量要求的表述正确的有（　　）。
    A. 将租入的使用权资产作为自有资产核算体现的是实质重于形式
    B. 提供的会计信息应当清晰明了，便于理解和使用体现的是可理解性

C. 同一企业不同时期发生的相同交易，应采用一致的会计政策，不得随意变更体现的是可比性

D. 及时将编制的财务报告传递给使用者体现的是及时性

10. 下列各项中，属于会计职业道德实施保障机制的有（　　）。
　　A. 国家强制力　　B. 传统习惯
　　C. 道德评价　　　D. 社会舆论

11. 会计职业道德由（　　）所决定。
　　A. 经济社会发展水平
　　B. 会计人员的专业素养
　　C. 特定的社会生产关系
　　D. 会计学科的最新成果

12. 下列关于会计职业道德与会计法律制度之间的关系表述中，正确的有（　　）。
　　A. 二者相互补充、相互协调
　　B. 二者相互渗透、相互吸收
　　C. 会计法律制度是会计职业道德的重要补充
　　D. 会计职业道德是会计法律制度的最低要求和基本制度保障

13. 联合惩戒对象，主要指在会计工作中（　　），经财政部门及相关部门依法认定的存在严重违法失信行为的会计人员。
　　A. 违反《会计法》《公司法》《证券法》
　　B. 违背诚实信用原则
　　C. 违反其他法律、法规、规章和规范性文件
　　D. 违背廉洁自律原则

14. 下列各项中，属于会计职业道德管理措施的有（　　）。
　　A. 增强会计人员诚信意识
　　B. 建设会计人员信用档案
　　C. 会计职业道德管理的组织实施
　　D. 建立健全会计职业联合惩戒机制

15. 下列各项中，不适用《中小企业划型标准规定》的有（　　）。
　　A. 股票在市场上公开交易的小企业
　　B. 债券在市场上公开交易的小企业
　　C. 金融机构或其他具有金融性质的小企业

D. 企业集团内的母公司

16. 下列各项中，属于我国企业会计准则体系组成部分的有（　　）。
　　A. 基本准则　　　B. 具体准则
　　C. 准则解释　　　D. 会计处理规定

三、判断题

1. 一般来说，法律主体都是会计主体，但会计主体不一定都有法人资格。（　　）

2. 折旧和摊销会计处理方法的出现，是基于会计分期假设。（　　）

3. 会计核算应按规定的会计处理方法进行，前后各期应当保持一致，不得随意变更，这是会计核算的一贯性原则。（　　）

4. 会计的社会监督是指以券商为主体的中介机构等实施的监督活动。（　　）

5. 根据收付实现制，凡是不属于当期的收入和费用，即使款项已在当期收付，也不应当作为当期的收入和费用。（　　）

6. 权责发生制是以现金收付作为确认标准来处理业务。（　　）

7. 根据权责发生制，企业在本月支付下个月办公室租金时应在本月确定为费用。（　　）

8. 实质重于形式要求企业应当按照交易或者事项的经济实质进行会计确认、计量和报告，而不仅仅以交易或者事项的法律形式为依据。（　　）

9. 在应收款项实际发生坏账损失时，确认坏账损失，体现的是会计信息质量要求的谨慎性。（　　）

10. 及时性要求企业对于已经发生的交易或事项，应当及时进行确认、计量、记录和报告，可以提前但不得延后。（　　）

11. 会计职业并不是一成不变的，需要不断适应社会的发展。（　　）

12. 会计法律制度是会计职业道德的重要补充，会计职业道德是会计法律制度的最低要求。（　　）

13. 会计职业道德不仅调整会计人员的外在

行为，还调整会计人员内在的精神世界。
（　　）

14. "坚持诚信，守法奉公"是对会计人员的履职要求。（　　）

15. 会计人员职称评价标准要突出评价会计人员职业道德，坚持把职业道德放在评价首位。（　　）

16. 在会计专业技术资格考试或会计职称评

审、高端会计人才选拔等资格资质审查过程中，对严重失信会计人员实行"一票否决制"。（　　）

17. 符合中小企业划型标准规定且具有金融企业性质的小企业适用小企业会计准则。（　　）

18. 政府会计制度是指政府财政总预算会计制度。（　　）

基础训练参考答案及解析

一、单项选择题

1. 【答案】B 【解析】会计是以货币为主要计量单位，采用专门方法和程序，对企业和行政、事业单位的经济活动过程及其结果进行准确完整、连续系统的核算和监督，以如实反映受托责任履行情况和提供有用经济信息为主要目的的经济管理活动。选项 B 正确。

2. 【答案】C 【解析】会计职能是指会计在经济活动及其管理过程中所具有的功能。会计作为经济活动"过程的控制和观念总结"，具有会计核算和会计监督两项基本职能，还具有预测经济前景、参与经济决策、评价经营业绩等拓展职能。选项 C 正确。

3. 【答案】B 【解析】会计的监督职能，是对其特定主体经济活动和相关会计核算的真实性、完整性、合法性和合理性进行审查，选项 B 正确，选项 A 错误；会计核算是会计监督的基础，选项 C 错误；会计监督是会计的基本职能，选项 D 错误。

4. 【答案】D 【解析】会计核算的内容主要包括：（1）资产的增减和使用（选项 A）；（2）负债的增减；（3）净资产（所有者权益）的增减；（4）收入、支出、费用、成本的增减；（5）财务成果的计算和处理（选项 B）；（6）需要办理会计手续、进行会计核算的其他事项（选项 C）。故选项 D 符合题意。

5. 【答案】D 【解析】谨慎性要求企业对交易或者事项进行会计确认、计量、记录和报告应当保持应有的谨慎，不应高估资产或者收益、低估负债或者费用。选项 D 正确。

6. 【答案】B 【解析】会计分期，是指将一个企业持续经营的生产经营活动划分为一个个连续的、长短相同的期间。会计分期是对持续经营的必要补充，选项 B 正确。

7. 【答案】A 【解析】权责发生制要求凡是当期已经实现的收入和已经发生或应负担的费用，无论款项是否收付，都应当作为当期的收入和费用。本期销售商品货款虽未收到，但已取得收取货款的权利，应确认为当期的收入，选项 A 正确；下年的报刊费，虽在本期支付，也不应作为本期费用，选项 B 错误；未生产完成货物的预收款，虽在本期收款，也不能作为本期收入，选项 C 错误；预缴的税费，不属于本期的税费，不能作为本期费用，选项 D 错误。

8. 【答案】A 【解析】重要性要求企业提供的会计信息应当反映与企业财务状况、经营成果和现金流量有关的所有重要交易或者事项。选项 A 正确。

9. 【答案】A 【解析】权责发生制要求凡是当期已经实现的收入和已经发生或者应当负担的费用，无论款项是否收付，都应当作为当期的收入和费用；凡是不属于当期的收入和费用，即使款项已在当期收付，也不应当作为当期的收入和费用。本期支付下期的房租不应当作为当期的费用，选项 A 符合题意。

10.【答案】D 【解析】选项 A、B、C 是以收付实现制为基础。选项 D 正确。

11.【答案】B 【解析】会计目标的实现状况及其结果主要表现为会计的经济后果，即反映受托责任的履行情况和有助于作出经济决策以及维护经济秩序、提高经济效益等所产生的影响及其经济结果。选项 B 正确。

12.【答案】C 【解析】会计职业采用各种专门方法和程序履行其职能反映了会计职业的技术性。选项 C 正确。

13.【答案】C 【解析】会计法律制度依靠国家强制力保证其贯彻执行。会计职业道德主要依靠行业行政管理部门监管执行和职业道德教育、社会舆论、传统习惯和道德评价来实现。选项 C 正确。

14.【答案】A 【解析】会计职业道德与会计法律制度在内容上相互渗透、相互吸收；在作用上相互补充、相互协调。会计职业道德是会计法律制度的重要补充，会计法律制度是会计职业道德的最低要求，是会计职业道德的基本制度保障。选项 A 正确。

15.【答案】C 【解析】会计的国家监督是指财政、审计、税务、金融管理等部门依照有关法律、行政法规规定对各有关单位会计资料的真实性、完整性、合法性等实施的监督检查并出具检查结论。选项 C 正确。

16.【答案】D 【解析】"坚持诚信，守法奉公"要求会计人员牢固树立诚信理念，以诚立身、以信立业，严于律己、心存敬畏。学法知法守法，公私分明、克己奉公，树立良好职业形象，维护会计行业声誉（选项 A 正确）。财政部研究制定了《会计人员职业道德规范》，提出"三坚三守"，强调会计人员"坚"和"守"的职业特性和价值追求，是对会计人员职业道德要求的集中表达（选项 B、C 正

确）。"三坚三守"包括"坚持诚信，守法奉公""坚持准则，守责敬业""坚持学习，守正创新"（选项 D 错误）。

17.【答案】C 【解析】"坚持诚信，守法奉公"是对会计人员的自律要求，"坚持准则，守责敬业"是对会计人员的履职要求，"坚持学习，守正创新"是对会计人员的发展要求。选项 C 正确。

18.【答案】D 【解析】目前，我国小企业会计准则主要包括《小企业会计准则》（财会〔2011〕17 号）和针对某些特定行业某项或某类业务的会计处理规定，如《律师事务所相关业务会计处理规定》。选项 D 正确。

二、多项选择题

1.【答案】BC 【解析】选项 A、D 属于会计扩展职能。

2.【答案】CD 【解析】选项 A 体现的是重要性；选项 B 体现的是可理解性。

3.【答案】ABC 【解析】会计监督可分为单位内部监督、国家监督和社会监督三部分，三者共同构成了"三位一体"的会计监督体系。故选项 A、B、C 正确。

4.【答案】BCD 【解析】选项 A 错误，财经法律、法规、规章属于会计监督的依据。会计监督的内容不包括对财经法律、法规、规章进行审核和监督。

5.【答案】ABC 【解析】可靠性要求企业应当以实际发生的交易或者事项为依据进行确认、计量、记录和报告，如实反映符合确认和计量要求的会计要素及其他相关信息，保证会计信息真实可靠、内容完整，选项 A、B、C 正确；选项 D 属于相关性会计信息质量要求。

6.【答案】BCD 【解析】重要性要求企业提供的会计信息应当反映与企业财务状况、经营成果和现金流量有关的所有重要交易或事项。选项 B、C、D 正确。

7.【答案】ABC 【解析】在会计确认、计量、记录和报告过程中贯彻及时性要求，

一是要求及时收集会计信息，即在交易或者事项发生后，及时收集整理各种原始单据或者凭证；二是要求及时处理会计信息，即按照会计准则的规定，及时对交易或事项进行确认和计量，并编制财务报告；三是要求及时传递会计信息，即按照国家规定的有关时限，及时地将编制的财务报告传递给财务报告使用者，便于其及时使用和决策。选项A、B、C正确。

8.【答案】ABCD 【解析】选项A、B、C、D均可以进行独立核算，均可确认为会计主体。

9.【答案】ABCD 【解析】以上选项说法均正确。

10.【答案】BCD 【解析】会计职业道德主要依靠行业行政管理部门监管执行和职业道德教育、社会舆论、传统习惯和道德评价来实现。选项A属于会计法律制度的实施保障机制。选项B、C、D正确。

11.【答案】AC 【解析】会计职业道德由特定的社会生产关系和经济社会发展水平所决定，属于社会意识形态范畴。选项A、C正确。

12.【答案】AB 【解析】会计职业道德与会计法律制度在内容上相互渗透、相互吸收；在作用上相互补充、相互协调。故选项A、B正确。会计职业道德是会计法律制度的重要补充，会计法律制度是会计职业道德的最低要求，是会计职业道德的基本制度保障。故选项C、D错误。

13.【答案】ABC 【解析】联合惩戒对象，主要指在会计工作中违反《会计法》《公司法》《证券法》以及其他法律、法规、规章和规范性文件，违背诚实信用原则，经财政部门及相关部门依法认定的存在严重违法失信行为的会计人员。故选项A、B、C正确。

14.【答案】ABCD 【解析】选项A、B、C、D均属于会计职业道德管理措施。

15.【答案】ABCD 【解析】小企业会计准则主要适用于符合《中小企业划型标准规定》所规定的小型企业标准的企业，但以下三类小企业除外：（1）股票或债券在市场上公开交易的小企业；（2）金融机构或其他具有金融性质的小企业；（3）企业集团内的母公司和子公司。选项A、B、C、D正确。

16.【答案】ABCD 【解析】我国企业会计准则体系自2006年正式发布以来，财政部在坚持国际趋同和服务国内实践基础上，形成了由基本准则、具体准则、准则解释和会计处理规定构成的基本制度安排。故选项A、B、C、D均正确。

三、判断题

1.【答案】√ 【解析】一般来说，法律主体必然是一个会计主体，但会计主体不一定都具有法人资格。

2.【答案】√ 【解析】由于会计分期，才产生了当期与以前期间、以后期间的差别，才使不同类型的会计主体有了会计确认和计量的基准，形成了权责发生制和收付实现制两种不同的会计基础，进而出现了折旧、摊销等会计处理方法。

3.【答案】× 【解析】会计核算应按规定的会计处理方法进行，前后各期应当保持一致，不得随意变更，是会计核算可比性原则。

4.【答案】× 【解析】会计的社会监督是指以注册会计师为主体的中介机构等实施的监督活动。

5.【答案】× 【解析】收付实现制是指以现金的实际收付为标志来确定本期收入和支出的会计核算基础。题干所述的是权责发生制的核算基础。

6.【答案】× 【解析】收付实现制是指以现金收付作为标志来确定本期收入和费用的会计核算基础。

7.【答案】× 【解析】根据权责发生制，企业在本月支付的下个月办公室租金应确认为下个月的费用。

8.【答案】√ 【解析】该说法正确。

9. 【答案】× 【解析】企业应当对可能发生的资产减值损失计提资产减值准备。

10. 【答案】× 【解析】及时性要求企业对于已经发生的交易或事项，应当及时进行确认、计量、记录和报告，不得提前或延后。

11. 【答案】√ 【解析】会计职业应适应经济社会生产经营方式、发挥市场在经济资源配置中决定作用和更好发挥政府作用以及文化、社会组织等多种因素的变化要求，切实贯彻创新、协调、绿色、开放、共享的高质量发展理念，与时俱进。

12. 【答案】× 【解析】会计职业道德是会计法律制度的重要补充，会计法律制度是会计职业道德的最低要求。

13. 【答案】√ 【解析】会计职业道德不仅调整会计人员的外在行为，还调整会计人员内在的精神世界，作用范围更加广泛。该说法正确。

14. 【答案】× 【解析】"坚持诚信，守法奉公"是对会计人员的自律要求，"坚持准则，守责敬业"是对会计人员的履职要求，"坚持学习，守正创新"是对会计人员的发展要求。

15. 【答案】√ 【解析】会计人员职称评价标准要突出评价会计人员职业道德。坚持把职业道德放在评价首位，引导会计人员遵纪守法、勤勉尽责、参与管理、强化服务，不断提高专业胜任能力；要求会计人员坚持客观公正、诚实守信、廉洁自律、不做假账，不断提高职业操守。

16. 【答案】√ 【解析】该说法正确。

17. 【答案】× 【解析】小企业会计准则主要适用于符合《中小企业划型标准规定》所规定的小型企业标准的企业，但以下三类小企业除外：（1）股票或债券在市场上公开交易的小企业；（2）金融机构或其他具有金融性质的小企业；（3）企业集团内的母公司和子公司。

18. 【答案】× 【解析】按照政府会计主体不同，政府会计制度主要由政府财政总会计制度和政府单位会计制度组成。

提 高 演 练

一、单项选择题

1. 下列各项中，不属于"三位一体"的会计监督体系的是（　　）。
   A. 社会监督
   B. 国家监督
   C. 职工代表大会监督
   D. 单位内部监督

2. 会计的拓展职能不包括（　　）。
   A. 预测经济前景
   B. 监督企业管理层受托责任履行情况
   C. 参与经济决策
   D. 评价经营业绩

3. 下列各项中，按照权责发生制应确认为本月收入的是（　　）。
   A. 本月收到甲公司上月的销售货款
   B. 本月销售乙公司商品一批，款项尚未收回

   C. 本月收回上年支付给乙公司的包装物押金
   D. 本月收到甲公司预付下月的销售货款

4. 会计的（　　）职能，是对特定主体的经济活动进行确认、计量、记录和报告。
   A. 核算
   B. 预测经济前景
   C. 监督
   D. 评价

5. 下列各项中，界定了会计核算空间范围的基本假设是（　　）。
   A. 货币计量
   B. 会计主体
   C. 持续经营
   D. 会计分期

6. 下列各项中，不属于会计基本假设的是（　　）。
   A. 会计主体
   B. 持续经营
   C. 会计分期
   D. 实物计量

7. 销售产品10万元，收到货款5万元，存入银行，余款尚未收到。按照权责发生制和收付实现制分别确认收入为（　　）

万元。

  A. 10，5　　　　B. 10，0

  C. 0，5　　　　D. 5，10

8. 下列单位的会计基础可以采用收付实现制的是（　　）。

  A. 某国有服务企业

  B. 某民营工业企业

  C. 某房地产开发企业

  D. 某政府单位

9. 下列各项中，不符合谨慎性原则要求的是（　　）。

  A. 资产计价时不高估

  B. 利润估计时从高

  C. 不预计任何可能发生的收益

  D. 负债估计时不低估

10. 承租企业将融资租入的固定资产视为自有固定资产核算体现了（　　）的要求。

  A. 客观性　　　　B. 重要性

  C. 实质重于形式　D. 可比性

11. 同一企业在不同会计时期对于相同的交易事项，应当采取统一的会计政策，不得随意变更，该表述体现的会计信息质量要求是（　　）。

  A. 可理解性　　　B. 可比性

  C. 重要性　　　　D. 谨慎性

12. 形成权责发生制和收付实现制两种不同的会计核算基础是基于（　　）。

  A. 会计主体　　　B. 持续经营

  C. 会计分期　　　D. 货币计量

13. 下列各项中，属于会计职业道德核心内容的是（　　）。

  A. 诚信　　　　　B. 自律

  C. 敬业　　　　　D. 参与管理

14. 下列关于会计目标的说法不正确的是（　　）。

  A. 会计目标的实现状况及其结果主要表现为会计的经济后果

  B. 会计的基本目标是向财务报告使用者提供会计资料和信息

  C. 会计的基本目标反映企业管理层受托责任的履行情况

  D. 会计的目标不包括规范会计行为

15. 下列各项中，属于对会计人员履职要求的是（　　）。

  A. 坚持学习，守正创新

  B. 严肃认真，一丝不苟

  C. 忠于职守，尽职尽责

  D. 坚持准则，守责敬业

16. 下列各项主体中，不适用于政府会计准则制度体系的是（　　）。

  A. 某市政府　　　B. 某国家部委

  C. 某上市公司　　D. 某县政府

二、多项选择题

1. 下列关于会计的说法，正确的有（　　）。

  A. 会计是一项经济管理活动

  B. 会计的基本职能是核算和监督

  C. 会计采用专门方法和程序

  D. 货币是会计唯一的计量单位

2. 下列关于会计职能关系的表述，正确的有（　　）。

  A. 会计核算职能是会计最基本的职能

  B. 会计监督是会计核算职能的基础

  C. 会计拓展职能只包括预测经济前景

  D. 会计监督是会计核算的保障

3. 根据会计法律制度的规定，下列各项中，属于会计监督内容的有（　　）。

  A. 对原始凭证进行审核和监督

  B. 对财务收支进行监督

  C. 对账外设账行为，应当制止和纠正

  D. 对财经法律、法规、规章进行审核和监督

4. 下列各项中，属于会计基本假设的有（　　）。

  A. 会计主体　　　B. 持续经营

  C. 会计分期　　　D. 货币计量

5. 下列关于会计基础的表述中，正确的有（　　）。

  A. 实务中，企业交易或者事项的发生时间与相关货币收支时间完全一致

  B. 企业应当以权责发生制为基础进行会计确认、计量、记录和报告

C. 权责发生制要求凡是当期已经实现的收入和已经发生或者应当负担的费用,无论款项是否收付,都应当作为当期的收入和费用,计入利润表

D. 收付实现制是指收入、费用的确认应当以收入和费用的实际发生而非实际收支作为确认的标准

6. 持续经营是企业会计确认、计量、记录和报告的前提,下列关于持续经营的说法中,正确的有 (　　)。

A. 会计分期是对持续经营基本假设的有效延续

B. 无形资产摊销可以按照其价值和使用情况确定合适的摊销方法进行摊销,其依据的会计核算前提是持续经营

C. 在持续经营理念下,企业会计人员认为未来经济高速发展,应根据未来的预测核算经济业务的发生

D. 持续经营的目的是将生产经营活动划分为连续相同的期间

7. 下列各项中,属于会计信息质量要求的有 (　　)。

A. 会计核算方法一经确定不得随意变更

B. 会计核算应当注重交易和事项的实质

C. 会计核算应当以实际发生的交易或事项为依据

D. 会计核算应当以权责发生制为基础

8. 下列各项中,属于会计职业特征的有 (　　)。

A. 社会属性　　B. 规范性
C. 经济性　　D. 技术性

9. 下列各项中,属于会计职业道德构成内容的有 (　　)。

A. 会计职业理想
B. 会计职业责任
C. 会计职业技能
D. 会计法律制度

10. 下列关于会计职业道德和会计法律制度关系的说法中,错误的有 (　　)。

A. 两者是相互联系的
B. 两者是相互排斥的

C. 两者是完全等同的
D. 两者是相互制约的

11. 下列各项中,属于会计法律制度与会计职业道德区别的有 (　　)。

A. 性质不同
B. 作用范围不同
C. 表现形式不同
D. 实施保障机制不同

12. 下列各项中,体现企业会计信息谨慎性要求的有 (　　)。

A. 资产负债表日计提存货跌价准备

B. 各期发出存货成本的计价方法保持一致,不随意变更

C. 对售出商品很可能发生的保修义务确认预计负债

D. 对很可能承担的环保责任确认预计负债

13. 下列各项中,关于企业会计信息可靠性要求表述正确的有 (　　)。

A. 企业应当保持应有的谨慎,不应高估资产或者收益、低估负债或者费用

B. 企业提供的会计信息应当相互可比

C. 企业应当保证会计信息真实可靠、内容完整

D. 企业应当以实际发生的交易或者事项为依据进行确认、计量、记录和报告

14. 下列各项中,属于会计职业道德的相关管理规定的有 (　　)。

A. 增强会计人员诚信意识
B. 建设会计人员信用档案
C. 会计职业道德管理的组织实施
D. 建立完善的法律制度

15. 企业会计准则体系形成了由 (　　) 构成的基本制度安排。

A. 具体准则　　B. 基本准则
C. 准则解释　　D. 会计处理规定

16. 下列各项中,属于政府会计主体的有 (　　)。

A. 与本级政府财政部门直接发生预算拨款关系的国家机关

B. 与本级政府财政部门间接发生预算拨

款关系的社会团体

C. 各级政府财政部门

D. 与本级政府财政部门直接发生预算拨款关系的事业单位

三、判断题

1. 会计以人民币为计量单位。 （ ）

2. 会计监督可分为单位内部监督、国家监督和职工代表大会监督三部分，三者共同构成了"三位一体"的会计监督体系。
（ ）

3. 持续经营反映企业会计确认、计量、记录和报告的空间范围。 （ ）

4. 会计监督可分为单位内部监督、国家监督和公众监督。 （ ）

5. 政府预算会计实行权责发生制，财务会计实行收付实现制。 （ ）

6. 会计主体是指会计工作服务的特定对象，是企业确认、计量、记录和报告的时间范围。 （ ）

7. 企业必须根据实际发生的经济业务事项进行会计核算，编制财务会计报告。 （ ）

8. 企业为减少本年度亏损而调减资产减值准备金额，体现了会计信息质量的谨慎性要求。 （ ）

9. 相关的会计信息应当能够有助于使用者评价企业过去的决策，证实或者修正过去的有关预测，因而具有预测价值。 （ ）

10. 会计法律制度是会计职业道德的重要补充，会计职业道德是会计法律制度的最低要求。 （ ）

11. 会计职业道德侧重于调整会计人员的外在行为和结果的合法化。 （ ）

12. "三坚三守"是对会计人员职业道德要求的集中表达。 （ ）

13. 对会计领域违法失信当事人，应依法限制其取得相关从业任职资格，限制获得认证证书。 （ ）

14. 在会计专业技术资格考试或会计职称评审、高端会计人才选拔等资格资质审查过程中，对严重失信会计人员实行"一票否决制"。 （ ）

15. 企业会计准则制度包含企业会计准则体系和企业会计制度两部分内容。 （ ）

16. 军队、已纳入企业财务管理体系的单位和执行《民间非营利组织会计制度》的社会团体，其会计核算适用政府会计准则制度体系。 （ ）

17. 我国企业会计准则体系中的准则解释是针对基本准则所作出的解释。 （ ）

提高演练参考答案及解析

一、单项选择题

1. 【答案】C 【解析】会计监督可分为单位内部监督、国家监督和社会监督三部分，三者共同构成了"三位一体"的会计监督体系。故选项 C 正确。

2. 【答案】B 【解析】会计的拓展职能主要体现在管理会计方面，主要有：预测经济前景；参与经济决策；评价经营业绩。故选项 B 不正确。

3. 【答案】B 【解析】选项 A 属于上月收入；选项 C 属于其他应收款的收回，不确认收入；选项 D 属于负债，下月确认收入。

4. 【答案】A 【解析】会计的核算职能，是指会计以货币为主要计量单位，对特定主体的经济活动进行确认、计量、记录和报告。故选项 A 正确。

5. 【答案】B 【解析】会计主体是指会计工作服务的特定对象，是企业确认、计量、记录和报告的空间范围。故选项 B 正确。

6. 【答案】D 【解析】本题考核会计基本假设。会计基本假设包括会计主体、持续经营、会计分期和货币计量。选项 D 符合题意。

7. 【答案】A 【解析】权责发生制是按照收入、费用是否归属本期为标准来确定本期收益、费用的一种方法。收付实现制是按照收入、费用是否在本期实际收到或付出为标准确定本期收益、费用的一种方法。销售商品的 10 万元货款，虽然实际只收到 5 万元，但按照权责发生制要求，这笔货款是属于本期的收入，应将 10 万元均确认为本期收入；按照收付实现制，本期实际只收到 5 万元货款，所以只能确认 5 万元的收入。选项 A 正确。

8.【答案】D 【解析】我国政府会计中预算会计采用收付实现制，故选项 D 正确。

9.【答案】B 【解析】谨慎性要求企业对交易或者事项进行会计确认、计量、记录和报告应当保持应有的谨慎，不应高估资产或者收益、低估负债或者费用。选项 B 符合题意。

10.【答案】C 【解析】承租企业将融资租入的固定资产视为自有固定资产核算体现的是实质重于形式原则。选项 C 正确。

11.【答案】B 【解析】不同企业同一会计期间发生的相同或者相似的交易或事项，应当采用同一会计政策，确保会计信息口径一致、相互可比，以使不同企业按照一致的确认、计量、记录和报告要求提供相关会计信息。故选项 B 正确。

12.【答案】C 【解析】鉴于会计分期的基本假设，产生了本期与非本期的区别，进而产生了权责发生制和收付实现制两种不同的会计核算基础。

13.【答案】A 【解析】会计职业道德的核心是诚信。诚信是指诚实、守信、真实的总称，也就是实事求是、真实客观、不弄虚作假，它要求会计人员客观公正、遵守统一会计制度，言行一致，表里如一，不做假账，忠诚为人，以诚待人。准确核算、如实反映、讲求诚信是决定会计工作成败和质量好坏的根本标准，会计人员应当以诚信为本，保持客观公正。故选项 A 正确。

14.【答案】D 【解析】会计目标的实现状况及其结果主要表现为会计的经济后果，即反映受托责任的履行情况和有助于作出经济决策以及维护经济秩序、提高经济效益等（选项 A 正确）。会计的基本目标是向财务报告使用者提供企业财务状况、经营成果和现金流量等有关的会计资料和信息（选项 B 正确），反映企业管理层受托责任履行情况（选项 C 正确），有助于财务报告使用者作出经济决策，达到不断提高企业事业单位乃至经济社会整体的经济效益和效率的目的和要求，从更高层面看，会计的目标还包括规范会计行为（选项 D 不正确），保证会计资料真实、完整，加强经济管理和财务管理，提高经济效益，维护社会主义市场经济秩序，为市场在资源配置中起决定性作用和更好发挥政府作用提供基础性保障作用，实现经济高质量发展。

15.【答案】D 【解析】"坚持诚信，守法奉公"是对会计人员的自律要求，"坚持准则，守责敬业"是对会计人员的履职要求，"坚持学习，守正创新"是对会计人员的发展要求。故选项 D 正确。

16.【答案】C 【解析】政府会计准则制度体系适用于政府会计主体，主要包括各级政府、各部门、各单位。各级政府指各级政府财政部门负责的财政总会计。各部门、各单位是指与本级政府财政部门直接或者间接发生预算拨款关系的国家机关、军队、政党组织、社会团体、事业单位和其他单位。但是，军队、已纳入企业财务管理体系的单位和执行《民间非营利组织会计制度》的社会团体，其会计核算不适用政府会计准则制度体系。企业会计准则主要适用于上市公司、金融机构、国有企业等大中型企业。故选项 C 符合题意。

二、多项选择题

1.【答案】ABC 【解析】货币是会计核算的主要计量单位，但并不是唯一的计量单位，选项 D 错误。

2. 【答案】AD 【解析】会计核算是会计监督的基础，选项 B 说法错误；会计拓展职能包括预测经济前景、参与经济决策、评价经营业绩等，选项 C 说法错误。

3. 【答案】ABC 【解析】选项 D 错误，财经法律、法规、规章属于会计监督的依据。会计监督的内容不包括对财经法律、法规、规章进行审核和监督。

4. 【答案】ABCD 【解析】会计基本假设包括会计主体、持续经营、会计分期和货币计量。故选项 A、B、C、D 均正确。

5. 【答案】BC 【解析】本题考核会计基础。在实务中，企业交易或者事项的发生时间与相关货币收支时间有时并不完全一致，如款项已经收到，但销售并未实现而不能确认为本期的收入，或者款项已经支付，但与本期的生产经营活动无关而不能确认为本期的费用，选项 A 错误；收付实现制，是指以实际收到或支付现金作为确认收入和费用的标准，选项 D 错误。

6. 【答案】AB 【解析】选项 C，在持续经营假设下，会计确认、计量、记录和报告应当以企业持续、正常的生产经营活动为前提，不能按照未来的预测核算企业经济业务；选项 D，会计分期的目的是将生产经营活动划分为连续相同的期间。

7. 【答案】ABC 【解析】选项 A，体现的是可比性要求；选项 B，体现的是实质重于形式要求；选项 C，体现的是可靠性要求；选项 D，是会计核算基础，不属于会计信息质量要求。

8. 【答案】ABCD 【解析】会计职业的特征包括社会属性、规范性、经济性、技术性、时代性。选项 A、B、C、D 均正确。

9. 【答案】ABC 【解析】会计职业道德由会计职业理想、会计职业责任、会计职业技能、会计工作态度、会计工作作风和会计职业纪律等构成。故选项 A、B、C 正确。

10. 【答案】BCD 【解析】会计职业道德和会计法律制度的关系是：在内容上相互渗透、相互吸收；在作用上相互补充、相互协调。会计职业道德是对会计法律制度的重要补充，会计法律制度是对会计职业道德的最低要求。选项 B、C、D 错误。

11. 【答案】ABCD 【解析】会计法律制度与会计职业道德的区别包括性质不同、作用范围不同、表现形式不同、实施保障机制不同、评价标准不同。选项 A、B、C、D 均正确。

12. 【答案】ACD 【解析】谨慎性要求企业对交易或事项进行会计确认、计量、记录和报告应当保持应有的谨慎，不应高估资产或者收益、低估负债或者费用。选项 B，体现的是可比性要求。

13. 【答案】CD 【解析】可靠性要求企业应当以实际发生的交易或者事项为依据进行确认、计量、记录和报告，如实反映符合确认和计量要求的各项会计要素及其他相关信息，保证会计信息真实可靠、内容完整。选项 A，属于谨慎性要求；选项 B，属于可比性要求。故选项 C、D 正确。

14. 【答案】ABC 【解析】会计职业道德的相关管理规定包括：（1）增强会计人员诚信意识（选项 A）；（2）建设会计人员信用档案（选项 B）；（3）会计职业道德管理的组织实施（选项 C）；（4）建立健全会计职业联合惩戒机制。

15. 【答案】ABCD 【解析】企业会计准则体系形成了由基本准则、具体准则、准则解释和会计处理规定构成的基本制度安排。故选项 A、B、C、D 均正确。

16. 【答案】ABCD 【解析】政府会计主体主要包括各级政府、各部门、各单位。各级政府指各级政府财政部门，具体负责财政总会计的核算。各部门、各单位是指与本级政府财政部门直接或者间接发生预算拨款关系的国家机关、军队、政党组织、社会团体、事业单位和其他单位。故选项 A、B、C、D 均正确。

三、判断题

1.【答案】× 【解析】会计以货币为主要计量单位。对经济社会生产、分配、交换和消费过程及其结果进行计量的尺度通常有实物计量尺度、劳动计量尺度、时间计量尺度和货币计量尺度等多种。其中，货币计量尺度由货币为一般等价物性质所决定，具有全面性、综合性等特征，是衡量一般商品价值的共同尺度。因此，以货币为主要计量单位、其他计量尺度作为辅助性补充成为会计的基本特征之一。

2.【答案】× 【解析】会计监督可分为单位内部监督、国家监督和社会监督三部分，三者共同构成了"三位一体"的会计监督体系。

3.【答案】× 【解析】持续经营是指在可以预见的将来，企业将会按当前的规模和状态继续经营下去，不会停业，也不会大规模削减业务。会计主体，是指会计工作服务的特定对象，是企业会计确认、计量、记录和报告的空间范围。

4.【答案】× 【解析】会计监督可分为单位内部监督、国家监督和社会监督三部分。

5.【答案】× 【解析】政府预算会计采用收付实现制，国务院另有规定的，依照其规定；财务会计采用权责发生制。

6.【答案】× 【解析】会计主体是指企业会计确认、计量、记录和报告的空间范围。

7.【答案】√ 【解析】可靠性要求企业应当以实际发生的交易或者事项为依据进行确认、计量、记录和报告，如实反映符合确认和计量要求的各项会计要素及其他相关信息，保证会计信息真实可靠、内容完整。

8.【答案】× 【解析】谨慎性要求企业在面临不确定性因素的情况下作出职业判断时，应当保持应有的谨慎，充分估计到各种风险和损失，既不高估资产或者收益，也不低估负债或者费用。本题属于滥用会计政策，而不是体现了谨慎性原则。

9.【答案】× 【解析】相关的会计信息应当能够有助于使用者评价企业过去的决策，证实或者修正过去的有关预测，因而具有反馈价值。

10.【答案】× 【解析】会计职业道德是会计法律制度的重要补充，会计法律制度是会计职业道德的最低要求，是会计职业道德的基本制度保障。

11.【答案】× 【解析】会计法律侧重于调整会计人员的外在行为和结果的合法化，具有较强的客观性；会计职业道德不仅调整会计人员的外在行为，还调整会计人员内在的精神世界，作用范围更加广泛。

12.【答案】√ 【解析】根据《中华人民共和国会计法》《会计基础工作规范》，财政部研究制定了《会计人员职业道德规范》，提出"三坚三守"，强调会计人员"坚"和"守"的职业特性和价值追求，是对会计人员职业道德要求的集中表达。

13.【答案】√ 【解析】对会计领域违法失信当事人，应依法限制其取得相关从业任职资格，限制获得认证证书。

14.【答案】√ 【解析】该说法正确。

15.【答案】× 【解析】企业会计准则制度包含企业会计准则体系、小企业会计准则以及企业会计制度。

16.【答案】× 【解析】军队、已纳入企业财务管理体系的单位和执行《民间非营利组织会计制度》的社会团体，其会计核算不适用政府会计准则制度体系。

17.【答案】× 【解析】准则解释是对企业实务中出现的、具体准则未作出明确规定的新事项、新问题进行规范，而非针对于基本准则作出的解释。

第二章　会计基础

重难点分析

本章大部分内容属于会计基础知识，这部分内容难度不大，但知识点较零碎，需要记忆的内容较多，考试中主要涉及题型为单项选择题、多项选择题、判断题。这部分内容出题率较高的知识点主要有：会计要素分类和计量，借贷记账法的记账规则，原始凭证和记账凭证的内容与审核要求，会计账簿的登记方法，财产清查的种类和方法，会计账务处理程序及其应用，会计信息化基础。

2025 年教材本章内容有如下调整：（1）原始凭证的基本内容中增加了从外单位取得原始凭证、自制原始凭证、对外开出的原始凭证、电子原始凭证等相关内容。（2）原始凭证的审核中修改了电子原始凭证的相关内容。（3）记账凭证的审核中增加了机制记账凭证的相关内容。（4）修改了会计凭证的保管要求相关内容。（5）修改了会计账簿的部分相关内容。（6）修改了对账与结账的部分相关内容。（7）修改了第六节会计信息化基础整节内容。

基本内容框架

会计基础
- 会计要素与会计等式
  - 会计要素及其确认条件
  - 会计计量属性及其应用原则
  - 会计等式
- 会计科目和借贷记账法
  - 会计科目与账户
  - 借贷记账法
- 会计凭证和会计账簿
  - 会计凭证
  - 会计账簿
- 财产清查
  - 财产清查概述
  - 财产清查的方法与会计处理
- 会计账务处理程序
  - 会计账务处理程序概述
  - 会计账务处理程序的应用
- 会计信息化基础
  - 会计信息化概述
  - 单位会计信息化建设
  - 会计数据处理和应用

基 础 训 练

一、单项选择题

1. 下列各项中，不属于资产要素必须具备的特征的是（　　）。
   - A. 预期会给企业带来经济利益
   - B. 被企业拥有或控制
   - C. 由过去的交易或事项形成
   - D. 具有可辨认性

2. 下列各项中，属于流动资产的是（　　）。
   - A. 债权投资　　B. 无形资产
   - C. 在建工程　　D. 合同资产

3. 负债是指由于过去交易或事项所引起的企业的（　　）。
   - A. 过去义务　　B. 现时义务
   - C. 将来义务　　D. 永久义务

4. 下列各项中，不属于流动负债的是（　　）。
   - A. 持有待售负债　　B. 合同负债
   - C. 应付职工薪酬　　D. 递延收益

5. 下列各项中，不属于所有者权益来源的是（　　）。
   - A. 所有者投入的资本
   - B. 留存收益
   - C. 直接计入所有者权益的利得和损失
   - D. 企业借入的长期借款

6. 下列各项中，属于反映企业经营成果的会计要素是（　　）。
   - A. 利润　　B. 资产
   - C. 收益　　D. 利得

7. 下列会计要素中，属于动态会计要素的是（　　）。
   - A. 资产　　B. 负债
   - C. 收入　　D. 所有者权益

8. 下列选项中，属于会计计量属性的是（　　）。
   - A. 账面价值　　B. 账面余额
   - C. 公允价值　　D. 入账价值

9. 下列各项中，需要考虑货币时间价值因素的会计要素计量属性是（　　）。

   - A. 可变现净值　　B. 现值
   - C. 历史成本　　D. 重置成本

10. 下列各项中，反映会计要素之间基本关系的是（　　）。
    - A. 会计科目　　B. 货币计量
    - C. 复式记账法　　D. 会计等式

11. 下列业务中，使企业资产总额不变的是（　　）。
    - A. 接受某单位投资
    - B. 向银行借款存入银行
    - C. 用银行存款偿还欠款
    - D. 用盈余公积转增资本

12. 下列经济业务中，属于资产内部一个项目增加，另一个项目减少的业务是（　　）。
    - A. 从银行提取现金
    - B. 以银行存款归还借款
    - C. 借入短期借款存入银行
    - D. 购买材料款项尚未支付

13. 下列各项中，关于企业以银行存款偿还到期的短期借款业务的说法正确的是（　　）。
    - A. 导致负债内部增减变动，总额不变
    - B. 导致资产、负债同时减少
    - C. 导致资产、负债同时增加
    - D. 导致所有者权益减少、负债减少

14. 会计科目是对（　　）具体内容进行分类核算的项目。
    - A. 会计对象　　B. 会计要素
    - C. 会计账户　　D. 会计凭证

15. 根据科目内容记入成本类账户的是（　　）。
    - A. 主营业务成本　　B. 制造费用
    - C. 管理费用　　D. 其他业务成本

16. 存在对应关系的账户称为（　　）。
    - A. 账户对应关系　　B. 对应账户
    - C. 会计分录　　D. 记账方法

17. 根据借贷记账法的账户结构，在账户借方登记的是（　　）。

A. 费用的增加

B. 收入的增加

C. 费用的减少

D. 所有者权益的增加

18. 下列会计科目中，在年末结账后有可能存在借方余额的是（　　　）。

　　A. 管理费用　　　B. 利润分配

　　C. 实收资本　　　D. 主营业务收入

19. 在借贷记账法下，下列各项中，应登记在账户贷方的是（　　　）。

　　A. 费用的增加

　　B. 所有者权益的减少

　　C. 负债的减少

　　D. 收入的增加

20. 采用借贷记账法对每笔交易或事项进行记录时，相关账户之间形成的应借、应贷的相互关系，是指（　　　）。

　　A. 账户的对应关系

　　B. 对应账户

　　C. 会计分录

　　D. 复试记账

21. 借贷记账法下的发生额平衡是由（　　　）决定的。

　　A. "有借必有贷，借贷必相等"的规则

　　B. "资产 = 负债 + 所有者权益"的等式

　　C. 平行登记

　　D. 账户的结构

22. 反映一定时期多次记录同类型经济业务的原始凭证是（　　　）。

　　A. 一次凭证　　　B. 累计凭证

　　C. 记账凭证　　　D. 汇总原始凭证

23. 原始凭证按格式不同，可以分为（　　　）。

　　A. 通用凭证和专用凭证

　　B. 一次凭证和累计凭证

　　C. 累计凭证和汇总凭证

　　D. 自制原始凭证和外来原始凭证

24. 下列各项中，关于原始凭证签章的表述不正确的是（　　　）。

　　A. 从外单位取得的原始凭证，必须盖有填制单位的公章或者发票（收费、财务）专用章，或者法律、法规规定的其他签章

B. 从个人取得的原始凭证，必须有填制人员的签名或者盖章

C. 自制原始凭证，必须有填制人员的签名或者盖章

D. 对外开出的原始凭证，必须加盖本单位公章或者发票（收费、财务）专用章，或者法律、法规规定的其他签章

25. 下列各项中，不属于原始凭证审核内容的是（　　　）。

　　A. 凭证反映的内容是否真实

　　B. 凭证各项基本要素是否齐全

　　C. 会计科目的使用是否正确

　　D. 凭证是否有填制单位的公章和填制人员的签章

26. 下列各项中，属于记账凭证应当具备的基本内容的是（　　　）。

　　A. 应借应贷会计科目

　　B. 数量和单价

　　C. 填制凭证单位名称

　　D. 单位负责人签名

27. 下列各项中，不属于记账凭证审核内容的是（　　　）。

　　A. 凭证是否符合有关的计划和预算

　　B. 会计科目使用是否正确

　　C. 凭证的内容与所附凭证的内容是否一致

　　D. 凭证的金额与所附凭证的金额是否一致

28. 下列各项中，应采用数量金额式账簿的是（　　　）。

　　A. 原材料明细账

　　B. 管理费用明细账

　　C. 生产成本明细账

　　D. 主营业务收入明细账

29. 下列各项中，属于会计账簿按照外形特征分类的是（　　　）。

　　A. 三栏式账簿

　　B. 多栏式账簿

　　C. 订本式账簿

　　D. 数量金额式账簿

30. 普通日记账按用途属于（　　　）。

A. 序时账簿　　　B. 分类账簿

C. 备查账簿　　　D. 订本式账簿

31. 下列账簿中，可以采用卡片账的是（　　）。

　　A. 原材料总分类账

　　B. 现金日记账

　　C. 固定资产明细分类账

　　D. 固定资产总分类账

32. 企业债权债务明细账与往来单位账簿记录的核对属于（　　）。

　　A. 账实核对　　　B. 账账核对

　　C. 账表核对　　　D. 账证核对

33. 为保证账簿记录的正确性，需对有关账项进行核对，下列各项中，不属于对账内容的是（　　）。

　　A. 总分类账与明细账的核对

　　B. 明细账簿与备查账的核对

　　C. 明细账簿之间的核对

　　D. 账簿与会计凭证的核对

34. 下列各项中，不属于财产清查程序的是（　　）。

　　A. 建立财产清查组织

　　B. 明确清查任务

　　C. 制订清查方案

　　D. 编制复查报告

35. 下列各项中，属于对银行存款进行清查采用的方法是（　　）。

　　A. 定期盘点法

　　B. 实地盘存法

　　C. 与银行核对账目法

　　D. 和往来单位核对账目法

36. 对于往来款项的清查，应采用的财产清查方法是（　　）。

　　A. 实地盘点法　　B. 核对账目法

　　C. 技术测算法　　D. 发函询证法

37. 账务处理程序中，不利于会计核算日常分工的是（　　）。

　　A. 记账凭证账务处理程序

　　B. 科目汇总表账务处理程序

　　C. 汇总记账凭证账务处理程序

　　D. 记账凭证汇总表账务处理程序

38. 规模较小、业务量较少的单位适用（　　）。

　　A. 记账凭证账务处理程序

　　B. 汇总记账凭证账务处理程序

　　C. 多栏式日记账账务处理程序

　　D. 科目汇总表账务处理程序

39. 下列各项中，属于各种账务处理程序之间主要区别的是（　　）。

　　A. 填制记账凭证的直接依据不同

　　B. 登记总分类账的依据和方法不同

　　C. 编制财务报表的直接依据不同

　　D. 登记明细分类账的依据和方法不同

40. 下列各项中，关于会计信息化的表述中不正确的是（　　）。

　　A. 2024 年 6 月 28 日通过的《关于修改〈中华人民共和国会计法〉的决定》首次将会计信息化写入会计法

　　B. 单位负责人是本单位会计信息化工作的第一责任人

　　C. 单位应当指定专门机构或者岗位负责会计信息化工作

　　D. 未设置会计机构和会计岗位的单位，可以自行组织会计工作并推进会计信息化应用

二、多项选择题

1. 下列各项中，应确认为企业资产的有（　　）。

　　A. 购入的无形资产

　　B. 融资租入的固定资产

　　C. 计划下个月购入的材料

　　D. 已霉烂变质无使用价值的存货

2. 企业发生费用时，可能影响到的会计要素有（　　）。

　　A. 收入　　　　　B. 利润

　　C. 资产　　　　　D. 负债

3. 下列各项中，属于流动资产要素的有（　　）。

　　A. 合同资产　　　B. 债权投资

　　C. 预付款项　　　D. 应收账款

4. 下列各项中，属于企业债权的有（　　）。

　　A. 应收账款　　　B. 应付账款

C. 预收账款　　D. 预付账款

5. 下列各项中，属于费用要素特点的有（　　）。
   A. 与向所有者分配利润无关
   B. 日常活动中发生的经济利益的总流入
   C. 在日常经济活动中形成
   D. 会导致所有者权益减少

6. 下列各项中，关于会计计量属性的应用表述中正确的有（　　）。
   A. 重置成本多用于盘盈固定资产的计量
   B. 可变现净值通常用于存货资产减值情况下的后续计量
   C. 现值通常用于固定资产、无形资产等可收回金额的确定
   D. 历史成本主要应用于交易性金融资产、可供出售金融资产的计量

7. 下列各项中，属于企业会计计量属性的有（　　）。
   A. 收付实现制　　B. 重置成本
   C. 权责发生制　　D. 历史成本

8. 下列各项中，关于会计等式的表述中正确的有（　　）。
   A. “资产 = 负债 + 所有者权益”等式是复式记账的理论基础
   B. “资产 = 负债 + 所有者权益”这一会计等式，体现了企业在某一时点的财务状况
   C. “收入 − 费用 = 利润”这一会计等式，是企业资金运动的动态表现
   D. “收入 − 费用 = 利润”这一会计等式体现了企业某一期间的经营成果，是编制利润表的依据

9. 经济业务的发生，一方面引起资产项目增加，另一方面还可能引起（　　）。
   A. 负债项目增加
   B. 负债项目减少
   C. 所有者权益增加
   D. 所有者权益减少

10. 下列各项中，关于明细分类科目的表述中正确的有（　　）。
   A. 明细分类科目也称一级会计科目
   B. 明细分类科目是对会计要素具体内容进行总括分类的科目
   C. 明细分类科目是对总分类科目作进一步分类的科目
   D. 明细分类科目是能提供更加详细、更具体会计信息的科目

11. 下列各项中，属于借贷记账方法下试算平衡方法的有（　　）。
   A. 发生额试算平衡法
   B. 总额试算平衡法
   C. 差额试算平衡法
   D. 余额试算平衡法

12. 下列各项中，属于确定试算平衡法的根据有（　　）。
   A. 借贷记账法的记账规则
   B. 经济业务内容
   C. 资产 = 负债 + 所有者权益
   D. 经济业务类型

13. 下列各项中，属于原始凭证的有（　　）。
   A. 火车票　　B. 领料单
   C. 收款凭证　　D. 产品入库单

14. 原始凭证按照填制手续及内容不同，可分为（　　）。
   A. 一次凭证　　B. 多次凭证
   C. 累计凭证　　D. 汇总凭证

15. 下列各项中，属于外来原始凭证的有（　　）。
   A. 购买材料取得的增值税专用发票
   B. 职工出差预借现金填制的借款单
   C. 发出产品填制的产品出库单
   D. 职工出差报销的餐饮费增值税普通发票

16. 下列各项中，属于专用原始凭证的有（　　）。
   A. 出库单　　B. 差旅费报销单
   C. 商业汇票　　D. 支票

17. 下列各项中，关于原始凭证审核的表述正确的有（　　）。
   A. 对凭证中日期、业务内容与数据的真实性进行审核
   B. 对原始凭证记录经济业务是否符合国家法律法规规定进行合法性审核

C. 对原始凭证各项基本要素是否齐全进行完整性审核

D. 对原始凭证记载的各项内容的正确性进行审核

18. 会计凭证分为原始凭证和记账凭证是按（　　）分类的。
    A. 填制程序　　B. 用途
    C. 来源　　D. 填制手续

19. 下列各项中，属于审核记账凭证时应审核的内容有（　　）。
    A. 内容是否真实　　B. 项目是否齐全
    C. 科目是否正确　　D. 金额是否正确

20. 下列各项中，属于会计账簿应具备的基本内容有（　　）。
    A. 封面　　B. 封底
    C. 扉页　　D. 账页

21. 按照账页格式的不同，会计账簿分为（　　）。
    A. 活页式账簿
    B. 三栏式账簿
    C. 数量金额式账簿
    D. 多栏式账簿

22. 下列各项中，适合采用多栏式账页进行明细分类核算的有（　　）。
    A. 固定资产明细账
    B. 管理费用明细账
    C. 应付账款明细账
    D. 制造费用明细账

23. 下列各项中，关于活页式账簿的说法中正确的有（　　）。
    A. 一般适用于总分类账或日记账
    B. 一般适用于明细分类账
    C. 不能准确为各账户预留账页
    D. 便于分工记账

24. 下列各项中，属于账账核对内容的有（　　）。
    A. 总账与日记账核对
    B. 总账各账户的余额核对
    C. 总账与备查账核对
    D. 总账与明细账核对

25. 对账包括（　　）。

A. 账证核对　　B. 账实核对
C. 账账核对　　D. 账表核对

26. 下列各项中，属于不定期清查适用的情况有（　　）。
    A. 更换财产保管人
    B. 发生自然灾害损失
    C. 发生意外损失
    D. 更换现金保管人

27. 下列各项中，关于财产清查的表述中正确的有（　　）。
    A. 银行存款和银行对账单核查
    B. 应收账款采用发函询证法核查
    C. 库存现金采用核对账目法核查
    D. 露天煤炭采用技术推算法核查

28. 单位主要负责人调离工作岗位前的财产清查属于（　　）。
    A. 全面清查　　B. 不定期清查
    C. 定期清查　　D. 局部清查

29. 下列各项中，属于记账凭证账务处理程序优点的有（　　）。
    A. 简单明了，易于理解
    B. 登记总分类账的工作量较小
    C. 登记总分类账时耗用的账页少
    D. 总账反映经济业务的详细情况

30. 下列各项中，属于科目汇总表账务处理程序优点的有（　　）。
    A. 可起到试算平衡的作用
    B. 有利于账目检查
    C. 能反映各账户之间的对应关系
    D. 减轻了登记总分类账的工作量

31. 单位开展会计信息化建设，应当遵循的原则有（　　）。
    A. 统筹兼顾　　B. 安全合规
    C. 成本效益　　D. 因地制宜

32. 下列各项中，属于会计信息系统应当设定的审签程序有（　　）。
    A. 经办　　B. 审核
    C. 审批　　D. 审阅

三、判断题

1. 所有者权益简称为权益。　　　（　　）

2. 费用可表现为资产的减少或负债的增加。（　　）

3. 采用重置成本计量时，负债按照预计期限内需要偿还的未来净现金流出量的折现金额计量。（　　）

4. "资产＝负债＋所有者权益"等式，反映企业在某一特定时点资产、负债和所有者权益三者之间的平衡关系，是企业编制财务报表和利润表的依据。（　　）

5. 会计科目是对会计要素进行分类核算的项目。（　　）

6. 资产类账户通常无余额，如有余额，一般应在贷方。（　　）

7. 应收账款账户借方登记的是应收款项的增加数。（　　）

8. 在借贷记账法下，成本类账户的借方登记增加数，贷方登记减少数，期末无余额。（　　）

9. 借贷记账法下，损益类账户借方登记减少额，贷方登记增加额，期末结转后无余额。（　　）

10. "管理费用"账户的期末余额一般在借方。（　　）

11. 来源可靠、程序规范、要素合规的电子原始凭证与纸质原始凭证具有同等法律效力，但不可以直接作为入账依据。（　　）

12. 以电子原始凭证的纸质打印件作为入账依据的，可以不保存该纸质件的电子原始凭证。（　　）

13. 银行存款余额调节表可以作为调整企业银行存款账面余额的记账依据。（　　）

14. 每个企业都必须按一定的程序填制和审核会计凭证，根据会计凭证进行账簿登记，如实反映企业的经济业务。（　　）

15. 会计凭证按照填制程序和用途可分为收款凭证、付款凭证和转账凭证。（　　）

16. 生产成本总账采用三栏式，其明细账采用多栏式。（　　）

17. 银行存款余额调节表调节后的余额，是企业可实际使用的存款数额。（　　）

18. 企业应当根据编制的银行存款余额调节表中未达账项进行调账，以达到账实相符。（　　）

19. 账簿记录发生错误时，不得刮擦、挖补，可重新抄写。（　　）

20. 账证核对是指将账簿记录与记账凭证进行核对。（　　）

21. 结账时，应当结出每个账户的期末余额。需要结出当月发生额的，应当在摘要栏内注明"本月合计"字样，并在下面通栏划双红线。（　　）

22. 局部清查是指事前不规定清查日期，而是根据特殊需要临时进行的盘点和核对。（　　）

23. 发函询证是实物资产清查的方法。（　　）

24. 各种账务处理程序主要区别在于登记总账的依据和方法不同。（　　）

25. 符合国家有关电子会计档案管理要求的电子会计档案与纸质会计档案具有同等法律效力，电子会计档案必须以纸质形式保存。（　　）

基础训练参考答案及解析

一、单项选择题

1. 【答案】D 【解析】资产要素的特征有：（1）资产应为企业拥有或控制的资源；（2）资产预期会给企业带来经济利益；（3）资产是由企业过去的交易或事项形成的。选项A、B、C均属于资产特征，不符合题意。

2. 【答案】D 【解析】流动资产包括货币资金、交易性金融资产、衍生金融资产、应收票据、应收账款、应收款项融资、预付款项、其他应收款、存货、合同资产、持有待售资产、一年内到期的非流动资产、其他流动资产。债权投资、无形资产和在建工程属于非流动资产。

3. 【答案】B 【解析】负债是指企业过去的交易或者事项形成，预期会导致经济利益流出企业的现时义务。

4. 【答案】D 【解析】流动负债包括短期借款、交易性金融负债、衍生金融负债、应付票据、应付账款、预收款项、合同负债、应付职工薪酬、应交税费、其他应付款、持有待售负债、一年内到期的非流动负债、其他流动负债。递延收益属于非流动负债，选项D符合题意。

5. 【答案】D 【解析】所有者权益的来源主要包括所有者投入的资本、其他综合收益（直接计入所有者权益的利得和损失）、留存收益等。借入的长期借款导致资产和负债同时增加，与所有者权益无关，选项D符合题意。

6. 【答案】A 【解析】利润是反映企业一定会计期间经营成果的会计要素。

7. 【答案】C 【解析】会计要素按照其性质分为资产、负债、所有者权益、收入、费用和利润，其中，资产、负债和所有者权益要素侧重于反映企业在特定日期的财务状况，属于静态要素；收入、费用和利润要素侧重于反映企业在一定会计期间的经营成果，属于动态要素，选项C正确。

8. 【答案】C 【解析】会计计量属性主要包括历史成本、重置成本、可变现净值、现值和公允价值等，选项A、B、D错误。

9. 【答案】B 【解析】现值是指对未来现金流量以恰当的折现年进行折现后的价值，是考虑货币时间价值因素等的一种计量属性，选项B正确。

10. 【答案】D 【解析】会计等式是表明会计要素之间基本关系的恒等式，选项D正确。

11. 【答案】D 【解析】选项A，资产增加，所有者权益增加；选项B，资产增加，负债增加；选项C，资产减少，负债减少；选项D，是所有者权益内部一增一减，资产总额不变。

12. 【答案】A 【解析】从银行提取现金属于资产内部一个项目增加，另一个项目减少的业务；以银行存款归还借款，属于资产和负债项目同时减少的业务；借入短期借款存入银行，属于资产和负债项目同时增加的业务；购买材料款项尚未支付，属于资产和负债项目同时增加的业务。

13. 【答案】B 【解析】企业以银行存款偿还短期借款，一方面企业的银行存款减少，相应的资产减少；另一方面短期借款减少，相应的负债减少。本题经济业务将引起会计等式两边资产和负债同时减少。

14. 【答案】B 【解析】会计科目，简称科目，是对会计要素具体内容进行分类核算的项目，是进行会计核算和提供会计信息的基础。

15. 【答案】B 【解析】账户是根据会计科目设置的，成本类科目，是对可归属于产品生产成本、劳务成本等的具体内容进行分类核算的项目，主要有"生产成本""制造费用""研发支出"等科目。成本类科目应记入对应的成本类账户，所以选项B正确。

16. 【答案】B 【解析】账户对应关系，是指采用借贷记账法对每笔交易或事项进行记录时，相关账户之间形成的应借、应贷的相互关系。存在对应关系的账户称为对应账户。

17. 【答案】A 【解析】本题考核借贷记账法。通常情况下，资产类、成本类和费用类账户的增加用"借"表示，减少用"贷"表示；负债类、所有者权益类和收入类账户的增加用"贷"表示，减少用"借"表示。费用的增加，记借方，选项A正确；收入的增加、费用的减少、所有者权益的增加，记贷方，选项B、C、D错误。

18. 【答案】B 【解析】管理费用为损益类科目，年末结账后无余额，选项A错误；

利润分配为所有者权益类科目，年末结账后如为贷方余额表示历年滚存结余，如为借方余额表示历年未弥补亏损，选项 B 正确；实收资本为所有者权益类科目，年末结账后为贷方余额，选项 C 错误；主营业务收入为损益类科目，年末结账后无余额，选项 D 错误。

19. 【答案】D 【解析】在借贷记账法下，资产类、费用（成本）类账户借方表示增加，贷方表示减少；负债类、所有者权益类、收入类账户借方表示减少，贷方表示增加。

20. 【答案】A 【解析】账户对应关系，是指采用借贷记账法对每笔交易或事项进行记录时，相关账户之间形成的应借、应贷的相互关系。存在对应关系的账户称为对应账户。

21. 【答案】A 【解析】借贷记账法下，发生额平衡是由"有借必有贷，借贷必相等"的规则决定的，选项 A 正确。

22. 【答案】B 【解析】一次凭证是指一次填制完成，只记录一笔经济业务且仅一次有效的原始凭证，选项 A 错误；累计凭证是指在一定时期内多次记录发生的同类经济业务且多次有效的原始凭证，选项 B 正确；记账凭证是指会计人员根据审核无误的原始凭证，按照经济业务的内容加以归类，并据以确定会计分录后填制的会计凭证，作为登记账簿的直接依据，选项 C 错误；汇总原始凭证是指对一定时期内反映经济业务内容相同的若干张原始凭证，按照一定标准综合填制的原始凭证，选项 D 错误。

23. 【答案】A 【解析】原始凭证按格式不同，可分为通用凭证和专用凭证；按取得的来源不同，可分为自制原始凭证和外来原始凭证；按填制的手续和内容的不同，可以分为一次凭证、累计凭证和汇总凭证。

24. 【答案】C 【解析】自制原始凭证，应当有经办单位负责人或者其授权人员的签名或者盖章，选项 C 不正确。

25. 【答案】C 【解析】会计科目的使用是否正确属于记账凭证审核的内容，不属于原始凭证审核的内容，选项 C 符合题意。

26. 【答案】A 【解析】记账凭证的基本内容包括：（1）填制凭证的日期；（2）凭证编号；（3）经济业务摘要；（4）应借应贷会计科目；（5）金额；（6）所附纸质原始凭证张数或电子原始凭证份数；（7）填制凭证人员、稽核人员、记账人员、会计机构负责人、会计主管人员签名或者盖章。选项 A 正确。

27. 【答案】A 【解析】记账凭证的审核内容主要包括：记账凭证是否有原始凭证为依据，所附原始凭证或原始凭证汇总表的内容与记账凭证的内容是否一致（选项 C）；记账凭证各项目的填写是否齐全；记账凭证的应借、应贷科目以及对应关系是否正确（选项 B）；记账凭证所记录的金额与原始凭证的有关金额是否一致，计算是否正确（选项 D）；记账凭证中的记录是否文字工整、数字清晰，是否按规定进行更正等；出纳人员在办理收款或付款业务后，是否已在原始凭证上加盖"收讫"或"付讫"的戳记。选项 A 不属于记账凭证审核内容。

28. 【答案】A 【解析】数量金额式账簿可以反映财产物资的实物数量和价值量。原材料、库存商品等明细账一般采用数量金额式账簿。

29. 【答案】C 【解析】三栏式账簿、多栏式账簿、数量金额式账簿属于按照账页格式分类，选项 A、B、D 不符合题意。

30. 【答案】A 【解析】序时账簿按用途可分为普通日记账和特种日记账。

31. 【答案】C 【解析】总分类账和日记账必须采用订本式账簿，选项 A、B、D 错误；固定资产明细账采用卡片账，选项 C 正确。

32. 【答案】A 【解析】账实核对是指核对会计账簿记录与实物及款项的实有数额

是否相符。账实核对主要包括：（1）现金日记账账面余额与现金实际库存数相核对；（2）银行存款日记账账面余额定期与银行对账单相核对；（3）各项财物明细账账面余额与财物实存数额相核对；（4）各种应收、应付款明细账账面余额与有关债务、债权单位或者个人核对等。

33.【答案】B　【解析】对账的内容包括账证核对、账账核对、账实核对和账表核对。账证核对是核对会计账簿记录与原始凭证、记账凭证的时间、凭证字号、内容、金额是否一致，记账方向是否相符（选项D）。账账核对是核对不同会计账簿之间相对应的记录是否相符（选项A、C）；账实核对是核对会计账簿记录与实物及款项的实有数额是否相符。账表核对是核对会计账簿记录与会计报表的有关内容、金额是否相符。选项B不属于。

34.【答案】D　【解析】财产清查不用复查，所以不需要编制复查报告。

35.【答案】C　【解析】银行存款的清查是采用与开户银行核对账目的方法进行的，即将本单位银行存款日记账的账簿记录与开户银行转来的对账单逐笔进行核对，查明银行存款的实有数额。

36.【答案】D　【解析】往来款项的清查一般采用发函询证的方法进行核对。

37.【答案】C　【解析】汇总记账凭证账务处理程序减轻了登记总分类账的工作量，但是当转账凭证较多时，编制汇总转账凭证的工作量较大，并且按每一贷方账户编制汇总转账凭证，不利于会计核算的日常分工。

38.【答案】A　【解析】记账凭证账务处理程序适用于规模较小、经济业务量较少的单位，选项A正确。

39.【答案】B　【解析】企业常用的各账务处理程序的主要区别是登记总分类账的依据和方法不同。

40.【答案】D　【解析】单位应当指定专门机构或者岗位负责会计信息化工作，未

设置会计机构和会计岗位的单位，可以采取委托代理记账机构或者财政部规定的其他方式组织会计工作，推进会计信息化应用。选项D符合题意。

二、多项选择题

1.【答案】AB　【解析】选项C，企业预期在未来发生的交易或者事项不形成资产；选项D，资产预期会给企业带来经济利益，已霉烂变质无使用价值的存货不会为企业带来收益。

2.【答案】BCD　【解析】费用会导致经济利益流出企业，表现为企业资产的减少或负债的增加，或者两者兼而有之。利润金额取决于收入和费用，因此，费用的发生会影响到利润。选项B、C、D正确。

3.【答案】ACD　【解析】流动资产包括货币资金、交易性金融资产、衍生金融资产、应收票据、应收账款、应收款项融资、预付款项、其他应收款、存货、合同资产、持有待售资产、一年内到期的非流动资产、其他流动资产。债权投资属于非流动资产，选项B错误。

4.【答案】AD　【解析】应付账款和预收账款属于企业的负债，选项B、C错误。

5.【答案】ACD　【解析】费用是指企业日常经营活动中发生的、会导致所有者权益减少的、与向所有者分配利润无关的经济利益的总流出。选项A、C、D正确。

6.【答案】ABC　【解析】公允价值主要应用于交易性金融资产、可供出售金融资产的计量。选项D不正确。

7.【答案】BD　【解析】选项A、C，属于会计基础。

8.【答案】ABCD　【解析】选项A、B、C、D的表述均正确。

9.【答案】AC　【解析】根据"资产＝负债＋所有者权益"会计等式，资产的增加可能引起负债或所有者权益的增加。

10.【答案】CD　【解析】总分类科目也称一级科目，是对会计要素的具体内容进行

总括分类的科目，选项 A、B 错误；明细分类科目，是对总分类科目作进一步分类，提供更为详细和具体会计信息的科目，选项 C、D 正确。

11.【答案】AD　【解析】试算平衡是指根据借贷记账法的记账规则和资产与权益的恒等关系，通过对所有账户的发生额和余额的汇总计算和比较，来检查账户记录是否正确的一种方法，分为发生额试算平衡法和余额试算平衡法。

12.【答案】AC　【解析】试算平衡是指根据借贷记账法的记账规则和资产与权益（负债和所有者权益）的恒等关系，通过对所有账户的发生额和余额的汇总计算和比较，来检查账户记录是否正确的一种方法。

13.【答案】ABD　【解析】原始凭证是指在经济业务发生或完成时取得或填制的，用以记录或证明经济业务的发生或完成情况的原始凭据，选项 A、B、D 正确；收款凭证属记账凭证，选项 C 错误。

14.【答案】ACD　【解析】原始凭证按照填制的手续和内容，可分为一次凭证、累计凭证和汇总凭证。

15.【答案】AD　【解析】选项 B、C 属于自制原始凭证。

16.【答案】AB　【解析】选项 C、D，属于通用原始凭证。

17.【答案】ABCD　【解析】为了如实反映经济业务的发生和完成情况，充分发挥会计的监督职能，保证会计信息的真实、完整，会计人员必须对原始凭证进行严格审核。审核的主要内容包括：（1）审核原始凭证的真实性，选项 A 正确；（2）审核原始凭证的合法性、合理性，选项 B 正确；（3）审核原始凭证的完整性，选项 C 正确；（4）审核原始凭证的正确性，选项 D 正确。

18.【答案】AB　【解析】会计凭证按照填制程序和用途可分为原始凭证和记账凭证。选项 A、B 正确。

19.【答案】ABCD　【解析】记账凭证审核的主要内容包括：记账凭证是否有原始凭证为依据；记账凭证各项目的填写是否齐全；记账凭证的应借、应贷科目以及对应关系是否正确；记账凭证所记录的金额与原始凭证的有关金额是否一致，计算是否正确；记账凭证中的记录是否文字工整、数字清晰，是否按规定进行更正等；出纳人员在办理收款或付款业务后，是否已在原始凭证上加盖"收讫"或"付讫"的戳记。

20.【答案】ACD　【解析】账簿应具备以下基本内容：（1）封面，主要用来注明单位名称和账簿的名称；（2）扉页，主要用来列明会计账簿的使用信息；（3）账页，是账簿用来记录经济业务的主要载体。

21.【答案】BCD　【解析】会计账簿按照账页格式，主要分为三栏式账簿、多栏式账簿、数量金额式账簿；活页式账簿系会计账簿按照外形特征的分类，选项 A 错误。

22.【答案】BD　【解析】收入、成本、费用明细账一般采用多栏式账簿。选项 A，应采用固定资产卡片账；选项 C，应采用三栏式账簿。

23.【答案】BD　【解析】活页式账簿一般适用于明细分类账，选项 B 正确。订本式账簿一般适用于重要的和具有统驭性的总分类账、库存现金日记账和银行存款日记账，选项 A 错误。活页式账簿的优点是记账时可以根据实际需要，随时将空白账页装入账簿，或抽去不需要的账页，便于分工记账，选项 D 正确；缺点是如果管理不善，可能会造成账页散失或故意抽换账页。订本式账簿的优点是能避免账页散失和防止抽换账页；缺点是不能准确为各账户预留账页，选项 C 错误。

24.【答案】ABD　【解析】账账核对是核对不同会计账簿之间相对应的记录是否相符，包括：总账有关账户的余额核对，总账与明细账核对，总账与日记账核对，会计机构的财产物资明细账与财产物资保管和使用部门的有关明细账核对等。选项 A、B、D 正确。

25.【答案】ABCD 【解析】对账包括账证核对、账账核对、账实核对、账表核对。

26.【答案】ABCD 【解析】不定期清查主要在以下情况中进行：（1）财产物资、库存现金保管人员更换时，要对有关人员保管的财产物资、库存现金进行清查；（2）发生自然灾害和意外损失时，要对受损失的财产物资进行清查；（3）上级主管、财政、审计和银行等部门，对本单位进行会计检查；（4）开展临时性清产核资时，要对本单位的财产物资进行清查。

27.【答案】ABD 【解析】选项 A、B、D 的说法均正确；选项 C 说法不正确，库存现金应采用实地盘点法确定库存现金实存数，再与库存现金日记账账面余额相核对。

28.【答案】AB 【解析】需要进行全面清查的情况通常有：（1）年终决算前；（2）在合并、撤销或改变隶属关系前；（3）中外合资、国内合资前；（4）股份制改造前；（5）开展全面的资产评估、清产核资前；（6）单位主要领导调离工作前等。因此，选项 A 正确；不定期清查是指事前不规定清查日期，而是根据特殊需要临时进行的盘点和核对。单位主要负责人调离的清查属于特殊需要，属于不定期清查，选项 B 正确。

29.【答案】AD 【解析】记账凭证账务处理程序的主要特点是直接根据记账凭证逐笔登记总分类账。其优点是简单明了，易于理解，总分类账可以反映经济业务的详细情况；缺点是登记总分类账的工作量较大。

30.【答案】AD 【解析】科目汇总表账务处理程序的主要特点是先将所有记账凭证汇总编制成科目汇总表，然后根据科目汇总表登记总分类账。其优点是减轻了登记总分类账的工作量，并且科目汇总

表可以起到试算平衡的作用；缺点是科目汇总表不能反映各个账户之间的对应关系，不利于对账目进行检查，选项 A、D 正确，选项 B、C 错误。

31.【答案】ABCD 【解析】单位开展会计信息化建设，应当根据单位发展目标和信息化体系建设实际需要，遵循统筹兼顾、安全合规、成本效益等原则，因地制宜地推进。选项 A、B、C、D 均正确。

32.【答案】ABC 【解析】会计信息系统业务流程设计、业务规则制定应当科学合理。会计信息系统应当设定经办、审核、审批等必要的审签程序。选项 A、B、C 正确。

三、判断题

1.【答案】× 【解析】题干描述不准确，权益不仅包括所有者权益，还包括负债（债权人权益）。

2.【答案】√ 【解析】费用的发生应当会导致经济利益的流出，经济利益流出企业的结果是使资产减少或者负债增加。

3.【答案】× 【解析】采用重置成本计量时，资产按照现在购买相同或者相似资产所需支付的现金或者现金等价物的金额计量，负债按照现在偿付该项债务所需支付的现金或者现金等价物的金额计量。采用现值计量时，负债按照预计期限内需要偿还的未来净现金流出量的折现金额计量。

4.【答案】× 【解析】"资产＝负债＋所有者权益"等式反映了企业在某一特定时点资产、负债和所有者权益三者之间的平衡关系，是编制资产负债表的依据；"收入－费用＝利润"等式反映了企业利润的实现过程，是编制利润表的依据。

5.【答案】× 【解析】题干阐述不准确，会计科目是对会计要素具体内容进行分类核算的项目。

6.【答案】× 【解析】资产类账户的借方登记增加额，贷方登记减少额，期末余额一般在借方。

7. 【答案】√　【解析】应收账款账户是资产类账户，所以借方登记的是应收款项的增加数。

8. 【答案】×　【解析】题干阐述不准确，成本类账户期末可能会有余额，例如"生产成本"账户的期末余额表示未完工产品的生产成本。

9. 【答案】×　【解析】损益类账户主要包括收入类账户和费用类账户。在借贷记账法下，收入类账户的借方登记减少额，贷方登记增加额；费用类账户借方登记增加额，贷方登记减少额，期末结转后均无余额。

10. 【答案】×　【解析】"管理费用"属于损益类账户，期末需将余额转入"本年利润"中，结转后无余额。

11. 【答案】×　【解析】来源可靠、程序规范、要素合规的电子原始凭证与纸质原始凭证具有同等法律效力，可以直接作为入账依据。

12. 【答案】×　【解析】以电子原始凭证的纸质打印件作为入账依据的，必须同时保存该纸质件的电子原始凭证。

13. 【答案】×　【解析】银行存款余额调节表只是为了核对账目，不能作为调整企业银行存款账面记录的记账依据。

14. 【答案】×　【解析】每个企业都必须按一定的程序填制和审核会计凭证，根据审核无误的会计凭证进行账簿登记，如实反映企业的经济业务。

15. 【答案】×　【解析】会计凭证按照填制程序和用途可分为原始凭证和记账凭证。记账凭证按照其反映的经济业务的内容来划分，通常可分为收款凭证、付款凭证和转账凭证。

16. 【答案】√　【解析】总分类账簿是根据总分类账户开设的，主要为编制财务报表提供直接数据资料，通常采用三栏式。明细分类账簿可采用的格式主要有三栏式明细账、多栏式明细账、数量金额式明细账等，生产成本适用多栏式明细账。

17. 【答案】√　【解析】对银行存款进行清查，在与银行对账时首先应查明是否存在未达账项，如存在未达账项，应编制"银行存款余额调节表"，据以确定企业银行存款实有数。

18. 【答案】×　【解析】未达账项不需要调整银行存款日记账。

19. 【答案】×　【解析】账簿记录发生错误时，不得刮擦、挖补或用褪色药水更改字迹，而应采用规定的方法更正。

20. 【答案】×　【解析】账证核对是核对会计账簿记录与原始凭证、记账凭证的时间、凭证字号、内容、金额是否一致，记账方向是否相符。不仅包括记账凭证，还包括原始凭证。

21. 【答案】×　【解析】结账时，应当结出每个账户的期末余额。需要结出当月发生额的，应当在摘要栏内注明"本月合计"字样，并在下面通栏划单红线。

22. 【答案】×　【解析】不定期清查是指事前不规定清查日期，而是根据特殊需要临时进行的盘点和核对。局部清查是指根据需要只对部分财产进行盘点和核对。

23. 【答案】×　【解析】实物资产清查的方法包括实地盘点法和技术推算法。发函询证一般是对往来款项清查采用的方法。

24. 【答案】√　【解析】企业常用的账务处理程序，主要有记账凭证账务处理程序、汇总记账凭证账务处理程序和科目汇总表账务处理程序，它们之间的主要区别是登记总分类账的依据和方法不同。

25. 【答案】×　【解析】符合国家有关电子会计档案管理要求的电子会计档案与纸质会计档案具有同等法律效力。除法律、行政法规另有规定外，电子会计档案可不再另以纸质形式保存。

提 高 演 练

一、单项选择题

1. 甲企业用盈余公积转增实收资本，此项业务对会计要素的影响是（ ）。
   A. 资产增加
   B. 负债减少
   C. 所有者权益增加
   D. 所有者权益不变

2. 下列各项中，符合会计要素中收入定义的是（ ）。
   A. 出售材料收入
   B. 出售无形资产收入
   C. 出售固定资产收入
   D. 向购货方收回的销货代垫运费

3. 下列会计要素中，不属于反映财务状况的会计要素是（ ）。
   A. 资产　　　　　B. 负债
   C. 收入　　　　　D. 所有者权益

4. 下列各项中，按照当前市场条件重新取得同样一项资产所需支付的金额进行计量的会计计量属性是（ ）。
   A. 历史成本　　　B. 重置成本
   C. 现值　　　　　D. 公允价值

5. 下列计量方法中，资产按照购置时支付现金的金额计量的方法是（ ）。
   A. 重置成本　　　B. 历史成本
   C. 可变现净值　　D. 现值

6. 下列各项中，考虑了货币时间价值因素的会计计量属性是（ ）。
   A. 可变现净值　　B. 历史成本
   C. 现值　　　　　D. 重置成本

7. 下列各项中，会导致企业资产和负债同时减少的是（ ）。
   A. 资本公积转增资本
   B. 计提法定盈余公积
   C. 盈余公积弥补亏损
   D. 以银行存款归还短期借款

8. 下列各项中，导致"资产=负债+所有者权益"会计等式左右两边金额保持不变的经济业务是（ ）。
   A. 收到投资者以专利权出资
   B. 支付事务所审计费用
   C. 取得短期借款存入银行
   D. 以银行存款预付货款

9. 某企业发生的下列经济业务中，会使一项负债增加，另一项负债减少的是（ ）。
   A. 以银行存款偿还前欠货款
   B. 开具的银行承兑汇票到期无力支付
   C. 向投资者宣告发放现金股利
   D. 经批准将资本公积转增为实收资本

10. 下列各项中，引起企业资产和所有者权益同时增加的经济业务是（ ）。
    A. 购买原材料签发商业承兑汇票
    B. 溢价发行股票
    C. 以银行存款偿还短期借款
    D. 收回其他应收款存入银行

11. 2024年8月31日，某企业负债总额为500万元，9月份收回应收账款60万元，以银行存款归还短期借款40万元，预收客户货款20万元。不考虑其他因素。2024年9月30日该企业负债总额为（ ）万元。
    A. 440　　　　　B. 480
    C. 460　　　　　D. 380

12. 将资产类科目分为反映流动资产的科目和反映非流动资产的科目的依据是（ ）。
    A. 所有者权益的形成和性质
    B. 资产的流动性
    C. 负债的偿还期限
    D. 成本的不同内容和性质

13. 下列各项中，不属于成本类科目的是（ ）。
    A. 货币兑换　　　B. 制造费用
    C. 合同履约成本　D. 研发支出

14. 下列各项中，按会计科目反映的经济内容分类，属于成本类科目的是（ ）。

A. 长期待摊费用　　B. 主营业务成本

C. 其他业务成本　　D. 合同履约成本

15. 下列各项中，关于所有者权益类账户结构的表述中正确的是（　　）。

A. 增加记贷方　　　B. 增加记借方

C. 减少记贷方　　　D. 期末无余额

16. 账户的左方和右方，哪一方登记增加，哪一方登记减少，取决于（　　）。

A. 所记经济业务的重要程度

B. 开设账户时间的长短

C. 所记金额的大小

D. 所采用的记账方法和所记录的经济内容的性质

17. 某账户本期增加发生额为 1200 元，减少发生额为 1500 元，期末余额为 1300 元，则该账户本期期初余额为（　　）元。

A. 4000　　　　　　B. 1600

C. 1200　　　　　　D. 1000

18. 应收账款账户期初借方余额为 35400 元，本期借方发生额为 26300 元，本期贷方发生额为 17900 元，该账户期末余额为（　　）。

A. 借方 43800 元　　B. 借方 27000 元

C. 贷方 43800 元　　D. 贷方 27000 元

19. 下列各项中，属于借贷记账法下的发生额试算平衡直接依据的是（　　）。

A. 账户的结构

B. "资产 = 负债 + 所有者权益"的等式

C. 记账凭证

D. "有借必有贷，借贷必相等"的规则

20. 下列各项中，属于企业外来原始凭证的是（　　）。

A. 生产产品完工验收入库填制的产品入库单

B. 生产产品领用材料填制的领料单

C. 职工出差报销的火车票

D. 发出产品填制的产品出库单

21. 付款凭证左上角的"贷方科目"可能登记的科目是（　　）。

A. 预付账款　　　　B. 银行存款

C. 预收账款　　　　D. 其他应付款

22. 下列各项中，关于企业从银行提取现金或将现金存入银行时所需填制凭证的表述中正确的是（　　）。

A. 只填制付款凭证，不填制收款凭证

B. 只填制收款凭证，不填制付款凭证

C. 既填制付款凭证，又填制收款凭证

D. 既填制转账凭证，又填制收、付款凭证

23. 下列各项中，可以不附原始凭证的记账凭证是（　　）。

A. 更正错误的记账凭证

B. 材料入库的记账凭证

C. 以现金存入银行的记账凭证

D. 从银行提取现金的记账凭证

24. 下列各项中，属于汇总原始凭证的是（　　）。

A. 制造费用分配表

B. 限额领料单

C. 发料凭证汇总表

D. 银行结算凭证

25. 行政管理部门王某前来报销差旅费 4500 元（原预借 3000 元），财务部门补足其现金。会计人员应当填制的记账凭证是（　　）。

A. 只填制现金收款凭证

B. 只填制转账凭证

C. 除填制现金收款凭证外还要填制转账凭证

D. 除填制现金付款凭证外还要填制转账凭证

26. 下列各项中，不属于记账凭证审核内容的是（　　）。

A. 是否有原始凭证为依据

B. 接受原始凭证单位的名称是否正确

C. 凭证的金额与所附原始凭证的金额是否一致

D. 凭证项目是否填写齐全

27. 下列各项中，关于会计账簿分类的表述正确的是（　　）。

A. 按照用途可分为序时账簿、分类账簿和备查账簿

B. 按照外形特征可分为三栏式账簿、多

栏式账簿和数量金额式账簿

C. 按照账页格式可分为订本式账簿、活页式账簿和卡片式账簿

D. 按照填制方法可分为总分类账簿和明细分类账簿

28. 下列各项中，不符合账簿登记要求的是（　　）。

A. 根据红字冲账的记账凭证，用红字冲销错误记录

B. 登记账簿一律使用蓝黑墨水或碳素墨水书写

C. 日记账必须逐日结出余额

D. 发生账簿记录错误不得刮擦、挖补

29. 银行存款日记账与银行对账单的核对属于（　　）。

A. 账实核对　　　　B. 账账核对

C. 账表核对　　　　D. 账证核对

30. 下列各项中，关于结账要点的表述不正确的是（　　）。

A. 需要结出当月发生额的，应当在摘要栏内注明"本月合计"字样，并在下面通栏划双红线

B. 需要结出当月发生额的，应当在摘要栏内注明"本月合计"字样，并在下面通栏划单红线

C. 需要结出本年累计发生额的，应当在摘要栏内注明"本年累计"字样，并在下面通栏划单红线

D. 全年累计发生额下面应当通栏划双红线

31. 下列各项中，关于财产清查方法的表述不正确的是（　　）。

A. 应收账款的清查一般采用发函询证的方法

B. 库存现金的清查一般采用实地盘点的方法

C. 露天堆放煤炭的清查一般采用实地盘点的方法

D. 银行存款的清查一般采用与开户行核对账目的方法

32. 下列各项中，关于会计数据处理要求不

正确的是（　　）。

A. 单位应当保证会计信息系统各环节的会计数据质量和可用性

B. 单位应当建立安全便捷的电子原始凭证获取渠道

C. 单位应当确保电子原始凭证来源合法、真实

D. 对电子原始凭证的任何篡改不能够被发现

二、多项选择题

1. 下列各项中，属于企业资产的有（　　）。

A. 报废的设备

B. 融资租入的设备

C. 企业自建的办公楼

D. 以经营租赁方式租出的设备

2. 下列各项中，属于非流动负债的有（　　）。

A. 合同负债　　　　B. 租赁负债

C. 应交税费　　　　D. 预计负债

3. 日常活动产生的收入，通常包括（　　）。

A. 捐赠利得　　　　B. 政府补助

C. 主营业务收入　　D. 其他业务收入

4. 下列各项中，不应作为负债确认的有（　　）。

A. 因购买货物而暂欠外单位的货款

B. 按照购货合同约定以赊购方式购进货物的货款

C. 计划向银行借款 100 万元

D. 因经济纠纷导致的法院尚未判决且金额无法合理估计的赔偿

5. 下列各项中，关于重置成本的表述正确的有（　　）。

A. 重置成本是指按照当前市场条件，重新取得同样一项资产所需支付的现金或现金等价物金额

B. 在重置成本的计量下，资产按照现在购买相同或者相似资产所需支付现金或者现金等价物的金额计量

C. 在重置成本的计量下，负债按照现在偿付该项债务所需支付的现金或者现金等价物的金额计量

D. 在重置成本的计量下，资产按照购置资产时所付出的对价的公允价值计量

6. 下列各项中，不属于会计计量属性的有（ ）。
   A. 账面价值　　　B. 账面余额
   C. 公允价值　　　D. 入账价值

7. 下列各项中，引起企业资产和负债要素同时发生增减变动的经济业务有（ ）。
   A. 收到股东投资款
   B. 以盈余公积转增资本
   C. 从银行借入短期借款
   D. 以银行存款归还前欠货款

8. 下列各项中，仅引起资产项目一增一减的经济业务有（ ）。
   A. 从银行借款 10 万元
   B. 将现金 500 元存入银行
   C. 以现金 10 万元支付职工工资
   D. 以银行存款 2000 元购入固定资产（假定不考虑增值税因素）

9. 企业销售产品一批，成本 50 万元，售价 80 万元，已收款 60 万元，其余 20 万元尚未收到（假设不考虑税金）。这项业务会引起（ ）。
   A. 收入增加 80 万元
   B. 收入增加 60 万元
   C. 资产增加 30 万元
   D. 资产增加 20 万元

10. 下列经济业务中，不影响所有者权益总额的有（ ）。
    A. 资本公积转增资本
    B. 分配现金股利
    C. 投资者投入设备
    D. 提取盈余公积

11. 下列各项中，属于共同类科目的有（ ）。
    A. 货币兑换　　　B. 被套期项目
    C. 应付款项　　　D. 套期工具

12. 下列各项中，关于会计科目和会计账户关系的表述正确的有（ ）。
    A. 没有账户，会计科目就无法发挥作用
    B. 会计科目是账户的名称，也是设置账户的依据
    C. 会计科目不存在结构，账户则具有一定的格式和结构
    D. 会计科目与账户没有区别，可以混合使用

13. 下列各项中，关于账户的说法正确的有（ ）。
    A. 账户具有一定的结构以用来连续、系统、完整地记录企业经济活动
    B. 账户的基本结构分为增加和减少两个基本部分
    C. 在 T 型账户下分为左右两方，左方登记增加，右方登记减少
    D. 账户是根据会计科目设置的，具有一定格式和结构，用于分类反映会计要素增减变动情况及其结果的载体

14. 下列各项中，关于借贷记账法的账户结构说法正确的有（ ）。
    A. 借贷记账法下，账户的左方为借方，右方为贷方
    B. 所有账户的借方和贷方按相反方向记录增加数和减少数
    C. "借"表示增加还是"贷"表示增加，取决于账户的性质与所记录经济业务内容的性质
    D. 通常情况下，成本类账户的增加用"贷"表示，减少用"借"表示

15. 下列各项中，企业应当编制复合分录的业务有（ ）。
    A. 将库存现金存入银行账户
    B. 采用售价金额法核算以银行存款购入的库存商品（不考虑增值税）
    C. 注销溢价回购的股份
    D. 将未计提过减值准备的自用办公楼转为以公允价值模式计量的投资性房地产，转换当日公允价值高于账面价值

16. 下列各项中，关于试算平衡的说法正确的有（ ）。
    A. 余额试算平衡的直接依据是"有借必有贷，借贷必相等"
    B. 试算不平衡，一定记账错误

C. 试算平衡，记账不一定正确

D. 发生额试算平衡的直接依据是"资产 = 负债 + 所有者权益"

17. 下列各项中，属于外来原始凭证的有（　　）。

A. 职工出差报销的航空运输电子客票行程单

B. 财务部门的固定资产折旧计算表

C. 购入广告服务取得的增值税专用发票

D. 领用生产材料填制的限额领料单

18. 企业的领料单、借款单属于（　　）。

A. 原始凭证　　　　B. 一次凭证

C. 自制凭证　　　　D. 累计凭证

19. 下列各项中，关于原始凭证的表述正确的有（　　）。

A. 原始凭证的作用主要是记载经济业务的发生过程和具体内容

B. 原始凭证按照取得来源，分为自制原始凭证和外来原始凭证

C. 汇总凭证是指对一定时期内反映经济业务内容相同的若干张原始凭证，按照一定标准综合填制的原始凭证

D. 专用凭证是指由有关部门统一印制、在一定范围内使用的具有统一格式和使用方法的原始凭证

20. 下列关于收款凭证的说法，正确的有（　　）。

A. 收款凭证是指用于记录库存现金和银行存款收款业务的记账凭证

B. 收款凭证根据有关库存现金和银行存款收入业务的原始凭证填制

C. 从银行提取库存现金的业务应该编制库存现金收款凭证

D. 收款凭证应当由出纳人员签名或者盖章

21. 下列各项中，关于会计凭证的保管要求说法正确的有（　　）。

A. 会计凭证登记完毕后，应当按照分类和编号顺序保管，不得散乱丢失

B. 原始凭证一般不得外借，根据国家有关规定必须借出的，应当严格按照规定

办理相关手续

C. 其他单位如因特殊原因需要使用原始凭证时，经本单位会计机构负责人（会计主管人员）批准，可以复制

D. 向外单位提供的原始凭证复制件，应当在专设的登记簿上登记，并由提供人员签名或者盖章

22. 下列各项中，说法正确的有（　　）。

A. 三栏式明细分类账适用于收入、费用类科目的明细核算

B. 总账最常用的格式为三栏式

C. 日记账必须采用多栏式

D. 银行存款日记账应按企业在银行开立的账户和币种分别设置，每个银行账户设置一本日记账

23. 下列各项中，属于账实核对的有（　　）。

A. 现金日记账账面余额与现金实际库存数逐日核对

B. 银行存款日记账账面余额与银行对账单余额定期核对

C. 各种财物明细账账面余额与财物实存数额相核对

D. 有关债权债务明细账账面余额与对方单位债权债务账面记录核对

24. 账证核对是指核对会计账簿记录与原始凭证、记账凭证的（　　）是否一致，记账方向是否相符。

A. 时间　　　　　　B. 凭证字号

C. 方式　　　　　　D. 内容

25. 下列各项中，关于财产清查的表述正确的有（　　）。

A. 银行存款和银行对账单核查

B. 应收账款用发函询证

C. 库存现金是实地盘点

D. 露天煤炭用技术推算

26. 下列各项中，需要进行全面清查的有（　　）。

A. 出纳人员离职　　B. 企业年终决算

C. 股份制改造前　　D. 原材料短缺

27. 下列各项中，关于实物资产清查方法的表述正确的有（　　）。

A. 实物资产常用的清查方法有实地盘点法和技术推算法

B. 实地盘点法是指通过点数、过磅、量尺等方法来确定实物资产的实有数量

C. 技术推算法是指利用技术方法对财产物资的实存数进行推算

D. 技术推算法只适用于成堆量大而价值又不高，难以逐一清点的财产物资的清查

28. 经济业务较多的单位比较适宜采用的账务处理程序有（　　）。

A. 记账凭证账务处理程序

B. 科目汇总表账务处理程序

C. 汇总记账凭证账务处理程序

D. 记账凭证汇总表账务处理程序

29. 各种账务处理程序的相同点有（　　）。

A. 登记明细账依据相同

B. 编制记账凭证依据相同

C. 编制财务报表依据相同

D. 登记库存现金日记账依据相同

30. 下列各项中，关于电子会计资料的法律效力说法正确的有（　　）。

A. 来源可靠、程序规范、要素合规的电子会计资料与纸质会计资料具有同等法律效力

B. 电子会计资料与纸质会计资料具有同等法律效力

C. 符合国家有关电子会计档案管理要求的电子会计档案与纸质会计档案具有同等法律效力

D. 除法律、行政法规另有规定外，电子会计档案可不再另以纸质形式保存

三、判断题

1. 费用是指企业发生的、会导致所有者权益减少的、与向所有者分配利润无关的经济利益的总流出。（　　）

2. 收入在扣除相关成本费用后，必然会导致企业所有者权益增加。（　　）

3. 甲企业于2024年5月15日与A公司签订了一份商品购销合同，计划于6月20日销售一批商品给A公司，合同约定A公司于6月25日支付商品款给甲企业，则甲企业可以于5月15日确定资产的增加。（　　）

4. 企业在对会计要素计量时，一般应当采用公允价值。（　　）

5. 重置成本是指按照当前市场条件，重新取得同样一项资产所需支付的现金或现金等价物金额。（　　）

6. 可变现净值是指市场参与者在计量日发生的有序交易中，出售一项资产所能收到或者转移一项负债所需支付的价格。（　　）

7. 某企业有一项短期借款到期无力归还而展期，变更为长期借款。该项业务会引起会计等式左右两边会计要素发生一增一减的变化。（　　）

8. 会计科目按反映的经济内容分类，可以分为资产类科目、负债类科目、所有者权益类科目、收入类科目、成本类科目、利润类科目。（　　）

9. 账户的简单格式分为左右两方，其中，左方表示增加，右方表示减少。（　　）

10. 管理费用属于资产类科目，而制造费用属于成本类科目。（　　）

11. 在借贷记账法下，所有者权益类账户与成本类账户的结构相同。（　　）

12. 企业试算平衡表中全部账户本期借方发生额合计等于全部账户本期贷方发生额合计，表明该企业本期记账正确。（　　）

13. 编制试算平衡表时，也包括只有期初余额而没有本期发生额的账户。（　　）

14. 审核原始凭证所记录经济业务是否符合企业经济活动的需要、是否符合有关的计划和预算，是原始凭证真实性审核的内容。（　　）

15. 原始凭证上记载的各项内容均不得涂改。（　　）

16. 由中国人民银行统一制作的支票、商业汇票等结算凭证属于专用凭证。（　　）

17. 收款凭证借方登记库存现金或银行存款的增加。（　　）

18. 从外单位取得的或对外开出的电子原始凭证应附有符合《中华人民共和国电子

签名法》规定的电子签名；不具备电子签名的，可以不签。（　　）

19. 会计账簿按照用途可以分为三栏式账簿、多栏式账簿、数量金额式账簿。（　　）

20. 使用会计软件进行会计核算的单位，对于机制记账凭证，要认真审核，做到会计科目使用正确，数字准确无误。对于具有明晰审核规则的机制记账凭证，不可以进行自动审核。（　　）

21. 库存现金日记账的日期栏，应填写原始凭证上的日期。（　　）

22. 明细账一般使用活页式账簿，以便于根据实际需要，随时添加账页。（　　）

23. 库存现金日记账账面余额与现金实际库存数逐日核对属于账证核对。（　　）

24. 业务人员可以根据工作需要，去财务部门翻阅看会计账簿。（　　）

25. 库存现金保管人员更换时对现金的清查属于定期清查。（　　）

26. 对于财产清查结果应该根据审批意见进行差异处理，但不得调整账项。（　　）

27. 对库存现金进行盘点时，出纳人员应当回避。（　　）

28. 经济业务少的小型单位的总分类账，可以根据记账凭证汇总表定期登记。（　　）

29. 在汇总记账凭证账务处理程序下，根据汇总记账凭证来编制财务报表。（　　）

30. 单位分管会计工作的负责人是本单位会计信息化工作的第一责任人。（　　）

四、不定项选择题

1. 甲企业 2024 年 12 月 31 日银行存款的余额为 5400000 元，银行转来对账单的余额为 830000 元。经逐笔核对，发现以下未达账项：

资料（1）：企业送存转账支票 6000000 元，并已登记银行存款增加，但银行尚未记账。

资料（2）：企业开出转账支票 4500000 元，并已登记银行存款减少，但持票单位尚未到银行办理转账，银行尚未记账。

资料（3）：企业委托银行代收某公司购货款 4800000 元，银行已收妥并登记入账，但企业尚未收到收款通知，尚未记账。

资料（4）：银行代企业支付电话费 400000 元，银行已登记减少企业银行存款，但企业未收到银行付款通知，尚未记账。

要求：根据上述资料，回答下列问题。

（1）甲企业 2024 年 12 月 31 日银行存款的余额 5400000 元与银行转来对账单的余额 830000 元不相等的原因可能是（　　）。

A. 甲企业记账错误

B. 开户银行记账错误

C. 未达账项

D. 甲企业和开户银行记账错误

（2）根据资料（1），下列说法正确的是（　　）。

A. 应当增加银行存款日记账余额 6000000 元

B. 应当减少银行存款日记账余额 6000000 元

C. 应当增加银行对账单余额 6000000 元

D. 应当减少银行对账单余额 6000000 元

（3）根据资料（1）~（4），能够导致银行存款日记账余额大于银行对账单余额的是（　　）。

A. 资料（1）　　　B. 资料（2）

C. 资料（3）　　　D. 资料（4）

（4）根据资料（1）~（4），银行存款调节后的存款余额是（　　）元。

A. 9800000　　　B. 8300000

C. 5400000　　　D. 1400000

（5）下列各项中，关于银行存款余额调节表说法正确的是（　　）。

A. 银行存款余额调节表的编制是以银行存款日记账余额和银行对账单余额为基础

B. 调整平衡的银行存款余额调节表，经主管会计签字后，送达开户银行

C. 银行存款余额调节表只是为了核对账目，不能作为调整企业银行存款账面记录的记账依据

D. 银行存款余额调节表中调节后的存款余额是企业银行存款实有数

2. 甲企业 2024 年 8 月末资产总额为 500 万元，负债总额为 0，9 月份有关资料如下：

资料（1）：5 日，用银行存款 30 万元购入一台设备。

资料（2）：10 日，销售一批商品，价款 50 万元（不考虑增值税），该商品成本为 42 万元。

资料（3）：15 日，接受投资者投入无形资产，价值 20 万元。

资料（4）：20 日，向银行借入半年期借款，本金 60 万元。

要求：假设不考虑其他因素，根据上述资料，回答下列问题。

（1）根据资料（1），下列会计处理正确的是（　　）。

A. 借记银行存款 30 万元

B. 借记固定资产 30 万元

C. 贷记银行存款 30 万元

D. 贷记固定资产 30 万元

（2）根据资料（2），确认本月收入，体现了（　　）。

A. 权责发生制　　　B. 收付实现制

C. 实地盘存制　　　D. 永续盘存制

（3）根据资料（3），下列说法正确的是（　　）。

A. 该业务发生导致一项资产增加，一项负债增加

B. 该业务发生导致一项资产增加，一项所有者权益增加

C. 该业务发生不会破坏资产和权益的平衡关系

D. 该业务发生不会导致企业资产总额变动

（4）根据资料（1）~（4），不影响企业资产总额的是（　　）。

A. 资料（1）　　　B. 资料（2）

C. 资料（3）　　　D. 资料（4）

（5）根据资料（1）~（4），甲企业 9 月末，资产总额是（　　）万元。

A. 608　　　　　　B. 618

C. 630　　　　　　D. 660

提高演练参考答案及解析

一、单项选择题

1. 【答案】D 【解析】盈余公积转增实收资本，盈余公积减少，实收资本增加，盈余公积和实收资本均属于所有者权益，所以所有者权益总额不变，选项 D 正确。

2. 【答案】A 【解析】出售材料收入为企业的其他业务收入，符合收入定义；出售无形资产与固定资产的收入，均为企业的营业外收入，是企业偶发事项，不符合收入定义；向购货方收回代垫运费，不属于收入，而是债权的收回。

3. 【答案】C 【解析】反映财务状况的会计要素包括资产、负债、所有者权益。

4. 【答案】B 【解析】重置成本是指按照当前市场条件，重新取得同样一项资产所需支付的现金或现金等价物金额。

5. 【答案】B 【解析】历史成本计量下资产按照购置时支付的现金的金额计量。

6. 【答案】C 【解析】选项 C 正确，现值是指对未来现金流量以恰当的折现率进行折现后的价值，是考虑货币时间价值因素等的一种计量属性。

7. 【答案】D 【解析】选项 A，借：资本公积，贷：实收资本/股本。选项 B，借：利润分配——提取法定盈余公积，贷：盈余公积。选项 C，借：盈余公积，贷：利润分配——盈余公积补亏。选项 A、B、C，借、贷双方均不涉及资产和负债，对资产和负债无影响。选项 D，借：短期借款，贷：银行存款，借方负债减少，贷方资产减少，所以会导致企业资产和负债同时减

少。选项 D 正确。

8. 【答案】D 【解析】选项 A，借：无形资产，贷：实收资本等，不考虑增值税，导致会计等式左右两边金额同时增加；选项 B，借：管理费用，贷：银行存款，导致会计等式左右两边金额同时减少；选项 C，借：银行存款，贷：短期借款，导致会计等式左右两边金额同时增加；选项 D，借：预付账款，贷：银行存款，资产内部一增一减，会计等式左右两边金额保持不变。选项 D 正确。

9. 【答案】B 【解析】本题考查交易或事项对会计等式的影响。
（1）以银行存款偿还前欠货款，会计处理为：
借：应付账款
　　贷：银行存款
该业务会使资产和负债同时减少，选项 A 错误。
（2）开具的银行承兑汇票到期无力支付，会计处理为：
借：应付票据
　　贷：短期借款
该业务会使一项负债增加，另一项负债减少，选项 B 正确。
（3）向投资者宣告发放现金股利，会计处理为：
借：利润分配
　　贷：应付股利
该业务会使一项负债增加，一项所有者权益减少，选项 C 错误。
（4）经批准将资本公积转增为实收资本，会计处理为：
借：资本公积
　　贷：实收资本
该业务会使一项所有者权益增加，另一项所有者权益减少，选项 D 错误。

10. 【答案】B 【解析】选项 A，借：原材料，贷：应付票据，资产和负债等额增加，所有者权益不变。选项 B，借：银行存款，贷：股本、资本公积——股本溢

价，资产和所有者权益等额增加，符合题意。选项 C，借：短期借款，贷：银行存款，资产和负债等额减少，所有者权益不变。选项 D，借：银行存款，贷：其他应收款，资产内部一增一减，资产总额不变。

11. 【答案】B 【解析】本题考核负债。收回应收账款，应借记"银行存款"科目，贷记"应收账款"科目，均属于资产增减，不涉及负债；以银行存款归还短期借款，应借记"短期借款"科目，贷记"银行存款"科目，涉及负债减少；预收客户货款，应借记"银行存款"科目，贷记"预收账款"科目，涉及负债增加。9 月 30 日负债总额 = 500（期初余额）+ 20（增加额）- 40（减少额）= 480（万元）。

12. 【答案】B 【解析】本题考查资产类科目的分类。资产类科目按资产的流动性可分为反映流动资产的科目和反映非流动资产的科目。

13. 【答案】A 【解析】成本类科目是对可归属于产品生产成本、劳务成本等的具体内容进行分类核算的项目，主要有"生产成本""制造费用""研发支出"等科目。货币兑换属于共同类科目，选项 A 符合题意。

14. 【答案】D 【解析】选项 A 属于资产类科目，选项 B、C 属于损益类科目。

15. 【答案】A 【解析】所有者权益类账户，增加记贷方，减少记借方，期末余额在贷方。

16. 【答案】D 【解析】就某个具体账户而言，该账户可以左边登记增加额，右边登记减少额，也可以在左边登记减少额，右边登记增加额。至于账户的哪一方登记增加额，哪一方登记减少额，则取决于企业所采用的记账方法和所记录的经济内容的性质。

17. 【答案】B 【解析】根据"期末余额 = 期初余额 + 本期增加发生额 - 本期减少发生额"，该账户本期期初余额 = 1300 -

1200 + 1500 = 1600（元）。

18. 【答案】A 【解析】"应收账款"属于资产类账户，资产类账户的期末余额一般在借方，其余额计算公式为：期末借方余额 = 期初借方余额 + 本期借方发生额 - 本期贷方发生额，本题中，期末借方余额 = 35400 + 26300 - 17900 = 43800（元）。

19. 【答案】D 【解析】借贷记账法下，T型账户的结构为左右方，左方为借方，右方为贷方，是用于分类反映会计要素增减变动情况及其结果的载体，选项A错误；"资产 = 负债 + 所有者权益"的等式，是财务状况等式，是余额试算平衡的直接依据，选项B错误；记账凭证是登记账簿的直接依据，选项C错误；发生额试算平衡的直接依据是借贷记账法的记账规则，即"有借必有贷，借贷必相等"的规则决定的，选项D正确。

20. 【答案】C 【解析】选项A、B、D属于自制原始凭证。

21. 【答案】B 【解析】本题考核会计凭证。付出现金或银行存款的业务需要编制付款凭证，所以贷方科目可能为库存现金或银行存款。

22. 【答案】A 【解析】对于涉及"库存现金"和"银行存款"之间的相互划转业务，为了避免重复记账，一般只填制付款凭证，不再填制收款凭证。

23. 【答案】A 【解析】除结账和更正错账可以不附原始凭证外，其他记账凭证必须附原始凭证，选项A正确。

24. 【答案】C 【解析】制造费用分配表、银行结算凭证属于一次凭证，选项A、D错误；限额领料单属于累计凭证，选项B错误；发料凭证汇总表是一种常用的汇总凭证，选项C正确。

25. 【答案】D 【解析】财务部门补足王某现金应填制现金付款凭证，原先预借的3000元业务在报销时因不涉及库存现金和银行存款，应填制转账凭证，所以选

项D正确。

26. 【答案】B 【解析】记账凭证审核的主要内容包括：记账凭证是否有原始凭证为依据（选项A），所附原始凭证或原始凭证汇总表的内容与记账凭证的内容是否一致（选项C）；记账凭证各项目的填写是否齐全（选项D）；记账凭证的应借、应贷科目以及对应关系是否正确，记账凭证所记录的金额与原始凭证的有关金额是否一致，计算是否正确；记账凭证中的记录是否文字工整、数字清晰，是否按规定进行更正等；出纳人员在办理收款或付款业务后，是否已在原始凭证上加盖"收讫"或"付讫"的戳记。选项B属于原始凭证正确性审核内容。

27. 【答案】A 【解析】会计账簿按照用途，可以分为序时账簿、分类账簿和备查账簿，选项A正确；会计账簿按照外形特征，可以分为订本式账簿、活页式账簿、卡片式账簿，选项B错误；会计账簿按照账页格式，主要分为三栏式账簿、多栏式账簿、数量金额式账簿，选项C错误；分类账簿按其反映经济业务的详略程度，可分为总分类账簿和明细分类账簿，选项D错误。

28. 【答案】B 【解析】本题考查会计账簿的启用和登记要求。以下情况可以使用红色墨水记账：（1）按照红字冲账的记账凭证，冲销错误记录；（2）在不设借贷等栏的多栏式账页中，登记减少数；（3）在三栏式账户的余额栏前，如未印明余额方向的，在余额栏内登记负数余额；（4）根据国家统一的会计制度的规定应当用红字登记的其他会计记录。除上述情况外，不得使用红色墨水登记账簿，选项B错误。

29. 【答案】A 【解析】账实核对是核对会计账簿记录与实物及款项的实有数额是否相符。包括：现金日记账账面余额与现金实际库存数相核对；银行存款日记账账面余额定期与银行对账单相核对，

选项 A 正确；各种财物明细账账面余额与财物实存数额相核对；各种应收、应付款明细账账面余额与有关债务、债权单位或者个人核对等。

30.【答案】A 【解析】结账时，应当结出每个账户的期末余额。需要结出当月发生额的，应当在摘要栏内注明"本月合计"字样，并在下面通栏划单红线，选项 A 表述不正确，选项 B 表述正确。需要结出本年累计发生额的，应当在摘要栏内注明"本年累计"字样，并在下面通栏划单红线，选项 C 表述正确；12 月末的"本年累计"就是全年累计发生额。全年累计发生额下面应当通栏划双红线，选项 D 表述正确。年度终了结账时，所有总账账户都应当结出全年发生额和年末余额。

31.【答案】C 【解析】应收账款属于往来款项，其清查一般采用发函询证的方法进行核对，选项 A 正确；库存现金的清查是采用实地盘点法确定库存现金的实存数，选项 B 正确；实地盘点法是通过点数、过磅、量尺等方法来确定实物资产实有数量的方法，技术推算法适用于成堆量大而价值不高，逐一清点的工作量和难度较大的财产物资的清查，露天堆放的煤炭适合采用技术推算法，选项 C 错误；银行存款的清查是采用与开户银行核对账目的方法进行的，选项 D 正确。

32.【答案】D 【解析】单位应当通过完善会计信息系统功能、建立比对机制等方式，对接收的电子原始凭证等会计数据进行验证，确保其来源合法、真实，对电子原始凭证的任何篡改能够被发现，并设置必要的程序防止其重复入账。选项 D 不正确。

二、多项选择题

1.【答案】BCD 【解析】本题考核会计要素资产的确认条件。报废的固定资产不能给企业带来经济利益，不符合资产定义，选

项 A 不正确。

2.【答案】BD 【解析】企业负债分为流动负债和非流动负债两大类。其中非流动负债包括长期借款、应付债券、租赁负债、长期应付款、预计负债、递延收益、递延所得税负债、其他非流动负债。合同负债和应交税费属于流动负债，选项 A、C 错误。

3.【答案】CD 【解析】日常活动产生的收入通常包括主营业务收入和其他业务收入，即营业收入。捐赠利得和政府补助属于营业外收入，选项 A、B 错误。

4.【答案】CD 【解析】选项 C 属于计划中的行为，不是企业承担的现实义务，不符合负债的定义；选项 D 因未来流出的经济利益的金额不能可靠计量，不符合负债确认的条件。

5.【答案】ABC 【解析】重置成本又称现行成本，是指按照当前市场条件，重新取得同样一项资产所需支付的现金或现金等价物金额。采用重置成本计量时，资产按照现在购买相同或者相似资产所需支付的现金或者现金等价物的金额计量。负债按照现在偿付该项债务所需支付的现金或者现金等价物的金额计量。

6.【答案】ABD 【解析】会计计量属性主要包括历史成本、重置成本、可变现净值、现值和公允价值等，选项 A、B、D 不属于会计计量属性。

7.【答案】CD 【解析】收到股东投资款，资产增加所有者权益增加，选项 A 错误；以盈余公积转增资本，所有者权益内部一增一减，选项 B 错误；从银行借入短期借款，资产增加负债增加，资产总额增加，选项 C 正确；以银行存款归还前欠货款，资产减少负债减少，选项 D 正确。

8.【答案】BD 【解析】选项 A，引起资产和负债同时增加；选项 C，引起资产和负债同时减少。

9.【答案】AC 【解析】该项业务应作会计分录：

销售产品时：

借：应收账款　　　　　200000
　　银行存款　　　　　600000
　　　贷：收入　　　　　　　800000

结转成本时：

借：成本　　　　　　　500000
　　　贷：库存商品　　　　　500000

使企业的资产增加30万元，主营业务收入增加80万元。

10. 【答案】AD　【解析】选项A，资本公积（所有者权益）减少，实收资本（所有者权益）增加；选项B，利润分配（所有者权益）减少，应付股利（负债）增加；选项C，固定资产（资产）增加，实收资本（所有者权益）增加；选项D，利润分配（所有者权益）减少，盈余公积（所有者权益）增加。

11. 【答案】ABD　【解析】共同类科目，是既有资产性质又有负债性质的科目，主要有"清算资金往来""货币兑换""套期工具""被套期项目"等科目。

12. 【答案】ABC　【解析】会计科目是对会计要素具体内容进行分类核算的项目，是进行会计核算和提供会计信息的基本单元。账户是根据会计科目设置的，具有一定格式和结构，用于分类核算会计要素增减变动情况及其结果的载体。

13. 【答案】ABD　【解析】在T型账户下分为左右两方，一方登记增加，另一方登记减少，选项C错误。

14. 【答案】ABC　【解析】借贷记账法下，账户的左方为借方，右方为贷方，选项A正确；所有账户的借方和贷方按相反方向记录增加数和减少数，即一方登记增加额，另一方就登记减少额，选项B正确；至于"借"表示增加还是"贷"表示增加，则取决于账户的性质与所记录经济业务内容的性质，选项C正确；通常情况下，资产类、成本类和费用类账户的增加用"借"表示，减少用"贷"表示；负债类、所有者权益类和收入类账户的增加用"贷"表示，减少用"借"表示，选项D错误。

15. 【答案】BCD　【解析】本题考查借贷记账法的基本原理——借贷记账法下的账户对应关系与会计分录。

（1）将库存现金存入银行账户，会计分录如下：

借：银行存款
　　贷：库存现金

为一借一贷的会计分录，属于简单分录，选项A错误。

（2）采用售价金额法核算以银行存款购入的库存商品（不考虑增值税），会计分录如下：

借：库存商品
　　贷：银行存款
　　　　商品进销差价

为一借多贷的会计分录，属于复合分录，选项B正确。

（3）注销溢价回购的股份，会计分录如下：

借：股本
　　资本公积——股本溢价
　　盈余公积
　　利润分配——未分配利润
　　贷：库存股

为多借一贷的会计分录，属于复合分录，选项C正确。

（4）将未计提过减值准备的自用办公楼转为以公允价值模式计量的投资性房地产，转换当日公允价值高于账面价值，会计分录如下：

借：投资性房地产——成本
　　累计折旧
　　贷：固定资产
　　　　其他综合收益

为多借多贷的会计分录，属于复合分录，选项D正确。

16. 【答案】BC　【解析】选项A错误，余额试算平衡的直接依据是"资产=负债+所有者权益"；选项D错误，发生额试算平衡的直接依据是"有借必有贷，借贷必相等"。

17.【答案】AC　【解析】外来原始凭证，是指在经济业务发生或完成时，从其他单位或个人直接取得的原始凭证，如购买货物或服务取得的增值税专用发票（选项C）、职工出差报销的飞机票（选项A）、火车票和餐饮费发票等。选项B、D属于自制原始凭证。

18.【答案】ABC　【解析】原始凭证是指在经济业务发生或完成时取得或填制的，用以记录或证明经济业务的发生或完成情况的原始凭证；按照取得来源，原始凭证可分为自制原始凭证和外来原始凭证；按照填制的手续和内容，原始凭证可分为一次凭证、累计凭证和汇总凭证。企业的领料单和借款单是属于自制的、一次填制完成的原始凭证，选项A、B、C正确。

19.【答案】ABC　【解析】原始凭证的作用主要是记载经济业务的发生过程和具体内容，选项A正确；原始凭证按照取得来源，分为自制原始凭证和外来原始凭证，选项B正确；汇总凭证是指对一定时期内反映经济业务内容相同的若干张原始凭证，按照一定标准综合填制的原始凭证，选项C正确；专用凭证是指由单位自行印制的原始凭证通用凭证，通用凭证是指由有关部门统一印制、在一定范围内使用的具有统一格式和使用方法的原始凭证，选项D错误。

20.【答案】ABD　【解析】对于涉及"库存现金"和"银行存款"之间的相互划转业务，如将现金存入银行或从银行提取现金，为了避免重复记账，一般只填制付款凭证，不再填制收款凭证，选项C错误。

21.【答案】ABC　【解析】会计凭证登记完毕后，应当按照分类和编号顺序保管，不得散乱丢失，选项A正确。原始凭证一般不得外借，根据国家有关规定必须借出的，应当严格按照规定办理相关手续，选项B正确。其他单位如因特殊原因需要使用原始凭证时，经本单位会计机构负责人（会计主管人员）批准，可以复制，选项C正确。向外单位提供的原始凭证复制件，应当在专设的登记簿上登记，并由提供人员和收取人员共同签名或者盖章，选项D不正确。

22.【答案】BD　【解析】多栏式明细分类账适用于收入、费用类科目的明细核算；日记账可以采用三栏式也可以采用多栏式。

23.【答案】ABCD　【解析】账实核对是核对会计账簿记录与实物及款项的实有数额是否相符。包括：现金日记账账面余额与现金实际库存数相核对；银行存款日记账账面余额定期与银行对账单相核对；各种财物明细账账面余额与财物实存数额相核对；各种应收、应付款明细账账面余额与有关债务、债权单位或者个人核对等。

24.【答案】ABD　【解析】本题考核账证核对的内容。账证核对是核对会计账簿记录与原始凭证、记账凭证的时间、凭证字号、内容、金额是否一致，记账方向是否相符。

25.【答案】ABD　【解析】选项A、B、D的说法均正确。选项C说法不完整，库存现金应采用实地盘点法确定库存现金实存数，再与库存现金日记账账面余额相核对。

26.【答案】BC　【解析】本题考查财产清查种类。出纳人员离职和原材料短缺，应进行局部清查，选项A、D错误。需要进行全面清查的情形：（1）年终决算前；（2）在合并、撤销或改变隶属关系前；（3）中外合资、国内合资前；（4）股份制改造前；（5）开展全面的资产评估、清产核资前；（6）单位主要领导调离工作前等。

27.【答案】ABCD　【解析】实物资产的清查通常采用实地盘点法和技术推算法两种方法，选项A正确；实地盘点法是通过点数、过磅、量尺等方法来确定实物资产实有数量的方法，选项 B 正确；技术推算法是利用一定的技术方法对财产物资的实存数进行推算的方法，选项 C 正确；技术推算法只适用于成堆量大而价值不高，逐一清点的工作量和难度较大的财产物资的清查，选项 D 正确。

28. 【答案】BCD 【解析】记账凭证账务处理程序适用于规模较小、经济业务量较少的单位，选项 A 错误；科目汇总表账务处理程序适用于经济业务较多的单位，选项 B 正确；汇总记账凭证账务处理程序适合于规模较大、经济业务较多的单位，选项 C 正确；记账凭证汇总表账务处理程序也称科目汇总表账务处理程序，选项 D 正确。

29. 【答案】ABCD 【解析】各种账务处理程序都是根据原始凭证或汇总原始凭证表登记明细账，选项 A 正确；各种账务处理程序都是根据原始凭证或汇总原始凭证填制记账凭证，选项 B 正确；期末都是根据总分类账和明细分类账的记录编制财务报表，选项 C 正确；各种账务处理程序都是根据收款凭证、付款凭证逐笔登记库存现金日记账，选项 D 正确。各种账务处理程序的主要区别在于登记总账的依据和方法不同。

30. 【答案】ACD 【解析】来源可靠、程序规范、要素合规的电子会计凭证、电子会计账簿、电子财务会计报告和其他电子会计资料与纸质会计资料具有同等法律效力，可仅以电子形式接收、处理、生成和归档保存，选项 A 正确，选项 B 不完全正确。符合国家有关电子会计档案管理要求的电子会计档案与纸质会计档案具有同等法律效力。除法律、行政法规另有规定外，电子会计档案可不再另以纸质形式保存，选项 C、D 正确。

三、判断题

1. 【答案】× 【解析】费用形成于企业日常活动的特征使其与产生于非日常活动的损失相区分。企业从事或发生的某些活动或事项如不属于企业的日常活动，导致的经济利益流出企业，不属于费用。

2. 【答案】× 【解析】收入在扣除相关成本费用后如为负数，会导致所有者权益减少，并非必然。

3. 【答案】× 【解析】资产是指企业过去的交易或事项形成的，由企业拥有或控制的、预期会给企业带来经济利益的资源。签订合同，但是销售行为还未发生，不能在 5 月 15 日确定企业资产增加。

4. 【答案】× 【解析】企业在对会计要素进行计量时，一般应当采用历史成本。

5. 【答案】√ 【解析】本题考核重置成本定义。重置成本又称现行成本，是指按照当前市场条件，重新取得同样一项资产所需支付的现金或现金等价物金额。采用重置成本计量时，资产按照现在购买相同或者相似资产所需支付的现金或者现金等价物的金额计量。负债按照现在偿付该项债务所需支付的现金或者现金等价物的金额计量。

6. 【答案】× 【解析】可变现净值是指在生产经营过程中，以预计售价减去进一步加工成本和销售所必需的预计税金、费用后的净值。公允价值是指市场参与者在计量日发生的有序交易中，出售一项资产所能收到或者转移一项负债所需支付的价格。

7. 【答案】× 【解析】会计等式为：资产 = 负债 + 所有者权益。短期借款变更为长期借款，涉及负债一增一减，也即会计等式右边一增一减的变化。

8. 【答案】× 【解析】会计科目按其反映的经济内容不同，可分为资产类科目、负债类科目、共同类科目、所有者权益类科目、成本类科目和损益类科目。

9. 【答案】× 【解析】账户的结构相应地分为两个基本部分，即左右两方，分别用来记录会计要素的增加和减少。一方登记增加，另一方登记减少。用哪一方登记增加、哪一方登记减少，要取决于所采用的记账方法和各该账户所记录的经济内容。

10.【答案】× 【解析】管理费用属于损益类科目。

11.【答案】× 【解析】所有者权益类账户与成本类账户结构相反，成本类账户借方登记增加额，贷方登记减少额，若有余额，余额在借方；所有者权益类账户借方登记减少额，贷方登记增加额，期末余额一般在贷方。

12.【答案】× 【解析】本题考核试算平衡表。试算平衡只是通过借贷金额是否平衡来检查账户记录是否正确的一种方法。如果借贷双方发生额或余额相等，表明账户记录基本正确，但有些错误并不影响借贷双方的平衡，因此，试算不平衡，表示记账一定有错误，但试算平衡时，不能表明记账一定正确。

13.【答案】√ 【解析】余额的试算平衡是对全部账户的余额进行验证。

14.【答案】× 【解析】本题考核审核原始凭证的真实性。真实性的审核包括凭证日期是否真实、业务内容是否真实、数据是否真实等。审核原始凭证所记录经济业务是否符合企业经济活动的需要、是否符合有关的计划和预算等属于原始凭证的合法性、合理性审核的内容。

15.【答案】√ 【解析】原始凭证不得涂改、刮擦、挖补。原始凭证金额有错误的，应当由出具单位重开，不得在原始凭证上更正。原始凭证有其他错误的，应当由出具单位重开或更正，更正处应当加盖出具单位印章。

16.【答案】× 【解析】由中国人民银行统一制作的支票、商业汇票等结算凭证属于通用凭证。

17.【答案】√ 【解析】收款凭证是指用于记录库存现金和银行存款收款业务的记账凭证，其借方科目登记库存现金和银行存款的增加，贷方科目为收入与"库存现金"或"银行存款"相对应的会计科目。

18.【答案】× 【解析】从外单位取得的或对外开出的电子原始凭证应附有符合《中华人民共和国电子签名法》规定的电子签名；不具备电子签名的，必须通过可信的数据源查验电子原始凭证的真实、完整。

19.【答案】× 【解析】会计账簿按照用途可以分为序时账簿、分类账簿和备查账簿。

20.【答案】× 【解析】使用会计软件进行会计核算的单位，对于机制记账凭证，要认真审核，做到会计科目使用正确，数字准确无误。对于具有明晰审核规则的机制记账凭证，可以将审核规则嵌入会计软件，由会计软件自动审核。

21.【答案】× 【解析】本题考核库存现金日记账的格式与登记方法。库存现金日记账的日期栏，是记账凭证的日期，应与库存现金实际收付日期一致。

22.【答案】√ 【解析】活页账的优点是可以根据实际需要增减账页，不会出现账页浪费或不足，使用灵活，并且便于同时分工记账。

23.【答案】× 【解析】库存现金日记账账面余额与现金实际库存数逐日核对属于账实核对。

24.【答案】× 【解析】会计账簿未经领导和会计负责人或者有关人员批准，非经管人员不能随意翻阅查看会计账簿。

25.【答案】× 【解析】库存现金保管人员更换时对现金的清查属于不定期清查。

26.【答案】× 【解析】财产清查结果根据审批的意见，进行差异处理，根据"清查结果报告表""盘点报告表"等已经查实的数据资料，编制记账凭证，记入有关账簿，使账簿记录与实际盘存数相符，即可以调整账项。

27.【答案】× 【解析】对库存现金进行盘点时，出纳人员必须在场，有关业务必须在库存现金日记账中全部登记完毕，盘点结束后，应填制"库存现金盘点报告表"，作为重要原始凭证。

28. 【答案】× 【解析】经济业务少的小型单位的总分类账，可以根据记账凭证逐笔登记；经济业务多的大中型单位的总分类账，可以根据记账凭证汇总表（又称科目汇总表）或汇总记账凭证等定期登记。

29. 【答案】× 【解析】在汇总记账凭证账务处理程序下，根据汇总记账凭证登记总分类账。期末，根据总分类账和明细分类账的记录，编制财务报表。

30. 【答案】× 【解析】单位负责人是本单位会计信息化工作的第一责任人。

四、不定项选择题

1. （1）【答案】ABCD 【解析】选项 A、B、C、D 均可能是银行存款与银行对账单不相符的原因。

（2）【答案】C 【解析】资料（1）属于企业已收款，银行未收款，所以编制银行存款余额调节表时，增加银行对账单余额。

（3）【答案】AD 【解析】能够导致银行存款日记账余额大于银行对账单余额的未达账项包括企业已收款银行未收款和银行已收款企业未收款两类。

（4）【答案】A 【解析】5400000 + 4800000（资料 3）– 400000（资料 4）= 9800000（元）。

（5）【答案】ABCD 【解析】选项 A、B、C、D 表述均正确。

2. （1）【答案】BC 【解析】甲企业会计分录：

借：固定资产　　　　300000
　　贷：银行存款　　　　300000

（2）【答案】A 【解析】资料（2）确认本月收入符合权责发生制的定义，选项 A 正确。

（3）【答案】BC 【解析】该业务发生导致一项资产增加，一项所有者权益增加，故选项 A 错误；该业务发生导致企业资产总额增加，故选项 D 错误。

（4）【答案】A 【解析】资产内部一增一减，故选项 A 正确。

（5）【答案】B 【解析】500 + 30（资料 1）+（50 – 42）（资料 2）+ 20（资料 3）+ 60（资料 4）= 618（万元）。

第三章 流动资产

重难点分析

　　资产的核算是教材中最为重要的内容，在历年初级会计实务考试中都是重中之重。本章讲述的是流动资产的核算。考生对本章内容务必给予重视，认真对待。从题型看，流动资产的内容在各类题型中均有涉及，历年初级会计实务考试都是以资产核算的内容作为基础，特别是不定项选择题中则会涉及更多资产核算的内容。在复习过程中，对本章比较单一的知识点主要把握好客观题，而对于相对复杂的知识点，不仅要掌握好知识点本身，还要注意与其他知识融会贯通。如应收账款与收入确认、增值税的核算结合，存货则往往与收入的确认、减值的核算结合在一起。

　　2025 年本章教材内容变化不大，主要变化是：（1）"银行存款""其他货币资金""应收票据""应收账款""应收利息""其他应收款"等科目内容有变化。（2）"交易性金融资产"科目增加了"应计利息"二级明细科目。（3）增加了应收票据贴现时，不符合终止确认条件情况下的核算。（4）更改了"应收利息"的定义，增加了债权投资时应收利息的核算内容和例题。（5）删除了应收账款减值中直接转销法下小企业的核算内容。（6）已确认并转销的应收款项以后又收回的账务处理有变化。

基本内容框架

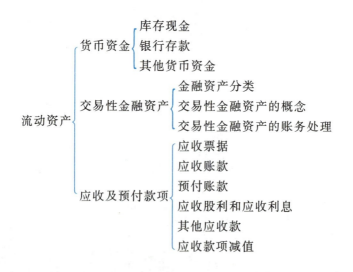

流动资产 { 存货 {
存货概述
存货的初始计量
发出存货的计价方法
原材料
周转材料 {
包装物
低值易耗品
}
委托加工物资
库存商品
存货清查
存货减值
}}

基 础 训 练

一、单项选择题

1. 下列各项中，企业不能使用库存现金进行结算的经济业务是（　　）。
   A. 按规定颁发给科技人员的创新奖金
   B. 发放给职工的劳保福利
   C. 向外单位支付的机器设备款
   D. 向个人收购农副产品的价款

2. 下列应通过银行转账结算的是（　　）。
   A. 支付个人的劳务报酬 800 元
   B. 采购人员必须随身携带的差旅费 4000 元
   C. 从乙公司购入原材料，支付价款 3000 元
   D. 向个人收购农产品，价款 10000 元

3. 企业在现金清查中发现现金短缺，无法查明原因的，经批准后应记入的会计科目是（　　）。
   A. 营业外支出
   B. 财务费用
   C. 管理费用
   D. 其他业务成本

4. 企业在现金清查中发现现金溢余，无法查明原因，经批准后应记入的会计科目是（　　）。
   A. 营业外收入
   B. 以前年度损益调整
   C. 管理费用
   D. 其他应付款

5. 下列关于现金清查的相关表述中，错误的是（　　）。
   A. 对于现金的短缺应由责任人赔偿的部分，计入其他应收款
   B. 对于现金的短缺无法查明原因的，计入营业外支出
   C. 对于现金的盘盈应支付给相关人员的，计入其他应付款
   D. 对于现金的盘盈无法查明原因的，计入营业外收入

6. 下列各项中，不应确认为其他货币资金的是（　　）。
   A. 企业购买的准备随时出售的股票资产
   B. 企业为购买股票向证券公司划出的资金
   C. 企业汇往外地开立临时采购专户的资金
   D. 企业为购买原料向银行申请银行本票并存入款项

7. 下列各项中，企业向证券公司指定银行开立的投资款专户划出资金时，应借记的会计科目是（　　）。
   A. 其他应收款
   B. 交易性金融资产
   C. 预付账款
   D. 其他货币资金

8. 甲公司 2024 年 9 月 25 日从上海证券交易所购入乙公司股票 10 万股，每股市价 10 元（含现金股利 0.2 元），另支付交易费用 1 万元，取得增值税专用发票上注明的增值税税额为 0.06 万元，确认为交易性

金融资产，则该金融资产入账金额为
（　　）万元。

A. 101　　　　　B. 100

C. 99　　　　　D. 98

9. 下列各项中，企业应在资产负债表日将持有的交易性金融资产公允价值高于账面余额的差额记入的会计科目是（　　）。

A. 其他业务收入

B. 投资收益

C. 公允价值变动损益

D. 资产处置损益

10. 下列关于交易性金融资产的表述中，不正确的是（　　）。

A. 取得交易性金融资产发生的交易费用应在发生时计入投资收益

B. 资产负债表日交易性金融资产公允价值与账面余额的差额计入当期损益

C. 取得交易性金融资产时其购买价款中包含的已到付息期但尚未领取的债券利息计入当期损益

D. 出售交易性金融资产时应将其公允价值与账面余额之间的差额确认为投资收益

11. 下列各项中，企业办理银行承兑汇票贴现，符合终止确认条件时，实际收到的金额与票面金额之间的差额应记入的会计科目是（　　）。

A. 营业外支出　　B. 财务费用

C. 管理费用　　　D. 其他业务成本

12. 预付款项情况不多且未设置"预付账款"科目的企业，根据购货合同的规定向供应单位预付款项时，应借记（　　）科目。

A. 预付账款　　　B. 应付账款

C. 其他应收款　　D. 应收账款

13. 因债务人抵偿前欠货款而取得的应收票据，借记"应收票据"科目，贷记（　　）科目。

A. 应收账款

B. 主营业务收入

C. 应交税费——应交增值税（销项税额）

D. 银行存款

14. 甲公司为增值税一般纳税人，向乙公司销售商品一批，商品价款20万元，增值税税额2.6万元；以银行存款支付代垫运费1万元，增值税税额0.09万元，上述业务均已开具增值税专用发票，全部款项尚未收到。不考虑其他因素，甲公司应收账款的入账金额为（　　）万元。

A. 21　　　　　B. 22.6

C. 23.69　　　　D. 20

15. 下列各项中，企业应通过"其他应收款"科目核算的是（　　）。

A. 应收债券投资产生的利息

B. 为购货单位垫付的运杂费

C. 应向职工收取的代垫医药费

D. 应收被投资单位发放的现金股利

16. 下列各项中，企业计提坏账准备应记入的会计科目是（　　）。

A. 资产减值损失

B. 管理费用

C. 营业外支出

D. 信用减值损失

17. 下列各项中，不属于企业存货范围的是（　　）。

A. 已经购入但未存放在本企业的货物

B. 已售出但货物尚未运离本企业的存货

C. 已经运离企业但尚未售出的存货

D. 存放在货架上的商品

18. 某企业为增值税一般纳税人，购入材料900千克，每千克不含税价格50元，运输途中发生合理损耗30千克，入库前发生挑选整理费用1000元。不考虑其他因素，该批材料的入账价值为（　　）元。

A. 44500　　　　B. 45000

C. 43500　　　　D. 46000

19. 甲企业为增值税一般纳税人，本年购入材料一批，共计1000千克，每千克单价为100元，增值税税率为13%。购入该材料时发生运输费2000元（不考虑增值税），运输途中发生合理损耗30千克，入库前发生挑选整理费用500元。该批材料的入账价值为（　　）元。

A. 100000　　　　B. 102500

C. 112500 D. 115500

20. 甲公司为增值税一般纳税人，购入原材料100吨，取得增值税专用发票上注明价款300000元，增值税税额39000元，发生包装费10000元，保险费10000元。入库时验收为99.5吨，缺失部分为运输途中合理损耗。则该批原材料入账的单位成本为（ ）元。

A. 3200 B. 3728.64

C. 3710 D. 3216.08

21. 某企业采用先进先出法计算发出原材料成本，8月甲材料结存100千克，每千克实际成本为200元；9月7日购入甲材料350千克，每千克实际成本为210元；9月21日购买甲材料400千克，每千克实际成本为230元；9月28日发出甲材料500千克，9月发出甲材料成本为（ ）元。

A. 145000 B. 105000

C. 150000 D. 155000

22. 某企业采用月末一次加权平均法核算发出材料成本。6月1日结存乙材料200件，单位成本35元；6月10日购入乙材料400件，单位成本40元；6月20日购入乙材料400件，单位成本45元。当月发出乙材料600件。不考虑其他因素，该企业6月发出乙材料的成本为（ ）元。

A. 24600 B. 25000

C. 26000 D. 23000

23. 某企业材料采用计划成本核算。月初结存材料计划成本为200万元，材料成本差异为节约20万元；本月购入材料一批，实际成本为135万元，计划成本为150万元；本月领用材料的计划成本为180万元。本月末结存材料的实际成本为（ ）万元。

A. 153 B. 162

C. 170 D. 187

24. 甲企业为增值税一般纳税人，外购一批原材料100吨，每吨单价1万元（不含税），另支付运杂费2万元（不考虑增值税），

甲企业开出转账支票，材料收到，验收入库。该批材料每吨计划单价1.1万元，则甲企业入库材料差异额为（ ）。

A. 节约8万元 B. 超支8万元

C. 节约24万元 D. 超支24万元

25. 企业对随同商品出售且单独计价的包装物进行会计处理时，该包装物的实际成本应结转到的会计科目是（ ）。

A. 制造费用 B. 管理费用

C. 销售费用 D. 其他业务成本

26. 企业委托加工应税消费品，如果收回后用于连续生产，委托方对于尚未支付的受托方代收代缴的消费税的会计处理，正确的是（ ）。

A. 借：原材料

    贷：银行存款

B. 借：应交税费——应交消费税

    贷：应付账款

C. 借：委托加工物资

    贷：银行存款

D. 借：委托加工物资

    贷：应付账款

27. 小规模纳税人委托其他单位加工材料收回后用于连续生产的，其发生的下列支出中，不应计入委托加工物资成本的是（ ）。

A. 加工费

B. 增值税

C. 发出材料的实际成本

D. 受托方代收代缴的消费税

28. 甲公司库存商品采用毛利率法进行核算，月初结存库存商品成本200万元，本月购入库存商品成本300万元，本月销售库存商品取得不含税收入220万元，上季度该类库存商品的毛利率为20%，不考虑其他因素，则月末结存库存商品的成本为（ ）万元。

A. 280 B. 324

C. 224 D. 242

29. 下列各项中，报经批准后计入营业外支出的是（ ）。

A. 因管理不善造成的原材料盘亏

B. 固定资产盘亏净损失

C. 无法查明原因的现金短缺

D. 由过失人赔付的库存商品毁损

30. 2024 年 12 月 31 日，甲企业 A 材料的实际成本为 120 万元，加工该材料至完工产成品估计还将发生成本 30 万元，估计销售费用和相关税费 5 万元，估计该材料的产成品售价为 130 万元，则该存货的可变现净值为（　　）万元。

A. 130　　　　　B. 120

C. 90　　　　　D. 95

31. 2024 年 12 月 31 日，甲公司 A 商品账面余额为 300 万元，由于市场价格下跌，该商品预计可变现净值为 250 万元，"存货跌价准备"科目期初余额为零。下列各项中，不考虑其他因素，A 商品期末计提存货跌价准备的会计处理正确的是（　　）。

A. 借：营业外支出　　　　250

　　　贷：存货跌价准备　　　　250

B. 借：管理费用　　　　　50

　　　贷：存货跌价准备　　　　50

C. 借：信用减值损失　　　50

　　　贷：存货跌价准备　　　　50

D. 借：资产减值损失　　　50

　　　贷：存货跌价准备　　　　50

二、多项选择题

1. 企业现金清查中发现现金短缺，在进行账务处理时可能会涉及的会计科目有（　　）。

A. 待处理财产损溢

B. 管理费用

C. 其他应收款

D. 营业外支出

2. 下列各项中，属于其他货币资金的有（　　）。

A. 银行本票存款　B. 信用卡存款

C. 银行汇票存款　D. 外埠存款

3. 企业收到退回的银行汇票多余款项时，应编制的会计分录包括（　　）。

A. 借记"其他货币资金"科目

B. 借记"银行存款"科目

C. 贷记"其他货币资金"科目

D. 贷记"银行存款"科目

4. 企业确认交易性金融资产所取得的股利或利息收入并计入当期损益时，应满足的条件有（　　）。

A. 企业收取股利或利息的权利已经确立

B. 股利或利息相关的经济利益很可能流入企业

C. 股利或利息的成本能够准确计量

D. 股利或利息的金额能够可靠计量

5. 企业将购入的金融资产分类为以公允价值计量且其变动计入其他综合收益的金融资产，应符合的条件有（　　）。

A. 管理该金融资产的业务模式既以收取合同现金流量为目标又以出售该金融资产为目标

B. 管理该金融资产的业务模式是以收取合同现金流量为目标

C. 管理该金融资产的业务模式是以"交易"为目标

D. 该金融资产的合同条款规定，在特定日期产生的现金流量，仅为对本金和以未偿付本金金额为基础的利息的支付

6. 2024 年 6 月 1 日购入股票，每股 14 元，共 10 万股，作为交易性金融资产核算。2024 年 6 月 30 日，该股票每股公允价值 15 元，则 2024 年 6 月 30 日下列科目变化正确的有（　　）。

A. "资产减值损失"增加 10 万元

B. "投资收益"增加 10 万元

C. "交易性金融资产"增加 10 万元

D. "公允价值变动损益"增加 10 万元

7. 企业购入股票确认交易性金融资产，借记的科目可能有（　　）。

A. 交易性金融资产

B. 投资收益

C. 应收股利

D. 应交税费——应交增值税（进项税额）

8. 企业取得交易性金融资产支付的总价款

中，不应当计入交易性金融资产入账成本的有（　　）。

A. 取得金融资产时的公允价值

B. 支付给代理机构的手续费

C. 取得时已到付息期但尚未领取的债券利息

D. 支付给咨询公司的佣金

9. 甲企业购入 A 公司股票进行投资，将其划分为交易性金融资产，A 公司宣告发放现金股利时，甲企业进行账务处理涉及的会计科目有（　　）。

A. 应收股利

B. 投资收益

C. 公允价值变动损益

D. 营业外收入

10. 按现行准则规定，应通过“应收票据”及“应付票据”科目核算的票据包括（　　）。

A. 银行汇票　　　B. 银行本票

C. 银行承兑汇票　D. 商业承兑汇票

11. 企业取得银行承兑汇票时，下列各项应构成应收票据入账金额的有（　　）。

A. 销售商品价款

B. 应收取的增值税税款

C. 替购买方垫付的运费

D. 销售商品支付的运费

12. 下列各项中，构成应收账款入账价值的有（　　）。

A. 确认收入时尚未收到的价款

B. 代购货方垫付的包装费

C. 代购货方垫付的运杂费

D. 销售货物发生的商业折扣

13. 下列各项中，企业应通过“其他应收款”科目核算的有（　　）。

A. 应收的出租包装物押金

B. 存出保证金

C. 应收的保险公司理赔款

D. 出借包装物向客户收取的押金

14. 下列各项中，应计提坏账准备的有（　　）。

A. 应收股利　　　B. 应收票据

C. 预付账款　　　D. 其他应收款

15. 下列各项中，属于存货的有（　　）。

A. 原材料　　　　B. 周转材料

C. 在产品　　　　D. 委托加工物资

16. 下列各项中，构成存货采购成本的有（　　）。

A. 采购价款

B. 运输途中的合理损耗

C. 入库前的挑选整理费用

D. 入库后的挑选整理费用

17. 下列各项中，应计入企业存货成本的有（　　）。

A. 存货加工过程中发生的直接人工

B. 为特定客户设计产品的可直接确定的设计费用

C. 购买存货时支付的进口关税

D. 存货采购运输中发生的定额内合理损耗

18. 下列关于商品流通企业外购商品过程中发生的相关费用表述，正确的有（　　）。

A. 在采购商品过程中发生的运输费、装卸费、保险费等进货费用，应当计入所购商品成本

B. 在采购商品过程中发生的运输费、装卸费、保险费等进货费用，直接计入当期损益

C. 进货费用也可以先进行归集，期末根据所购商品的存、销情况分别进行分摊，对于已售商品的进货费用，计入当期主营业务成本；对于未售商品的进货费用，计入期末存货成本

D. 采购商品的进货费用金额较小的，可以在发生时直接计入当期销售费用

19. 实际成本法下，企业可以采用（　　）核算发出存货的实际成本。

A. 先进先出法　　B. 加权平均法

C. 后进先出法　　D. 个别计价法

20. 下列各项中，关于个别计价法的表述正确的有（　　）。

A. 该方法下实物流转与成本流转相一致

B. 按照各种存货逐一辨认各批发出存货和期末存货所属的购进批别或生产批别，分别按其购入或生产时确定的单位成本

计算各批发出存货和期末存货成本

C. 采用该方法，存货收发频繁的情况下，其发出成本分辨的工作量较大

D. 该方法成本计算最为准确

21. 下列选项中，企业应通过"周转材料"科目核算的有（　　）。

A. 为维修设备采购的价值较低的专用工具

B. 购入用于出租出借的包装物

C. 为行政管理部门购买的低值易耗品

D. 在建工程购入的专项材料

22. 下列选项中，企业收回后用于连续生产应税消费品的委托加工物资在加工过程中发生的相关税费，应计入委托加工物资成本的有（　　）。

A. 发出加工物资应负担的材料超支差异

B. 由受托方代收代缴的消费税

C. 企业支付给受托方的加工费

D. 企业发出物资支付的运费

23. 下列选项中，企业应通过"库存商品"科目核算的有（　　）。

A. 存放在门市部准备出售的商品

B. 接受来料加工制造的代制品

C. 发出展览的商品

D. 已完成销售手续但购买单位在月末未提取的产品

24. 存货盘亏或毁损报经批准后转销时，贷记"待处理财产损溢"科目，借记的科目可能有（　　）。

A. 原材料　　　　B. 其他应收款

C. 管理费用　　　D. 营业外支出

三、判断题

1. 企业发生经济业务需要支付现金时，可以从本单位库存现金限额中支付或从开户银行提取，也可以从本单位的现金收入中直接支付。（　　）

2. 现金溢余，无法查明原因的部分应计入营业外收入。（　　）

3. 企业应当设置银行存款总账和银行存款日记账，分别进行银行存款的总分类核算和

序时、明细分类核算。（　　）

4. 企业收到退回的银行汇票多余款项时，记入"其他货币资金"科目的借方。（　　）

5. 企业取得交易性金融资产时，应当按照取得时的公允价值加上相关交易费用作为初始入账金额。（　　）

6. 企业取得交易性金融资产所支付价款中包含了已宣告但尚未发放的现金股利或已到付息期但尚未领取的债券利息，应当计入交易性金融资产成本。（　　）

7. 交易性金融资产持有期间，投资单位收到购买价款中包含的投资前被投资单位已宣告但尚未发放的现金股利时应确认为投资收益。（　　）

8. 金融商品转让按照卖出价扣除买入价（需要扣除已宣告未发放现金股利和已到付息期未领取的利息）后的余额作为销售额计算增值税。（　　）

9. 商业汇票的付款期限，最长不得超过6个月。（　　）

10. 商业汇票按照承兑人不同，分为商业承兑汇票和带息商业汇票。（　　）

11. 不单独设置"预付账款"科目的企业，预付的款项可以通过"应收账款"科目核算。（　　）

12. 企业为职工垫付的水电费应通过"其他应收款"科目核算。（　　）

13. 通常情况下，如果逾期超过30日，则表明应收款项的信用风险已经显著增加。（　　）

14. 某种酒类产品生产企业为使生产的酒达到规定的产品质量标准而必须发生的仓储费用，应当计入酒的成本。（　　）

15. 周转材料包括低值易耗品和委托加工物资。（　　）

16. 随同商品对外销售单独计价的包装物成本应计入销售费用。（　　）

17. 企业出租包装物收到的押金应计入其他应收款。（　　）

18. 采用月末一次加权平均法只在月末一次计算加权平均单价，有利于简化成本计

算工作，并且也有利于存货成本的日常管理与控制。（　　）

19. 委托加工物资收回后用于连续生产应税消费品的，委托方应将缴纳的消费税计入委托加工物资的成本。（　　）

20. 毛利率法适用于商业批发企业；售价金额核算法适用于商业零售企业。（　　）

21. 采用移动加权平均法计算出的存货平均单位成本以及发出和结存的存货成本比较客观，但是不能使企业管理层及时了解存货的结存情况。（　　）

22. 月末，企业对已验收入库但发票账单未到并且其货款尚未支付的材料，应按其暂估价值入账。（　　）

23. 可变现净值为存货的售价或合同价。（　　）

基础训练参考答案及解析

一、单项选择题

1. 【答案】C 【解析】选项 C 不属于现金使用范围。企业可用现金支付的款项有：（1）职工工资、津贴；（2）个人劳务报酬；（3）根据国家规定颁发给个人的科学技术、文化艺术、体育比赛等各种奖金；（4）各种劳保、福利费用以及国家规定的对个人的其他支出；（5）向个人收购农副产品和其他物资的价款；（6）出差人员必须随身携带的差旅费；（7）结算起点（1000 元）以下的零星支出；（8）中国人民银行确定需要支付现金的其他支出。

2. 【答案】C 【解析】结算起点（1000 元）以上的支出应通过银行转账结算。个人劳务报酬、必须随身携带的差旅费、向个人收购农副产品等可以用现金支付。

3. 【答案】C 【解析】现金清查中发生的无法查明原因的现金短缺，计入管理费用。
现金短缺，报经批准后：
借：管理费用（无法查明原因）
　　其他应收款（应收责任方赔款）
　　贷：待处理财产损溢

4. 【答案】A 【解析】无法查明原因的现金溢余，计入营业外收入。
现金溢余，报经批准后：
借：待处理财产损溢
　　贷：营业外收入（无法查明原因的）
　　　　其他应付款（应支付给有关人员或单位的）

5. 【答案】B 【解析】选项 B，对于现金的短缺无法查明原因的计入管理费用。

6. 【答案】A 【解析】其他货币资金是指企业除库存现金、银行存款以外的其他各种货币资金，主要包括银行汇票存款、银行本票存款、信用卡存款、信用证保证金存款、存出投资款和外埠存款等。选项 A，企业购买的准备随时出售的股票，属于交易性金融资产，不属于其他货币资金；选项 B，企业为购买股票向证券公司划出的资金，属于存出投资款；选项 C，企业汇往外地开立临时采购专户的资金，属于外埠存款；选项 D，企业为购买原料向银行申请银行本票并存入款项，属于银行本票存款。
【总结】各类票据对应的会计科目。

票据		买方	卖方
汇票	商业汇票	应付票据	应收票据
	银行汇票	其他货币资金	银行存款
银行本票			
支票		银行存款	

7. 【答案】D 【解析】存出投资款是指企业为购买股票、债券、基金等根据有关规定存入在证券公司指定银行开立的投资款专户的款项。企业向证券公司划出资金时：
借：其他货币资金——存出投资款
　　贷：银行存款

8. 【答案】D 【解析】交易性金融资产以其公允价值作为入账金额，交易费用计入投资收益；取得价款中所包含的已宣告但尚未发放的现金股利，应当记入"应收股利"科目，而不是计入交易性金融资产的成本。入账金额 = $10 \times (10 - 0.2) = 98$（万元）。购入该股票的会计分录为：

借：交易性金融资产——成本 98
　　投资收益　　　　　　　　1
　　应收股利　　　　　　　　2
　　应交税费——应交增值税（进项税额）
　　　　　　　　　　　　　0.06
　　贷：其他货币资金　　101.06

9. 【答案】C 【解析】企业持有交易性金融资产，在资产负债表日按照其公允价值高于账面余额的差额，借记"交易性金融资产——公允价值变动"科目，贷记"公允价值变动损益"科目。

10. 【答案】C 【解析】取得交易性金融资产时其购买价款中包含的已到付息期但尚未领取的债券利息应作为**应收项目单独列示**。

11. 【答案】B 【解析】**商业汇票的贴现利息记入"财务费用"科目核算**。对于票据贴现，符合终止确认条件的，企业通常应按实际收到的金额，借记"银行存款"科目，按商业汇票的票面金额，贷记"应收票据"科目，按贴现息部分，借记"财务费用"科目。

12. 【答案】B 【解析】预付款项情况不多的企业，可以不设置"预付账款"科目，而将预付款项通过"应付账款"科目核算。

13. 【答案】A 【解析】企业应收账款改用应收票据结算，在收到承兑的商业汇票时，借记"应收票据"科目，贷记"应收账款"科目。

14. 【答案】C 【解析】应收账款是指企业因销售商品、提供服务等经营活动，应向购货单位或接受服务单位收取的款项，主要包括企业销售商品或提供服务等应向有关债务人收取的价款、增值税及代购货单位垫付的包装费、运杂费等。本题应收账款入账金额 = $20 + 2.6 + 1 + 0.09 = 23.69$（万元）。

15. 【答案】C 【解析】选项 A 通过"应收利息"科目核算；选项 B 通过"应收账款"科目核算；选项 D 通过"应收股利"科目核算。

16. 【答案】D 【解析】企业计提坏账准备时，按照应收款项应减记的金额，借记"信用减值损失——计提的坏账准备"科目，贷记"坏账准备"科目。

17. 【答案】B 【解析】选项 A，已经购入但未存放在本企业的货物仍属于该企业的存货，是否属于企业的存货不以存放地点而决定，其所有权已属于该企业；选项 B，已售出但货物尚未运离本企业的存货，所有权已经转移，不属于企业的存货；选项 C，已经运离企业但尚未售出的存货，只是存放地点发生了变化，所有权并未改变，仍属于企业的存货；选项 D，存放在货架上的商品，并未售出，所有权仍属于企业。

18. 【答案】D 【解析】存货的采购成本 = 购买价款 + 相关税费 + 运输费 + 装卸费 + 保险费 + 其他归属于存货采购成本的费用。其中，发生的合理损耗应计入存货的采购成本中（即不从采购成本中剔除）。因此，该批材料的入账价值 = $900 \times 50 + 1000 = 46000$（元）。

19. 【答案】B 【解析】**企业的采购材料成本包括买价、相关税费、运输费、入库前的挑选整理费和合理损耗等。可以抵扣的增值税不计入材料成本**。运输途中的合理损耗计入成本，所以总成本计算时不扣除合理损耗的 30 千克，计算单位成本时才扣除。本题中，材料入账价值 = $1000 \times 100 + 2000 + 500 = 102500$（元）。

20. 【答案】D 【解析】原材料入账的单位成本 = 总成本 ÷ 入库原材料数量 = $(300000 + 10000 + 10000) \div 99.5 = 3216.08$（元）。运

输途中合理损耗计入成本，不影响原材料总成本，只影响其单位成本。

21.【答案】B　【解析】9月发出甲材料成本 = $100 \times 200 + 350 \times 210 + (500 - 100 - 350) \times 230 = 105000$（元）。

22.【答案】A　【解析】该企业6月发出乙材料的成本 = $(200 \times 35 + 400 \times 40 + 400 \times 45) \div (200 + 400 + 400) \times 600 = 24600$（元）。

23.【答案】A　【解析】材料成本差异率 = $(-20 - 15) \div (200 + 150) \times 100\% = -10\%$；领用原材料的实际成本 = $180 \times (1 - 10\%) = 162$（万元）；当月结存材料的实际成本 = $200 - 20 + 135 - 162 = 153$（万元）。

24.【答案】A　【解析】材料成本差异额 = 实际成本（$100 \times 1 + 2$）- 计划成本（100×1.1）= -8（万元）。

25.【答案】D　【解析】随同商品出售且单独计价的包装物成本应结转到其他业务成本，选项D正确。

26.【答案】B　【解析】委托加工应税消费品，由受托方代收代缴的消费税，收回后用于直接销售的，记入"委托加工物资"科目；收回后用于继续加工的，记入"应交税费——应交消费税"科目。本题中应税消费品收回后用于连续生产，即继续加工，应借记"应交税费——应交消费税"科目，贷记"应付账款"科目，选项B正确。

27.【答案】D　【解析】企业委托外单位加工物资的成本包括加工中实际耗用物资的成本（选项C）、支付的加工费用（选项A）及应负担的运杂费、支付的税费等。对于消费税，委托加工材料收回后直接对外销售的，受托方代收代缴的消费税应计入委托加工物资的成本；委托加工物资收回后用于连续生产的，应将代收代缴的消费税记入"应交税费——应交消费税"科目的借方，不计入成本（选项D）。小规模纳税人还应将增值税计入委托加工物资的成本（选项B）。

28.【答案】B　【解析】月末结存库存商品的成本 = $200 + 300 - 220 \times (1 - 20\%) = 324$（万元）。

29.【答案】B　【解析】选项A，计入管理费用；选项B，计入营业外支出；选项C，计入管理费用；选项D，计入其他应收款。

30.【答案】D　【解析】可变现净值 = 存货的估计售价 - 至完工时估计将要发生的成本 - 估计的销售费用以及估计的相关税费（需要进一步加工的存货）；或，可变现净值 = 存货的估计售价 - 估计的销售费用以及估计的相关税费（直接用于销售的存货）。对于本题，存货的可变现净值 = $130 - 30 - 5 = 95$（万元）。

31.【答案】D　【解析】期末存货按成本与可变现净值孰低计量，A商品期末账面余额为300万元，可变现净值为250万元，存货发生减值，按可变现净值计量，二者的差额50万元应计提存货跌价准备，"存货跌价准备"科目期初余额为零，则当期应计提存货跌价准备50万元，计入资产减值损失。

二、多项选择题

1.【答案】ABC　【解析】现金短缺，报经批准前，记入"待处理财产损溢"科目，待报经批准后，有责任人赔偿的记入"其他应收款"科目，无法查明原因的记入"管理费用"科目。

2.【答案】ABCD　【解析】其他货币资金是指除库存现金、银行存款以外的各种货币资金，包括外埠存款、银行本票存款、银行汇票存款、信用证保证金存款、信用卡存款以及存出投资款等。

3.【答案】BC　【解析】企业收到退回的银行汇票多余款项时：
借：银行存款
　　贷：其他货币资金

4.【答案】ABD　【解析】企业只有在同时

满足三个条件时，才能确认交易性金融资产所取得的股利或利息收入并计入当期损益：（1）企业收取股利或利息的权利已经确立（例如被投资单位已宣告发放）；（2）与股利或利息相关的经济利益很可能流入企业；（3）股利或利息的金额能够可靠计量。

5. 【答案】AD 【解析】企业应当将同时符合下列条件的金融资产分类为以公允价值计量且其变动计入其他综合收益的金融资产：（1）管理该金融资产的业务模式，既以收取合同现金流量为目标又以出售该金融资产为目标；（2）该金融资产的合同条款规定，在特定日期产生的现金流量，仅为对本金和以未偿付本金金额为基础的利息的支付。

6. 【答案】CD 【解析】2024 年 6 月 1 日取得交易性金融资产成本为 140 万元（14×10），2024 年 6 月 30 日交易性金融资产的公允价值为 150 万元（15×10），"交易性金融资产"科目增加 10 万元，"公允价值变动损益"科目同时增加 10 万元，选项 C、D 正确。

7. 【答案】ABCD 【解析】企业取得交易性金融资产，应当按照其公允价值，借记"交易性金融资产"科目，按照发生的交易费用，借记"投资收益"科目，发生交易费用取得增值税专用发票的，按其注明的增值税进项税额，借记"应交税费——应交增值税（进项税额）"科目，所支付价款中包含的已宣告但尚未发放的现金股利，借记"应收股利"科目。

8. 【答案】BCD 【解析】企业取得交易性金融资产时，应当按照该金融资产的公允价值作为其初始入账金额，选项 A 计入成本。支付价款中包含已宣告但尚未发放的现金股利或已到付息期但尚未领取的债券利息，应单独确认为应收项目，选项 C 不计入成本。购入时支付的交易费用计入投资收益，选项 B、D 不计入成本。

9. 【答案】AB 【解析】企业持有交易性金融资产期间对于被投资单位宣告发放的现金股利或已到付息期但尚未领取的债券利息，应当确认为应收项目，并计入投资收益。A 公司宣告发放现金股利时：
借：应收股利
　　贷：投资收益

10. 【答案】CD 【解析】银行汇票存款和银行本票存款通过"其他货币资金"科目核算。"应收票据"和"应付票据"科目核算商业汇票，包括银行承兑汇票和商业承兑汇票。

11. 【答案】ABC 【解析】销售商品支付的运费，应计入销售费用。替购买方垫付的运费才计入应收票据的金额。

12. 【答案】ABC 【解析】选项 D，销售货物发生的商业折扣直接抵减销售货款，在发票上填列的是给予商业折扣后的净额。

13. 【答案】BC 【解析】应收的出租包装物押金和出借包装物向客户收取的押金，应通过"其他应付款"科目核算，选项 A、D 错误。

14. 【答案】ABCD 【解析】应收和预付款项均需要计提坏账准备。

15. 【答案】ABCD 【解析】存货是指企业在日常活动中持有以备出售的产品或商品、处在生产过程中的在产品、在生产过程或提供劳务过程中耗用的材料或物料等，包括各类材料、在产品、半成品、产成品、商品以及包装物、低值易耗品等。

16. 【答案】ABC 【解析】采购价款、运输途中的合理损耗、入库前的挑选整理费用均属于存货采购成本。入库后的挑选整理费不计入存货成本。

17. 【答案】ABCD 【解析】选项 A，属于存货的加工成本；选项 B，属于存货的其他成本；选项 C，属于存货的采购成本；选项 D，属于存货的采购成本。

18. 【答案】ACD 【解析】商品流通企业，在采购商品过程中发生的运输费、装卸费、保险费以及其他可归属于存货采购成本的费用等进货费用，应当计入所购商品成本，故选项 B 错误。**商品的进货费用有三种处理方式：（1）全部计入所购商品成本；（2）先进行归集，期末分摊，已售商品的计入主营业务成本，未售商品的计入期末存货成本；（3）金额较小的，直接计入当期销售费用。对于小企业，其购买商品的费用计入销售费用。**

19.【答案】ABD 【解析】企业可以采用的发出存货成本的计价方法包括个别计价法、先进先出法、月末一次加权平均法和移动加权平均法。

20.【答案】ABCD 【解析】个别计价法，采用这一方法是假设存货具体项目的实物流转与成本流转相一致，选项 A 正确。这一方法按照各种存货逐一辨认各批发出存货和期末存货所属的购进批别或生产批别，分别按其购入或生产时所确定的单位成本计算各批发出存货和期末存货成本，选项 B 正确。个别计价法的成本计算准确，符合实际情况，选项 D 正确。但在存货收发频繁的情况下，其发出成本分辨的工作量较大，选项 C 正确。

21.【答案】ABC 【解析】周转材料，是指企业能够多次使用，不符合固定资产定义，逐渐转移其价值但仍保持原有形态的材料物品，包括包装物和低值易耗品等。选项 A、B、C 均为企业的周转材料。选项 D 为企业的在建工程物资，属于固定资产的核算内容，先在"工程物资"科目核算，领用后转入"在建工程"科目核算。

22.【答案】ACD 【解析】企业收回后用于连续生产应税消费品的委托加工物资，由受托方代收代缴的消费税记入"应交税费——应交消费税"科目，不计入委托加工物资成本。

23.【答案】ABC 【解析】库存商品具体包括库存产成品、外购商品、存放在门市部准备出售的商品、发出展览的商品、寄存在外的商品、接受来料加工制造的代制品和为外单位加工修理的代修品等。企业应设置"库存商品"科目进行核算。**已完成销售手续但购买单位在月末未提取的产品，不应作为企业的库存商品，而应作为代管商品处理，单独设置"代管商品"备查簿进行登记。**

24.【答案】ABCD 【解析】会计分录为：
借：原材料（残料残值）
　　其他应收款（应收的赔款）
　　管理费用（正常原因造成净损失）
　　营业外支出（非常原因造成净损失）
贷：待处理财产损溢

三、判断题

1.【答案】× 【解析】从本单位的现金收入中直接支付，即坐支。《现金管理暂行条例》规定企业不得坐支现金。

2.【答案】√ 【解析】现金溢余，属于应支付给有关人员或单位的，计入其他应付款；属于无法查明原因的，计入营业外收入。

3.【答案】√ 【解析】企业应当设置银行存款总账和银行存款日记账，分别进行银行存款的总分类核算和序时、明细分类核算。

4.【答案】× 【解析】银行汇票存款在"其他货币资金"科目核算。企业收到退回的银行汇票多余款项时，作如下会计分录：
借：银行存款
　　贷：其他货币资金——银行汇票

5.【答案】× 【解析】取得交易性金融资产时支付的相关交易费用记入"投资收益"科目，不作为交易性金融资产的初始入账成本。

6.【答案】× 【解析】企业取得交易性金融资产所支付价款中包含了已宣告但尚未发放的现金股利或已到付息期但尚未领取的债券利息，应当单独确认为应收项目。

7.【答案】× 【解析】购买价款中包含的投资前已宣告但尚未发放的现金股利，应当单独确认为应收项目，实际收到时冲减应收股利，借记"其他货币资金"等科目，贷记"应收股利"科目。

8. 【答案】× 【解析】金融商品转让按照卖出价扣除买入价后的余额作为销售额计算增值税，这里的买入价不需要扣除已宣告未发放现金股利和已到付息期未领取的利息。

9. 【答案】√ 【解析】商业汇票的付款期限，最长不得超过6个月。

10. 【答案】× 【解析】商业汇票按照承兑人不同，分为商业承兑汇票和银行承兑汇票。

11. 【答案】× 【解析】预付款项情况不多的企业，可以不设置"预付账款"科目，而将预付的款项通过"应付账款"科目核算。

12. 【答案】√ 【解析】为职工垫付的款项，后期还会收回，在"其他应收款"科目核算。

13. 【答案】√ 【解析】通常情况下，如果逾期超过30日，则表明应收款项的信用风险已经显著增加。

14. 【答案】√ 【解析】仓储费用指企业在存货采购入库后发生的储存费用，应在发生时计入当期损益。但是，在生产过程中为达到下一个生产阶段所必需的仓储费用应计入存货成本。例如，某种酒类产品生产企业为使生产的酒达到规定的产品质量标准而必须发生的仓储费用，应计入酒的成本，而不应计入当期损益。

15. 【答案】× 【解析】周转材料包括低值易耗品和包装物。

16. 【答案】× 【解析】随同商品对外销售单独计价的包装物成本应计入其他业务成本。

17. 【答案】× 【解析】企业出租包装物收

到的押金是需要退还的，所以应计入其他应付款。

18. 【答案】× 【解析】采用月末一次加权平均法只在月末一次计算加权平均单价，有利于简化成本计算工作。但由于平时无法从账面上提供发出和结存存货的单价及金额，不利于存货成本的日常管理与控制。

19. 【答案】× 【解析】委托其他单位加工材料收回后直接对外销售的，受托方代收代缴的消费税应计入委托加工物资的成本。委托加工物资收回后用于连续生产应税消费品的，应按代收代缴的消费税记入"应交税费——应交消费税"科目。

20. 【答案】√ 【解析】毛利率法是商业批发企业常用的成本计算方法。一般来讲，商品流通企业同类商品的毛利率大致相同，采用这种存货计价方法既能减轻工作量，也能满足对存货管理的需要。对于从事商业零售业务的企业（如百货公司、超市等），由于经营的商品种类、品种、规格等繁多，而且要求按商品零售价格标价，采用其他成本计算结转方法均较困难，因此广泛采用售价金额核算法。

21. 【答案】× 【解析】采用移动加权平均法能够使企业管理层及时了解存货的结存情况，计算的平均单位成本以及发出和结存的存货成本比较客观。

22. 【答案】√ 【解析】月末，企业对已验收入库但发票账单未到并且其货款尚未支付的材料，应按其暂估价值入账。

23. 【答案】× 【解析】可变现净值不等于存货的售价。

提 高 演 练

一、单项选择题

1. 甲企业现金盘点时发现库存现金短款421元，经批准需由出纳员赔偿200元，其余

短缺无法查明原因，以下关于现金短缺的会计处理正确的是（　　）。

A. 借记"财务费用"科目221元

B. 借记"其他应付款"科目200元

C. 借记"管理费用"科目 221 元

D. 借记"营业外支出"科目 221 元

2. 下列选项中，企业应通过"其他货币资金"科目核算的经济业务是（　　）。

    A. 销售商品收到银行承兑汇票

    B. 委托银行代为支付电话费

    C. 开出转账支票支付购买办公设备款

    D. 为购买股票将资金存入证券公司指定投资款专户

3. 下列各项中，关于其他货币资金业务的表述中正确的是（　　）。

    A. 企业单位信用卡存款账户可以存取现金

    B. 企业信用证保证金存款余额不可以转存其开户行结算户存款

    C. 企业银行汇票存款的收款人不得将其收到的银行汇票背书转让

    D. 企业外埠存款除采购人员可从中提取少量现金外，一律采用转账结算

4. 某公司 2024 年 3 月 15 日购入 M 公司发行在外的普通股股票作为交易性金融资产核算。购买时支付价款 1100 万元（其中包括已宣告但尚未发放的现金股利 100 万元），交易费用 20 万元，至 2024 年 6 月 30 日，该股票的公允价值为 1200 万元。2024 年 8 月 19 日某公司将持有的 M 公司的股票全部出售，收取价款为 1210 万元，则在处置时应当确认的投资收益为（　　）万元。

    A. 10　　　　　　　　B. 110

    C. 80　　　　　　　　D. 130

5. 甲公司 2024 年 7 月 1 日购入乙公司 2024 年 1 月 1 日发行的债券，支付价款为 2100 万元（含已到付息期但尚未领取的债券利息 40 万元），另支付交易费用 15 万元，取得的增值税专用发票上注明的增值税税额为 0.9 万元。该债券面值为 2000 万元，票面年利率为 4%（票面利率等于实际利率），每半年付息一次，甲公司将其划分为交易性金融资产。甲公司 2024 年度因该项交易性金融资产应确认的投资收益为（　　）万元。

A. 25　　　　　　　　B. 40

C. 65　　　　　　　　D. 80

6. 甲公司为增值税一般纳税人，2024 年 2 月 21 日，甲公司从证券交易所购入乙上市公司股票 50000 股，支付价款 300000 元，另支付相关交易费用 500 元，取得增值税专用发票上注明的增值税税额为 30 元，甲公司将其划分为交易性金融资产进行管理和核算。2024 年 6 月 20 日，乙上市公司按每股 0.3 元宣告发放现金股利。2024 年 7 月 5 日，甲公司收到该现金股利 15000 元并存入银行，2024 年 12 月 31 日，该股票的公允价值为 350000 元。不考虑其他因素，2024 年甲公司因购买和持有该项交易性金融资产确认的投资收益总额为（　　）元。

A. 49500　　　　　　C. 15000

B. 14500　　　　　　D. 50000

7. 2024 年 6 月 30 日，甲公司出售其所持股票，出售价款 26 万元，该股票作为交易性金融资产核算，其入账价值为 21 万元，包含当时已宣告但尚未发放的现金股利 1 万元，则该笔销售应交增值税（　　）万元。

A. 1.47　　　　　　　B. 0.34

C. 1.19　　　　　　　D. 0.28

8. 下列各项中，企业销售商品收到银行汇票存入银行应借记的会计科目是（　　）。

    A. 应收账款　　　　B. 应收票据

    C. 其他货币资金　　D. 银行存款

9. 9 月 30 日，甲公司因资金紧张，将其持有的票面金额为 60 万元的银行承兑汇票进行贴现，假设其符合终止确认条件，贴现利息为 0.9 万元。不考虑其他因素，甲公司下列会计处理正确的是（　　）。

    A. 借：银行存款　　　　　　59.1

         营业外支出　　　　0.9

           贷：应收票据　　　　　　60

    B. 借：银行存款　　　　　　59.1

         财务费用　　　　　0.9

           贷：应收票据　　　　　　60

    C. 借：银行存款　　　　　　59.1

营业外支出　　　　0.9
　　贷：短期借款　　　　　60
D. 借：银行存款　　59.1
　　　财务费用　　　0.9
　　贷：短期借款　　　　　60

10. 5月1日，甲公司"其他应收款"科目借方余额为10万元，12月份发生有关业务如下：（1）销售商品并为客户代垫运费2万元；（2）收回为职工垫付的房租4万元；（3）租入包装物支付押金1万元。不考虑其他因素，甲公司5月31日"其他应收款"科目的借方余额为（　　）万元。
A. 9　　　　　　　B. 11
C. 7　　　　　　　D. 6

11. 甲公司采用备抵法核算应收账款减值，2024年12月1日，甲公司"坏账准备"科目贷方余额为500万元，12月10日，甲公司应收乙公司的销货款实际发生坏账损失60万元，12月31日，综合考虑各种信用减值损失风险因素，甲公司确定期末"坏账准备"科目贷方余额应为600万元，不考虑其他因素，2024年12月31日甲公司应计提坏账准备的金额为（　　）万元。
A. 160　　　　　　B. 40
C. 100　　　　　　D. 600

12. 企业采用备抵法核算应收账款减值损失，关于确实无法收回的应收账款作为坏账转销的会计处理表述正确的是（　　）。
A. 借记"信用减值损失"，贷记"坏账准备"
B. 借记"营业外支出"，贷记"应收账款"
C. 借记"坏账准备"，贷记"信用减值损失"
D. 借记"坏账准备"，贷记"应收账款"

13. 甲企业为增值税一般纳税人，本期购入一批商品100千克，进货价格为100万元，增值税进项税额为13万元。所购商品到达后验收发现商品短缺25%，其中合理损失15%，另10%的短缺无法查明

原因。该批商品的单位成本是（　　）万元。
A. 1　　　　　　　B. 1.4
C. 1.2　　　　　　D. 1.25

14. 甲公司采用实际成本进行材料日常核算。9月15日，甲公司购入H原材料一批，材料已验收入库，月末发票账单尚未收到也无法确定其实际成本，暂估价值为50万元，至11月20日，甲公司收到购买H原材料的发票账单。不考虑其他因素，甲公司下列会计处理中正确的是（　　）。
A. 9月15日甲公司购入H原材料：
借：原材料　　　　　　50
　　贷：应付账款——暂估应付款
　　　　　　　　　　　　50
B. 10月1日甲公司用红字冲销原暂估入账金额：
借：应付账款——暂估应付款
　　　　　　　　　　　　50
　　贷：原材料　　　　　50
C. 10月31日甲公司尚未收到发票账单：甲公司不作会计处理。
D. 11月20日收到购买H原材料的发票账单：
借：应付账款——暂估应付款
　　　　　　　　　　　　50
　　贷：应付账款　　　　50

15. 下列存货发出计价方法中，不便于存货日常管理的是（　　）。
A. 先进先出法
B. 移动加权平均法
C. 全月一次加权平均法
D. 个别计价法

16. 甲企业本期购进6批存货，已发出2批，在物价持续上升的情况下，与加权平均法相比，该企业采用先进先出法时（　　）。
A. 当期利润较低
B. 库存存货价值较低
C. 期末存货成本接近于市价
D. 发出的成本较高

17. 甲公司月初结存甲材料 13 吨，每吨单价 8290 元，本月购入情况如下：3 日购入 5 吨，单价 8800 元；17 日购入 12 吨，单价 7900 元。本月领用情况如下：10 日领用 10 吨；28 日领用 10 吨。甲公司采用移动加权平均法计算发出存货成本，则甲公司期末结存甲材料成本为（　　）元。

    A. 81126.70　　　B. 78653.25

    C. 85235.22　　　D. 67221.33

18. 甲企业为增值税小规模纳税人，原材料采用计划成本核算，A 材料计划成本每吨为 30 元，本期购进 A 材料 5000 吨，收到增值税专用发票上注明的价款总额为 140000 元，增值税税额为 18200 元，另发生运杂费 2000 元，增值税税额为 180 元。原材料运抵企业后验收入库原材料 4995 吨，运输途中合理损耗 5 吨，购进 A 材料发生的成本差异为（　　）元。

    A. 节约 7850　　　B. 节约 8000

    C. 超支 10380　　　D. 超支 10530

19. 某企业为增值税一般纳税人，增值税税率为 13%。本月销售一批材料，含税销售额为 5876 元。该批材料计划成本为 4200 元，材料成本差异率为 2%，不考虑其他因素，该企业销售材料应确认的损益为（　　）元。

    A. 916　　　B. 1084

    C. 1884　　　D. 1968

20. 甲企业采用计划成本法进行材料核算，9 月 5 日购入材料一批，取得增值税专用发票上注明的价款为 360000 元，增值税税额为 46800 元，计划成本为 380000 元。9 月 7 日，材料运达并验收入库。不考虑其他因素，下列各项中，关于材料入库的会计处理正确的是（　　）。

    A. 借：原材料　　　　　　380000
    　　　贷：材料采购　　　　　360000
    　　　　　材料成本差异　　　　20000

    B. 借：原材料　　　　　　360000
    　　　　材料成本差异　　　　20000
    　　　贷：材料采购　　　　　380000

C. 借：原材料　　　　　　360000
　　　材料成本差异　　　　20000
　　贷：在途物资　　　　　380000

D. 借：原材料　　　　　　360000
　　贷：在途物资　　　　　360000

21. 7 月 1 日，甲企业销售商品领用不单独计价包装物的计划成本为 80000 元，材料成本差异率为 −5%，下列选项中，关于该包装物会计处理正确的是（　　）。

    A. 借：销售费用　　　　　84000
    　　　贷：周转材料——包装物
    　　　　　　　　　　　　　80000
    　　　　　材料成本差异　　　4000

    B. 借：销售费用　　　　　76000
    　　　　材料成本差异　　　　4000
    　　　贷：周转材料——包装物
    　　　　　　　　　　　　　80000

    C. 借：其他业务成本　　　84000
    　　　贷：周转材料——包装物
    　　　　　　　　　　　　　80000
    　　　　　材料成本差异　　　4000

    D. 借：其他业务成本　　　76000
    　　　　材料成本差异　　　　4000
    　　　贷：周转材料——包装物
    　　　　　　　　　　　　　80000

22. 下列各项中，不能通过"其他业务成本"科目核算的是（　　）。

    A. 出售不单独计价包装物的成本

    B. 出租无形资产摊销额

    C. 出租固定资产的折旧额

    D. 出租包装物的成本

23. 企业销售随同商品出售单独计价的包装物一批，该批包装物的计划成本为 30000 元，材料成本差异率为 2%，则需要计入（　　）。

    A. 其他业务成本 29400 元

    B. 销售费用 29400 元

    C. 其他业务成本 30600 元

    D. 销售费用 30600 元

24. 下列各项中，关于出租和出借包装物的说法中错误的是（　　）。

A. 企业出租、出借包装物时，应借记"周转材料——包装物——出租包装物（或出借包装物）"科目，贷记"周转材料——包装物——库存包装物"科目

B. 归还包装物押金时，借记"其他应付款——存入保证金"科目，贷记"库存现金"等科目

C. 收取包装物租金时，借记"银行存款"等科目，贷记"其他业务收入"科目

D. 对出借包装物进行摊销时，借记"其他业务成本"科目，贷记"周转材料——包装物——包装物摊销"科目

25. 甲公司和乙公司均为增值税一般纳税人，甲公司委托乙公司加工一批应税消费品（非金银首饰），发出材料成本 280000 元，支付往返运输费 2000 元，乙公司收取的加工费为 20000 元（不含税），并向甲公司开具了增值税专用发票，乙公司代收代缴消费税 75000 元。甲公司收回该批商品后用于直接销售。则甲公司收回该批委托加工物资的成本为（　　）元。

A. 377000　　　　B. 300000

C. 302000　　　　D. 375000

26. 甲企业为增值税一般纳税人，委托外单位加工一批材料，发出材料的实际成本为 200 万元，支付加工费 10 万元，取得的增值税专用发票上注明的增值税税额为 1.3 万元，受托方代收代缴的可抵扣消费税为 30 万元。甲企业收回这批材料后用于继续加工应税消费品。该批材料加工收回后的入账价值为（　　）万元。

A. 210　　　　B. 241.3

C. 211.3　　　　D. 240

27. 甲公司为增值税一般纳税人，委托外单位加工一批产品，以银行存款支付加工费 150 万元、增值税 19.5 万元、消费税 22.5 万元，该产品收回后将直接对外销售。甲公司支付相关款项时，应编制的会计分录是（　　）。

A. 借：委托加工物资　　192

　　　贷：银行存款　　　192

B. 借：委托加工物资　　172.5

　　　应交税费——应交增值税（进项税额）　19.5

　　　贷：银行存款　　　192

C. 借：委托加工物资　　150

　　　应交税费——应交增值税（进项税额）　19.5

　　　贷：银行存款　　169.5

D. 借：委托加工物资　　150

　　　应交税费——应交增值税（进项税额）　19.5

　　　　　——应交消费税　22.5

　　　贷：银行存款　　　192

28. A 商场采用售价金额核算法对库存商品进行核算。本月初库存商品进价成本总额 65 万元，售价总额 75 万元；本月购进商品进价成本总额 63 万元，售价总额 77 万元；本月销售商品售价总额 79 万元。假设不考虑相关税费，该商场本月销售商品的实际成本为（　　）万元。

A. 64.19　　　　B. 66.53

C. 67.49　　　　D. 74.33

29. 甲公司库存商品采用售价金额法核算，2024 年 12 月初，库存商品的进价成本总额为 200 万元，售价总额为 220 万元，当月购进的商品的进价成本总额为 150 万元，售价总额为 180 万元，当月实现销售收入总额为 240 万元。不考虑其他因素，2024 年 12 月 31 日该公司结存商品的实际成本总额为（　　）万元。

A. 180　　　　B. 110

C. 160　　　　D. 140

30. 企业购入商品采用售价金额核算，以下结转销售成本的账务处理中错误的是（　　）。

A. 按售价借记"主营业务成本"科目

B. 按售价贷记"库存商品"科目

C. 按已销商品的进销差价，借记"商品进销差价"科目，贷记"主营业务成本"科目

D. 按进价贷记"库存商品"科目

31. 企业购入商品采用售价金额核算，以下选项中，账务处理错误的是（　　）。
    A. 按商品售价，借记"库存商品"科目
    B. 按商品进价，借记"库存商品"科目
    C. 按商品进价，贷记"银行存款""在途物资""委托加工物资"等科目
    D. 按商品售价与进价之间的差额，贷记"商品进销差价"科目

32. 甲企业采用毛利率法对库存商品进行核算。4月1日，"库存商品"科目期初余额为150万元，本月购进商品一批，采购成本为250万元，本月实现商品销售收入300万元。上季度该类商品的实际毛利率为20%。不考虑其他因素，该企业本月末"库存商品"科目的期末余额为（　　）万元。
    A. 160　　　　　B. 100
    C. 80　　　　　D. 110

33. 甲企业为增值税一般纳税人，清查时发现一批因管理不善而发霉变质的材料，该批材料原价20000元，增值税进项税额2600元，收到保险公司赔款2000元，则应计入管理费用的金额为（　　）元。
    A. 18000　　　　B. 14800
    C. 20600　　　　D. 18800

34. 甲公司原材料采用实际成本核算。6月30日该企业对存货进行全面清查，发现短缺原材料一批，账面成本12000元，已计提存货跌价准备2000元。经确认，应由保险公司赔款4000元，由过失人员赔款3000元。假定不考虑其他因素，该项存货清查业务应确认的净损失为（　　）元。
    A. 3000　　　　B. 5000
    C. 6000　　　　D. 8000

35. 甲企业为增值税一般纳税人，适用13%的增值税税率。企业因多日暴雨导致的洪水毁损了一批库存商品，该批库存商品的实际成本为50万元，残料价值5万元已验收入库，应由保险公司赔偿30万

元。不考虑其他因素，下列选项中，关于毁损库存商品的会计处理正确的是（　　）。
    A. 批准处理前：
    借：待处理财产损溢　　50
    　　贷：主营业务成本　　　　50
    B. 批准处理前：
    借：待处理财产损溢　　56.5
    　　贷：库存商品　　　　　50
    　　　应交税费——应交增值税（进项税额转出）　　6.5
    C. 批准处理后：
    借：其他应收款　　　　30
    　　原材料　　　　　　5
    　　营业外支出　　　　15
    　　贷：待处理财产损溢　　50
    D. 批准处理后：
    借：其他应收款　　　　30
    　　原材料　　　　　　5
    　　营业外支出　　　　21.5
    　　贷：待处理财产损溢　　56.5

36. 甲公司12月1日库存商品借方余额为1200万元，对应的存货跌价准备贷方余额为30万元，当期销售库存商品结转的成本为400万元，当期完工入库的库存商品成本为500万元。12月31日库存商品的可变现净值为1290万元，则甲公司12月31日需要计提的存货跌价准备为（　　）万元。
    A. 20　　　　　B. 0
    C. -10　　　　D. -20

37. 甲企业2023年3月31日，A存货的实际成本为100万元，加工该存货至完工成品估计还将要发生成本25万元，估计销售费用和相关税费为3万元，估计该存货生产的产成品售价120万元。假定A存货月初"存货跌价准备"科目余额为12万元，2023年3月31日应计提的存货跌价准备为（　　）万元。
    A. 8　　　　　B. -4
    C. -8　　　　D. 4

二、多项选择题

1. 下列各项中，关于企业现金溢余的表述中，正确的有（   ）。

A. 无法查明原因的现金溢余计入营业外收入

B. 应支付给有关单位的现金溢余计入其他应付款

C. 无法查明原因的现金溢余冲减管理费用

D. 应支付给有关单位的现金溢余计入应付账款

2. 下列各项中，应通过"其他货币资金"科目核算的有（   ）。

A. 汇往异地银行开立采购专户的款项

B. 用银行本票支付采购办公用品的款项

C. 存入证券公司指定账户的款项

D. 存入银行信用证保证金专户的款项

3. 下列经济业务中，应通过"投资收益"科目核算交易性金融资产的有（   ）。

A. 持有期间被投资单位宣告发放的现金股利

B. 资产负债表日发生的公允价值变动

C. 取得时支付的交易费用

D. 出售时公允价值与其账面余额的差额

4. A公司6月1日购入B公司股票，每股14元，共10万股，作为交易性金融资产核算。6月30日，该股票每股公允价值为15元，则下列说法中正确的有（   ）。

A. "资产减值损失"增加10万元

B. "投资收益"增加10万元

C. "交易性金融资产"增加10万元

D. "公允价值变动损益"增加10万元

5. 2024年6月30日，甲公司出售其所持股票，出售价款30万元，该股票作为交易性金融资产核算，其购买价款为21万元，包含当时已宣告但尚未发放现金股利1万元，则下列说法中正确的有（   ）。

A. 转让该交易性金融资产应交增值税0.51万元

B. 出售金融商品产生的损失，其增值税可结转下年抵扣

C. 应交增值税计入投资收益

D. 应交增值税计入交易性金融资产

6. 通过"应收票据"核算的票据包括（   ）。

A. 转账支票   B. 银行汇票

C. 银行承兑汇票   D. 商业承兑汇票

7. 下列各项中，会影响企业应收账款入账价值的有（   ）。

A. 应收的销售商品价款

B. 增值税销项税额

C. 代购货单位垫付的运费

D. 预计发生的坏账

8. 下列各项关于预付账款的说法中，正确的有（   ）。

A. 预付款项情况不多的企业，可以不设置"预付账款"科目，而将预付的款项记入"应付账款"科目的贷方

B. 预付账款属于企业的资产

C. 预付账款是指企业按照合同规定预付的款项

D. 预付账款的减少是在企业收到购买的商品时

9. 下列各项中，不应当通过"其他应收款"科目核算的有（   ）。

A. 应收取的包装物租金

B. 应收取的各项保险赔款

C. 已收取的包装物押金

D. 企业替购货单位代垫的包装费

10. 以下各项中，期末资产负债表"其他应收款"项目，涉及的科目有（   ）。

A. 应收利息   B. 应收股利

C. 其他应收款   D. 坏账准备

11. 下列情况下进行会计处理时，应记入"坏账准备"科目借方的有（   ）。

A. 期末"坏账准备"账户余额为贷方，且大于计提前坏账准备余额

B. 已转销的坏账当期又收回

C. 当期确认的坏账损失

D. 冲回多提的坏账准备

12. 下列各项中，会引起期末应收账款账面价值发生变化的有（   ）。

A. 收回应收账款

B. 收回已转销的坏账

C. 计提应收账款坏账准备

D. 实际发生的坏账损失

13. 下列各项中，关于应收款项减值备抵法的表述错误的有（　　）。

A. 企业收回已作坏账转销的应收账款应借记"坏账准备"科目

B. 应收账款实际发生坏账时确认坏账损失并计入当期损益

C. 采用备抵法核算符合会计谨慎性的要求

D. 计提当期坏账准备应加上期初"坏账准备"科目贷方余额

14. 下列各项中，属于存货采购成本的有（　　）。

A. 购买价款

B. 不能抵扣的增值税进项税额以及相应的教育费附加

C. 材料运输途中的合理损耗

D. 入库后的挑选整理费

15. 下列各项中，不会引起存货账面价值发生增减变动的有（　　）。

A. 收回委托加工物资

B. 完成生产的产品验收入库

C. 计提存货跌价准备

D. 发出商品

16. 在计划成本法下，下列会计处理正确的有（　　）。

A. 购入材料时，借方按照实际成本登记"材料采购"科目、相关税费，贷方登记"银行存款"科目

B. 材料入库时，借方按照实际成本登记"原材料"科目，贷方按照计划成本冲销"材料采购"科目，差额记入"材料成本差异"科目

C. 领用材料时，根据受益对象计入相关成本费用

D. 发出材料期末负担的差异如为节约差异，则在借方增加相关成本费用，贷记"材料成本差异"科目

17. 下列关于存货的说法中，正确的有（　　）。

A. 在实际成本法下，采购存货时运输途中的合理损耗要计入存货的成本

B. 在计划成本法下，购入原材料的实际成本记入"材料采购"科目

C. 存货期末按照成本与可变现净值孰低法计量

D. 月末，如果存货已验收入库但发票账单未到也无法确定其实际成本，可以暂估入库

18. 下列原材料损失项目中，不应计入营业外支出的有（　　）。

A. 计量差错引起的原材料盘亏

B. 人为责任造成的应由责任人赔偿的原材料损失

C. 原材料运输途中发生的合理损耗

D. 自然灾害造成的原材料损失

19. "材料采购"科目贷方登记（　　）。

A. 采购材料的实际成本

B. 入库材料的计划成本

C. 结转入库材料节约额

D. 结转入库材料超支额

20. 甲企业为增值税小规模纳税人，原材料按实际成本核算。该企业以商业承兑汇票采购原材料一批，取得增值税普通发票上注明的金额为339万元，原材料已验收入库。不考虑其他因素，下列选项中甲企业购入原材料会计处理正确的有（　　）。

A. 借记"材料采购"科目300万元

B. 借记"应交税费——应交增值税（进项税额）"科目39万元

C. 贷记"应付票据"科目339万元

D. 借记"原材料"科目339万元

21. "材料成本差异"账户贷方反映的内容有（　　）。

A. 入库材料的超支差异

B. 入库材料的节约差异

C. 发出材料应负担的超支差异

D. 发出材料应负担的节约差异

22. "周转材料——包装物"科目核算的内容包括（　　）。

A. 用于包装产品的包装物

B. 用于储存产品的包装物

C. 随同产品出售的包装物

D. 用于出租、出借的包装物

23. 下列各项中，应记入"销售费用"科目的有（　　）。

A. 出借包装物成本的摊销

B. 出租包装物成本的摊销

C. 随同产品出售单独计价的包装物成本

D. 随同产品出售不单独计价的包装物成本

24. 下列各项中，有关包装物的会计处理，表述正确的有（　　）。

A. 随商品出售不单独计价的包装物成本，计入销售费用

B. 生产领用的包装物成本，计入生产成本

C. 随商品出售单独计价的包装物成本，计入其他业务成本

D. 多次反复使用的包装物成本，根据使用次数分次摊销计入相应成本费用

25. 企业采用分次摊销法对低值易耗品进行摊销时，可能记入的会计科目有（　　）。

A. 管理费用　　　　B. 销售费用

C. 财务费用　　　　D. 制造费用

26. 下列各项税金中，应计入存货成本的有（　　）。

A. 由受托方代扣代缴的委托加工直接用于对外销售的商品负担的消费税

B. 由受托方代扣代缴的委托加工继续用于生产应纳消费税的商品负担的消费税

C. 进口原材料缴纳的进口关税

D. 小规模纳税人购入原材料缴纳的增值税

27. 下列各项中，关于毛利率法的表述正确的有（　　）。

A. 这一方法是商品流通企业，尤其是商业批发企业常用的方法

B. 采用这种方法能减轻企业工作量

C. 采用这种方法，不能满足企业对存货管理的需要

D. 采用这种方法，要求企业同类商品的毛利率大致相同

28. 下列各项中，关于库存商品售价金额核算法的表述正确的有（　　）。

A. 商品售价与进价的差额通过"商品进销差价"科目核算

B. 期末需根据已售商品应分摊的进销差价调整本期销售成本

C. 库存商品入库时按售价记账

D. 库存商品销售时按进价结转销售成本

29. 下列关于存货盘盈盘亏说法正确的有（　　）。

A. 存货盘盈时，经批准后，冲减管理费用

B. 存货盘亏时，经批准后，可能计入管理费用

C. 企业发生存货盘盈盘亏，报批前通过"待处理财产损溢"科目核算

D. 企业发生存货盘亏，经批准后，可能记入"其他应收款"科目

30. 下列关于存货毁损说法不正确的有（　　）。

A. 如为管理不善导致的存货毁损，企业管理层批准后，应当计入营业外支出

B. 存货毁损属于非常损失，经批准后，损失应当计入管理费用

C. 自然灾害导致的存货毁损，进项税额不需要转出

D. 存货毁损在批准前应当先通过"待处理财产损溢"科目核算

31. 下列关于存货跌价准备的表述不正确的有（　　）。

A. 存货跌价准备一经计提在存货持有期间不得转回

B. 转回存货跌价准备会减少存货的账面价值

C. 存货的成本高于其可变现净值的差额为当期需要计提的存货跌价准备金额

D. 企业出售存货时要将匹配的存货跌价准备一并结转

三、判断题

1. 企业采购商品或接受服务采用银行汇票结

算时，应通过"应付票据"科目核算。

（　　）

2. 资产负债表日，交易性金融资产应当按照公允价值计量，公允价值与账面余额之间的差额计入当期收益，记入"投资收益"科目。（　　）

3. 企业出售交易性金融资产时，同时应将原记入"公允价值变动损益"科目的金额转入投资收益。（　　）

4. 转让金融商品按盈亏相抵后的余额为销售额，若相抵后出现负差，可结转下一纳税期与下期转让金融商品销售额互抵，年末时仍出现负差的，继续转入下一会计年度。（　　）

5. 企业持有交易性金融资产期间，对于被投资单位宣告发放的现金股利，应借记"交易性金融资产"科目。（　　）

6. 企业应收票据贴现，应按实际收到的金额与其票面金额的差额，借记或贷记"管理费用"科目。（　　）

7. 直接转销法确认坏账，会在一定程度上高估期末应收款项。（　　）

8. 实务中通常按照应收款项的预计可收回金额确定预计信用减值损失。（　　）

9. 应收款项的坏账准备应当以组合为基础进行确定。（　　）

10. 企业购入材料已经验收入库，之后发生的仓储费（不包括在生产过程中必需的仓储费）应计入销售费用。（　　）

11. 采购原材料途中发生的合理损耗报经批准后应计入营业外支出。（　　）

12. 不能归属于使存货达到目前场所和状态的其他支出，应在发生时计入当期损益。（　　）

13. 企业采用先进先出法核算发出存货成本的，在物价持续上升时，期末存货成本接近于市价，而发出成本偏低，会高估企业当期利润和库存存货价值。（　　）

14. A商场采用毛利率法进行日常核算，可根据本期销售净额乘以上期同类商品的实际毛利率匡算本期销售毛利，并据以

计算发出商品和期末结存商品成本。

（　　）

15. 材料采用计划成本核算，发出材料应负担的成本差异在年末一次计算分摊。

（　　）

16. 月末，企业对已验收入库但发票账单未到并且其货款尚未支付的材料，应按其暂估价值入账。（　　）

17. 企业采用计划成本进行直接材料日常核算的，期末应将耗用的直接材料计划成本调整为实际成本。（　　）

18. 企业采用月末一次加权平均法计量发出材料的成本，在本月有材料入库的情况下，物价上涨时，当月初发出材料的单位成本小于月末发出材料的单位成本。（　　）

19. 企业租入包装物支付的押金应计入其他业务成本。（　　）

20. 企业对外出借包装物发生的摊销额计入销售费用。（　　）

21. 企业对外出租包装物收取的租金，应计入营业外收入。（　　）

22. 企业委托加工应税消费品（非金银首饰），该消费品收回后继续用于加工应税消费品，由受托方代收代缴的消费税计入委托加工物资成本。（　　）

23. 材料盘亏净损失属于一般经营损失的部分，应记入"营业外支出"科目。

（　　）

24. 企业发生的存货盘盈，按管理权限报经批准后，应冲减管理费用。（　　）

25. 增值税一般纳税人企业存货盘亏，应将增值税进项税额转出。（　　）

26. 存货的可变现净值，是指存货的估计售价减去至完工时估计将要发生的成本、估计的销售费用以及估计的相关税费后的金额。（　　）

27. 存货跌价准备一经计提，以后会计期间不得转回。（　　）

28. 为生产而持有的材料等，其期末通常按成本计量，除非企业用其生产的产成品发生

了跌价，并且该跌价是由材料本身的价格下跌所引发的，才需要将该材料的可变现净值与成本进行比较，从而确定材料存货是否跌价。（   ）

四、不定项选择题

1. 2023 年 5 月 3 日，甲公司以 480 万元购入乙公司股票 60 万股作为交易性金融资产，另支付交易费用 10 万元，增值税进项税额 0.6 万元。

   （1）2023 年 6 月 30 日，该股票每股市价为 7.5 元。

   （2）2023 年 8 月 10 日，乙公司宣告分派现金股利，每股 0.2 元。

   （3）2023 年 8 月 20 日，甲公司收到分派的现金股利。

   （4）2023 年 12 月 31 日，甲公司仍持有该交易性金融资产，期末每股市价为 8.2 元。

   （5）2024 年 1 月 3 日，以 515 万元出售该交易性金融资产。

   要求：根据上述资料，分析回答下列问题。

   （1）下列说法中，正确的是（   ）。
      A. 购入交易性金融资产时发生的交易费用计入其成本
      B. 交易性金融资产的入账价值是 480 万元
      C. 购入交易性金融资产时发生的交易费用计入投资收益
      D. 交易性金融资产的入账价值是 490 万元

   （2）关于甲公司 2023 年的处理，下列说法中正确的是（   ）。
      A. 2023 年 6 月 30 日，确认公允价值变动损失 30 万元
      B. 2023 年 8 月 10 日，乙公司宣告发放现金股利，甲公司确认为投资收益
      C. 2023 年 6 月 30 日，该交易性金融资产的账面价值是 450 万元
      D. 2023 年 6 月 30 日，确认公允价值变动收益 30 万元

   （3）交易性金融资产业务对甲公司 2023

年投资收益的影响金额为（   ）万元。
      A. 10   B. 12
      C. 2   D. −2

   （4）2023 年 12 月 31 日，甲公司每股市价为 8.2 元，下列处理正确的是（   ）。
      A. 借：公允价值变动损益
                              420000
          贷：交易性金融资产——公允价值变动   420000
      B. 借：交易性金融资产——公允价值变动   420000
          贷：公允价值变动损益
                              420000
      C. 借：公允价值变动损益
                              120000
          贷：交易性金融资产——公允价值变动   120000
      D. 借：交易性金融资产——公允价值变动   120000
          贷：公允价值变动损益
                              120000

   （5）2024 年 1 月 3 日以 515 万元出售该交易性金融资产，对甲公司投资收益的影响额为（   ）万元。
      A. 35（借方）   B. 35（贷方）
      C. 23（借方）   D. 23（贷方）

2. 甲公司为增值税一般纳税人，2024 年 8 月 6 日，从二级市场上购入乙公司发行的面值为 1000 万元的 A 债券，支付价款 1020 万元，其中包含已到付息期但尚未领取的债券利息 20 万元，另支付交易费用 6 万元，取得增值税专用发票上注明的增值税税额为 0.36 万元，甲公司将其划分为交易性金融资产。

   （1）8 月 15 日，收到乙公司支付的已到付息期但未领取的债券利息 20 万元。

   （2）8 月 30 日，A 债券的公允价值为 1050 万元。

   （3）12 月 31 日，出售所持有的全部 A 债券，价款为 1126 万元，转让 A 债券应交

增值税为 6 万元。

要求：根据上述资料，不考虑其他因素，分析回答下列小题。

（1）根据期初资料，下列各项中，关于购入债券的会计处理正确的是（　　）。

A. 借：交易性金融资产——成本
　　　　　　　　　1000
　　应收利息　　　　 20
　　贷：其他货币资金　1020

B. 借：投资收益　　　　　 6
　　应交税费——应交增值税（进项税额）　　　0.36
　　贷：其他货币资金　6.36

C. 借：交易性金融资产——成本
　　　　　　　　　1020
　　贷：其他货币资金　1020

D. 借：管理费用　　　　　 6
　　应交税费——应交增值税（进项税额）　　　0.36
　　贷：其他货币资金　3.36

（2）根据资料（1），下列各项中，关于收到债券利息的会计处理结果正确的是（　　）。

A. 交易性金融资产减少 20 万元
B. 应收利息减少 20 万元
C. 投资收益增加 20 万元
D. 其他货币资金增加 20 万元

（3）根据资料（2），下列各项中，关于确认持有的 A 债券公允价值变动的会计处理正确的是（　　）。

A. 借记"交易性金融资产——公允价值变动"科目 50 万元
B. 借记"交易性金融资产——成本"科目 30 万元
C. 贷记"投资收益"科目 30 万元
D. 贷记"公允价值变动损益"科目 50 万元

（4）根据资料（3），下列各项中，关于出售乙公司债券的会计处理正确的是（　　）。

A. 借：投资收益　　　　　 6
　　贷：应交税费——转让金融商品应交增值税　6

B. 借：其他货币资金　1126
　　贷：交易性金融资产——成本
　　　　　　　　　1020
　　　　——公允价值变动
　　　　　　　　　 30
　　　　投资收益　　　76

C. 借：其他货币资金　1126
　　贷：交易性金融资产——成本
　　　　　　　　　1000
　　　　——公允价值变动
　　　　　　　　　 50
　　　　投资收益　　　76

D. 借：管理费用　　　　　 6
　　贷：应交税费——转让金融商品应交增值税　6

（5）根据以上资料，上述交易性金融资产相关业务对甲公司 2024 年利润表中"营业利润"项目的影响金额是（　　）万元。

A. 74　　　　　　　 B. 94
C. 76　　　　　　　 D. 114

3. 甲公司为增值税一般纳税人，存货按实际成本进行日常核算，12 月初"应收账款"科目借方余额为 80 万元（各明细科目无贷方余额），"应收票据"科目借方余额为 30 万元，"坏账准备——应收账款"科目贷方余额为 8 万元。

12 月，甲公司发生如下经济业务：

（1）10 日，采用委托收款方式向乙公司销售一批商品，发出的商品满足收入确认条件，开具的增值税专用发票上注明价款 50 万元，增值税税额为 6.5 万元；用银行存款为乙公司垫付运费 4 万元，增值税税额为 0.36 万元，上述全部款项至月末尚未收到。

（2）18 日，购入一批原材料，取得经税务机关认证的增值税专用发票上注明的价款为 27 万元，增值税税额为 3.51 万元，材料验收入库。甲公司背书转让面值 30 万元不带息的银行承兑汇票结算购料款，不足部分以银行存款补付。

（3）25 日，因丙公司破产，应收丙公司账款 4 万元不能收回，经批准确认为坏账并予以核销。

（4）31 日，经评估计算，甲公司"坏账准备——应收账款"科目应保持的贷方余额为 10.24 万元。

要求：根据上述资料，不考虑其他条件，分析回答下列问题。

（1）根据资料（1），下列各项中，甲公司销售商品确认的应收账款的金额是（　　）万元。
　　A. 60.86　　　　B. 60.5
　　C. 54　　　　　D. 56.5

（2）根据资料（2），下列各项中，甲公司采购材料相关会计科目处理正确的是（　　）。
　　A. 贷记"银行存款"科目 0.51 万元
　　B. 贷记"应收票据"科目 30 万元
　　C. 贷记"应收票据"科目 30.51 万元
　　D. 借记"原材料"科目 27 万元

（3）根据资料（3），下列各项中，甲公司核销坏账的会计处理正确的是（　　）。
　　A. 借：信用减值损失——计提的坏账准备　　　　4
　　　　贷：应收账款——丙公司　　　　　　　　　　4
　　B. 借：坏账准备——应收账款　　　　4
　　　　贷：信用减值损失——计提的坏账准备　　4
　　C. 借：信用减值损失——计提的坏账准备　　　4
　　　　贷：坏账准备——应收账款　　　　　　　　4
　　D. 借：坏账准备——应收账款　　　　4

　　　　贷：应收账款——丙公司　　　　4

（4）根据期初资料、资料（1）~（4），下列各项中，关于甲公司 12 月末坏账准备会计处理表述正确的是（　　）。
　　A. 计提坏账准备前，"坏账准备——应收账款"科目为贷方余额 8 万元
　　B. 本年末应计提坏账准备的金额为 6.24 万元
　　C. 计提坏账准备前，"坏账准备——应收账款"科目为贷方余额 4 万元
　　D. 本年末应计提坏账准备的金额为 10.24 万元

（5）根据期初资料、资料（1）~（4），12 月 31 日甲公司资产负债表"应收账款"项目期末余额应列示的金额是（　　）万元。
　　A. 140.86　　　B. 130.62
　　C. 126.62　　　D. 132.86

4. 12 月，A 公司有关资料如下：

（1）1 日，"应收账款"账户借方余额为 125 万元，"坏账准备"账户贷方余额为 0.625 万元。

（2）5 日，向 B 公司销售产品 110 件，单价为 1 万元，增值税税率为 13%，单位销售成本为 0.8 万元，尚未收款。

（3）25 日，因产品质量原因，B 公司要求退回本月 5 日购买的 10 件商品，A 公司同意 B 公司退货，并办理退货手续和开具增值税专用发票，A 公司收到 B 公司退回的商品。

（4）26 日，发生坏账损失 2 万元。

（5）28 日，收回前期已经确认的坏账 1 万元，存入银行。

（6）31 日，公司预期损失 1.2 万元，计提坏账准备。

要求：根据上述资料，分析回答下列问题。

（1）下列各项业务中，应记入"坏账准备"科目借方的是（　　）。
　　A. 冲回多提的坏账准备
　　B. 当期确认的坏账损失
　　C. 收回前期应收账款

D. 已转销的坏账当期又收回

（2）根据资料（3），关于销售退回，下列说法正确的是（　　）。

A. 冲减销售费用 10 万元

B. 计入销售费用 10 万元

C. 冲减主营业务收入 10 万元

D. 冲减主营业务成本 10 万元

（3）根据资料（4），12 月 26 日，确认坏账损失对企业的影响，下列说法中正确的是（　　）。

A. 借记"坏账准备"科目 2 万元

B. 借记"应收账款"科目 2 万元

C. 贷记"坏账准备"科目 2 万元

D. 贷记"应收账款"科目 2 万元

（4）12 月 31 日，应收账款余额为（　　）万元。

A. 242　　　　B. 200

C. 236　　　　D. 237

（5）12 月 31 日，计提或转销坏账准备前坏账准备余额为（　　）万元。

A. 1.2（贷方）　　B. 0.375（借方）

C. 1.375（借方）　D. 0.625（贷方）

（6）12 月 31 日，计提或转销坏账准备（　　）万元。

A. 1.2（贷方）　　B. 1.575（贷方）

C. 1.275（借方）　D. 0.625（贷方）

5. 甲企业"原材料"科目余额为 500 万元，与原材料有关的"存货跌价准备"科目无余额，5 月该企业发生如下经济业务。

（1）2 日，购入一批原材料，价款为 400 万元，增值税税额为 52 万元，材料已验收入库。供货方代垫运费 8 万元，增值税税额 0.72 万元。该业务已取得全部增值税专用发票，全部款项尚未支付。

（2）25 日，销售一批原材料。开具的增值税专用发票注明价款为 50 万元，增值税税额为 6.5 万元，符合收入确认条件，全部款项尚未收到，所售原材料成本为 30 万元，确认收入的同时结转销售成本。

（3）31 日，根据"发料凭证汇总表"的记录，除当月 25 日因销售发出的原材料

成本外，当月还耗用原材料共计 418 万元，其中，生产车间生产产品 400 万元，车间管理部门 10 万元，专设销售机构 6 万元，行政管理部门 2 万元。

（4）31 日，该企业原材料及其生产的产品发生减值，原材料预计可变现净值为 450 万元。

要求：根据上述资料，不考虑其他因素，分析回答下列问题。

（1）根据资料（1），下列各项中，甲企业购进原材料的入账成本是（　　）万元。

A. 452　　　　B. 408

C. 400　　　　D. 408.72

（2）根据资料（2），下列各项中甲企业销售原材料的会计处理正确的是（　　）。

A. 结转成本时：

借：主营业务成本　　　30

　　贷：原材料　　　　　　30

B. 确认收入时：

借：应收账款　　　　56.5

　　贷：其他业务收入　　　50

　　　应交税费——应交增值税

　　　（销项税额）　　　6.5

C. 结转成本时：

借：其他业务成本　　　30

　　贷：原材料　　　　　　30

D. 确认收入时：

借：应收账款　　　　56.5

　　贷：主营业务收入　　　50

　　　应交税费——应交增值税

　　　（销项税额）　　　6.5

（3）根据资料（3），下列各项中，甲企业发出原材料的会计科目处理，正确的是（　　）。

A. 借记"销售费用"科目 6 万元

B. 借记"管理费用"科目 12 万元

C. 借记"生产成本"科目 400 万元

D. 贷记"原材料"科目 418 万元

（4）根据期初资料、资料（1）~（4），下列各项中，甲企业原材料减值的会计

处理正确的是（　　）。

A. 借记"原材料"科目2万元

B. 借记"信用减值损失"科目2万元

C. 借记"资产减值损失"科目10万元

D. 贷记"存货跌价准备"科目10万元

（5）根据期初资料、资料（1）~（4），下列各项中，甲企业原材料相关业务对5月营业利润的影响金额是（　　）万元。

A. 2　　　　　B. 10

C. 8　　　　　D. 12

6. 北方公司为增值税一般纳税人，增值税税率为13%，生产中所需原材料按计划成本法核算。8月1日，原材料结存2000千克，计划成本为每千克50元，"材料成本差异"账户为借方余额1000元，未计提存货跌价准备。北方公司8月发生的有关原材料业务如下：

（1）8月12日，北方公司持银行汇票600000元购入原材料10000千克，增值税专用发票上注明的货款为480000元，增值税税额62400元，对方代垫包装费和运输费8400元（不考虑增值税），验收入库时发现短缺50千克，经查明为途中定额内自然损耗，按实收数量验收入库。剩余票款退回并存入银行。

（2）8月发出材料情况如下：生产车间领用原材料5000千克，用于生产A产品；车间管理部门领用500千克。

（3）8月30日，原材料的可变现净值为310000元。

要求：根据上述资料，不考虑其他因素，分析回答下列问题。

（1）关于原材料的核算，下列说法中正确的是（　　）。

A. 原材料可以采用实际成本法核算，也可以采用计划成本法核算

B. 购进原材料过程中的合理损耗计入原材料成本

C. 原材料期末应按照成本与可变现净值孰低计量

D. 购进原材料过程中的包装费和运输费计入原材料成本

（2）下列关于原材料核算的说法中，正确的是（　　）。

A. 因自然灾害毁损的原材料，进项税额要转出

B. 应收保险公司赔偿款，记入"应收账款"科目

C. 生产车间生产产品耗用的原材料，记入"制造费用"或"生产成本"科目

D. 车间管理部门耗用的原材料，记入"制造费用"科目

（3）关于8月12日购入原材料的入账价值的说法中，正确的是（　　）。

A. 记入"原材料"科目的金额是500000元

B. 记入"原材料"科目的金额是497500元

C. 记入"材料成本差异"科目的金额是8400元

D. 记入"材料成本差异"科目的金额是-9100元

（4）该批原材料8月材料成本差异率为（　　）。

A. 1.3%　　　　B. -1.36%

C. -1.22%　　　D. 1.5%

（5）下列关于北方公司原材料在8月末的说法中，正确的是（　　）。

A. "原材料"科目的期末余额为322500元

B. 原材料期末记入"存货"项目的金额为310000元

C. 原材料期末需要计提存货跌价准备

D. 原材料期末不需要计提存货跌价准备

7. 甲公司为增值税一般纳税人，适用的货物增值税税率为13%，原材料采用计划成本核算。2024年7月1日，"原材料——A材料"科目借方余额1463万元，"材料成本差异"科目贷方余额62.89万元，"存货跌价准备——甲产品"科目贷方余额

122 万元。甲公司采用期初材料成本差异率分摊成本差异。7 月发生如下经济业务：

（1）2 日，外购 A 材料一批，取得增值税专用发票注明的价款为 210 万元，增值税税额为 27.3 万元，取得运费增值税专用发票注明的运费为 2 万元，增值税税额为 0.18 万元，以上款项均以银行存款支付。该批原材料已验收入库，其计划成本为 200 万元。

（2）10 日，将一批计划成本为 120 万元的 A 材料发往乙公司进行加工，支付加工费及辅料费取得增值税专用发票注明加工费 13.6 万元，增值税税额为 1.77 万元。乙公司按税法规定代扣代缴消费税 32.5 万元。A 材料加工后称为 B 材料。甲公司将收回的 B 材料用于连续生产加工应税消费品丁产品。20 日，甲公司收回 B 材料并验收入库，其计划成本为 140 万元。

（3）25 日，生产车间领用 A 材料一批，其计划成本为 520 万元。

（4）31 日，库存商品——甲产品成本为 1200 万元，预计市场售价为 1210 万元，预计销售甲产品将发生销售税费合计 18 万元。

要求：根据上述资料，不考虑其他因素，分析回答下列问题。（答案金额以万元表示）

（1）根据资料（1），下列会计处理正确的是（　　）。

A. 借：原材料　　　　　212
　　　应交税费——应交增值税（进项税额）　27.48
　　　　贷：银行存款　　239.48

B. 借：材料采购　　　　212
　　　应交税费——应交增值税（进项税额）　27.48
　　　　贷：银行存款　　239.48

C. 借：材料采购　　　　200
　　　材料成本差异　　　12
　　　　贷：原材料　　　　212

D. 借：原材料　　　　　200
　　　材料成本差异　　　12
　　　　贷：材料采购　　212

（2）根据资料（2），下列会计处理正确的是（　　）。

A. 10 日发出材料：
　　借：委托加工物资　　120
　　　　贷：原材料　　　　120

B. 10 日发出材料：
　　借：委托加工物资　　116.4
　　　材料成本差异　　　3.6
　　　　贷：原材料　　　　120

C. 支付加工费：
　　借：委托加工物资　　13.6
　　　应交税费——应交增值税（进项税额）　1.77
　　　　贷：银行存款　　15.37

D. 20 日，收回加工材料：
　　借：原材料　　　　　140
　　　　贷：委托加工物资　130
　　　　　　材料成本差异　10

（3）根据资料（3），生产车间领用 A 材料的实际成本为（　　）万元。

A. 520　　　　　　B. 535.6
C. 504.4　　　　　D. 501.6

（4）根据资料（4），下列会计处理正确的是（　　）。

A. 借：资产减值损失　　8
　　　　贷：存货跌价准备　8

B. 借：存货跌价准备　　8
　　　　贷：资产减值损失　8

C. 借：存货跌价准备　　114
　　　　贷：资产减值损失　114

D. 借：资产减值损失　　114
　　　　贷：存货跌价准备　114

（5）根据上述资料，A 材料期末的实际成本为（　　）万元。

A. 1023　　　　　B. 992.31
C. 1053.69　　　　D. 998.69

8. 甲公司（增值税一般纳税人）为生产多种产品的制造企业，适用的增值税税率为 13%，原材料采用实际成本核算，材料发出成本采用月末一次加权平均法计算，12 月 1 日，M 材料库存数量为 500 千克，每千克实际成本为 200 元，该公司 12 月份发生有关存货业务如下：

（1）2 日，以面值为 250000 元的银行汇票购买 M 材料 800 千克，每千克不含增值税价格为 250 元，价款共计 200000 元，增值税专用发票上注明的增值税税额为 26000 元，由销货方代垫运杂费 3000 元（不考虑增值税）。材料验收入库，银行汇票多余款项通过银行退回并已收妥。

（2）10 日，收到乙公司作为资本投入的 M 材料 3000 千克，并验收入库，同时收到乙公司开具的增值税专用发票，投资合同约定该批材料不含增值税价格为 600000 元（与公允价值相同），允许抵扣的增值税为 78000 元，乙公司在甲公司注册资本中享有份额的金额为 580000 元。

（3）31 日，发料凭证汇总表中列明 M 材料的耗用情况如下：生产产品领用 1600 千克，车间管理部门领用 300 千克，行政管理部门领用 200 千克，销售部门领用 100 千克。

（4）31 日，财产清查中盘亏 M 材料的成本为 15000 元，相应转出增值税进项税额为 1950 元，经查属于材料保管人员过失造成的，按规定由其赔偿 6000 元，其他损失由公司承担，款项尚未收到。

要求：根据上述资料，不考虑其他因素，分析回答下列问题。

（1）根据资料（1），下列各项中，甲公司会计处理正确的是（　　）。

A. 退回银行汇票的多余款项时：
借：银行存款　　　　21000
　　贷：其他货币资金　21000

B. 用银行汇票购买材料时：
借：原材料　　　　　203000
　　应交税费——应交增值税（进项

税额）　　　　　26000
　　贷：银行存款　　　229000

C. 申请签发银行汇票时：
借：其他货币资金　　250000
　　贷：银行存款　　　250000

D. 用银行汇票购买材料时：
借：原材料　　　　　203000
　　应交税费——应交增值税（进项税额）　　　　　26000
　　贷：其他货币资金　229000

（2）根据资料（2），下列各项中，甲公司会计处理结果正确的是（　　）。

A. "资本公积"科目贷方登记 98000 元
B. "原材料"科目借方登记 600000 元
C. "应交税费"科目借方登记 78000 元
D. "实收资本"科目贷方登记 678000 元

（3）根据资料（1）~（2），甲公司当月发出 M 材料平均单价是（　　）元。

A. 205.35　　　B. 210
C. 209.3　　　D. 204.65

（4）根据资料（3），下列各项中，甲公司会计处理表述正确的是（　　）。

A. 车间管理部门领用的材料计入制造费用
B. 生产产品领用的材料计入生产成本
C. 销售部门领用的材料计入销售费用
D. 行政管理部门领用的材料计入管理费用

（5）根据资料（4），下列各项中，甲公司会计处理正确的是（　　）。

A. 应收账款增加 6000 元
B. 原材料减少 15000 元
C. 其他应收款增加 6000 元
D. 管理费用增加 15000 元

提高演练参考答案及解析

一、单项选择题

1.【答案】C【解析】该笔业务的会计处理

如下：
报经批准前：
借：待处理财产损溢　　421

贷：库存现金　　　　　　　　　421
报经批准后：
借：其他应收款　　　　　200
　　管理费用　　　　　　　221
　　　贷：待处理财产损溢　　421

无法查明原因的库存现金短缺计入管理费用。

2. 【答案】D　【解析】选项 A，银行承兑汇票属于商业汇票，通过"应收票据"或"应付票据"科目核算；选项 B，一般通过"银行存款"科目核算；选项 C，属于支票，一般通过"银行存款"科目核算；选项 D，属于存出投资款，通过"其他货币资金"科目核算。

3. 【答案】D　【解析】选项 A，企业单位信用卡存款账户不可以交存现金；选项 B，企业信用证保证金存款余额可以转存其开户行结算户存款；选项 C，企业银行汇票存款的收款人可以将其收到的银行汇票背书转让，但是带现金字样的银行汇票不可以背书转让。

4. 【答案】A　【解析】处置时应当确认的投资收益 = 1210 - 1200 = 10（万元）。
3 月 15 日，购入时：
借：交易性金融资产　　　1000
　　应收股利　　　　　　　100
　　投资收益　　　　　　　　20
　　　贷：其他货币资金　　1120
6 月 30 日，公允价值变动：
借：交易性金融资产　　　　200
　　　贷：公允价值变动损益　200
8 月 19 日，出售：
借：其他货币资金　　　　1210
　　　贷：交易性金融资产　1200
　　　　　投资收益　　　　　10
从以上分录可以看出，计算交易性金融资产出售时的投资收益 = 出售价款（不含税）- 交易性金融资产的账面价值。

5. 【答案】A　【解析】本题中投资收益由两部分组成：第一，购入交易性金融资产时发生的交易费用计入投资收益，则购入阶段投资收益为 -15 万元；第二，持有债券期间的利息应计入投资收益，则资产负债表日（2024 年 12 月 31 日）债券利息计入投资收益 = 2000 × 4% × 6 ÷ 12 = 40（万元）。2024 年度累计投资收益 = 40 - 15 = 25（万元）。

6. 【答案】B　【解析】应确认投资收益总额 = 0.3 × 50000 - 500 = = 14500（元）
2 月 21 日，购入股票：
借：交易性金融资产——成本
　　　　　　　　　　　　　300000
　　投资收益　　　　　　　　500
　　应交税费——应交增值税（进项税额）
　　　　　　　　　　　　　　　30
　　　贷：其他货币资金　　300530
6 月 20 日，宣告发放现金股利：
借：应收股利　　　　　　15000
　　　贷：投资收益　　　　15000
7 月 5 日，收到现金股利：
借：银行存款　　　　　　15000
　　　贷：应收股利　　　　15000
12 月 31 日：
借：交易性金融资产——公允价值变动
　　　　　　　　　　　　　50000
　　　贷：公允价值变动损益　50000

7. 【答案】D　【解析】转让该交易性金融资产应交增值税 = （26 - 21）÷（1 + 6%）× 6% = 0.28（万元）。
该笔交易的分录为：
借：投资收益　　　　　　0.28
　　　贷：应交税费——转让金融商品应交增值税　　　　　0.28

8. 【答案】D　【解析】销货企业收到银行汇票、填制进账单到开户银行办理款项入账手续时，根据进账单及销货发票等，借记"银行存款"科目，贷记"主营业务收入""应交税费——应交增值税（销项税额）"等科目。

9. 【答案】B　【解析】对于票据贴现，符合终止确认条件的，企业通常应按实际收到的金额，借记"银行存款"科目，按商业汇票的票面金额，贷记"应收票据"科目，按贴现息部分，借记"财务费用"等科目。

会计分录如下：

借：银行存款	59.1
财务费用	0.9
贷：应收票据	60

故选项 B 正确。

10.【答案】C 【解析】业务（1）销售商品并为客户代垫运费 2 万元，应借记"应收账款"科目；业务（2）收回为职工垫付的房租 4 万元，应贷记"其他应收款"科目；业务（3）租入包装物支付押金 1 万元属于存出保证金，应借记"其他应收款"科目，因此，5 月 31 日"其他应收款"科目的借方余额 = 10 – 4 + 1 = 7（万元）。

11.【答案】A 【解析】2024 年 12 月 31 日应计提的坏账准备金额 = 600 – (500 – 60) = 160（万元）。

12 月 10 日，实际发生坏账损失 60 万元时：

| 借：坏账损失 | 60 |
| 贷：应收账款 | 60 |

此笔业务冲减了"坏账准备"期初余额，期末"坏账准备"科目应为贷方余额 600 万元，因此需要补提 160 万元。

12.【答案】D 【解析】确实无法收回的应收账款作为坏账转销的会计分录为：

借：坏账准备
　　贷：应收账款

选项 D 正确。

其他相关业务会计分录如下：

（1）计提应收账款坏账准备的会计分录为：

借：信用减值损失
　　贷：坏账准备

（2）冲销应收账款坏账准备的会计分录为：

借：坏账准备
　　贷：信用减值损失

（3）收回已确认坏账并转销应收款项的会计分录为：

借：应收账款
　　贷：坏账准备

借：坏账准备
　　贷：信用减值损失

借：银行存款
　　贷：应收账款

13.【答案】C 【解析】（1）**运输途中的合理损耗计入采购商品的成本，不影响总成本。**本题影响总成本的是 10% 的无法查明原因的短缺成本，因此商品总成本要减去这部分成本。商品总成本 = 100 × (1 – 10%) = 90（万元）。（2）**计算单位成本时，商品数量按实际验收数量计算。**商品单位成本 = 90 ÷ [100 × (1 – 25%)] = 1.2（万元）。

14.【答案】B 【解析】（1）9 月 15 日，甲公司购入 H 原材料，材料已验收入库，发票账单尚未收到也无法确定其实际成本，此时先不作会计处理，选项 A 错误。

（2）9 月 30 日，甲公司的发票账单尚未收到也无法确定其实际成本，期末应按照暂估价值先入账，会计分录为：

借：原材料　　　　　　　　50
　　贷：应付账款——暂估应付款

　　　　　　　　　　　　50

（3）10 月 1 日，甲公司用红字冲销原暂估入账金额，待收到发票账单后再按照实际金额记账，会计分录为：

借：应付账款——暂估应付款

　　　　　　　　　　　　50

　　贷：原材料　　　　　　50

选项 B 正确。

（4）10 月 31 日，甲公司的发票账单尚未收到也无法确定其实际成本，期末应按照暂估价值先入账，会计分录为：

借：原材料　　　　　　　　50
　　贷：应付账款——暂估应付款

　　　　　　　　　　　　50

选项 C 错误。

（5）11 月 1 日，甲公司用红字冲销原暂估入账金额，待收到发票账单后再按照实际金额记账，会计分录为：

借：应付账款——暂估应付款
　　　　　　　　　　　　50
　　贷：原材料　　　　　　　50
（6）11 月 20 日，甲公司收到购买 H 原材料的发票账单，会计分录为：
借：原材料　　　　　　　　50
　　贷：应付账款　　　　　　50
选项 D 错误。

15.【答案】C　【解析】选项 C，月末一次加权平均法，平时无法从账上提供发出和结存货的单价及金额，不便于存货成本的日常管理与控制。

16.【答案】C　【解析】企业采用先进先出法计量发出存货成本，在物价持续上升时，期末存货成本接近于市价，而发出成本偏低，会高估企业当期利润和库存存货价值；反之，会低估企业存货价值和当期利润。

17.【答案】A　【解析】3 日购入后的平均单价 =（13 × 8290 + 5 × 8800）÷（13 + 5）= 8431.67（元）；
10 日领用 10 吨；
17 日购入后的平均单价 = [（18 − 10）× 8431.67 + 12 × 7900] ÷（18 − 10 + 12）= 8112.67（元）；
28 日领用 10 吨；
月末结存甲材料 = 13 + 5 + 12 − 10 − 10 = 10（吨）；结存甲材料成本 = 10 × 8112.67 = 81126.70（元）。

18.【答案】D　【解析】存货的采购成本，包括购买价款、相关税费、运输费、装卸费、保险费以及其他可归属于存货采购成本的费用。其中，存货的购买价款是不包括按照规定可以抵扣的增值税进项税额的。但本题的关键是甲企业为小规模纳税人，对于小规模纳税人，其增值税不能抵扣，需计入存货采购成本。
购进 A 材料的实际成本 = 140000 + 18200 + 2000 + 180 = 160380（元）。原材料数量按实际入库数量计算。计划成本 = 4995 × 30 = 149850（元），超支差 = 160380 −

149850 = 10530（元）。

19.【答案】A　【解析】销售材料确认的其他业务收入 = 5876 ÷（1 + 13%）= 5200（元），确认的其他业务成本 = 4200 ×（1 + 2%）= 4284（元），故销售材料应确认的损益 = 5200 − 4284 = 916（元）。

20.【答案】A　【解析】9 月 5 日购入材料时：
借：材料采购（实际成本）
　　　　　　　　　　　360000
　　应交税费——应交增值税（进项税额）
　　　　　　　　　　　46800
　　贷：银行存款　　　406800
9 月 7 日材料验收入库时：
借：原材料（计划成本）
　　　　　　　　　　　380000
　　贷：材料采购　　　360000
　　　　材料成本差异　20000

21.【答案】B　【解析】首先，销售商品领用不单独计价包装物的成本计入销售费用；其次，计算材料成本差异 = 80000 ×（−5%）= −4000（元），为节约差，因此包装物实际成本，也即计入销售费用的金额 = 80000 − 4000 = 76000（元）。

22.【答案】A　【解析】选项 A，出售不单独计价包装物的成本记入"销售费用"科目。其他业务成本包括销售材料的成本、出租固定资产的折旧额（选项 C）、出租无形资产的摊销额（选项 B）、出租包装物的成本或摊销额（选项 D）等。

23.【答案】C　【解析】随同商品出售单独计价的包装物成本应计入其他业务成本，计入其他业务成本的金额 = 30000 ×（1 + 2%）= 30600（元）。

24.【答案】D　【解析】对出借包装物进行摊销时，应借记"销售费用"科目，贷记"周转材料——包装物——包装物摊销"科目。

25.【答案】A　【解析】甲公司收回该批商品后用于直接销售，受托方代收代缴的消费税要计入成本。所以，收回委托加工物资的成本 = 材料成本 + 运输费 + 加

工费 + 消费税 = 280000 + 2000 + 20000 + 75000 = 377000（元）。

26.【答案】A 【解析】甲企业为增值税一般纳税人，增值税专用发票上的进项税额可以抵扣，不计入成本。由受托方代收代缴的可抵扣消费税，收回材料用于再加工的，记入"应交税费——应交消费税"科目；收回后销售的，记入"委托加工物资"科目。收回材料用于继续加工应税消费品的成本 = 发出材料成本 + 加工费 = 200 + 10 = 210（万元）。

27.【答案】B 【解析】加工费应计入委托加工物资成本，增值税不计入委托加工物资成本，本题是产品对外销售，消费税应计入委托加工物资成本，则委托加工物资成本 = 150 + 22.5 = 172.5（万元）。

28.【答案】B 【解析】商品进销差价率 = 商品进销差价 ÷ 商品售价；

商品进销差价 = 期初商品进销差价 + 本期购入商品进销差价 = (75 - 65) + (77 - 63) = 24（万元）；

商品售价 = 期初商品售价 + 本期购入商品售价 = 75 + 77 = 152（万元）；

商品进销差价率 = 24 ÷ 152 × 100% = 15.79%；

本月销售商品实际成本 = 本月商品销售收入 × (1 - 商品进销差价率) = 79 × (1 - 15.79%) = 66.53（万元）。

29.【答案】D 【解析】商品进销差价率 = 进销差价 ÷ 售价 = [(220 - 200) + (180 - 150)] ÷ (220 + 180) × 100% = 12.5%。当月销售成本 = 240 × (1 - 12.5%) = 210（万元）。当月结存成本 = 200 + 150 - 210 = 140（万元）。

30.【答案】D 【解析】企业购入商品采用售价金额核算，按售价结转销售成本，借记"主营业务成本"科目，贷记"库存商品"科目。期（月）末分摊已销商品的进销差价，借记"商品进销差价"科目，贷记"主营业务成本"科目。

31.【答案】B 【解析】企业购入商品采用

售价金额核算，在商品到达验收入库后，按商品售价，借记"库存商品"科目，按商品进价，贷记"银行存款""在途物资""委托加工物资"等科目，按商品售价与进价之间的差额，贷记"商品进销差价"科目。

32.【答案】A 【解析】销售毛利 = 300 × 20% = 60（万元）；本期销售成本 = 300 - 60 = 240（万元）；月末库存商品成本 = 150 + 250 - 240 = 160（万元）。

33.【答案】C 【解析】该业务的会计处理如下：

盘亏时：

借：待处理财产损溢　　　　22600
　　贷：原材料　　　　　　　　20000
　　　　应交税费——应交增值税（进项税额转出）　　　　　　2600

报经批准后：

借：其他应收款　　　　　　2000
　　管理费用
　　　（22600 - 2000）20600
　　贷：待处理财产损溢　　　22600

也可以直接计算计入管理费用金额 = 20000 + 2600 - 2000 = 20600（元）。

34.【答案】A 【解析】存货净损失是存货的账面价值扣除保险公司与过失人的赔款后的净额 = (12000 - 2000) - 4000 - 3000 = 3000（元）。

35.【答案】C 【解析】自然灾害导致的存货毁损，增值税进项税额不需要转出，选项 B、D 错误，选项 C 正确。该笔业务的账务处理如下：

报经批准前：

借：待处理财产损溢　　　　50
　　贷：库存商品　　　　　　　50

报经批准后：

借：其他应收款　　　　　　30
　　原材料　　　　　　　　5
　　营业外支出　　　　　　15
　　贷：待处理财产损溢　　　50

36.【答案】C 【解析】库存商品期末余

额 = 1200 - 400 + 500 = 1300（万元），期末存货的可变现净值为 1290 万元，需提足的存货跌价准备 = 1300 - 1290 = 10（万元）。存货跌价准备在未计提（转回）时的余额 = 30 - 30 × 400 ÷ 1200 = 20（万元），所以甲公司 12 月 31 日存货跌价准备需计提的金额 = 10 - 20 = -10（万元）。

37.【答案】B 【解析】可变现净值 = 存货的估计售价 - 进一步加工成本 - 估计的销售费用和税费 = 120 - 25 - 3 = 92（万元）。

A 存货的实际成本为 100 万元，高于可变现净值，存货期末按可变现净值计价。当期存货跌价准备 = 100 - 92 = 8（万元）。

A 存货月初"存货跌价准备"科目余额为 12 万元，则当期应计提的存货跌价准备 = 8 - 12 = -4（万元）。

二、多项选择题

1.【答案】AB 【解析】企业现金溢余，属于应支付给有关人员或单位的，计入其他应付款；属于无法查明原因的，计入营业外收入。

2.【答案】ABCD 【解析】其他货币资金，主要包括银行汇票存款、银行本票存款、信用卡存款、信用证保证金存款、存出投资款和外埠存款等。选项 A，属于外埠存款；选项 B，属于银行本票存款；选项 C，属于存出投资款；选项 D，属于信用证保证金。

3.【答案】ACD 【解析】选项 A，持有期间被投资单位宣告发放的现金股利：
借：应收股利
　　贷：投资收益
选项 B，资产负债表日发生的公允价值变动：
借：公允价值变动损益
　　贷：交易性金融资产——公允价值变动
或作相反分录。
选项 C，取得时支付的交易费用：
借：投资收益
　　贷：其他货币资金

选项 D，出售时公允价值与其账面余额的差额：
借：其他货币资金
　　投资收益［或贷方］
　　贷：交易性金融资产——成本
　　　　　　　　——公允价值变动［或借方］

4.【答案】CD 【解析】6 月 1 日，取得交易性金融资产成本为 140 万元（14 × 10），6 月 30 日，交易性金融资产的公允价值为 150 万元（15 × 10），"交易性金融资产——公允价值变动"增加 10 万元，"公允价值变动损益"同时增加 10 万元。

5.【答案】AC 【解析】转让该交易性金融资产应交增值税 = (30 - 21) ÷ (1 + 6%) × 6% = 0.51（万元）。
该笔交易的分录为：
借：投资收益　　　　　　0.51
　　贷：应交税费——转让金融商品应交增值税　　　　　0.51
所以，选项 A、C 正确，选项 D 错误。
选项 B 错误，出售金融商品产生的损失，其增值税可结转当年下一纳税期抵扣，年底不得结转下一年。

6.【答案】CD 【解析】应收票据是商业汇票，包括商业承兑汇票和银行承兑汇票，选项 C、D 正确。选项 A，转账支票属于支票。汇票包括银行汇票和商业汇票，选项 B，银行汇票属于汇票。

7.【答案】ABC 【解析】应收账款主要包括企业销售商品或提供服务等应向有关债务人收取的价款、增值税销项税额以及代购货单位垫付的包装费、运杂费等，选项 A、B、C 正确。预计发生的坏账在资产负债表日计提坏账准备，不影响应收账款入账价值，选项 D 错误。

8.【答案】BCD 【解析】选项 A，发生预付款项，应记入"应付账款"科目的借方。

9.【答案】CD 【解析】选项 C 应在"其他应付款"科目核算；选项 D 应在"应收账款"科目核算。

10.【答案】ABCD 【解析】期末，企业应将"应收利息""应收股利""其他应收款"科目的期末余额合计数，减去"坏账准备"科目中相关坏账准备期末余额后的金额，填入资产负债表中"其他应收款"项目。

11.【答案】CD 【解析】选项A，补提坏账准备：
借：信用减值损失
　　贷：坏账准备
选项B，已转销的坏账当期又收回：
借：银行存款
　　贷：坏账准备
选项C，当期确认的坏账损失：
借：坏账准备
　　贷：应收账款
选项D，冲回多提的坏账准备：
借：坏账准备
　　贷：信用减值损失

12.【答案】ABC 【解析】**应收账款账面价值＝应收账款账面余额－坏账准备账面余额。**
选项A，收回应收账款：
借：银行存款
　　贷：应收账款
此时，应收账款账面余额减少，所以应收账款账面价值减少。
选项B，收回已转销的坏账：
借：银行存款
　　贷：坏账准备
此时，坏账准备账面余额增加，所以此时应收账款账面价值减少。
选项C，计提应收账款坏账准备：
借：信用减值损失
　　贷：坏账准备
此时，坏账准备账面余额增加，所以应收账款账面价值减少。
选项D，实际发生坏账损失：
借：坏账准备
　　贷：应收账款
应收账款和坏账准备变化金额相等，账

面价值不变。

13.【答案】ABD 【解析】选项A，企业收回已作坏账转销的应收账款：
借：应收账款
　　贷：坏账准备
选项B，应收账款实际发生坏账时：
借：坏账准备
　　贷：应收账款
计入准备，而不是计入当期损益。
选项D，当期应计提坏账准备金额＝期末坏账准备应有余额－（期初"坏账准备"科目的贷方余额＋本期"坏账准备"科目贷方发生额－本期"坏账准备"科目借方发生额），应减去"坏账准备"科目贷方余额。

14.【答案】ABC 【解析】入库后的挑选整理费用，记入"管理费用"科目，选项D错误。

15.【答案】ABD 【解析】各项业务会计处理如下：
选项A，收回委托加工物资：
借：库存商品等
　　贷：委托加工物资
选项B，完成生产的产品验收入库：
借：库存商品
　　贷：生产成本
选项C，计提存货跌价准备：
借：资产减值损失
　　贷：存货跌价准备
选项D，发出商品：
借：发出商品
　　贷：库存商品
选项A、B、D，属于存货内部一增一减，存货账面价值不变；选项C，导致存货账面价值减少。

16.【答案】AC 【解析】选项B，材料入库时，借方按照计划成本登记"原材料"科目，贷方按照实际成本登记"材料采购"科目，差额记入"材料成本差异"科目。选项D，发出材料期末负担的差异如为节约差异，则应减少相关成本费用。

17. 【答案】ABCD 【解析】选项 B，采用计划成本核算，"原材料"科目记入的是计划成本，"材料采购"科目核算的是实际成本。选项 D，对于材料已到达并已验收入库，但发票账单等结算凭证未到，货款尚未支付的采购业务，应于期末按材料的暂估价值入账，但在下月初，用红字冲销原暂估入账金额，待收到发票账单后再按照实际金额记账。

18. 【答案】ABC 【解析】计量差错引起的原材料盘亏应计入管理费用；人为责任造成的应由责任人赔偿的原材料损失应计入其他应收款；原材料运输途中发生的合理损耗计入存货成本，无须进行专门的账务处理；自然灾害造成的原材料损失应计入营业外支出。

19. 【答案】BD 【解析】材料采购科目借方登记采购材料的实际成本（选项 A），贷方登记入库材料的计划成本（选项 B）。借方大于贷方表示超支，从"材料采购"科目的贷方转入"材料成本差异"科目的借方（选项 D）；贷方大于借方表示节约，从"材料采购"科目的借方转入"材料成本差异"科目的贷方（选项 C）。

20. 【答案】CD 【解析】本题注意：第一，甲企业为小规模纳税人，其增值税进项税额不能抵扣，要计入存货成本，不涉及"应交税费——应交增值税（进项税额）"科目；第二，甲企业存货按实际成本核算，不涉及"材料采购"科目，且已验收入库，直接记入"原材料"科目；第三，甲企业采用商业承兑汇票结算，涉及"应付票据"科目。甲企业该笔业务的会计分录为：

借：原材料　　　　　　　339
　贷：应付票据　　　　　　339

21. 【答案】BC 【解析】购进材料实际成本小于计划成本的差额属于节约差异，反映在材料成本差异账户的贷方；发出材料应结转的超支差异，在材料成本差异账户贷方反映。

22. 【答案】ABCD 【解析】企业的周转材料包括包装物和低值易耗品。包装物，是指为了包装商品而储备的各种包装容器，如桶、箱、瓶、坛、袋等。具体包括：（1）生产过程中用于包装产品作为产品组成部分的包装物。（2）随同商品出售而不单独计价的包装物。（3）随同商品出售单独计价的包装物。（4）出租或出借给购买单位使用的包装物。

23. 【答案】AD 【解析】选项 B，出租包装物成本的摊销记入"其他业务成本"科目；选项 C，随同商品销售单独计价的包装物成本记入"其他业务成本"科目。

24. 【答案】ABCD 【解析】四个选项的表述都正确。

25. 【答案】ABD 【解析】行政管理部门和财务部门使用的低值易耗品计入管理费用，销售部门使用的低值易耗品计入销售费用，生产车间使用的低值易耗品计入制造费用。

26. 【答案】ACD 【解析】选项 B，委托其他单位加工材料收回后用于连续加工应税消费品的，由受托方代收代缴的消费税记入"应交税费——应交消费税"科目，不计入成本。选项 D，小规模纳税人的增值税不能抵扣，需要计入成本。

27. 【答案】ABD 【解析】毛利率法是商品流通企业，尤其是商业批发企业常用的计算本期商品销售成本和期末库存商品成本的方法。商品流通企业由于经营商品的品种繁多，如果分品种计算商品成本，工作量将大大增加，而且一般来讲，商品流通企业同类商品的毛利率大致相同，采用这种存货计价方法既能减轻工作量，也能满足对存货管理的需要。

28. 【答案】ABC 【解析】选项 D 错误，库存商品销售时按售价结转销售成本，所以在期末才需要按应分摊的进销差价调整销售成本。

29. 【答案】ABCD 【解析】存货盘点通过"待处理财产损溢"核算，盘盈冲减管理费用，盘亏根据原因，记入"原材料""其他应收款""管理费用""营业外支出"等科目。

30.【答案】AB 【解析】选项 A，存货毁损，由于管理不善原因造成的损失计入管理费用；选项 B，非常损失，经批准后，计入营业外支出。

31.【答案】ABC 【解析】计提存货跌价准备的影响因素已经消失，跌价准备应在原计提减值准备的金额内转回，所以选项 A 不正确；存货账面价值 = 存货账面余额 - 存货跌价准备，转回存货跌价准备会增加存货账面价值，所以选项 B 不正确；存货的成本高于其可变现净值的差额为当期需要提足的存货跌价准备，如果期初有余额，则本期计提存货跌价准备的金额应当将期初余额因素考虑在其中，所以选项 C 不正确。

三、判断题

1.【答案】× 【解析】银行汇票是指由出票银行签发的，由其在见票时按照实际结算金额无条件支付给收款人或者持票人的票据。**银行汇票存款属于企业的其他货币资金**。企业采购商品或接受服务采用银行汇票结算时，应**通过"其他货币资金"科目核算**。

2.【答案】× 【解析】资产负债表日，交易性金融资产应当按照公允价值计量，公允价值与账面余额之间的差额计入当期收益，记入"公允价值变动损益"科目。

3.【答案】× 【解析】企业出售交易性金融资产时，不需将原记入"公允价值变动损益"科目的金额转入投资收益。

4.【答案】× 【解析】金融商品转让按照卖出价扣除买入价（不需要扣除已宣告未发放现金股利和已到付息期未领取的利息）后的余额作为销售额计算增值税，即转让金融商品按盈亏相抵后的余额为销售额。若相抵后出现负差，可结转下一纳税期与下期转让金融商品销售额互抵，但年末时仍出现负差的，不得转入下一会计年度。

5.【答案】× 【解析】交易性金融资产持有期间，被投资单位宣告发放的现金股利，借记"应收股利"科目，贷记"投资收益"科目。

6.【答案】× 【解析】对于票据贴现，符合终止确认条件的，企业通常应按实际收到的金额，借记"银行存款"科目，按商业汇票的票面金额，贷记"应收票据"科目，按照贴现息部分，借记"财务费用"科目。

7.【答案】√ 【解析】采用直接转销法，在资产负债表上，应收账款是按账面余额而不是按账面价值反映，这在一定程度上**高估了期末应收款项**。

8.【答案】× 【解析】实务中通常按照应收款项的**账面余额**和预计可收回金额的**差额**确定预计信用减值损失。

9.【答案】× 【解析】应收款项坏账准备可以分项分类计算确定，也可以以组合为基础计算确定。

10.【答案】× 【解析】验收入库后发生的仓储费应计入管理费用。

11.【答案】× 【解析】采购原材料途中发生的合理损耗应计入原材料成本。

12.【答案】√ 【解析】不能归属于使存货达到目前场所和状态的其他支出，应在发生时计入当期损益，不得计入存货成本。

13.【答案】√ 【解析】先进先出法在物价持续上升时，期末存货成本接近于市价，而发出成本偏低，会高估企业当期利润和库存存货价值；反之，会低估企业存货价值和当期利润。

14.【答案】√ 【解析】毛利率法是指根据本期销售净额乘以上期实际（或本期计划）毛利率计算本期销售毛利的一种方法。

15.【答案】× 【解析】发出材料应负担的成本差异应当按期（月）分摊，不得在季末或年末一次计算。年度终了，企业应对材料成本差异率进行核实调整。

16.【答案】√ 【解析】发票账单未到难以

确定实际成本，期末应按照暂估价值先入账，在下月初，用红字冲销原暂估入账金额，待收到发票账单后再按照实际金额记账。期末按材料的暂估价值，借记"原材料"科目，贷记"应付账款——暂估应付账款"科目。但是这种情况不暂估增值税入账。

17.【答案】√ 【解析】企业采用计划成本核算材料，月末，计算本月发出材料应负担的成本差异并进行分摊，将发出材料的计划成本调整为实际成本。

18.【答案】× 【解析】月末一次加权平均法，是指以本月全部进货数量加上月初存货数量作为权数，去除本月全部进货成本加上月初存货成本，计算出存货的加权平均单位成本。采用月末一次加权平均法，只在月末计算一次平均成本，对发出存货和期末结存存货成本的计算都采用这一单位平均成本，不存在月初月末不等。

19.【答案】× 【解析】租入包装物支付的押金收取方还会退还，应在"其他应收款"中核算。

20.【答案】√ 【解析】企业对外出借包装物发生相关费用（摊销费和维修费）：
借：销售费用
　　贷：周转材料

21.【答案】× 【解析】企业对外出租包装物收取的租金，应计入其他业务收入，发生的成本计入其他业务成本。

22.【答案】× 【解析】需要交纳消费税的委托加工物资，由受托方代收代缴的消费税，收回后用于再加工的，记入"应交税费——应交消费税"科目；收回后直接销售的，记入"委托加工物资"科目。

23.【答案】× 【解析】材料盘亏净损失属于一般经营损失的部分，应记入"管理费用"科目；属于非常损失的部分，记入"营业外支出"科目。

24.【答案】√ 【解析】存货盘盈报批后冲减管理费用。

25.【答案】× 【解析】存货盘亏要分情况处理，自然灾害导致的存货盘亏是不需要将进项税额转出的。

26.【答案】√ 【解析】这是存货可变现净值的定义。

27.【答案】× 【解析】以前减记存货价值的影响因素已经消失的，存货减记的金额应当予以恢复，并在原已计提的存货跌价准备金额内转回。

28.【答案】√ 【解析】在资产负债表日，为生产而持有的材料等，用其生产的产成品的可变现净值高于成本的，该材料仍然应当按照成本计量；材料价格的下降表明产成品的可变现净值低于成本的，该材料应当按照可变现净值计量。也就是说，材料存货在期末通常按照成本计量，除非企业用其生产的产成品发生了跌价，并且该跌价是由材料本身的价格下跌所引发的，才需要考虑计算材料存货的可变现净值，然后将该材料的可变现净值与成本进行比较，从而确定材料存货是否发生了跌价。

四、不定项选择题

1.（1）【答案】BC 【解析】购入交易性金融资产的交易费用计入投资收益，因此成本为买价480万元。

（2）【答案】ABC 【解析】2023年6月30日，公允价值变动损益 = 480 − 60 × 7.5 = 30（万元）。确认公允价值变动损失30万元，选项A正确，选项D错误。会计分录如下：
借：公允价值变动损益
　　　　　　　　300000
　　贷：交易性金融资产——公允价值变动　　　300000
选项B，2023年8月10日，乙公司宣告发放现金股利：
借：应收股利　　　120000
　　贷：投资收益　　　120000
选项C，资产负债表日，交易性金融资

产以公允价值计量，6 月 30 日，该股票公允价值为 7.5×60＝450（万元）。

（3）【答案】C 【解析】交易性金融资产产生投资收益的环节主要有：①购入环节的交易费用，计入投资收益借方；②持有期间，被投资单位宣告发放现金股利或债券计息，计入投资收益贷方；③出售时，售价与账面价值差额计入投资收益。本题中，投资收益＝购入环节 –10＋分派现金股利 12＝2（万元）。

（4）【答案】B 【解析】该股票 12 月 31 日公允价值＝60×8.2＝492（万元），公允价值变动损益＝492 – 450＝42（万元）。

借：交易性金融资产——公允价值变动　　420000
　　贷：公允价值变动损益
　　　　　　　　　　420000

（5）【答案】D 【解析】计算出售时点的投资收益＝出售价款（不含增值税）– 出售时交易性金融资产账面价值＝515 – 492＝23（万元）。出售时会计分录如下：

借：其他货币资金　5150000
　　贷：交易性金融资产——成本
　　　　　　　　　　4800000
　　　　　　——公允价值变动
　　　　　　　　　　120000
　　　投资收益　　230000

2.（1）【答案】AB 【解析】取得交易性金融资产，以公允价值入账（而不是债券面值），支付价款中包含的已到付息期但尚未领取的债券利息，作为应收利息，则选项 A 正确，选项 C 错误。取得交易性金融资产时支付的交易费用计入投资收益，而不是作为管理费用，则选项 B 正确，选项 D 错误。

（2）【答案】BD 【解析】取得交易性金融资产时，支付价款中包含的已到付息期但尚未领取的债券利息，作为应收利息，则收到时，冲减应收利息，应作如下会计处理：

借：其他货币资金　　20
　　贷：应收利息　　　　20

（3）【答案】AD 【解析】持有交易性金融资产期间公允价值变动计入公允价值变动损益，而不是投资收益。取得时交易性金融资产入账成本为 1000 万元，则公允价值变动损益＝1050 – 1000＝50（万元）。

借：交易性金融资产——公允价值变动　　50
　　贷：公允价值变动损益　50

（4）【答案】AC 【解析】转让金融资产当月末，如产生转让收益，则按应纳税额，借记"投资收益"等科目，贷记"应交税费——转让金融商品应交增值税"科目，则选项 A 正确，选项 D 错误。取得 A 债券时的入账成本是 1000 万元，则出售时应冲减，则选项 C 正确，选项 B 错误。

（5）【答案】D 【解析】该交易性金融资产业务对甲公司 2024 年利润表中"营业利润"项目的影响金额＝ – 6＋50 – 6＋76＝114（万元）。

3.（1）【答案】A 【解析】应收账款的金额＝50＋6.5＋4＋0.36＝60.86（万元）。

（2）【答案】ABD 【解析】会计分录为：

借：原材料　　　　　27
　　应交税费——应交增值税（进项税额）　3.51
　　贷：应收票据　　　30
　　　银行存款　　　0.51

（3）【答案】D 【解析】企业计提坏账时分录：

借：信用减值损失——计提的坏账准备　　4
　　贷：坏账准备——应收账款　　　　4

实际发生坏账时分录：

借：坏账准备——应收账款

4

贷：应收账款——丙公司 4

因此，选项 D 正确。

(4)【答案】BC 【解析】期初，"坏账准备——应收账款"科目贷方余额为 8 万元，资料（3）的业务增加"坏账准备——应收账款"科目借方金额 4 万元，则计提坏账准备前，"坏账准备——应收账款"科目为贷方余额 = 8 − 4 = 4（万元），选项 C 正确。根据资料（4），年末"坏账准备——应收账款"科目应保持贷方余额 10.24 万元，则应补提金额 = 10.24 − 4 = 6.24（万元），选项 B 正确。

(5)【答案】C 【解析】"应收账款"项目期末余额应根据"应收账款"科目期末余额减去相应的坏账准备后的净额列示。"应收账款"项目期末余额 =（期初）80 +（10 日销售商品）60.86 −（25 日核销坏账）4 −（期末相对应坏账准备）10.24 = 126.62（万元）。

4. (1)【答案】AB 【解析】选项 A，冲回多提的坏账准备：

借：坏账准备

贷：信用减值损失

选项 B，当期确认的坏账损失：

借：坏账准备

贷：应收账款

选项 C，收回前期应收账款：

借：银行存款

贷：应收账款

选项 D，已转销的坏账当期又收回：

借：银行存款

贷：坏账准备

(2)【答案】C 【解析】销售货物发生的销售退回冲减"主营业务收入" = 1 × 10 = 10（万元）。

(3)【答案】AD 【解析】编制当期确认坏账损失的分录：

借：坏账准备 20000

贷：应收账款 20000

(4)【答案】C 【解析】12 月 5 日，销售商品：

借：应收账款 1243000

贷：主营业务收入 1100000

应交税费——应交增值税（销项税额） 143000

12 月 25 日，B 公司退货，冲销应收账款 = 10 ×（1 + 13%）= 11.3（万元）。

12 月 26 日，发生坏账损失 2 万元：

借：坏账准备 20000

贷：应收账款 20000

12 月 28 日，收回前期坏账 1 万元：

借：银行存款 10000

贷：坏账准备 10000

应收账款余额 = 125 + 124.3 − 11.3 − 2 = 236（万元）。

(5)【答案】B 【解析】计提前坏账准备余额 = 0.625 − 2 + 1 = − 0.375（万元）。

(6)【答案】B 【解析】2022 年 12 月 31 日坏账准备余额 = 1.2 万元，因此，本期计提 = 1.2 −（− 0.375）= 1.575（万元）。

5. (1)【答案】B 【解析】存货的采购成本，包括购买价款、相关税费、运输费、装卸费、保险费以及其他可归属于存货采购成本的费用。本题中增值税不计入原材料成本，供货方垫付的运费需要计入原材料成本。甲企业购进原材料的入账成本 = 400 + 8 = 408（万元）。

(2)【答案】BC 【解析】销售原材料不是企业的主业，其销售收入记入"其他业务收入"科目，选项 B 正确；结转成本时记入"其他业务成本"科目，选项 C 正确。

(3)【答案】ACD 【解析】发出材料成本"谁受益谁负担"。其中，车间管理部门耗用原材料成本计入制造费用，行政管理部门耗用原材料成本计入管理费用，选项 B 错误。会计处理如下：

借：生产成本　　　　　　400

　　制造费用　　　　　　　10

　　销售费用　　　　　　　6

　　管理费用　　　　　　　2

　　贷：原材料　　　　　　　　418

（4）【答案】CD　【解析】可以用 T 型账户来看一下"原材料"账面金额：

原材料

500	30
408	418
460	

期末"原材料"的账面余额为 460 万元，原材料预计可变现净值为 450 万元，发生减值，减值的金额 = 460 - 450 = 10（万元）。期初"存货跌价准备"科目无余额，则直接计提跌价准备即可，分录如下：

借：资产减值损失　　　　10

　　贷：存货跌价准备　　　　　10

（5）【答案】A　【解析】对营业利润有影响的是利润表中项目。甲企业原材料相关业务对 5 月营业利润的影响金额 = 50 - 30 - 6 - 2 - 10 = 2（万元）。

6. （1）【答案】ABCD　【解析】存货可以采用实际成本核算，也可以采用计划成本核算，选项 A 正确。存货的采购成本，包括购买价款、相关税费、运输费、装卸费、保险费以及其他可归属于存货采购成本的费用。其他可归属于存货采购成本的费用是指采购成本中除上述各项以外的可归属于存货采购的费用，如在存货采购过程中发生的仓储费、包装费、运输途中的合理损耗、入库前的挑选整理费用等，选项 B、D 正确。会计期末，存货应当按照成本与可变现净值孰低进行计量，选项 C 正确。

（2）【答案】CD　【解析】选项 A，因自

然灾害毁损的原材料，其进项税额不用转出；选项 B，应收保险公司赔偿款，记入"其他应收款"科目。

（3）【答案】BD　【解析】在计划成本法下，"原材料"科目借方登记入库材料的计划成本，原材料入库时需要按实际入库数量计量，因此计划成本 = （10000 - 50）× 50 = 497500（元），选项 A 错误，选项 B 正确。

购入原材料的实际成本 = 480000 + 8400 = 488400（元）；节约差 = 497500 - 488400 = 9100（元）。因此，选项 C 错误，选项 D 正确。

（4）【答案】B　【解析】材料成本差异率 = （期初材料成本差异 + 本月材料成本差异）÷（期初原材料计划成本 + 本月原材料计划成本）= （1000 - 9100）÷（2000 × 50 + 497500）× 100% = - 8100 ÷ 597500 × 100% = - 1.36%。

（5）【答案】ABC　【解析】发出材料所负担的材料成本差异 = （5000 + 500）× 50 ×（- 1.36%）= - 3740（元）。

期末原材料实际成本 = "原材料"科目余额 + "材料成本差异"科目余额 = （期初原材料计划成本 + 本月购入原材料计划成本 - 发出原材料计划成本）+（期初材料成本差异 + 本月购入材料成本差异 - 发出材料成本差异）= （2000 × 50 + 497500 - 5500 × 50）+（1000 - 9100 + 3740）= 322500 - 4360 = 318140（元）。

可变现净值 = 310000 元。

根据以上计算，"原材料"科目余额为 322500 元，选项 A 正确。会计期末，存货应当按照成本与可变现净值孰低进行计量，本题中应按可变现净值 310000 元计量，选项 B 正确。本题中原材料实际成本高于可变现净值，需要计提存货跌价准备，选项 C 正确，选项 D 错误。

7. （1）【答案】BD　【解析】企业采用计划

成本核算存货成本，应按实际成本计入材料采购，按计划成本计入原材料，差额计入材料成本差异，选项B、D正确。

(2)【答案】BCD　【解析】材料成本差异率=（-62.89+12）÷（1463+200）×100%=-3%，发出A材料的实际成本=120×（1-3%）=116.4（万元），选项B正确、选项A错误；受托方代收代缴消费税记入"应交税费——应交消费税"科目借方；收回委托加工物资的实际成本=116.4+13.6=130（万元），选项B、C、D正确。

(3)【答案】C　【解析】A材料的实际成本=520×（1-3%）=504.4（万元）。

(4)【答案】C　【解析】甲产品的可变现净值=1210-18=1192（万元），"存货跌价准备"的期末余额=1200-1192=8（万元），而"存货跌价准备"期初余额为122万元，所以当期应转回存货跌价准备=122-8=114（万元）。

(5)【答案】B　【解析】A材料期末的实际成本=（1463+200-120-520）×（1-3%）=992.31（万元）。

8.(1)【答案】ACD　【解析】相关会计分录如下：
①申请签发银行汇票时：
借：其他货币资金　　250000
　　贷：银行存款　　　250000
②2日用银行汇票购买材料时：
借：原材料　　　　　203000
　　应交税费——应交增值税（进项税额）　　　26000
　　贷：其他货币资金　229000

③退回银行汇票的多余款项时：
借：银行存款　　　　21000
　　贷：其他货币资金　21000

(2)【答案】ABC　【解析】10日，接受投入M材料时的会计分录如下：
借：原材料　　　　　600000
　　应交税费——应交增值税（进项税额）　　　78000
　　贷：实收资本　　　580000
　　　　资本公积——资本溢价　　　98000

(3)【答案】B　【解析】月末发出M材料的平均单价=（500×200+203000+600000）÷（500+800+3000）=210（元/千克），选项B正确。

(4)【答案】ABCD　【解析】31日，核算发出材料成本时的会计分录如下：
借：生产成本　　　　336000
　　制造费用　　　　63000
　　管理费用　　　　42000
　　销售费用　　　　21000
　　贷：原材料　　　462000

(5)【答案】BC　【解析】相关会计分录如下：
①31日，盘亏M材料时：
借：待处理财产损溢　16950
　　贷：原材料　　　15000
　　　　应交税费——应交增值税（进项税额转出）　1950
②报经批准处理后：
借：管理费用　　　　10950
　　其他应收款　　　6000
　　贷：待处理财产损溢　16950
选项B、C正确。

第四章 非流动资产

重难点分析

本章的重点学习内容仍旧是固定资产的取得、折旧、后续支出、清查、处置和减值的会计处理，以及无形资产取得、摊销、减值、出售和报废的会计处理；需要熟悉长期股权投资、投资性房地产以及长期待摊费用部分的内容。考生可以采用非流动资产的确认（确认条件、确认时间等）、计量（初始计量、后续计量等）、记录、报告的步骤学习。

2025 年本章教材完善了投资性房地产处置的财务处理的文字表述、完善了自行研究开发无形资产部分的文字表述，整体变动不大。本章包括长期股权投资、投资性房地产、固定资产、无形资产和长期待摊费用。

基本内容框架

基 础 训 练

一、单项选择题

1. 2024 年 3 月 20 日，甲公司合并乙企业，该项合并属于同一控制下的企业合并。合并中，甲公司发行本公司普通股 1000 万股（每股面值 1 元，市价为 3 元）作为对价取得乙企业 80% 的股权。合并日，乙企业的净资产账面价值为 3000 万元（相对于最终控制方而言），公允价值为 3200 万元。假定合并前双方采用的会计政策及会计期间均相同。不考虑其他因素，甲公司对乙企业长期股权投资的初始确认金额为（　　）万元。
   - A. 2400
   - B. 2100
   - C. 3200
   - D. 3000

2. A 公司向 B 公司某大股东发行普通股 900 万股（每股面值 1 元，公允价值 5 元），同时承担该股东对第三方的债务 2400 万元，以换取该股东拥有的 B 公司 25% 股权。取得投资时，B 公司可辨认净资产公允价值为 18000 万元，B 公司股东大会已通过利润分配方案，A 公司享有尚未发放的现金股利 300 万元。A 公司对 B 公司长期股权投资的初始投资成本是（　　）万元。
   - A. 6600
   - B. 4500
   - C. 6900
   - D. 4200

3. 甲、乙公司为同一集团下的两个公司，2024 年 1 月 2 日，甲公司通过定向增发 2000 万股（每股面值 1 元）自身股份取得乙公司 80% 的股权，并能够对乙公司实施控制，合并日乙公司所有者权益账面价值为 5000 万元，可辨认净资产公允价值为 6000 万元，2024 年 3 月 10 日乙公司宣告分配现金股利 750 万元，2024 年乙公司实现净利润 950 万元，不考虑其他因素，则 2024 年 12 月 31 日该长期股权投资的账面价值是（　　）万元。
   - A. 2000
   - B. 4000
   - C. 4800
   - D. 4160

4. A、B 两家公司属于非同一控制下的独立公司。某年 7 月 1 日，A 公司以一项固定资产对 B 公司投资，取得 B 公司 80% 的股份。该固定资产原值 5700 万元，已计提折旧 1800 万元，已提取减值准备 280 万元，7 月 1 日该固定资产公允价值为 4920 万元。投资时 B 公司可辨认净资产公允价值为 8000 万元（与账面价值总额相同）。假设 A、B 公司合并前双方采用的会计政策及会计期间均相同。不考虑其他相关税费。A 公司由于该项投资计入当期损益的金额为（　　）万元。
   - A. - 1300
   - B. 1500
   - C. 780
   - D. 1300

5. 甲公司持有乙公司 80% 的股权并控制乙公司。2024 年 1 月 1 日，该项投资账面价值为 9800 万元，2024 年度乙公司实现净利润 1800 万元，宣告发放现金股利 1000 万元，不考虑其他因素，2024 年 12 月 31 日，甲公司该项投资的账面价值为（　　）万元。
   - A. 9800
   - B. 10600
   - C. 11600
   - D. 8800

6. 2024 年 9 月 1 日，甲公司出售所持乙公司股份，取得价款 2000 万元存入银行，当日甲公司长期股权投资账面价值为 1500 万元，各明细科目账面余额如下："投资成本"明细科目借方余额 2000 万元，"损益调整"明细科目借方余额 200 万元，"其他综合收益"明细科目贷方余额 600 万元（可重分类进损益），"长期股权投资减值准备"贷方余额 100 万元。处置该长期股权投资时应确认的投资收益金额为（　　）万元。
   - A. 借方　300
   - B. 借方　100
   - C. 贷方　600
   - D. 贷方　1500

7. 某企业对投资性房地产采用成本模式计

量。2024 年 1 月 25 日购入一幢建筑物用于出租，该建筑物的成本为 270 万元，预计使用年限为 20 年，预计净残值为 30 万元，采用直线法计提折旧。不考虑其他因素，该企业 2024 年应计提的折旧额是（　　）万元。

A. 12　　　　　　　B. 20

C. 11　　　　　　　D. 10

8. 房地产开发企业将作为存货的商品房转换为采用公允价值模式进行后续计量的投资性房地产时，转换日商品房公允价值小于账面价值的差额应当计入（　　）。

A. 其他综合收益

B. 投资收益

C. 营业外收入

D. 公允价值变动损益

9. A 公司于 2024 年 1 月 1 日将一幢厂房对外出租并采用公允价值模式计量，租期为 5 年，每年年末收取租金 100 万元。出租时，该幢厂房的账面价值为 2400 万元，公允价值为 2200 万元。2024 年 12 月 31 日，该幢厂房的公允价值为 2250 万元。A 公司 2024 年因该投资性房地产对营业利润的影响额是（　　）万元。

A. −50　　　　　　B. 150

C. 200　　　　　　D. −200

10. 关于投资性房地产计量的下列表述中，正确的是（　　）。

A. 一般采用公允价值模式对投资性房地产进行后续计量

B. 企业可以同时采用成本模式与公允价值模式对投资性房地产进行后续计量

C. 公允价值模式下对投资性房地产的初始计量采用实际成本核算

D. 企业可以将投资性房地产的后续计量由公允价值模式转为成本模式

11. 下列固定资产中，不应当计提折旧的是（　　）。

A. 生产车间使用的机器设备

B. 季节性停用的固定资产

C. 转入更新改造的生产线

D. 公司管理用设备

12. 甲公司为增值税一般纳税人，适用的增值税税率为 13%，于 2024 年 8 月 3 日购进一台不需要安装的设备，收到的增值税专用发票上标明的价款 3000 万元，增值税税额 390 万元，款项已经支付，另支付保险费 15 万元，装卸费 5 万元，当日，该设备投入使用，假定不考虑其他因素，甲公司该设备的初始入账价值为（　　）万元。

A. 3000　　　　　B. 3020

C. 3410　　　　　D. 3390

13. 某增值税一般纳税人于 2024 年 12 月购入并投入使用一台不需要安装的生产线，该生产线不含税价值为 950 万元，预计使用年限 5 年，预计净残值 5 万元，企业采用双倍余额递减法计提折旧，则该企业在 2025 年应计提的折旧额是（　　）万元。

A. 228　　　　　B. 380

C. 300　　　　　D. 378

14. 2023 年 12 月，某企业购入一台设备，初始入账价值 500 万元，设备于当月交付使用，预计使用寿命 5 年，预计净残值 5 万元，采用年数总和法计提折旧，不考虑其他因素，2024 年该设备应计提折旧额为（　　）万元。

A. 165　　　　　B. 100

C. 198　　　　　D. 99

15. 某企业对生产设备进行改良，该设备原价为 500 万元，已计提折旧 300 万元，被替换旧部件的账面价值为 10 万元，发生资本化支出共计 45 万元。不考虑其他因素，该设备改良后的入账价值为（　　）万元。

A. 245　　　　　B. 235

C. 200　　　　　D. 190

16. 某企业出售一台旧设备，原价为 23 万元，已计提折旧 5 万元。出售该设备开具的增值税专用发票上注明的价款为 20 万元，增值税税额为 2.6 万元，以银行存款支付发生的清理费用 1.5 万元，不考虑其他因素,该企业出售设备应确认的净收益为( )万元。

A. -2.9 B. 0.5

C. 20 D. 2

17. 甲公司系增值税一般纳税人,2024年5月31日,甲公司一台生产设备因丧失使用功能而报废清理,该设备原价为500万元,已计提折旧300万元,已计提减值准备50万元。甲公司支付清理费用2万元,出售残料取得不含税收入1万元,增值税税额0.13万元,应由保险公司赔付10万元。不考虑其他因素,甲公司下列会计处理正确的是( )。

A. 应确认营业外收入141万元

B. 应确认营业外支出141万元

C. 应确认资产处置损益159万元

D. 应确认资产处置损益-159万元

18. 下列各项中,企业通过"待处理财产损溢"科目核算的业务是( )。

A. 固定资产报废 B. 固定资产减值

C. 固定资产盘盈 D. 固定资产盘亏

19. 下列各项中,不能确认为无形资产的是( )。

A. 通过购买方式取得的土地使用权

B. 商誉

C. 外购的专利权

D. 通过购买方式取得的非专利技术

20. 甲公司2024年将一项自行研发的非专利技术对外转让,取得转让价款300万元,增值税税额18万元,款项已存入银行。已知该非专利技术的成本为300万元,已摊销30万元。下列说法中正确的是( )。

A. 计入营业外收入30万元

B. 计入资产处置损益30万元

C. 计入其他业务收入30万元

D. 计入投资收益30万元

二、多项选择题

1. 下列各项中,属于企业非流动资产的有( )。

A. 在建工程 B. 存货

C. 投资性房地产 D. 预收账款

2. 下列相关会计处理中,正确的有( )。

A. 同一控制下企业合并过程中支付的审计费、评估费等相关税费应计入营业外支出

B. 同一控制下企业合并过程中支付的审计费、评估费等相关税费应计入管理费用

C. 非同一控制下企业合并过程中支付的审计费、评估费等相关税费应计入管理费用

D. 以非企业合并方式形成的长期股权投资,其实质是进行权益投资性质的商业交易

3. 权益法下被投资单位发生超额亏损,下列说法中正确的有( )。

A. 首先应冲减长期股权投资的账面价值,冲减至零为限

B. 首先应冲减构成被投资单位的长期应收款等长期权益

C. 如果协议约定,投资公司需承担额外损失弥补义务的,需要确认预计负债

D. 确认有关投资损失后,被投资单位以后期间实现盈利的,可按照亏损金额从大到小的顺序冲减当初确认的损失

4. 下列关于长期股权投资入账价值说法正确的有( )。

A. 同一控制下企业合并中长期股权投资的入账价值为应享有的被投资方相对于最终控制方而言的所有者权益账面价值的份额

B. 非企业合并取得的长期股权投资,应以付出对价的公允价值为基础确定其初始入账价值

C. 非企业合并取得的长期股权投资,应以付出对价的账面价值为基础确定其初始入账价值

D. 非同一控制下的企业合并中长期股权投资的入账价值应以享有的被投资方可辨认净资产公允价值份额为基础确定入账价值

5. 下列有关长期股权投资的说法中,正确的有( )。

A. 同一控制下企业合并形成的长期股权投资的入账成本应基于最终控制方角度认

定的被投资方账面净资产口径来认定

B. 非同一控制下企业合并形成的长期股权投资的入账成本应基于付出对价的公允价值口径来认定

C. 同一控制下企业合并形成的长期股权投资后续计量应采用成本法核算

D. 甲公司、乙公司和丙公司同属一个企业集团,丙公司持有乙公司100%股份,甲公司自丙公司手中购入乙公司30%的股份,达到重大影响程度,则对乙公司的长期股权投资的入账成本应根据乙公司当日账面净资产的相应比例认定

6. 下列各项关于企业土地使用权的会计处理的表述中,正确的有 (　　)。

A. 企业将租出的土地使用权作为无形资产核算

B. 国家有关规定认定的闲置土地,不属于投资性房地产

C. 企业持有准备增值后转让的土地使用权作为投资性房地产核算

D. 企业将购入的用于建造办公楼的土地使用权作为固定资产核算

7. 下列关于固定资产初始计量的表述中,正确的有 (　　)。

A. 购建固定资产达到预定可使用状态前所发生的一切合理、必要的支出均应计入固定资产成本

B. 购建固定资产过程中发生的专业人员服务费,应该计入管理费用

C. 以一笔款项购入多项没有单独标价的固定资产,应当按照各项固定资产的公允价值比例分别确定各项固定资产的成本

D. 暂估入账的固定资产,在竣工决算后不需根据实际成本调整竣工决算前已计提的折旧额

8. 下列各项中,企业应在当月计提固定资产折旧的有 (　　)。

A. 当月出售未提足折旧的自用写字楼

B. 当月达到预定可使用状态的仓库

C. 当月经营租出的全新生产设备

D. 上月已提足折旧本月继续使用的电脑

9. 下列各项中,属于投资性房地产的有 (　　)。

A. 企业拥有并自行经营的饭店

B. 企业以租赁方式租出的写字楼

C. 房地产开发企业正在开发的商品房

D. 企业持有拟增值后转让的土地使用权

10. 下列选项中,关于固定资产处置表述正确的有 (　　)。

A. 自然灾害导致的固定资产毁损净损失计入营业外支出

B. 丧失使用功能而报废固定资产产生的净损失计入营业外支出

C. 出售固定资产产生的净损益计入资产处置损益

D. 转让固定资产产生的净损益计入资产处置损益

11. 下列各项中,影响固定资产清理净损益的有 (　　)。

A. 清理固定资产发生的清理费用

B. 清理固定资产的变价收入

C. 清理固定资产的账面余额

D. 收到责任方的赔偿

12. 下列各项支出中,应计入无形资产成本的有 (　　)。

A. 在取得土地使用权过程中发生的符合资本化条件的支出

B. 支付已注册登记自创商标的宣传费

C. 从外单位购入专利权实际支付的价款

D. 支付非专利技术开发阶段符合资本化条件的支出

13. 下列各项中,关于企业内部研发形成无形资产的表述中正确的有 (　　)。

A. 应当区分研究阶段和开发阶段

B. 研究阶段的支出一律费用化

C. 开发阶段的支出符合资本化条件的,计入无形资产成本

D. 无法区分研究阶段支出和开发阶段支出的一律费用化

14. 下列有关投资性房地产后续计量会计处理的表述中,正确的有 (　　)。

A. 不同企业可以分别采用成本模式或公允价值模式

B. 满足特定条件时可以采用公允价值模式

C. 同一企业可以分别采用成本模式和公允价值模式

D. 同一企业不得同时采用成本模式和公允价值模式

15. 下列各项中，关于无形资产的表述正确的有（　　）。

A. 寿命不确定的无形资产不计提减值准备

B. 寿命有限的无形资产应进行摊销

C. 寿命有限的无形资产应按生产总量法摊销

D. 已计提减值的无形资产在以后期间不得转回

16. 下列各项中，关于无形资产的表述正确的有（　　）。

A. 使用寿命有限的无形资产应在取得当月开始摊销

B. 使用寿命不确定的无形资产不进行摊销

C. 无形资产摊销只能采用直线法

D. 使用寿命有限的无形资产净残值一般为零

17. 下列各项资产计提减值准备后，在持有期间减值损失可以转回的有（　　）。

A. 固定资产　　　　B. 无形资产

C. 应收款项　　　　D. 存货

18. 下列关于长期待摊费用的表述中，正确的有（　　）。

A. 长期待摊费用是指企业已经发生但应由本期和以后各期负担的分摊期限在一年以上的各项费用

B. 企业发生的长期待摊费用，借记"长期待摊费用"科目，确认可在当期抵扣的增值税进项税额，借记"应交税费——应交增值税（进项税额）"科目，贷记"原材料""银行存款"等科目

C. 摊销长期待摊费用，借记"管理费用""销售费用"等科目，贷记"长期待摊费用"科目

D. "长期待摊费用"科目期末借方余额，反映企业尚未摊销完毕的长期待摊费用

三、判断题

1. 取得长期股权投资时，对于支付的对价中包含的应享有被投资单位已经宣告但尚未发放的现金股利或利润应计入长期股权投资成本中。（　　）

2. 权益法核算的长期股权投资初始投资成本小于投资时应享有被投资方可辨认净资产公允价值份额的，应调整初始投资成本，同时确认营业外收入。（　　）

3. 处置权益法核算的长期股权投资，应将持有期间确认的其他综合收益采用与被投资方直接处置该项资产相同的原则进行处理。（　　）

4. 长期股权投资的减值仅适用于权益法，不适用于成本法。（　　）

5. 处置长期股权投资时，不同时结转已计提的长期股权投资减值准备，待期末一并调整。（　　）

6. 采用公允价值模式计量的投资性房地产不应计提折旧或摊销。企业应当以资产负债表日投资性房地产的公允价值为基础调整其账面价值，并将当期公允价值变动金额计入当期损益。（　　）

7. 已采用公允价值模式计量的投资性房地产，不得从公允价值模式转为成本模式。（　　）

8. 企业将作为存货的房地产转换为成本模式计量的投资性房地产时，应当按照该存货的公允价值，借记"投资性房地产"科目。（　　）

9. 对投资性房地产进行日常维护所发生的支出，应当在发生时计入当期损益，借记"其他业务成本"等科目，贷记"银行存款"等科目。（　　）

10. 自行建造投资性房地产期间，发生的土地开发费、建筑成本、安装成本等都计入投资性房地产成本。（　　）

11. 公允价值模式下，期末投资性房地产的公允价值低于其账面价值的差额计入其

他综合收益。　　　　　　（　　）

12. 非同一控制下企业合并，以发行权益性证券作为合并对价的，为发行权益性工具支付给有关证券承销机构的佣金、手续费等应计入合并成本。　　　　　（　　）

13. 非同一控制下的企业合并发生的审计、法律服务、评估咨询等中介费用应作为投资的初始成本入账。　　　（　　）

14. 企业当月新增加的固定资产，当月不计提折旧，自下月起计提折旧，当月减少的固定资产，当月仍计提折旧。（　　）

15. 固定资产减值准备一经计提，以后会计期间不得转回。　　　　　（　　）

16. 企业无形资产减值损失一经确认，在以后会计期间不得转回。　　（　　）

17. 固定资产的使用寿命、预计净残值一经确定，不得变更。　　　　（　　）

18. 一次购入多项没有单独标价的固定资产，应按各项固定资产账面价值的比例，对总成本进行分配确定各自入账价值。（　　）

19. 固定资产在出包工程方式建造下，在建工程主要反映企业与建造承包商办理工程价款结算的情况。　　　（　　）

20. 固定资产在日常修理期间仍需计提折旧。　　　　　　　　　　　（　　）

21. 企业出售无形资产的净收益应当计入营业外收入。　　　　　　　（　　）

22. 商誉没有实物形态，可以作为企业的无形资产进行核算。　　　　（　　）

23. 企业取得土地使用权，应将取得时发生的支出资本化，作为土地使用权的成本，记入"无形资产"科目核算。（　　）

24. 固定资产由于自然灾害等非正常原因造成的损失应计入资产处置损益。（　　）

25. "投资性房地产"科目的核算内容包括企业自用的房地产和作为存货的房地产。　　　　　　　　　　　　（　　）

基础训练参考答案及解析

一、单项选择题

1. 【答案】A 【解析】同一控制下的企业合并，应以取得被合并方所有者权益相对于最终控制方而言的账面价值的份额作为初始投资成本，因此甲公司对乙企业长期股权投资的初始确认金额 = 3000 × 80% = 2400（万元）。

2. 【答案】A 【解析】A 公司对 B 公司长期股权投资的初始投资成本 = 900 × 5 + 2400 − 300 = 6600（万元）。

3. 【答案】B 【解析】同一控制下企业合并，应当在合并日按照取得被合并方所有者权益账面价值的份额作为长期股权投资的初始投资成本，即 5000 × 80% = 4000（万元）。同一控制下企业合并的长期股权投资的后续计量采用成本法核算，乙公司实现净利润，投资企业不需要进行账务处理，乙公司宣告发放现金股利时，投资企业按照享有的份额确认投资收益（750 × 80%），同时借记"应收股利"科目。因此 2024 年末该长期股权投资的账面价值仍为 4000 万元。

借：长期股权投资　　　　　　　4000
　　贷：股本　　　　　　　　　　2000
　　　　资本公积——股本溢价 2000
借：应收股利　　　　　　　　　　600
　　贷：投资收益　　　　　　　　　600

【提示】（1）投资方能够对被投资单位实施控制的长期股权投资应当采用成本法核算；投资方对联营企业和合营企业的长期股权投资应当采用权益法核算。

（2）成本法下，只有被投资单位宣告发放现金股利，投资方才作处理（确认投资收益），被投资方实现净利润、其他综合收益等变动，均不调整长期股权投资的账面价值。

4. 【答案】D 【解析】非同一控制下企业合

并形成的长期股权投资，购买方以转让非现金资产作为合并对价的，应在购买日按照非现金货币性资产的公允价值作为初始投资成本计量确定合并成本，借记"长期股权投资"科目（投资成本），按付出的合并对价的账面价值，贷记或借记有关资产科目。

A 公司由于该项投资计入当期损益的金额 = 4920 -（5700 - 1800 - 280）= 1300（万元）。

会计分录为：

借：固定资产清理　　　　　3620
　　累计折旧　　　　　　　1800
　　固定资产减值准备　　　 280
　　　贷：固定资产　　　　　　　5700
借：长期股权投资　　　　　4920
　　　贷：固定资产清理　　　　　3620
　　　　　资产处置损益（即计入当期损益的金额）　　　　　　　　1300

5.【答案】A 【解析】由于甲公司能控制乙公司，因此应采用成本法对长期股权投资进行核算。成本法下被投资单位实现净利润不作会计处理，不影响长期股权投资账面余额；被投资单位宣告发放现金股利时确认应收股利及投资收益，不影响长期股权投资账面余额。因此，2024 年 12 月 31 日，长期股权投资的账面价值 = 账面余额 - 减值准备 = 9800 - 0 = 9800（万元）。

【总结】

成本法与权益法下被投资单位发放现金股利会计处理对比

后续计量方法	被投资方宣告发放现金股利	收到现金股利
成本法	借：应收股利 　贷：投资收益	借：银行存款 　贷：应收股利
权益法	借：应收股利 　贷：长期股权投资——损益调整	

6.【答案】B 【解析】应确认的投资收益金额 = 2000 - 1500 - 600 = - 100（万元）[借方]，会计分录如下：

借：银行存款　　　　　　　2000
　　长期股权投资减值准备　 100
　　长期股权投资——其他综合收益
　　　　　　　　　　　　　 600
　　　贷：长期股权投资——投资成本
　　　　　　　　　　　　　　　2000
　　　　　——损益调整
　　　　　　　　　　　　　　　 200
　　　　　投资收益　　　　　　 500
借：投资收益　　　　　　　 600
　　　贷：其他综合收益　　　　　 600

7.【答案】C 【解析】购入的作为投资性房地产的建筑物采用成本计量模式时，其会计处理同固定资产——当月增加，当月不计提折旧（具体内容参见固定资产折旧范围）。2024 年应该计提折旧的时间为 11 个月，2024 年计提折旧 =（270 - 30）÷ 20 ÷ 12 × 11 = 11（万元）。相关会计分录为：

2024 年 1 月 25 日：
借：投资性房地产　　　　　 270
　　　贷：银行存款　　　　　　　 270
2024 年 12 月 31 日：
借：其他业务成本　　　　　　11
　　　贷：投资性房地产累计折旧　 11

8.【答案】D 【解析】作为存货的非投资性房地产转换为采用公允价值模式后续计量的投资性房地产时，转换日公允价值大于账面价值的差额，应计入其他综合收益；转换日公允价值小于账面价值的差额，应计入公允价值变动损益。

9.【答案】A 【解析】出租时厂房的公允价值小于账面价值的差额应确认公允价值变动损失 200 万元（2400 - 2200），2024 年 12 月 31 日应确认的公允价值变动收益 = 2250 - 2200 = 50（万元），则 2024 年因该投资性房地产对营业利润的影响金额 = 50（公允价值变动收益）- 200（公允价值变动损失）+ 100（其他业务收入）= - 50

（万元）。

会计分录如下：

借：投资性房地产——成本　2200

　　公允价值变动损益　　200

　　　贷：固定资产　　　　　　2400

借：投资性房地产——公允价值变动

　　　　　　　　　　　　　　　50

　　　贷：公允价值变动损益　　50

借：银行存款　　　　　　　100

　　　贷：其他业务收入　　　　100

10.【答案】C　【解析】本题考查投资性房地产的计量。准则规定，企业通常应当采用成本模式对投资性房地产进行后续计量，对采用公允价值模式的条件作了限制性规定，且同一企业只能采用一种模式对所有投资性房地产进行后续计量，不得同时采用两种计量模式；同时规定，企业可以从成本模式变更为公允价值模式，已采用公允价值模式不得转为成本模式，选项A、B、D错误。

11.【答案】C　【解析】选项A、D，都是使用中的固定资产，需要计提折旧；选项B，季节性停用的固定资产仍需计提折旧；选项C，转入更新改造的生产线在"在建工程"科目核算，**停止计提折旧**。

12.【答案】B　【解析】企业外购的固定资产，应按购买价款、相关税费、使固定资产达到预定可使用状态前所发生的可归属于该项资产的运输费、装卸费、安装费和专业人员服务费等，作为固定资产的取得成本。其中，相关税费不包括可以从销项税额中抵扣的增值税进项税额。本题中固定资产入账金额 = 3000 + 15 + 5 = 3020（万元）。

13.【答案】B　【解析】双倍余额递减法，除了最后两年，其他年份计算折旧不需要考虑预计净残值，用固定资产原价减去累计折旧后的净值乘以折旧率，这一折旧率是双倍的直线法折旧率，即 $2 \div$ 预计使用寿命。

本题中固定资产于 2024 年 12 月购入，从

2025 年 1 月开始计提折旧。第一年折旧额 = $950 \times 2 \div 5 = 380$（万元）。

14.【答案】A　【解析】年数总和法的计算公式为：

年折旧率 = 尚可使用年限 ÷ 预计使用寿命的年数总和 × 100%。2024 年该设备应计提折旧额 = $(500 - 5) \times 5 \div 15 = 165$（万元）。

15.【答案】B　【解析】本题考查固定资产的后续支出。该设备改良后的入账价值 = $500 - 300 - 10 + 45 = 235$（万元），会计分录如下：

借：在建工程　　　　　　　200

　　累计折旧　　　　　　　300

　　　贷：固定资产　　　　　　500

借：在建工程　　　　　　　45

　　　贷：银行存款　　　　　　45

借：营业外支出　　　　　　10

　　　贷：在建工程　　　　　　10

借：固定资产　　　　　　　235

　　　贷：在建工程　　　　　　235

选项B正确。

16.【答案】B　【解析】相关会计分录如下：

（1）固定资产转入清理：

借：固定资产清理　　　　　18

　　累计折旧　　　　　　　5

　　　贷：固定资产　　　　　　23

（2）收回出售价款：

借：银行存款等　　　　　　22.6

　　　贷：固定资产清理　　　　20

　　　　　应交税费——应交增值税（销

　　　　　项税额）　　　　　　2.6

（3）发生清理费用：

借：固定资产清理　　　　　1.5

　　　贷：银行存款　　　　　　1.5

（4）结转清理净损益：

借：固定资产清理

　　（20 - 18 - 1.5）0.5

　　　贷：资产处置损益　　　　0.5

17.【答案】B　【解析】会计分录如下

借：固定资产清理　　　　　150

　　累计折旧　　　　　　　300
　　固定资产减值准备　　　 50
　　　贷：固定资产　　　　　　　　500
　借：固定资产清理　　　　 2
　　　贷：银行存款　　　　　　　　 2
　借：银行存款　　　　　　1.13
　　　贷：固定资产清理　　　　　　 1
　　　　　应交税费——应交增值税（销
项税额）　　　　　　　　　　　0.13
　借：其他应收款　　　　　 10
　　　贷：固定资产清理　　　　　　 10
　借：营业外支出　　　　　141
　　　贷：固定资产清理　　　　　　141
甲公司报废清理该生产设备的损失 =
[（500 – 300 – 50）+ 2]–（10 + 1）= 141
（万元），计入营业外支出，选项 B 正确。

18.【答案】D 【解析】选项 A 通过"固定
资产清理"科目进行核算；选项 B 通过
"资产减值损失"科目进行核算；选项 C
通过"以前年度损益调整"科目进行核算。

19.【答案】B 【解析】无形资产主要包括
专利权（选项 C）、非专利技术（选
项 D）、商标权、著作权、土地使用权
（选项 A）和特许权等。选项 B，商誉具
有不可辨认性，不属于无形资产。

20.【答案】B 【解析】该笔业务的相关账务
处理如下：
　借：银行存款　　　　　　318
　　　累计摊销　　　　　　 30
　　　贷：无形资产　　　　　　　 300
　　　　　应交税费——应交增值税（销
项税额）　　　　　　　　　　　 18
　　　　　资产处置损益　　　　　 30
出售无形资产产生的净损益计入资产处
置损益，选项 B 正确。

二、多项选择题

1.【答案】AC 【解析】选项 A、C 属于非流
动资产，选项 B 属于流动资产，选项 D 属
于流动负债。

2.【答案】BCD 【解析】同一控制下企业合

并、非同一控制下企业合并过程中支付的
审计费、评估费等相关税费均应记入"管
理费用"科目，选项 A 错误，选项 B、C
正确；以非企业合并方式形成的长期股权
投资，其实质是进行权益投资性质的商业
交易，选项 D 正确。

3.【答案】AC 【解析】被投资单位发生净
亏损，首先冲减长期股权投资的账面价
值，但以"长期股权投资"科目的账面
价值减记至零为限；还需承担的投资损失，
应将其他实质上构成对被投资单位净投资
的"长期应收款"等的账面价值减记至零
为限；除按照以上步骤已确认的损失外，
按照投资合同或协议约定将承担的损失，
确认为预计负债。除上述情况仍未确认的
应分担被投资单位的损失，应在账外备查
登记。发生亏损的被投资单位以后实现净
利润的，应按与上述相反的顺序冲减账外
登记金额，已确认预计负债金额、恢复其
他长期权益金额及长期股权投资金额。

4.【答案】AB 【解析】选项 C、D，非企业
合并方式以及非同一控制下的企业合并方
式取得的长期股权投资，应以付出对价的
公允价值为基础确定其入账价值。

5.【答案】ABC 【解析】选项 D，持有乙公
司 30% 的股份，没有达到控制，属于非合
并方式取得的长期股权投资，其初始投资
成本参照公允市场交易标准认定，不分同
一控制和非同一控制。

6.【答案】BC 【解析】已出租的土地使用
权属于投资性房地产，选项 A 错误。国家
有关规定认定的闲置土地，不属于持有并
准备增值后转让的土地使用权，不属于投
资性房地产，选项 B 正确。
持有并准备增值后转让的土地使用权属于
投资性房地产，选项 C 正确。
企业购入的土地使用权作为无形资产核
算，选项 D 错误。

7.【答案】ACD 【解析】选项 B，购建固定
资产过程中发生的专业人员服务费，应该
计入固定资产成本。

8.【答案】AC 【解析】选项B，是下月计提折旧；选项D，本月不需要计提折旧。

9.【答案】BD 【解析】选项A属于企业的固定资产；选项C属于企业的存货。

10.【答案】ABCD 【解析】固定资产清理完成后，对清理净损益，应区分不同情况进行账务处理：（1）因固定资产已丧失使用功能或因自然灾害发生毁损等原因而报废清理产生的利得或损失应计入营业外收支。选项A、B，属于这种情况。（2）因出售、转让等原因产生的固定资产处置利得或损失应计入资产处置收益。选项C、D，属于这种情况。

11.【答案】ABCD 【解析】选项A，发生清理费用：

借：固定资产清理
　　贷：银行存款

选项B，清理固定资产变价收入：

借：银行存款
　　贷：固定资产清理
　　　　应交税费——应交增值税（销项税额）

选项C，清理固定资产的账面余额：

借：固定资产清理
　　累计折旧
　　贷：固定资产

选项D，收到责任方的赔偿：

借：其他应收款/银行存款
　　贷：固定资产清理

12.【答案】ACD 【解析】选项B，应计入当期损益。

13.【答案】ABCD 【解析】企业内部研究开发项目所发生的支出应区分研究阶段支出和开发阶段支出，选项A正确。研究阶段的支出，应全部计入当期损益（管理费用），即费用化，选项B正确。开发阶段的支出符合资本化条件的计入无形资产成本，选项C正确。企业如果无法可靠区分研究阶段的支出和开发阶段的支出，应将发生的研发支出全部费用化，计入当期损益（管理费用）。

14.【答案】ABD 【解析】投资性房地产核算，同一企业不得同时采用成本模式和公允价值模式，选项C错误。

15.【答案】BD 【解析】选项A，使用寿命不确定的无形资产不进行摊销，但至少应于每期期末进行减值测试，发生减值的，要计提减值准备；选项C，无形资产摊销的方法要根据其经济利益的实现方式来确定，不一定是生产总量法。

16.【答案】ABD 【解析】选项C，无形资产摊销可以采用直线法，也可以采用生产总量法。

17.【答案】CD 【解析】选项A、B，资产减值损失一经确认，以后会计期间不得转回。选项C，已确认并转销的应收款项以后又收回的，应当按照实际收到的金额增加坏账准备的账面余额；选项D，以前减记存货价值的影响因素已经消失的，减记的金额应当予以恢复，并在原已计提的存货跌价准备金额内转回，转回的金额计入当期损益。选项C、D的减值损失是可以转回的。

18.【答案】ABCD 【解析】长期待摊费用是指企业已发生但应由本期和以后各期负担的分摊期限在一年以上的各项费用，选项A正确；企业发生的长期待摊费用，借记"长期待摊费用"科目，确认当期可抵扣的增值税进项税额，借记"应交税费——应交增值税（进项税额）"科目，贷记"原材料""银行存款"等科目，选项B正确；摊销长期待摊费用，借记"管理费用""销售费用"等科目，贷记"长期待摊费用"科目，选项C正确；"长期待摊费用"科目期末借方余额，反映企业尚未摊销完毕的长期待摊费用，选项D正确。

三、判断题

1.【答案】× 【解析】取得长期股权投资时，对于支付的对价中包含的应享有被投资单位已经宣告但尚未发放的现金股利或

利润应确认为 **应收项目**，不构成取得长期股权投资的初始投资成本。

2. 【答案】√ 【解析】长期股权投资的初始投资成本大于投资时应享有被投资单位可辨认净资产公允价值份额的，不调整已确认的初始投资成本；长期股权投资的初始投资成本小于投资时应享有被投资单位可辨认净资产公允价值份额的，应按其差额，借记"长期股权投资"科目（投资成本），贷记"营业外收入"科目。

3. 【答案】√ 【解析】处置采用权益法核算的长期股权投资时，应当采用与被投资单位直接处置相关资产或负债相同的基础，对相关的其他综合收益进行会计处理。

4. 【答案】× 【解析】本题考查长期股权投资的减值。长期股权投资在资产减值准则中的范围包含对子公司、联营企业和合营企业的投资，因此，长期股权投资的减值既适用于成本法，又适用于权益法。

5. 【答案】× 【解析】处置长期股权投资时，应同时结转已计提的长期股权投资减值准备。
借：银行存款
　　长期股权投资减值准备
　　贷：长期股权投资
　　　　投资收益（或借记）

6. 【答案】√ 【解析】采用公允价值模式计量，企业应用"投资性房地产——公允价值变动"科目及其"公允价值变动损益——投资性房地产"科目，核算投资性房地产后续计量公允价值变动及其由公允价值变动而产生的损益。采用公允价值模式进行后续核算，投资性房地产不应计提折旧或摊销。

7. 【答案】√ 【解析】对于投资性房地产的后续计量，企业可以从成本模式变更为公允价值模式，但是已采用公允价值模式不得转变为成本模式。

8. 【答案】× 【解析】企业将作为存货的房地产转换为以成本模式计量的投资性房地产时，应当按照该存货的账面价值，借记"投资性房地产"科目。

9. 【答案】√ 【解析】与投资性房地产有关的后续支出，不满足投资性房地产确认条件的，如企业对投资性房地产进行日常维护所发生的支出，应当在发生时计入当期损益，借记"其他业务成本"科目，贷记"银行存款"等科目。

10. 【答案】√ 【解析】本题考核投资性房地产的确认和初始计量。自行建造投资性房地产，其成本由建造该项资产达到预定可使用状态前发生的必要支出构成，包括土地开发费用、建筑成本、安装成本、应予以资本化的借款费用、支付的其他费用等。

11. 【答案】× 【解析】本题考查投资性房地产——公允价值模式。公允价值模式下，期末投资性房地产的公允价值低于其账面价值的差额计入公允价值变动损益。

12. 【答案】× 【解析】与发行权益性工具直接相关的手续费、佣金等费用应自所发行证券的溢价发行收入中抵扣，冲减"资本公积——股本溢价"科目，溢价收入不足冲减的，应依次冲减盈余公积和未分配利润。

13. 【答案】× 【解析】非同一控制下企业合并发生的审计、法律服务、评估咨询等中介费用以及其他相关管理费用应作为当期损益计入管理费用。

14. 【答案】√ 【解析】当月增加的固定资产，当月不计提折旧；当月减少的固定资产，当月照提折旧，下月起不再计提折旧。

15. 【答案】√ 【解析】固定资产减值准备一经计提，以后会计期间不得转回。

16. 【答案】√ 【解析】企业无形资产减值损失一经确认，在以后会计期间不得转回。

17. 【答案】× 【解析】固定资产的使用寿命、预计净残值一经确定，不得随意变更。如企业确实发生重大变化，是可以变更的，固定资产使用寿命、预计净残值和折旧方法的改变应当作为会计估计变更进行会计处理。

18.【答案】×【解析】一次购入多项没有单独标价的固定资产，应按各项固定资产公允价值的比例，对总成本进行分配确定各自入账价值。

19.【答案】√【解析】在出包方式下，"在建工程"科目主要是反映企业与建造承包商办理工程价款结算的情况，企业支付给建造承包商的工程价款作为工程成本，通过"在建工程"科目核算。

20.【答案】√【解析】固定资产日常修理期间仍需计提折旧；在更新改造期间，需要将固定资产转入"在建工程"科目

核算，不再计提折旧。

21.【答案】×【解析】企业出售无形资产的净收益应当计入资产处置损益。

22.【答案】×【解析】商誉虽然不具有实物形态，但由于其无法与企业自身分离而存在，不具有可辨认性，所以不属于无形资产。

23.【答案】√【解析】土地使用权属于企业的一项无形资产。

24.【答案】×【解析】固定资产由于自然灾害等非正常原因造成的损失计入营业外支出。

25.【答案】×【解析】企业自用房地产和作为存货的房地产不属于投资性房地产。

提 高 演 练

一、单项选择题

1. 丙公司为甲、乙公司的母公司，2024 年 1 月 1 日，甲公司以银行存款 7000 万元取得乙公司 60% 有表决权的股份，另以银行存款 100 万元支付与合并直接相关的中介费用，当日办妥相关股权划转手续后，取得了乙公司的控制权；乙公司在丙公司合并财务报表中的净资产账面价值为 9000万元。不考虑其他因素，甲公司该项长期股权投资在合并日的初始投资成本为（　　）万元。
   A. 7100　　　　　B. 7000
   C. 5400　　　　　D. 5500

2. 2024 年 1 月 1 日，A 公司以一台设备作为对价取得 B 公司 80% 的股权，能够控制 B 公司的生产经营决策，A 公司和 B 公司在此次合并之前，不存在关联方关系。该设备的原值为 1000 万元，已累计计提折旧 400 万元，未计提减值准备，公允价值为 1200 万元。2024 年 5 月 21 日，B 公司宣告分配的现金股利为 4000 万元。2024 年度，B 公司实现的净利润为 4000 万元。不

考虑其他因素，A 公司 2024 年度取得及持有该项长期股权投资对损益的影响金额是（　　）万元。
   A. 7000　　　　　B. 600
   C. 3200　　　　　D. 3800

3. A 公司原持有 B 公司 40% 的股权，2024 年 12 月 31 日，A 公司决定出售所持有 B 公司全部股权，出售时 A 公司对 B 公司长期股权投资的账面价值为 12800 万元，其中投资成本 9600 万元，损益调整 2400 万元，其他权益变动 800 万元。出售取得价款 17000 万元。不考虑其他因素的影响，A 公司处置对 B 公司的长期股权投资时计入投资收益的金额是（　　）万元。
   A. 4200　　　　　B. 5000
   C. 5800　　　　　D. 0

4. A 公司于 2024 年 1 月 20 日以银行存款 7000 万元自其母公司处购入 B 公司 80% 的股权并取得其控制权。取得该股权时，B 公司相对于集团最终控制方而言的净资产账面价值为 10000 万元（原母公司未确认商誉），公允价值为 15000 万元。2025 年 1 月 20 日 B 公司宣告分配现金股利

2000 万元，2025 年 1 月 25 日实际发放现金股利。2025 年 9 月 20 日 A 公司将其股权全部出售，收到价款 9000 万元。下列有关 A 公司该项长期股权投资会计处理的表述中，不正确的是（　　）。

A. 初始投资成本为 8000 万元

B. B 公司宣告分配现金股利时，A 公司应冲减长期股权投资的账面价值 1600 万元

C. 处置 B 公司股权前长期股权投资的账面价值为 8000 万元

D. 处置 B 公司股权确认的投资收益为 1000 万元

5. 企业处置一项以公允价值模式计量的投资性房地产，实际收到的金额为 100 万元，投资性房地产的账面余额为 80 万元，其中成本为 70 万元，公允价值变动为 10 万元。该项投资性房地产是由自用房地产转换的，转换日公允价值大于账面价值的差额为 10 万元。假设不考虑相关税费，处置该项投资性房地产使利润总额增加（　　）万元。

A. 30　　　　　　　　B. 20

C. 40　　　　　　　　D. 10

6. A 公司将一栋自用办公楼转换为采用公允价值模式计量的投资性房地产，该办公楼的账面原值为 5000 万元，已计提累计折旧 100 万元，已计提固定资产减值准备 200 万元，转换日的公允价值为 6000 万元。下列关于 A 公司在转换日的会计处理，不正确的是（　　）。

A. 借记"投资性房地产"科目 6000 万元

B. 不需要将固定资产的账面价值转入"固定资产清理"科目

C. 转换日办公楼的公允价值大于其账面价值的差额 1300 万元，计入公允价值变动损益

D. 转换日办公楼的公允价值大于其账面价值的差额 1300 万元，计入其他综合收益

7. 关于成本模式计量的投资性房地产，下列说法中不正确的是（　　）。

A. 租金收入通过"其他业务收入"等科目核算

B. 在每期计提折旧或者摊销时，计提的折旧和摊销金额需要记入"管理费用"科目

C. 发生减值时，需要将减值的金额记入"资产减值损失"科目

D. 在满足一定条件时，可以转换为公允价值模式进行后续计量

8. 甲公司对投资性房地产以成本模式进行后续计量。2024 年 1 月 10 日甲公司以银行存款 9600 万元购入一栋写字楼并立即出租，甲公司预计该写字楼的使用寿命为 40 年，预计净残值为 120 万元，采用年限平均法计提折旧。不考虑其他因素，2024 年甲公司应对该写字楼计提折旧金额为（　　）万元。

A. 240　　　　　　　　B. 220

C. 217.25　　　　　　　D. 237

9. 2024 年 1 月 1 日，甲公司以定向增发普通股 1500 万股（每股面值为 1 元、公允价值 6 元）的方式取得乙公司 80% 的股权，另以银行存款支付股票相关的手续费 300 万元，相关手续于当日完成，取得了乙公司的控制权（该企业不属于反向购买）。当日，乙公司所有者权益的账面价值为 12000 万元。本次投资前，甲公司与乙公司不存在关联方关系。不考虑其他因素，甲公司该长期股权投资的初始投资成本为（　　）万元。

A. 9600　　　　　　　　B. 9900

C. 9300　　　　　　　　D. 9000

10. 甲公司通过定向增发普通股，取得乙公司 30% 的股权。该项交易中，甲公司定向增发股份的数量为 2000 万股（每股面值 1 元，公允价值为 2 元），发行股份过程中向证券承销机构支付佣金及手续费共计 50 万元。除发行股份外，甲公司还承担了乙公司原债务 650 万元（未来现金流量现值）。取得投资时，乙公司股东大会已通过利润分配方案，甲公司可取得 220 万元。取得投资后，甲公司能对乙公司施加重大影响。甲公司对乙公司长

期股权投资的初始投资成本是（　　）万元。

A. 3950　　　　　B. 4050

C. 4380　　　　　D. 4430

11. 企业对采用成本模式进行后续计量的投资性房地产取得的租金收入，应贷记（　　）科目。

A. 资本公积　　　B. 其他综合收益

C. 其他业务收入　D. 投资收益

12. 甲公司2024年3月11日购入设备一台，实际支付买价50万元，增值税税额6.5万元，支付运杂费2万元，途中保险费5万元。甲公司估计该设备使用年限为4年，预计净残值为0。甲公司固定资产折旧方法采用年数总和法。由于操作不当，该设备于当年年末报废，责成有关人员赔偿2万元，收回变价收入1万元，则该设备的报废净损失为（　　）万元。

A. 36　　　　　　B. 39

C. 36.9　　　　　D. 45.5

13. 某企业对生产线进行改良，发生资本化支出共计60万元，被替换旧部件的原值为20万元，该生产线账面余额为500万元，已计提折旧300万元。不考虑其他因素，该生产线改良后的入账价值为（　　）万元。

A. 252　　　　　B. 240

C. 200　　　　　D. 180

14. 甲公司2024年12月1日购入生产设备一台，入账价值为200000元，采用年数总和法摊销，预计净残值为5000元，预计使用年限5年。2025年底，该生产设备的可收回金额为120000元，则2025年12月31日，该生产设备的账面价值为（　　）元。

A. 120000　　　　B. 135000

C. 150000　　　　D. 161000

15. 2024年3月31日，甲公司采用出包方式对某固定资产进行更新改造，该固定资产账面原价为3600万元，预计使用年限为5年，已使用3年，预计净残值为0，采用年限平均法计提折旧。甲公司支付出包工程款96万元，不考虑其他税费。2024年8月31日，改良工程达到预定可使用状态并投入使用，则改良后固定资产的入账价值为（　　）万元。

A. 3600　　　　　B. 1440

C. 1536　　　　　D. 2160

16. 2024年7月1日，甲公司开始自行研发一项非专利技术。2025年1月1日研发成功并达到预定可使用状态。该非专利技术研究阶段累计支出300万元（均不符合资本化条件），开发阶段累计支出800万元（其中不符合资本化条件的支出200万元），相关增值税税额为104万元。不考虑其他因素，甲公司该非专利技术的入账价值为（　　）万元。

A. 800　　　　　B. 900

C. 1100　　　　　D. 600

17. 某企业进行一项技术研发，2022年12月31日研究阶段结束，此阶段共发生支出100万元，其中支付合作单位研究费60万元，分配职工薪酬40万元，2023年1月1日进入开发阶段，在开发阶段共发生支出150万元，其中90万元符合资本化条件，2023年2月10日研发活动结束，形成一项达到预定使用状态的非专利技术，不考虑其他因素，该项非专利技术的初始入账价值为（　　）万元。

A. 250　　　　　B. 150

C. 190　　　　　D. 90

18. 乙企业出售一项2年前取得的专利权，该专利权取得时的成本为40万元，按10年摊销，出售时取得收入40万元，增值税税额2.4万元。则出售该项专利权时影响当期的损益为（　　）万元。

A. 5　　　　　　B. 6

C. 5.6　　　　　D. 8

19. 某企业于2024年3月16日购入一项专利权，实际支付价款240万元，按10年的预计使用寿命采用直线法摊销。2025年末，该无形资产的可收回金额为160万元，则应计提减值准备（　　）万元。

　　A. 20　　　　　　　B. 36

　　C. 39.2　　　　　　D. 32

20. 2025 年某企业开始研究开发一项新技术，共发生研究支出 250 万元，开发支出 1000 万元，其中符合资本化的金额为 800 万元，12 月 31 日该项无形资产达到预定用途，申请发明专利花费 5 万元，不考虑税费，该项无形资产的入账价值为（　　）万元。

　　A. 800　　　　　　　B. 1000

　　C. 1250　　　　　　D. 805

21. 关于无形资产摊销，下列说法中正确的是（　　）。

　　A. 无形资产摊销方法只有直线法

　　B. 无形资产净残值为零

　　C. 当月取得的无形资产，当月不摊销，下月开始摊销

　　D. 当月取得的无形资产，当月开始摊销

22. 2025 年 8 月 1 日，某企业开始研究开发一项新技术，当月共发生研发支出 200 万元，其中，费用化的金额 50 万元，符合资本化条件的金额 150 万元。8 月末，研发活动尚未完成。该企业 2025 年 8 月应计入当期利润总额的研发支出为（　　）万元。

　　A. 0　　　　　　　　B. 50

　　C. 150　　　　　　　D. 200

23. 企业自行研发一项非专利技术，累计研究支出为 160 万元，累计开发支出为 500 万元（其中符合资本化条件的支出为 400 万元）。该业务导致企业利润总额减少（　　）万元。

　　A. 100　　　　　　　B. 160

　　C. 260　　　　　　　D. 660

24. 下列各项中，不会引起无形资产账面价值发生增减变动的是（　　）。

　　A. 对无形资产计提减值准备

　　B. 出租无形资产

　　C. 摊销无形资产

　　D. 转让无形资产所有权

25. 甲企业将其自行开发的软件出租给乙公司，每年收到使用费 240000 元（不含增值税）。租赁期限为 5 年。该软件总成本为 600000 元，按月进行摊销。不考虑其他因素，该企业对其计提累计摊销进行的会计处理正确的是（　　）。

　　A. 借：管理费用　　　　　　20000

　　　　　贷：累计摊销　　　　　　　20000

　　B. 借：其他业务成本　　　　20000

　　　　　贷：累计摊销　　　　　　　20000

　　C. 借：其他业务成本　　　　10000

　　　　　贷：累计摊销　　　　　　　10000

　　D. 借：管理费用　　　　　　10000

　　　　　贷：累计摊销　　　　　　　10000

26. 某企业出售专用设备一台，取得价款 33 万元（不考虑增值税），发生清理费用 5 万元（不考虑增值税），该设备的原价为 40 万元，可使用年限为 8 年，已计提折旧 3 年，采用年限平均法计提折旧。不考虑其他因素，下列各项中，关于此项交易净损益会计处理结果表述正确的是（　　）。

　　A. 借记"资产处置损益" 3 万元

　　B. 贷记"资产处置损益" 3 万元

　　C. 贷记"资产处置损益" 8 万元

　　D. 借记"资产处置损益" 8 万元

27. 某制造企业将已出租的写字楼进行出售，取得收入 6000 万元，已存入银行。该写字楼采用成本模式计量，账面原值为 5000 万元，已累计计提折旧 800 万元，未计提减值准备，不考虑增值税等其他因素的影响，该企业出售写字楼的会计处理结果正确的是（　　）。

　　A. 资产处置损益增加 1800 万元

　　B. 其他业务成本增加 4200 万元

　　C. 投资收益增加 1800 万元

　　D. 主营业务收入增加 6000 万元

28. 该固定资产原价为 2000 万元，预计使用年限为 5 年，预计净残值为 80 万元。在采用双倍余额递减法对固定资产计提折旧的情况下，该固定资产投入使用第 2 年全年应计提折旧额为（　　）万元。

A. 384　　　　　B. 400

C. 480　　　　　D. 800

29. 固定资产盘盈时，应通过（　　）科目进行核算。

A. 制造费用

B. 管理费用

C. 营业外收入

D. 以前年度损益调整

30. 甲企业本年以 700 万元的价格转让一项无形资产。该无形资产的取得成本为 900 万元，预计使用年限为 10 年，转让时已使用 4 年。不考虑减值准备及相关税费，甲企业转让该无形资产确认的净收益为（　　）万元。

A. 65　　　　　B. 100

C. 250　　　　　D. 160

31. 2022 年 8 月，甲企业购入生产设备一台，初始入账价值为 375 万元，预计使用寿命为 5 年，预计净残值为 15 万元，采用年数总和法计提折旧。不考虑其他因素，2023 年该设备应计提的折旧额为（　　）万元。

A. 100　　　　　B. 104

C. 112　　　　　D. 125

32. 下列各项中，不计提折旧的固定资产是（　　）。

A. 当月增加的固定资产

B. 当月减少的固定资产

C. 已投入使用但未办理竣工决算的厂房

D. 已达到预定可使用状态但未投产的生产线

二、多项选择题

1. 非同一控制下企业合并形成的长期股权投资，购买方以发行权益性证券作为合并对价，其相关的会计处理中不正确的有（　　）。

A. 以发行权益性证券取得的长期股权投资，应当按照发行权益性证券的公允价值作为其初始投资成本

B. 按照发行权益性证券的面值作为长期股权投资的初始投资成本

C. 按照发行权益性证券的面值作为"股本"科目的入账金额

D. 为发行权益性证券支付的相关手续费应计入当期损益

2. 下列各项中，会影响长期股权投资账面价值发生增减变动的有（　　）。

A. 采用成本法核算的长期股权投资，持有期间被投资单位宣告分派现金股利 100 万元

B. 采用成本法核算的长期股权投资，持有期间被投资单位因发生投资性房地产转换确认其他综合收益 200 万元

C. 采用权益法核算的长期股权投资，被投资单位实现净利润 1000 万元

D. 采用权益法核算的长期股权投资，被投资单位确认以公允价值计量且其变动计入其他综合收益的金融资产公允价值发生变动 400 万元

3. 甲企业持有乙企业 40% 的股权，能够对乙企业施加重大影响。2024 年 12 月 31 日该股权投资的账面价值为 4000 万元。乙企业 2025 年发生亏损 15000 万元。假定取得投资时被投资单位可辨认净资产公允价值等于账面价值，双方采用的会计政策、会计期间相同。假定不考虑其他因素，甲企业账上有应收乙企业长期应收款 3000 万元，且乙企业对该笔债务没有清偿计划。则下列说法中正确的有（　　）。

A. 甲公司 2025 年应确认投资收益 –6000 万元

B. 甲公司 2025 年末长期股权投资的账面价值为 4000 万元

C. 甲公司 2025 年应冲减长期应收款 2000 万元

D. 甲公司 2025 年应确认投资收益 –4000 万元

4. 甲公司 2025 年 10 月 1 日定向增发普通股 100 万股给丙公司，自其手中换得乙公司 60% 的股份，甲公司、乙公司和丙公司同属一个企业集团，该股票每股面值为 1 元，每股市价为 10 元，当天乙公司在最

终控制方合并报表中的账面净资产为 800 万元，公允可辨认净资产为 1500 万元。当日甲公司资本公积结存额为 240 万元，全部为股本溢价，盈余公积结余额为 360 万元，未分配利润结存额为 1000 万元。甲公司支付了审计、咨询费用 10 万元，证券承销机构收取了 45 万元的发行股票相关税费。基于上述资料，甲公司如下说法中错误的有（　　）。

A. 长期股权投资的初始入账成本为 480 万元

B. 资本公积因此投资追加 380 万元

C. 发行股票相关税费 45 万元列入管理费用

D. 甲公司投资当日冲减营业利润 55 万元

5. 采用权益法核算的长期股权投资，下列各项中，会引起其账面价值发生变动的有（　　）。

A. 收到被投资单位分配的股票股利

B. 被投资单位其他综合收益变动

C. 被投资单位因重大会计差错、会计政策变更而调整前期留存收益

D. 被投资单位盈余公积转增股本

6. A 公司 2024 年 1 月 3 日取得乙公司 30% 的有表决权股份，其初始投资成本为 1650 万元，采用权益法核算。投资时乙公司可辨认净资产公允价值为 6000 万元。当年乙公司实现净利润 1500 万元，2025 年乙公司发生净亏损 9000 万元，2026 年乙公司实现净利润 2500 万元。假定取得投资时乙公司可辨认净资产公允价值等于账面价值，双方采用的会计政策、会计期间相同。假设 A 公司长期应收款的账面余额一直为零，且 A 公司对乙公司不负有承担额外损失的义务。不考虑其他因素，以下选项正确的有（　　）。

A. 2024 年末 A 公司长期股权投资的账面价值为 2250 万元

B. 2025 年该项投资影响损益金额 - 2700 万元

C. 2026 年末确认投资收益 300 万元

D. 2026 年末 A 公司长期股权投资的账面价值为 750 万元

7. 下列各项关于企业土地使用权的会计处理的表述中，正确的有（　　）。

A. 企业持有并准备增值后转让的土地使用权作为投资性房地产核算

B. 工业企业将购入的用于建造办公楼的土地使用权作为无形资产核算

C. 企业将租出的土地使用权作为无形资产核算

D. 国家有关规定认定的闲置土地，不属于投资性房地产

8. 甲公司为制造业企业，与乙公司签订为期 10 年的租赁合同，将自有的一栋写字楼租赁给乙公司，每年年末收取租金，每月按年限平均法计提折旧。不考虑其他因素，下列各项中，关于甲公司的会计处理表述正确的有（　　）。

A. 租金收入确认为主营业务收入

B. 租金收入确认为其他业务收入

C. 出租的写字楼应确认为投资性房地产

D. 每月计提的折旧额确认为其他业务成本

9. 下列项目中，应计入固定资产成本的有（　　）。

A. 固定资产购入时交纳的运杂费

B. 固定资产安装过程中发生的各种材料、工资等费用

C. 固定资产日常期间发生的修理费

D. 固定资产更新改造过程中发生的材料费

10. 下列各项中，关于投资性房地产会计处理表述正确的有（　　）。

A. 采用公允价值模式计量的投资性房地产，可转换为成本模式计量

B. 采用公允价值模式计量的投资性房地产，应计提折旧或摊销

C. 采用成本模式计量的投资性房地产，在满足规定条件的情况下，可转换为公允价值模式计量

D. 采用公允价值模式计量的投资性房地产，其公允价值变动应计入公允价值变动损益

11. 下列各项中，属于企业无形资产核算的有（　　）。
    A. 专利权　　　　B. 非专利技术
    C. 自创品牌　　　D. 商誉

12. 企业将自用房地产转换为以公允价值模式计量的投资性房地产时，转换日公允价值与原账面价值的差额，可能影响的财务报表项目的有（　　）。
    A. 资本公积
    B. 投资收益
    C. 公允价值变动收益
    D. 其他综合收益

13. 固定资产处置净损益可能记入的会计科目有（　　）。
    A. 资产处置损益　　B. 营业外收入
    C. 营业外支出　　　D. 管理费用

14. 下列各项中，关于固定资产的后续支出表述不正确的有（　　）。
    A. 固定资产的后续支出不满足资本化条件的计入当期损益
    B. 行政管理部门固定资产的日常修理费用计入制造费用
    C. 满足资本化条件的固定资产后续支出应当计入更新改造前的固定资产原值中
    D. 固定资产发生资本化的后续支出时应将固定资产的账面价值转入在建工程中

15. 下列各项中，企业固定资产减少，净损益不记入"资产处置损益"科目核算的有（　　）。
    A. 出售固定资产
    B. 固定资产正常报废
    C. 固定资产因自然灾害毁损
    D. 盘亏固定资产

16. 下列各项中，企业在财产清查中盘亏固定资产的会计处理正确的有（　　）。
    A. 盘亏固定资产的净损失计入营业外支出
    B. 盘亏的固定资产应作为重要的前期差错
    C. 盘亏固定资产的账面价值通过"待处理财产损溢"科目核算

D. 盘亏固定资产的账面价值通过"以前年度损益调整"科目核算

17. 下列各项中，关于企业固定资产折旧的会计处理正确的有（　　）。
    A. 自行建造厂房使用自有固定资产，计提的折旧应计入在建工程成本
    B. 基本生产车间使用自有固定资产，计提的折旧应计入制造费用
    C. 经营租赁租出的固定资产，其计提的折旧应计入管理费用
    D. 专设销售机构使用的自有固定资产，计提的折旧应计入销售费用

18. 下列各项中，应通过"固定资产清理"科目核算的有（　　）。
    A. 固定资产盘亏的账面价值
    B. 固定资产更新改造支出
    C. 固定资产毁损净损失
    D. 固定资产出售的账面价值

19. 下列各项中，关于无形资产的会计处理正确的有（　　）。
    A. 报废无形资产损益计入资产处置损益
    B. 使用寿命不确定的无形资产按月进行摊销
    C. 出售的无形资产的净损益计入营业利润
    D. 出租无形资产的摊销额计入其他业务成本

20. 甲企业2021年1月1日购入一项专利技术，当日投入使用。取得的增值税专票上注明的价款为500万元，增值税税额为30万元，摊销年限为10年，采用直线法摊销。2024年12月31日该专利技术预计可收回金额为270万元。假定不考虑其他因素，以下与该专利技术相关的会计处理结论正确的有（　　）。
    A. 2024年12月31日该项专利技术的账面价值为270万元
    B. 2021年该专利技术摊销的金额为50万元
    C. 2021年该专利技术摊销的金额为53万元
    D. 2024年12月31日该专利技术的账面

价值为 300 万元

21. 固定资产盘盈时，可能编制的会计分录有（　　）。

A. 借：固定资产
　　　　贷：以前年度损益调整

B. 借：固定资产
　　　　累计折旧
　　　　贷：营业外收入

C. 借：以前年度损益调整
　　　　贷：盈余公积
　　　　　　利润分配——未分配利润

D. 借：以前年度损益调整
　　　　贷：应交税费——应交所得税

22. 下列各项中，企业摊销管理用的无形资产应记入的会计科目有（　　）。

A. 制造费用

B. 管理费用

C. 其他业务成本

D. 累计摊销

三、判断题

1. 为取得成本法核算的长期股权投资发生的审计、法律服务、评估咨询等中介费用以及其他相关管理费用，应计入当期损益。
（　　）

2. 被投资方发生亏损，投资方按冲减长期股权投资、冲减长期应收款、确认预计负债的顺序确认损失后，仍有额外损失的，应在账外备查登记。
（　　）

3. 采用权益法核算的长期股权投资的初始投资成本大于投资时应享有被投资单位可辨认净资产公允价值份额的，应按其差额，借记"营业外支出"科目，贷记"长期股权投资"科目（投资成本）。
（　　）

4. 企业租入后再转租给其他单位的土地使用权，不能确认为投资性房地产。
（　　）

5. 公允价值模式计量的投资性房地产，期末取得的租金收入，计入投资收益。
（　　）

6. 企业将某项房地产部分用于出租，部分自用，如果出租部分能单独计量和出售，企业应将该项房地产整体确认为投资性

房地产。
（　　）

7. 投资性房地产采用成本模式进行后续计量的，持有期间比照固定资产或无形资产的相关规定计提折旧或摊销，但不提减值准备。
（　　）

8. 无形资产报废，其净损失计入资产处置损益。
（　　）

9. 使用寿命不确定的无形资产，按照不短于 10 年摊销。
（　　）

10. 使用寿命有限的无形资产，其净残值通常视为零。
（　　）

11. 如果无法可靠区分研究阶段和开发阶段的支出，所发生的研发支出全部费用化，计入当期损益。
（　　）

12. 固定资产资本化的后续支出，如果存在被替换的部分，应按被替换部分的原值终止确认。
（　　）

13. 与固定资产有关的专业人员服务费应计入当期损益。
（　　）

14. 已达到预定可使用状态但尚未办理竣工决算的固定资产，应当按照估计价值确定其成本，并计提折旧；待办理竣工决算后，再按实际成本调整原来的暂估价值，同时调整原已计提的折旧额。
（　　）

15. 固定资产折旧方法、使用寿命和预计净残值的改变应当作为会计政策变更进行会计处理。
（　　）

16. 固定资产由于功能落后而作报废处理，其净损失计入资产处置损益。
（　　）

17. 固定资产在资产负债表日存在可能发生减值的迹象时，其可收回金额低于账面金额的，企业应当将该固定资产的账面价值减记至可收回金额。
（　　）

18. 盘盈固定资产应通过"待处理财产损溢"科目核算，其净收益计入营业外收入。
（　　）

19. 企业通过广告宣传等提高了自创商标的获利能力，因此广告费应作为商标权的成本核算，计入无形资产成本。
（　　）

20. 企业以经营租赁方式租入的使用权资产

发生的改良支出，应直接计入当期损益。
（　　）

四、不定项选择题

1. 甲公司对乙公司进行股票投资的相关交易或事项如下：

（1）2024年1月1日，甲公司以银行存款7300万元从非关联方取得乙公司20%的有表决权股份，对乙公司的财务和经营政策具有重大影响。当日，乙公司所有者权益的账面价值为40000万元，各项可辨认资产、负债的公允价值均与其账面价值相同。本次投资前，甲公司不持有乙公司股份且与乙公司不存在关联方关系。甲公司的会计政策、会计期间与乙公司的相同。

（2）2024年度乙公司实现净利润6000万元，资本公积增加400万元。

（3）2025年4月1日，乙公司宣告分派现金股利1000万元，2025年4月10日，甲公司按其持股比例收到乙公司发放的现金股利并存入银行。

（4）2025年5月10日，甲公司将持有的乙公司的全部股权对外出售，取得价款10000万元。

要求：根据上述资料，不考虑其他因素，分析回答下列问题。

（1）根据资料（1），甲公司应确认的长期股权投资的初始入账金额为（　　）万元。
　　A. 7300　　　　　　B. 40000
　　C. 8000　　　　　　D. 7000

（2）根据资料（2），甲公司2024年度对乙公司长期股权投资应确认的投资收益金额为（　　）万元。
　　A. 6000　　　　　　B. 1200
　　C. 80　　　　　　　D. 1000

（3）根据资料（2），甲公司2024年度对乙公司长期股权投资应确认的资本公积金额为（　　）万元。
　　A. 400　　　　　　B. 80
　　C. 60　　　　　　　D. 100

（4）根据资料（3），以下选项中对乙公司宣告分派现金股利时，甲公司的会计处理表述正确的是（　　）。
　　A. 贷记"长期股权投资——损益调整"200万元
　　B. 借记"应收股利"200万元
　　C. 贷记"投资收益"200万元
　　D. 借记"长期股权投资——投资成本"200万元

（5）根据资料（4），甲公司出售持有的乙公司的股权时，对净利润的影响金额为（　　）万元。
　　A. 840　　　　　　B. 900
　　C. 920　　　　　　D. 1000

2. A公司采用公允价值模式计量投资性房地产，有关资料如下（假定不考虑增值税等相关税费）：

（1）2022年11月10日A公司与B公司签订协议，将自用的办公楼出租给B公司，租期为3年，每年租金为500万元，于每年年末收取，2023年1月1日为租赁期开始日，2025年12月31日到期。2023年1月1日该办公楼的公允价值为9000万元，账面原值为30000万元，已计提的累计折旧为20000万元，未计提减值准备。

（2）2023年12月31日该投资性房地产的公允价值为12000万元。

（3）2024年12月31日该投资性房地产的公允价值为18000万元。

（4）2025年12月31日租赁协议到期，A公司将办公楼出售，取得价款30000万元。

要求：根据上述资料，不考虑其他因素，分析回答下列问题。

（1）根据资料（1），租赁开始日的会计分录为（　　）。
　　A. 借：投资性房地产——成本
　　　　　　　　　　　9000
　　　累计折旧　　　20000
　　　投资收益　　　1000
　　贷：固定资产　　　30000

B. 借：投资性房地产——成本

9000

累计折旧 20000

公允价值变动损益

1000

贷：固定资产 30000

C. 借：投资性房地产 9000

累计折旧 20000

投资收益 1000

贷：固定资产 30000

D. 借：投资性房地产 9000

累计折旧 20000

其他综合收益 1000

贷：固定资产 30000

（2）根据资料（1）和资料（2），影响2023年营业利润的金额为（ ）万元。

A. 3500　　　　B. 2000

C. 4000　　　　D. 2500

（3）根据资料（3），2024年12月31日资产负债表"投资性房地产"项目的列报金额为（ ）万元。

A. 18000　　　B. 12000

C. 9000　　　　D. 15000

（4）根据资料（4），出售投资性房地产时影响的会计科目是（ ）万元。

A. 其他业务收入　　B. 主营业务收入

C. 主营业务成本　　D. 其他业务成本

3. 甲公司为增值税一般纳税人，2025年发生的无形资产相关业务如下：

（1）6月1日，甲公司自行研发一项非专利技术，截至6月30日，该技术研究支出共计300万元，支付增值税税额39万元，均不符合资本化条件。经测试，该项研发活动完成了研究阶段。自7月1日起进入开发阶段，该阶段共发生开发支出400万元，其中不符合资本化条件的支出为160万元，取得的增值税专用发票上注明的增值税税额为52万元。10月15日该项研发活动结束，经测试该研究项目达到预定技术标准，形成一项非专利技术并投入使用。依据有关法律规定预计该项非专利技术有效使用期为10年，预计净残值为零，采用直线法按月摊销。

（2）11月1日，甲公司将其自行研发完成的非专利技术出租给乙公司，双方签订租赁合同，合同约定的租赁期限为2年，租金于每月月末支付。11月30日，甲公司收到乙公司支付的当月租金，开具的增值税专用发票上注明的租金为10万元，增值税税额为0.6万元，款项已存入银行。

（3）12月31日，由于市场发生不利变化，甲公司自行研发的非专利技术存在减值的迹象，预计其可收回金额为220万元。

要求：根据上述资料，假定取得的增值税专用发票均已经税务机关认证，不考虑其他因素，分析回答下列问题。

（1）根据资料（1），下列各项关于甲公司研发非专利技术的账务处理正确的是（ ）。

A. 6月30日结转研发非专利技术研究阶段支出：

借：管理费用 300

贷：研发支出——费用化

支出 300

B. 6月30日结转研发非专利技术研究阶段支出：

借：研发支出——费用化支出

300

贷：银行存款 300

C. 7月至10月非专利技术开发阶段支出：

借：研发支出——资本化支出

240

——费用化支出

160

应交税费——应交增值税

（进项税额） 52

贷：银行存款等 452

D. 7月至10月非专利技术开发阶段支出：

借：研发支出——资本化支出
　　　　　　240
　　——费用化支出
　　　　　　212
　贷：银行存款等　452

（2）根据资料（1），甲公司自行研发的非专利技术入账价值为（　）万元。

A. 240　　　　　B. 452

C. 540　　　　　D. 700

（3）根据资料（1）和资料（2），甲公司出租非专利技术期间应结转的成本总额为（　）万元。

A. 2　　　　　　B. 10

C. 24　　　　　　D. 48

（4）根据资料（2），下列关于甲公司 11 月出租非专利技术的会计处理正确的是（　）。

A. 收取租金：

借：银行存款　　10.6
　贷：其他业务收入　10.6

B. 收取租金：

借：银行存款　　10.6
　贷：其他业务收入　10
　　应交税费——应交增值税
　　（销项税额）　0.6

C. 计提非专利技术摊销：

借：其他业务成本　　2
　贷：累计摊销　　2

D. 计提非专利技术摊销：

借：管理费用　　2
　贷：累计摊销　　2

（5）根据资料（3），下列有关该非专利技术减值的会计处理表述正确的是（　）。

A. 12 月 31 日计提准备前该非专利技术的账面价值为 234 万元

B. 12 月 31 日应计提无形资产减值准备为 14 万元

C. 12 月 31 日该非专利技术的账面余额为 220 万元

D. 12 月 31 日不应计提无形资产减值

准备

4. 甲公司为增值税一般纳税人，适用的增值税税率为 13%，2024 年 9 月末固定资产账面余额为 2000 万元，第四季度该公司发生的固定资产相关业务如下：

（1）10 月 8 日，甲公司购入一台不需要安装的 M 生产设备，增值税专用发票上注明的价款为 100 万元，增值税税额为 13 万元，全部款项以银行存款支付。该设备预计使用年限为 5 年，预计净残值为 4 万元，采用双倍余额递减法计提折旧。

（2）11 月 2 日，甲公司对其一条原价为 200 万元的生产线进行更新改造，已计提折旧 120 万元，改造过程中发生资本化支出 70 万元，以银行存款支付，被替换部件的账面价值为 10 万元，当月完成更新改造，已达到预定可使用状态。

（3）12 月 5 日，甲公司某仓库因雷电引起火灾发生毁损，该仓库原价为 400 万元，已计提折旧 100 万元，已计提减值准备 20 万元，其残料估计价值为 5 万元，残料已验收入库，发生的清理费用 2 万元，以银行存款支付，经保险公司核定应赔偿损失 150 万元，尚未收到赔款，假设以上均不考虑增值税。

（4）12 月末，甲公司对固定资产进行清查，发现短缺一台笔记本电脑，原价为 1 万元，已计提折旧 0.6 万元，购入时增值税税额为 0.13 万元，经查实应由相关责任人赔偿 0.1 万元。

要求：根据上述资料，不考虑其他因素，分析回答下列问题（计算结果保留小数点后两位）。

（1）根据资料（1），关于 M 生产设备的说法中正确的是（　）。

A. M 生产设备的入账价值为 100 万元

B. M 生产设备从 2024 年 11 月开始计提折旧

C. M 生产设备的折旧额计入制造费用

D. 2024 年第四季度 M 生产设备的月折旧额为 3.33 万元

（2）根据资料（2），下列关于固定资产更新改造的账务处理正确的是（　　）。

A. 固定资产转入在建工程：

借：在建工程　　　　　　80

　　累计折旧　　　　　　120

　　贷：固定资产　　　　　　200

B. 发生更新改造支出：

借：在建工程　　　　　　70

　　贷：银行存款　　　　　　70

C. 被替换原部件：

借：营业外支出　　　　　10

　　贷：在建工程　　　　　　10

D. 更新改造后达到预定可使用状态：

借：固定资产　　　　　140

　　贷：在建工程　　　　　140

（3）根据资料（3），关于仓库毁损的账务处理正确的是（　　）。

A. 将固定资产的账面价值结转至固定资产清理：

借：固定资产清理　　　280

　　累计折旧　　　　　100

　　固定资产减值准备　20

　　贷：固定资产　　　　　400

B. 发生清理费用等支出：

借：固定资产清理　　　2

　　贷：银行存款　　　　　2

C. 残料变价入库以及保险公司赔偿：

借：原材料　　　　　　5

　　其他应收款　　　　150

　　贷：固定资产清理　　　155

D. 结转固定资产毁损净损失：

借：资产处置损益　　　127

　　贷：固定资产清理　　　127

（4）根据资料（4），关于短缺固定资产的账务处理正确的是（　　）。

A. 经批准前，借记"待处理财产损溢"科目0.452万元

B. 经批准后，借记"管理费用"科目0.352万元

C. 经批准后，借记"营业外支出"科目0.352万元

D. 经批准后，借记"其他应收款"科目0.1万元

（5）根据上述资料，甲公司2024年末固定资产的账面余额为（　　）万元。

A. 1632.34　　　　　B. 1639

C. 1839　　　　　　D. 1499

5. 甲企业为增值税一般纳税人，适用的增值税税率为13%，2024～2026年发生的有关固定资产的经济业务如下：

（1）2024年6月1日，外购一条需要安装的生产线，增值税专用发票上注明买价800万元，增值税税额104万元，用银行存款支付其他安装费用40万元，增值税税额3.6万元。

（2）2024年6月20日，该生产线达到预定可使用状态，采用直线法计提折旧，预计使用年限为10年，预计净残值为60万元。

（3）2024年12月15日，公司决定对现有生产线进行改扩建，以提高其生产能力。其中被更换部件的账面价值为41万元，更换新部件的价值为50万元。2024年12月31日，该生产线达到预定可使用状态。预计仍可使用10年，净残值为30万元。

（4）2025年1月1日，将该生产线对外经营出租，租期为1年，每月租金为8万元。

（5）2026年5月2日，甲企业将一台设备出售，该设备原值为420万元，已计提折旧70万元，取得处置收入400万元存入银行，支付处置费用10万元，假定不考虑相关税费的影响。

要求：根据上述资料，假定不考虑其他因素，分析回答下列小题。

（1）根据资料（1），下列账务处理正确的是（　　）。

A. 外购需要安装的生产线直接计入固定资产

B. 外购需要安装的生产线计入在建工程

C. 支付的其他安装费用计入管理费用

D. 计入资产的金额合计为 840 万元

（2）根据资料（2），下列表述正确的是（　　）。

A. 计提折旧的开始月份为 6 月

B. 计提折旧的开始月份为 7 月

C. 每月计提折旧金额为 5 万元

D. 每月计提折旧金额为 6.5 万元

（3）根据资料（3），关于对生产线的更新改造，下列表述正确的是（　　）。

A. 更新改造之前，生产线的账面价值为 790 万元

B. 更新改造之前，生产线的账面价值为 801 万元

C. 更新改造之后，生产线的账面价值为 796 万元

D. 更新改造之后，生产线的账面价值为 810 万元

（4）关于生产线的对外出租，下列说法正确的是（　　）。

A. 出租固定资产的收入应计入营业外收入 8 万元

B. 出租固定资产的收入应计入其他业务收入 8 万元

C. 出租的固定资产不必计提折旧

D. 每月计入其他业务成本的金额为 6.5 万元

（5）根据资料（5），处置设备影响的净损益为（　　）万元。

A. 115　　　　　B. 120

C. 25　　　　　D. 40

6. 甲企业为增值税一般纳税人，增值税税率为 13%。当年发生固定资产业务如下：

（1）1 月 20 日，企业管理部门购入一台不需安装的 A 设备，取得的增值税专用发票上注明的设备价款为 478 万元，增值税税额为 62.14 万元，另发生运杂费 2 万元，款项均以银行存款支付。

（2）A 设备经过调试后，于 1 月 22 日投入使用，预计使用 10 年，预计净残值为 30 万元，决定采用双倍余额递减法计提折旧。

（3）7 月 15 日，企业生产车间购入一台需要安装的 B 设备，取得的增值税专用发票上注明的设备价款为 600 万元，增值税税额为 78 万元，另发生保险费 10 万元，款项均以银行存款支付。

（4）8 月 19 日，将 B 设备投入安装，以银行存款支付安装费 10 万元。B 设备于 8 月 25 日达到预定可使用状态，并投入使用。

（5）B 设备采用工作量法计提折旧，预计净残值为 20 万元，预计总工时为 2 万小时。9 月，B 设备实际使用工时为 200 小时。

要求：根据上述资料，分析回答下列问题。

（1）下列各项中，属于固定资产折旧方法的是（　　）。

A. 年限平均法　　B. 工作量法

C. 年数总和法　　D. 直接转销法

（2）根据资料（2），下列关于 A 设备折旧说法正确的是（　　）。

A. A 设备 1 月开始计提折旧

B. A 设备 2 月开始计提折旧

C. 双倍余额递减法计提折旧时不考虑净残值

D. 双倍余额递减法前期折旧金额多，后期折旧金额少

（3）根据资料（1）和资料（2），甲企业当年 2 月 A 设备的折旧额为（　　）万元。

A. 7.5　　　　　B. 10

C. 8　　　　　D. 7.6

（4）根据资料（3）和资料（4），B 设备达到预定可使用状态的成本为（　　）万元。

A. 600　　　　　B. 610

C. 620　　　　　D. 590

（5）根据资料（5），甲企业当年 9 月 B 设备的折旧额为（　　）万元。

A. 8　　　　　B. 7

C. 6　　　　　D. 3

7. 甲公司无形资产相关业务如下：

（1）2022 年 1 月 1 日，甲企业外购一项管理用无形资产 A，实际支付的价款为 100 万

元。A 无形资产的预计使用寿命为 5 年。

（2）2023 年 12 月 31 日，由于与 A 无形资产相关的经济因素发生不利变化，致使 A 无形资产发生减值。甲企业估计其可收回金额为 48 万元，剩余使用寿命为 3 年。

（3）2025 年 12 月 31 日，甲企业发现导致 A 无形资产在 2023 年发生减值损失的不利经济因素已全部消失，且此时估计 A 无形资产的可收回金额为 20 万元。

要求：根据上述资料，不考虑其他因素，分析回答下列问题。

（1）下列关于无形资产摊销说法正确的是（　　）。

  A. 当月取得的无形资产当月开始摊销

  B. 当月取得的无形资产当月不摊销，下月开始摊销

  C. 所有的无形资产都需要摊销

  D. 无形资产摊销净残值一定为 0

（2）根据资料（1），2022 年无形资产的摊销额为（　　）万元。

  A. 10   B. 20

  C. 25   D. 30

（3）根据资料（2），2023 年应计提的减值准备为（　　）万元。

  A. 18   B. 62

  C. 12   D. 42

（4）根据资料（1）和资料（2），2024 年无形资产的摊销额为（　　）万元。

  A. 6   B. 20

  C. 16   D. 10

（5）根据资料（3），2025 年 12 月 31 日应计提的无形资产减值准备为（　　）万元。

  A. −42   B. 0

  C. −62   D. −19

提高演练参考答案及解析

一、单项选择题

1.【答案】C 【解析】同一控制下企业合并形成的长期股权投资，合并方以支付现金、转让非现金资产或承担债务方式作为合并对价的，应在合并日按取得被合并方所有者权益在最终控制方合并财务报表中的账面价值的份额作为初始投资成本计量。长期股权投资的初始投资成本 = 被投资方相对于最终控制方而言的可辨认净资产账面价值份额 = 9000 × 60% = 5400（万元）。企业为企业合并发生的审计、法律服务、评估咨询等中介费用以及其他相关管理费用应作为当期损益计入管理费用。

2.【答案】D 【解析】取得该项长期股权投资时，A 公司付出相关资产应确认的损益 = 1200 −（1000 − 400）= 600（万元）；由于 B 公司宣告分配现金股利而确认的投资收益 = 4000 × 80% = 3200（万元），A 公司 2024 年度取得及持有该项股权投资对损益的影响金额 = 600 + 3200 = 3800（万元）。

3.【答案】B 【解析】A 公司处置对 B 公司长期股权投资时计入投资收益的金额 = 17000 − 12800 + 800 = 5000（万元）。

会计分录为：

借：银行存款   17000

 贷：长期股权投资——投资成本

           9600

    ——损益调整

           2400

    ——其他权益变动

           800

  投资收益   4200

借：其他综合收益   800

 贷：投资收益   800

4.【答案】B 【解析】选项 A，初始投资成本 = 10000 × 80% = 8000（万元）；选项 B，后续计量采用成本法，B 公司宣告分配现金股利时，A 公司应确认投资收益 1600 万

元；选项 D，处置 B 公司股权确认的投资收益 = 9000 – 8000 = 1000（万元）。

5.【答案】A　【解析】原转换日公允价值大于账面价值计入其他综合收益的部分在处置时应结转至当期损益，因此处置该项投资性房地产使利润总额增加 =（100 – 80）+ 10 = 30（万元）。会计分录为：

（1）借：银行存款　　　　　　　100
　　　　贷：其他业务收入　　　　　100
（2）借：其他业务成本　　　　　　80
　　　　贷：投资性房地产——成本
　　　　　　　　　　　　　　　　70
　　　　　　投资性房地产——公允价值
　　　　　　变动　　　　　　　　　10
（3）借：公允价值变动损益　　　　10
　　　　贷：其他业务成本　　　　　10
（4）借：其他综合收益　　　　　　10
　　　　贷：其他业务成本　　　　　10

其中分录（3）属于损益内部一增一减，不影响利润总额。

6.【答案】C　【解析】自用房地产转为公允价值模式计量的投资性房地产时，公允价值大于账面价值的差额，应计入其他综合收益；公允价值小于账面价值的差额，则计入公允价值变动损益。

7.【答案】B　【解析】选项 B，采用成本模式计量的投资性房地产，每期的折旧或摊销额应记入"其他业务成本"等科目。

8.【答案】C　【解析】投资性房地产成本模式的后续计量按照固定资产或无形资产的相关规定按期计提折旧或摊销。2024 年末计提折旧 =（9600 – 120）÷ 40 × 11 ÷ 12 = 217.25（万元）。

9.【答案】D　【解析】甲公司取得乙公司的股权属于非同一控制下的企业合并，长期股权投资的初始投资成本 = 付出对价的公允价值 = 1500 × 6 = 9000（万元）。为发行权益性工具支付给有关证券承销机构的手续费、佣金等与工具发行直接相关的费用应从溢价中抵扣，冲减"资本公积——股本溢价"科目，溢价收入不足冲减的，应

冲减盈余公积和未分配利润。

10.【答案】D　【解析】甲公司对乙公司长期股权投资的初始投资成本 = 2000 × 2 + 650 – 220 = 4430（万元）。其中，650 万元是承担的债务，最终要支付，应视为支付的对价，所以要加上；220 万元是包含在买价中的已宣告但尚未发放的现金股利，要单独计入应收股利中。会计分录为：

借：长期股权投资　　　　　　4430
　　应收股利　　　　　　　　　220
　　贷：股本　　　　　　　　　2000
　　　　资本公积——股本溢价
　　　　　　　　　　　　　　　2000
　　　　应付账款等　　　　　　650
借：资本公积——股本溢价　　　50
　　贷：银行存款　　　　　　　　50

11.【答案】C　【解析】投资性房地产无论采用成本模式还是公允价值模式进行后续计量，取得的租金收入均记入"其他业务收入"科目。

12.【答案】C　【解析】本题求固定资产处置净损益，首先要计算出固定资产原值和已计提折旧额，再计算净损益。

（1）固定资产入账价值 = 50 + 2 + 5 = 57（万元），这里应注意的是，购入固定资产所支付的增值税计入进项税额，可以抵扣，不计入固定资产成本。

（2）年数总和法的计算公式如下：

年折旧率 = 尚可使用年限 ÷ 预计使用寿命的年数总和 × 100%

年折旧额 =（固定资产原价 – 预计净残值）× 年折旧率

第 1 年折旧额 =（57 – 0）× 4 ÷ 10 = 22.8（万元）

当月增加的固定资产当月不计提折旧，从下一个月开始计提折旧，本题中 3 月购入设备，从 4 月开始计提折旧；当月减少的固定资产当月照提折旧，下个月开始不计提折旧，本题中固定资产 2024 年末报废，则 12 月照提折旧，共计提

旧 9 个月。

已提折旧 = 22.8 × 9 ÷ 12 = 17.1（万元）

（3）报废净损失 = 57 - 17.1 - 2 - 1 = 36.9（万元）。账务处理如下：

借：银行存款　　　　　　1

　　其他应收款——责任人　2

　　累计折旧　　　　　17.1

　　固定资产清理　　　36.9

　　贷：固定资产　　　　　　57

13. 【答案】A　【解析】本题考查固定资产的后续支出。

（1）被替换旧部件的账面价值 = 20 - 20 × 300 ÷ 500 = 8（万元）；

（2）该生产线改良后的入账价值 = 500 - 300 - 8 + 60 = 252（万元）。

14. 【答案】A　【解析】本题是固定资产减值题。固定资产在资产负债表日存在可能发生减值的迹象时，其可收回金额低于账面价值的，企业应当将该固定资产的账面价值减记至可收回金额。因此，本题应先计算出年底该固定资产的账面价值，再与其可收回金额进行比较。

（1）固定资产账面价值。

第一年折旧 = （200000 - 5000）× 5 ÷ 15 = 65000（元）。

2025 年底固定资产账面价值 = 200000 - 65000 = 135000（元）。

（2）比较。

该生产设备的可收回金额为 120000 元，低于其账面价值 135000 元，则减值 = 135000 - 120000 = 15000（元）。

减值后账面价值 = 200000 - 65000 - 15000 = 120000（元）。

或：生产设备减值，则账面价值调至低者，为 120000 元。

15. 【答案】C　【解析】对固定资产进行更新改造，满足固定资产确认条件的，应当计入固定资产成本。也即更新改造后的固定资产 = 固定资产账面净值 + 更新改造后续支出 = 3600 ÷ 5 × 2 + 96 = 1536（万元）。

16. 【答案】D　【解析】不符合资本化条件的支出 500 万元（300 + 200）计入研发支出，并于期末转入管理费用，符合资本化条件的支出 600 万元（800 - 200）形成该非专利技术的入账价值。

17. 【答案】D　【解析】研究阶段支出应计入当期损益。开发阶段支出符合资本化条件，计入无形资产成本，不符合资本化条件，计入当期损益。因此无形资产的入账价值为 90 万元。

18. 【答案】D　【解析】该专利权账面价值 = 40 - 40 ÷ 10 × 2 = 32（万元）；出售损益 = 40 - 32 = 8（万元）。该笔交易的账务处理如下：

借：银行存款　　　　　42.4

　　累计摊销　　　　　　8

　　贷：无形资产——专利权　40

　　　　应交税费——应交增值税（销项税额）　　　　2.4

　　　　资产处置损益　　　　8

【注意】出售无形资产时产生的增值税不影响处置损益。

19. 【答案】B　【解析】该无形资产至 2025 年末，需要计提折旧 22 个月（10 + 12）。无形资产的账面价值 = 240 - 240 ÷ 120 × （12 + 10）= 196（万元），高于其可收回金额 160 万元，则应计提减值准备 = 196 - 160 = 36（万元）。

20. 【答案】D　【解析】研究阶段支出全部计入管理费用；开发阶段支出，符合资本化条件的计入无形资产成本，不符合资本化条件的计入管理费用。

本题中，开发阶段支出 1000 万元中有 800 万元可以计入成本，申请发明专利花费也需要计入成本。无形资产入账价值 = 800 + 5 = 805（万元）。

21. 【答案】D　【解析】选项 A，无形资产摊销方法包括年限平均法（即直线法）、生产总量法等，不仅只有直线法；选项 B，使用寿命有限的无形资产，通常视其残值为零，使用寿命不确定的无形资产不应摊销；选项 C、D，当月取得的无形资产，当月开始摊销，所以选项 C 错误，选项 D 正确。

22. 【答案】B 【解析】研究开发过程中费用化的金额计入研发支出——费用化支出，月末再计入管理费用，对利润总额产生影响，而资本化的支出计入资产成本，不影响利润总额。因此，应计入当期利润总额的研发支出为 50 万元。

23. 【答案】C 【解析】研究开发过程中，研究支出 160 万元全部计入研发支出——费用化支出。开发阶段不满足资本化条件的 100 万元计入研发支出——费用化支出。合计 260 万元计入管理费用，利润总额减少 260 万元。

24. 【答案】B 【解析】无形资产账面价值 = 无形资产原值 − 累计摊销 − 无形资产减值准备
选项 A，计提减值准备：
借：资产减值损失
　　贷：无形资产减值准备
选项 B，出租无形资产：
借：银行存款
　　贷：其他业务收入
无形资产账面价值没有变化。
选项 C，摊销无形资产：
借：管理费用等
　　贷：累计摊销
选项 D，转让无形资产：
借：累计摊销
　　资产处置损益等
　　贷：无形资产
因此，选项 B 正确。

25. 【答案】C 【解析】每月摊销额 = 600000 ÷ 5 ÷ 12 = 10000（元）。对于出租的无形资产，其摊销金额计入其他业务成本，所以选项 C 正确。

26. 【答案】B 【解析】该企业出售固定资产的利得 = 33 − (40 − 40 ÷ 8 × 3) − 5 = 3（万元），应记入"资产处置损益"科目的贷方。会计分录为：

借：固定资产清理　　　　　3
　　贷：资产处置损益　　　　　3

27. 【答案】B 【解析】会计分录为：
借：银行存款　　　　　　6000
　　贷：其他业务收入　　　　6000
借：其他业务成本　　　　4200
　　投资性房地产累计折旧 800
　　贷：投资性房地产　　　　5000

28. 【答案】C 【解析】第 1 年计提折旧额 = 2000 × 2 ÷ 5 = 800（万元）；
第 2 年计提折旧额 = (2000 − 800) × 2 ÷ 5 = 480（万元）。

29. 【答案】D 【解析】固定资产盘盈时，应通过"以前年度损益调整"科目进行核算。会计分录为：
借：固定资产
　　贷：以前年度损益调整

30. 【答案】D 【解析】无形资产每年的摊销额 = 900 ÷ 10 = 90（万元）；
转让无形资产时，无形资产的账面净值 = 900 − 90 × 4 = 540（万元）；
转让无形资产应确认的净收益 = 700 − 540 = 160（万元）。

31. 【答案】C 【解析】本题考查固定资产折旧方法——年数总和法。
第 1 年折旧额 = (375 − 15) × 5 ÷ 15 = 120（万元），其中属于 2022 年的折旧额 = 120 × 4 ÷ 12 = 40（万元），属于 2023 年的折旧额 = 120 × 8 ÷ 12 = 80（万元）。
第 2 年折旧额 = (375 − 15) × 4 ÷ 15 = 96（万元），其中属于 2023 年的折旧额 = 96 × 4 ÷ 12 = 32（万元），属于 2024 年的折旧额 = 96 × 8 ÷ 12 = 64（万元）。
甲企业 2023 年该设备应计提的折旧额 = 80 + 32 = 112（万元）。

32. 【答案】A 【解析】当月增加的固定资产当月不提折旧，当月减少的固定资产照提折旧。已达到预定可使用状态但尚未办理竣工决算的固定资产，应当按照估计价值确定其成本，并计提折旧。

二、多项选择题

1. 【答案】BD　【解析】以发行权益性证券取得的长期股权投资，应当按照发行权益性证券的公允价值作为其初始投资成本，选项 A 正确，选项 B 不正确；按照发行权益性证券的面值作为"股本"科目的入账金额，选项 C 正确；为发行权益性证券支付的手续费、佣金等与工具发行直接相关的费用应从溢价发行收入中抵扣，冲减"资本公积——股本溢价"科目，溢价收入不足冲减的，应依次冲减盈余公积和未分配利润，选项 D 不正确。

2. 【答案】CD　【解析】成本法核算的长期股权投资，持有期间被投资单位宣告分派现金股利，投资企业应当进行的处理是：借记"应收股利"科目，贷记"投资收益"科目，不会影响长期股权投资账面价值，选项 A 不正确；采用成本法核算的长期股权投资，持有期间被投资单位因发生投资性房地产转换确认其他综合收益，投资方不用进行账务处理，选项 B 不正确。

3. 【答案】AC　【解析】由于甲企业账上有应收乙企业长期应收款 3000 万元，且乙企业对该笔债务没有清偿计划，所以超额亏损首先确认冲减长期股权投资 4000 万元，将长期股权投资减记为 0，超过长期股权投资账面价值部分冲减长期应收款 2000 万元。

相关会计分录如下：

借：投资收益　　　　　　4000
　　贷：长期股权投资——损益调整
　　　　　　　　　　　　　　4000
借：投资收益　　　　　　2000
　　贷：长期应收款　　　　2000

4. 【答案】BCD　【解析】甲公司投资当日会计分录如下：

（1）发行股票时：
借：长期股权投资——乙公司
　　　　　　（800×60%）480
　　贷：股本　　　　　　　100

资本公积——股本溢价　380
（2）支付发行费用时：
借：资本公积——股本溢价　45
　　贷：银行存款　　　　　　45
则资本公积应净贷记 335 万元（380 - 45）。
（3）支付审计、咨询费用 10 万元时：
借：管理费用　　　　　　10
　　贷：银行存款　　　　　10
（4）甲公司冲减营业利润 10 万元，即支付的审计、咨询费用。

5. 【答案】BC　【解析】选项 A，被投资单位分配股票股利，所有者权益总额不变，不进行账务处理，但应在备查簿中登记；选项 D，被投资单位盈余公积转增股本，所有者权益总额不变。

6. 【答案】AC　【解析】长期股权投资 2024 年初入账价值 = 6000 × 30% = 1800（万元），2024 年末长期股权投资金额 = 1800 + 1500 × 30% = 2250（万元），选项 A 正确；2025 年亏损 9000 万元，A 公司分担的金额 = 9000 × 30% = 2700（万元），大于 2250 万元，所以调减长期股权投资 2250 万元，对应减少投资收益 2250 万元，剩余 450 万元（2700 - 2250）备查账簿登记未确认损失，选项 B 错误；2026 年确认长期股权投资的金额 = 2500 × 30% - 450 = 300（万元），对应增加投资收益 300 万元，选项 C 正确，选项 D 错误。被投资单位发生超额亏损，在以后期间实现盈利的，应先冲减备查登记的金额，然后减记已确认预计负债的账面余额、恢复长期应收款，最后差额确认长期股权投资的账面价值。

7. 【答案】ABD　【解析】工业企业将已出租的土地使用权作为投资性房地产核算，选项 C 错误。

8. 【答案】BCD　【解析】本题考查投资性房地产——成本模式。制造业企业的出租业务不属于其主营业务，取得的收益应记入"其他业务收入"科目，选项 A 错误。

9. 【答案】ABD　【解析】固定资产日常期

间发生的修理费计入当期损益，不计入固定资产成本。

10. 【答案】CD 【解析】对于投资性房地产，企业可以从成本模式计量变更为公允价值模式计量，已采用公允价值模式计量不得转为成本模式计量（选项 A 错误、选项 C 正确）；采用公允价值模式计量的投资性房地产，不计提折旧或摊销（选项 B 错误）；采用公允价值模式计量的投资性房地产，其公允价值变动应计入公允价值变动损益（选项 D 正确）。综上，本题应选选项 C、D。

11. 【答案】AB 【解析】商誉具有不可辨认性，自创品牌企业无法控制其带来的经济利益，都不属于无形资产。

12. 【答案】CD 【解析】企业将自用房地产转换为以公允价值计量的投资性房地产时，转换日公允价值与原账面价值的差额，如果是借方差额，计入公允价值变动损益；如果是贷方差额，则计入其他综合收益。

13. 【答案】ABC 【解析】因出售、转让等原因产生的固定资产处置利得或损失应计入资产处置收益；因固定资产已丧失使用功能或因自然灾害发生毁损等原因而报废清理产生的利得或损失应计入营业外收支。

14. 【答案】BC 【解析】选项 B，应计入管理费用；选项 C，应计入更新改造后的固定资产价值中。

15. 【答案】BCD 【解析】选项 A，出售固定资产净损益计入资产处置损益；选项 B、C，其净损失计入营业外支出；选项 D，固定资产盘亏先记入"待处理财产损溢"科目，待报批后净损失计入营业外支出。

16. 【答案】AC 【解析】盘盈的固定资产应作为重要的前期差错进行会计处理，通过"以前年度损益调整"科目核算，选项 B、D 错误；企业在财产清查中盘亏的固定资产，按照盘亏固定资产的账面价值，通过"待处理财产损溢"科目进行

核算，选项 C 正确；企业按照管理权限报经批准后处理时，按照可收回的保险赔偿或过失人赔偿，记入"其他应收款"科目，净损失记入"营业外支出"科目，选项 A 正确。

17. 【答案】ABD 【解析】选项 C，经营租赁租出的固定资产，其计提的折旧应计入其他业务成本。

18. 【答案】CD 【解析】选项 A，固定资产盘亏通过"待处理财产损溢"科目核算；选项 B，固定资产更新改造，将固定资产转入"在建工程"科目核算。

19. 【答案】CD 【解析】选项 A，无形资产报废，其损益计入营业外支出；选项 B，使用寿命不确定的无形资产不应摊销；选项 C，出售无形资产，其净损益计入资产处置损益，影响营业利润；选项 D，出租无形资产涉及"其他业务收入"科目和"其他业务支出"科目。

20. 【答案】AB 【解析】该非专利技术的年摊销额 = 500 ÷ 10 = 50（万元），选项 B 正确。无形资产从购入当月开始进行摊销，从 2021 年 1 月 1 日到 2024 年 12 月 31 日该专利技术的累计摊销额 = 50 × 4 = 200（万元），所以 2024 年 12 月 31 日该专利技术的账面价值 = 500 - 200 = 300（万元），大于 2024 年 12 月 31 日专利技术预计可收回金额 270 万元，所以要计提减值准备，将无形资产的账面价值减记至可收回金额 270 万元，选项 A 正确。

21. 【答案】ACD 【解析】盘盈固定资产应作为重要的前期差错进行会计处理，应通过"以前年度损益调整"科目进行核算。
（1）盘盈固定资产时：
借：固定资产
　　贷：以前年度损益调整
（2）由于以前年度损益调整而增加所得税费用：
借：以前年度损益调整
　　贷：应交税费——应交所得税

（3）结转为留存收益时：

借：以前年度损益调整

　　贷：盈余公积——法定盈余公积

　　　　利润分配——未分配利润

22.【答案】BD 【解析】企业摊销管理用无形资产应计入管理费用。会计分录为：

借：管理费用

　　贷：累计摊销

三、判断题

1.【答案】√ 【解析】企业为企业合并发生的审计、法律服务、评估咨询等中介费用及其他相关管理费用，于发生时计入管理费用。

2.【答案】√ 【解析】资产负债表日，企业应按被投资单位实现的净亏损中企业享有的份额，借记"投资收益"科目，贷记"长期股权投资"科目（损益调整），但以"长期股权投资"科目的账面价值减记至零为限；还需承担的投资损失，应将其他实质上构成对被投资单位净投资的"长期应收款"等的账面价值减记至零为限；除按照以上步骤已确认的损失外，按照投资合同或协议约定将承担的损失，确认为预计负债。除上述情况仍未确认的应分担被投资单位的损失，应在账外备查登记。发生亏损的被投资单位以后实现净利润的，应按与上述相反的顺序进行处理。

3.【答案】× 【解析】长期股权投资的初始投资成本大于投资时应享有被投资单位可辨认净资产公允价值份额的，不调整已确认的初始投资成本；长期股权投资的初始投资成本小于投资时应享有被投资单位可辨认净资产公允价值份额的，应按其差额，借记"长期股权投资"科目（投资成本），贷记"营业外收入"科目。

4.【答案】√ 【解析】企业以经营租赁方式租入土地使用权再转租给其他单位的，不能确定为投资性房地产。

5.【答案】× 【解析】取得的租金收入计入其他业务收入。

6.【答案】× 【解析】企业将某项房地产部分用于出租，部分自用，如果用于出租的部分能单独计量和出售，企业应将该部分确认为投资性房地产；这部分不能单独计量和出售的，确认为固定资产或无形资产。

7.【答案】× 【解析】本题考查投资性房地产的后续计量——成本模式。投资性房地产采用成本模式进行后续计量的，持有期间存在减值迹象的，应当按照资产减值的相关规定进行处理。

8.【答案】× 【解析】无形资产报废，其净损失计入营业外支出。

9.【答案】× 【解析】使用寿命不确定的无形资产不应进行摊销。

10.【答案】√ 【解析】使用寿命有限的无形资产，其净残值通常视为零。

11.【答案】√ 【解析】企业如果无法可靠区分研究阶段的支出和开发阶段的支出，应将发生的研发支出全部费用化，计入当期损益，记入"管理费用"科目的借方。

12.【答案】× 【解析】固定资产资本化的后续支出，如果存在被替换的部分，应按被替换部分的账面价值终止确认。

13.【答案】× 【解析】与固定资产有关的专业人员服务费应计入外购资产的成本。

14.【答案】× 【解析】已达到预定可使用状态但尚未办理竣工决算的固定资产，应当按照估计价值确定其成本，并计提折旧；待办理竣工决算后，再按实际成本调整原来的暂估价值，但不需要调整原已计提的折旧额。

15.【答案】× 【解析】固定资产使用寿命、预计净残值和折旧方法的改变应当作为会计估计变更进行会计处理。

16.【答案】× 【解析】固定资产由于功能落后而作报废处理，其净损失计入营业外支出。

17.【答案】√ 【解析】固定资产在资产负债表日存在可能发生减值的迹象时，其可收回金额低于账面金额的，企业应当将该固定资产的账面价值减记至可收回金额，减记的金额确认为减值损失，计入当期损益，借记"资产减值损失——固定资产减值准备"科目，同时计提相应的资产减值准备，贷记"固定资产减值准备"科目。

18.【答案】×【解析】盘盈固定资产应通过"以前年度损益调整"科目核算。

19.【答案】×【解析】广告费一般不作为商标权的成本，而是在发生时直接计入当期损益。

20.【答案】√【解析】经营租入的使用权资产的改良支出应该计入长期待摊费用，以后分期摊销计入相应的成本和费用。

四、不定项选择题

1.（1）【答案】C【解析】2024年1月1日，甲公司取得乙公司长期股权投资的初始投资成本是7300万元，占乙公司所有者权益公允价值的份额=40000×20%=8000（万元），初始投资成本小于所占乙公司所有者权益公允价值的份额，所以需要调整长期股权投资的初始入账价值。

借：长期股权投资——投资成本
　　　　　　　　　　　7300
　贷：银行存款　　　7300
借：长期股权投资——投资成本
　　（8000－7300）700
　贷：营业外收入　　700

（2）【答案】B【解析】甲公司2024年度对乙公司股权投资应确认的投资收益=6000×20%=1200（万元）。

（3）【答案】B【解析】甲公司2024年度对乙公司股权投资应确认的资本公积=400×20%=80（万元）。

（4）【答案】AB【解析】2025年4月1日，乙公司宣告分派现金股利时，甲公司的账务处理为：

借：应收股利
　　（1000×20%）200

　贷：长期股权投资——损益调整
　　　　　　　　　　　200

2025年4月10日，收到股利的账务处理为：

借：银行存款　　　200
　贷：应收股利　　200

（5）【答案】D【解析】甲公司出售持有的乙公司的股权的账务处理为：

借：银行存款　　　10000
　贷：长期股权投资——投资成本
　　　　　　　　　　8000
　　　　　　　　——损益调整
　　　　　　　　　　1000
　　　　　　　　——其他权益
　　　　　　　　　　变动
　　　　　　　　　　　80
　　　投资收益　　　920
借：资本公积——其他资本公积
　　　　　　　　　　　　80
　贷：投资收益　　　80

甲公司出售持有的乙公司的股权对净利润的影响金额=920＋80=1000（万元）。

2.（1）【答案】B【解析】对投资性房地产采用公允价值模式进行后续计量，应设置"投资性房地产——成本"科目核算投资性房地产的实际成本。自用房地产或存货转换为采用公允价值模式计量的投资性房地产，该项投资性房地产应当按照转换日的公允价值计量。转换日的公允价值小于原账面价值的，其差额计入当期损益（公允价值变动损益）；转换日的公允价值大于原账面价值的，其差额作为其他综合收益核算。由于转换日的公允价值为9000万元，固定资产的账面价值为10000万元，所以差额计入公允价值变动损益，选项B正确。

（2）【答案】D【解析】2023年会计处理为：

①取得投资性房地产时：

借：投资性房地产——成本
　　　　　　　　9000
　　累计折旧　　20000
　　公允价值变动损益1000
　　贷：固定资产　　30000
②2023年收到租金时：
借：银行存款　　　　500
　　贷：其他业务收入　500
③2023年12月31日调整投资性房地产账面价值时：
借：投资性房地产——公允价值变动
　　　　　　　　3000
　　贷：公允价值变动损益
　　　（12000－9000）3000
所以影响2023年营业利润的金额＝－1000（公允价值变动损失）＋500（租金）＋3000（公允价值变动收益）＝2500（万元）。

（3）【答案】A 【解析】2024年12月31日调整投资性房地产账面价值的会计分录为：
借：投资性房地产——公允价值变动
　　　（18000－12000）6000
　　贷：公允价值变动损益6000
2024年12月31日资产负债表"投资性房地产"项目的列报金额为18000万元。

（4）【答案】AD 【解析】2025年12月31日处置投资性房地产的相关会计分录为：
借：银行存款　　　　30000
　　贷：其他业务收入　30000
借：其他业务成本　　10000
　　公允价值变动损益　8000
　　贷：投资性房地产——成本
　　　　　　　　9000
　　　　——公允价值变动
　　　（3000＋6000）9000

3.（1）【答案】AC 【解析】资料（1）的会计分录为：

6月甲公司研究阶段发生支出：
借：研发支出——费用化支出
　　　　　　　　300
　　应交税费——应交增值税（进项税额）　39
　　贷：银行存款等　339
6月30日，结转研究阶段支出：
借：管理费用　　　300
　　贷：研发支出——费用化支出
　　　　　　　　300
7月至10月甲公司开发阶段发生支出：
借：研发支出——资本化支出
　　　　　　　　240
　　　　——费用化支出
　　　　　　　　160
　　应交税费——应交增值税（进项税额）　52
　　贷：银行存款等　452
10月15日，非专利技术研发完成时：
借：无形资产　　　240
　　贷：研发支出——资本化支出
　　　　　　　　240

（2）【答案】A 【解析】根据资料（1），甲公司自行研发的非专利技术入账价值＝400－160＝240（万元）。

（3）【答案】D 【解析】根据资料（1）可知该非专利技术成本为240万元，则每年应计提摊销的金额＝240÷10＝24（万元）。乙公司租入非专利技术两年，甲公司应结转成本总额为该非专利技术两年的摊销额＝2×24＝48（万元）。

（4）【答案】BC 【解析】出租的无形资产，其摊销额应计入其他业务成本；出租无形资产收取的租金，应计入其他业务收入。根据资料（1）可知该非专利技术成本为240万元，则11月应计提摊销的金额＝240÷10÷12＝2（万元）。
资料（2）的会计分录为：
收取11月租金：

借：银行存款　　　　10.6
　　贷：其他业务收入　　10
　　　　应交税费——应交增值税
　　　　（销项税额）　　0.6
计提 11 月非专利技术摊销：
借：其他业务成本　　　2
　　贷：累计摊销　　　　2

(5)【答案】AB　【解析】选项 A，因该非专利技术 2025 年 10 月 15 日完成，即从 2025 年 10 月开始计提摊销，至 2025 年 12 月 31 日，应计提摊销 3 个月。则 2025 年 12 月 31 日，计提减值前该非专利技术的账面价值 = 240 - 240÷10÷12×3 = 234（万元）；选项 B，应计提无形资产减值准备 = 账面价值 - 可收回金额 = 234 - 220 = 14（万元）；选项 C，该非专利技术的账面余额即为该非专利技术的入账价值，所以该非专利技术的账面余额为 240 万元；选项 D，2025 年 12 月 31 日，该非专利技术账面价值大于可收回金额，应将该非专利技术的账面价值减记至可收回金额，同时应计提无形资产减值准备。
资料（3）的会计分录：
借：资产减值损失　　　14
　　贷：无形资产减值准备（234 - 220）
　　　　　　　　　　　　14

4.(1)【答案】ABCD　【解析】甲公司为增值税一般纳税人，取得增值税专用发票，因此增值税进项税额可以抵扣，计入应交税费，M 设备的入账价值为 100 万元，选项 A 正确；当月取得的固定资产下月开始计提折旧，因此 M 设备应从 11 月开始计提折旧，选项 B 正确；采用双倍余额递减法计提折旧，预计使用年限为 5 年，因此 2024 年第四季度 M 设备的月折旧额 = 100 × 2÷5×1÷12 = 3.33（万元），选项 D 正确；M 设备为生产使用，计提的折旧额计入制造费用，选项 C 正确。

(2)【答案】ABCD　【解析】关于固定资产更新改造的账务处理均正确。

(3)【答案】ABC　【解析】选项 D，结转固定资产毁损净损失的账务处理：
借：营业外支出　　　　127
　　贷：固定资产清理　　127

(4)【答案】ACD　【解析】短缺固定资产的会计分录如下：
经批准前：
借：待处理财产损溢　0.452
　　累计折旧　　　　0.6
　　贷：固定资产　　　　1
　　　　应交税费——应交增值税
　　　　（进项税额转出）0.052
经批准后：
借：营业外支出　　　0.352
　　其他应收款　　　0.1
　　贷：待处理财产损溢 0.452

(5)【答案】B　【解析】甲公司 2024 年末固定资产的账面余额 = 2000（期初）+ 100（资料 1）- 200（资料 2）+ 140（资料 2）- 400（资料 3）- 1（资料 4）= 1639（万元）。

5.(1)【答案】BD　【解析】由于生产线需要安装，所以通过在建工程核算。支付的安装费用计入建工程。在建工程 = 800 + 40 = 840（万元）。

(2)【答案】BD　【解析】2024 年 6 月 20 日：
借：固定资产　　　　840
　　贷：在建工程　　　840
每月计提折旧 = (840 - 60)÷10÷12 = 6.5（万元）。

(3)【答案】BD　【解析】2024 年 12 月已计提折旧额 = 6.5×6 = 39（万元）；账面价值 = 840 - 39 = 801（万元）。
分录为：
借：在建工程　　　　801
　　累计折旧　　　　39
　　贷：固定资产　　　840
更新改造之后的账面价值 = 801 + 50 -

41 = 810（万元）。

（4）【答案】BD　【解析】2025 年 1 月 1 日，每月计算租金收入：

借：银行存款　　　　　　8

　　贷：其他业务收入　　　　　8

借：其他业务成本　　6.5

　　贷：累计折旧　　　　　6.5

每月计提折旧 =（810 - 30）÷ 10 ÷ 12 = 6.5（万元）。

（5）【答案】D　【解析】2026 年 5 月 2 日处置设备的会计分录为：

借：固定资产清理　　350

　　累计折旧　　　　70

　　　贷：固定资产　　　　420

借：银行存款　　　　400

　　　贷：固定资产清理　　400

借：固定资产清理　　10

　　　贷：银行存款　　　　10

借：固定资产清理　　40

　　　贷：资产处置损益　　40

【简易算法】净损益 = 售价 400 - 成本 350（420 - 70）- 费用 10 = 40（万元）。

6.（1）【答案】ABC　【解析】选项 D，直接转销法不属于固定资产折旧方法。

（2）【答案】BD　【解析】A 设备 1 月投入使用，当月不计提折旧，自 2 月开始计提折旧，选项 B 正确，选项 A 错误。双倍余额递减法最后两年考虑净残值，选项 C 错误。双倍余额递减法属于加速折旧方法，前期折旧金额多，后期折旧金额少，选项 D 正确。

（3）【答案】C　【解析】A 设备年折旧额 =（478 + 2）× 2 ÷ 10 = 96（万元）；月折旧额 = 96 ÷ 12 = 8（万元）。

（4）【答案】C　【解析】B 设备成本 = 600 + 10 + 10 = 620（万元）。

（5）【答案】C　【解析】9 月折旧额 =（620 - 20）÷ 20000 × 200 = 6（万元）。

7.（1）【答案】A　【解析】当月取得的无形资产当月开始摊销，选项 A 正确，选项 B 错误；选项 C，使用寿命不确定的无形资产不需要摊销；选项 D，使用寿命有限的无形资产，通常其残值视为零，但无形资产在特定情况下有净残值。

（2）【答案】B　【解析】2022 年摊销额 = 100 ÷ 5 = 20（万元）。

（3）【答案】C　【解析】2023 年 12 月 31 日，无形资产账面价值 = 100 - 40 = 60（万元），可收回金额为 48 万元，减值 12 万元。会计分录如下：

借：资产减值损失　　　　12

　　贷：无形资产减值准备　12

（4）【答案】C　【解析】2024 年该无形资产摊销额按计提减值准备后的价值重新计算。

2024 年摊销额 = 48 ÷ 3 = 16（万元）。

（5）【答案】B　【解析】2025 年 12 月 31 日，无形资产账面价值 = 48 - 16 × 2 = 16（万元），可收回金额为 20 万元。无形资产减值准备一经计提，在以后会计期间不得转回，因此不作处理。

第五章 负 债

重难点分析

本章考点主要包括短期借款、应付票据、应付账款、应付职工薪酬、应交税费等内容。应付票据和应付账款相对来说，其内容较为简单，对于这些内容需结合购买存货、固定资产等进行学习。应交税费和应付职工薪酬是本章的重要内容，考试中各种题型均会涉及，应重点掌握。

2025 年本章教材内容主要变化为：删除了预收账款、增加了合同负债内容、修改了应付利息相关内容与长期借款利息和应付债券利息的相关内容。

基本内容框架

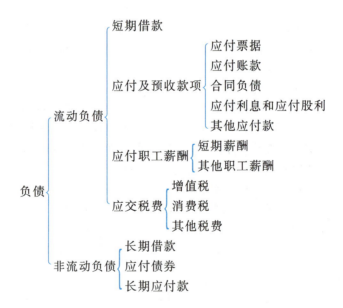

基 础 训 练

一、单项选择题

1. 下列各项中，企业对短期借款预提利息时，应借记的会计科目是（　　）。
   A. 财务费用　　　B. 短期借款
   C. 应付利息　　　D. 应收利息

2. 企业因生产经营需要从其他企业取得期限为 6 个月、年利率为 6% 的借款 200000元，借款合同已经办妥，款项已划入企业的银行存款户，有关凭单已经开出。该借款通过（　　）核算。
   A. 短期借款　　　B. 长期借款
   C. 其他应付款　　D. 长期应付款

3. 甲企业"短期借款"账户期末贷方余额为 100 万元，本期借方发生额为 50 万元，贷方发生额为 60 万元，甲企业"短期借款"账户的期初余额为（　　）。
   A. 借方 90 万元
   B. 贷方 90 万元
   C. 借方 110 万元
   D. 贷方 110 万元

4. 企业计提短期借款利息时贷方应记入的会计科目是（　　）。
   A. 财务费用　　　B. 短期借款
   C. 应收利息　　　D. 应付利息

5. 某企业 2024 年 6 月 1 日向银行借入资金 80 万元，期限 3 个月，年利率为 6%，到期还本，按月计提利息，按季付息。该企业 6 月 30 日应计提的利息为（　　）万元。
   A. 0.3　　　　　B. 0.6
   C. 0.9　　　　　D. 0.4

6. 某企业购买原材料开具的下列票据中，应通过"应付票据"科目核算的是（　　）。
   A. 银行汇票　　　B. 银行本票
   C. 银行承兑汇票　D. 支票

7. 某企业以一张期限为 6 个月的商业承兑汇票支付货款，票面价值为 100 万元，票面年利率为 6%。该票据到期时，该企业应

支付的金额为（　　）万元。
   A. 106　　　　　B. 104
   C. 103　　　　　D. 100

8. 应付的银行承兑汇票到期，企业无力支付票款时的会计处理正确的是（　　）。
   A. 借：应付票据
   　　贷：应付账款
   B. 借：应付票据
   　　贷：短期借款
   C. 借：应付票据
   　　贷：营业外收入
   D. 借：应付票据
   　　贷：银行存款

9. 企业转销无法支付的应付账款，应贷记的会计科目是（　　）。
   A. 短期借款　　　B. 营业外收入
   C. 应付票据　　　D. 其他应付款

10. 下列各项中，不属于企业流动负债的是（　　）。
   A. 预付账款　　　B. 预收账款
   C. 应付账款　　　D. 应付票据

11. 下列各项中，关于应付股利的说法中正确的是（　　）。
   A. 应付股利通过"本年利润"科目核算
   B. 应付股利是指企业董事会或类似机构通过的利润分配方案中拟分配的现金股利或利润
   C. 企业董事会或类似机构通过的利润分配方案中拟分配的现金股利或利润，需要进行账务处理
   D. 企业董事会或类似机构通过的利润分配方案中拟分配的现金股利或利润，需要在附注中进行披露

12. 下列各项中，企业应通过"其他应付款"科目核算的是（　　）。
   A. 应交纳的教育费附加
   B. 出租包装物收取的押金
   C. 股东大会宣告分配的现金股利

D. 应付供货方代垫的运费

13. 下列各项中，应列入资产负债表"其他应付款"项目的是（　　）。

A. 应付租入包装物租金

B. 应付购买材料款

C. 结转到期无力支付的应付票据

D. 应付由企业负担的职工社会保险费

14. 下列业务中，应记入"应付职工薪酬"科目借方的是（　　）。

A. 确认本期销售人员的工伤保险中企业承担部分

B. 确认本期职工工资中代扣代缴的个人所得税

C. 确认因解除与职工劳动关系应给予的补偿

D. 支付退休人员的工资

15. 某企业根据规定，计算应由企业负担的向社会保险经办机构缴纳的管理人员的社会保险费的会计处理正确的是（　　）。

A. 借：管理费用

　　　贷：应付职工薪酬——社会保险费

B. 借：管理费用

　　　贷：其他应付款

C. 借：其他应付款

　　　贷：应付职工薪酬——社会保险费

D. 借：其他应付款

　　　贷：银行存款

16. 某企业与其销售经理达成协议：1年后利润达到500万元，其薪酬为利润的3%。下列各项中，该企业向销售经理提供薪酬的类别是（　　）。

A. 带薪缺勤　　　B. 辞退福利

C. 离职后福利　　D. 利润分享计划

17. 下列各项中，不属于"应交增值税"明细账专栏的是（　　）。

A. 待认证进项税额

B. 销项税额抵减

C. 进项税额转出

D. 减免税款

18. 某企业生产领用应交资源税的应税矿产品，该企业确认应交资源税时，应借记

的会计科目是（　　）。

A. 生产成本　　　B. 税金及附加

C. 管理费用　　　D. 应交税费

19. 下列各项中，增值税一般纳税人需要进项税额转出的是（　　）。

A. 自产产品用于对外投资

B. 自产产品用于职工福利

C. 自产产品用于捐赠

D. 管理不善造成原材料毁损

20. 企业当月交纳上月欠交的增值税，应通过（　　）科目核算。

A. 应交税费——应交增值税（进项税额）

B. 应交税费——未交增值税

C. 应交税费——应交增值税（销项税额）

D. 应交税费——应交增值税（已交税金）

21. 下列各项中，小规模纳税人销售商品应交的增值税记入的会计科目是（　　）。

A. 库存商品

B. 应交税费——应交增值税（销项税额）

C. 应交税费——简易计税

D. 应交税费——应交增值税

22. 甲企业为增值税小规模纳税人，2024年10月1日销售产品一批，开出的普通发票中注明货款（含税）为51500元，增值税征收率为3%，不考虑其他因素，甲公司应交增值税为（　　）元。

A. 1545　　　　　B. 1569

C. 1500　　　　　D. 1524

23. 甲公司为增值税一般纳税人，委托乙公司加工一批应税消费品，该批应税消费品收回后用于连续生产应税消费品。甲公司在收回该批委托加工应税消费品时，应将由受托方代收代缴的消费税记入（　　）科目。

A. 应交税费——应交消费税

B. 主营业务成本

C. 委托加工物资

D. 生产成本

24. 某企业适用的城市维护建设税税率为7%，2023年8月该企业应交增值税300000元，实际缴纳200000元，实际缴纳的资源税

20000元、消费税150000元、印花税100000元、房产税30000元。该企业8月应交城市维护建设税（　　　）元。

A. 21000　　　　　B. 14000

C. 35000　　　　　D. 24500

25. 下列各项中，企业应通过"应交税费"科目核算的是（　　　）。

A. 由税务部门统一征收的社会保险费

B. 进口货物应向海关缴纳的关税

C. 转让房屋应缴纳的土地增值税

D. 占用耕地建房应缴纳的耕地占用税

26. 企业发行的长期债券，应采用实际利率法按期计提利息，其中按票面利率计算确定的应付未付利息，贷记的会计科目是（　　　）。

A. 应付利息

B. 应付债券——应计利息

C. 应付债券——利息调整

D. 财务费用

27. 企业以银行存款偿还到期的短期借款，关于这笔经济业务，以下说法正确的是（　　　）。

A. 导致负债内部增减变动，总额不变

B. 导致资产、负债同时减少

C. 导致资产、负债同时增加

D. 导致所有者权益减少，负债减少

28. 企业发生赊购商品业务，下列各项中不影响应付账款入账金额的是（　　　）。

A. 购入商品的价款

B. 购入商品支付的增值税进项税额

C. 租入包装物应付的租金

D. 销货方代垫运杂费

29. 下列各项中，不应记入资产负债表中"其他应付款"项目的是（　　　）。

A. 计提分期付息到期还本的长期借款利息

B. 计提到期一次还本付息的应付债券利息

C. 计提短期借款利息

D. 计提的分期付息的应付债券利息

二、多项选择题

1. 下列各项中，关于制造业企业预提短期借款利息的会计科目处理正确的有（　　　）。

A. 贷记"应付账款"科目

B. 借记"制造费用"科目

C. 贷记"应付利息"科目

D. 借记"财务费用"科目

2. 下列各项中，关于合同负债的说法正确的有（　　　）。

A. 合同负债核算企业按照《企业会计准则第14号——收入》规定预收的转让商品款或应收客户对价而应向客户转让商品的义务

B. 对于不适用《企业会计准则第14号——收入》规定的预收款项，企业可设置"合同负债"科目

C. 企业应设置"合同负债"科目，核算企业在向客户转让商品之前，客户已经支付了合同对价或企业已经取得了无条件收取合同对价的权利

D. "合同负债"科目期末借方余额，反映企业在向客户转让商品之前，已经收到的合同对价或已经取得的无条件收取合同对价权利的金额

3. 下列各项中，关于"应付利息"科目表述错误的有（　　　）。

A. 企业开出银行承兑汇票支付银行手续费，应记入"应付利息"科目借方

B. "应付利息"科目期末贷方余额反映企业应支付的已过付息期但尚未支付的利息

C. 按照短期借款合同约定计算确认的应付利息，应记入"应付利息"科目借方

D. 企业支付已过付息期但尚未支付的利息，应记入"应付利息"科目借方

4. 下列各项中，企业通过"其他应付款"科目核算的有（　　　）。

A. 应付出借包装物收取的保证金

B. 应付水电费

C. 应付租入包装物的租金

D. 应付购买的原材料运费

5. 下列各项中，属于职工薪酬的有（　　）。
   A. 社会保险费
   B. 非货币性福利
   C. 养老保险费
   D. 辞退福利

6. 社会保险费包括医疗保险费、养老保险费、失业保险费、工伤保险费。企业承担的社会保险费，除（　　）按规定确认为离职后福利外，其他的社会保险作为企业的短期薪酬。
   A. 医疗保险费　　　B. 养老保险费
   C. 失业保险费　　　D. 工伤保险费

7. 下列各项中，属于企业短期职工薪酬内容的有（　　）。
   A. 夏季为职工支付的防暑降温费
   B. 9月为职工支付的医疗保险费24000元
   C. 支付给职工李某休产假期间的工资15000元
   D. 为辞退职工王某而支付的补偿金30000元

8. 下列各项中，属于短期薪酬的有（　　）。
   A. 生活困难补助
   B. 医疗保险费
   C. 养老保险
   D. 失业保险

9. 下列各项中，属于"应付职工薪酬"科目核算内容的有（　　）。
   A. 正式任命并聘请的独立董事津贴
   B. 已订立劳动合同的全职职工的奖金
   C. 已订立劳动合同的临时职工的工资
   D. 向住房公积金管理机构缴存的住房公积金

10. 下列各项中，发生长期借款利息的账务处理涉及的会计科目有（　　）。
    A. 管理费用
    B. 财务费用
    C. 长期借款——应计利息
    D. 应付利息

11. 下列各项中，应通过"长期应付款"科目核算的有（　　）。
    A. 向金融机构借入的期限在1年以上的借款

B. 发行债券确认的应付债券本金
C. 分期付款购入固定资产确认的具有融资性质的应付款项
D. 融资租入固定资产形成的应付款项

12. 企业自产自用的应税矿产品应交的资源税，可能计入（　　）。
    A. 税金及附加　　　B. 生产成本
    C. 制造费用　　　　D. 主营业务成本

13. 甲公司下设一所职工食堂，每月根据在岗职工数量及岗位分布情况、相关历史经验数据等计算需要补贴食堂的金额，从而确定企业每期因补贴职工食堂需要承担的福利费金额，并于月末支付。2024年9月，企业在岗职工共计200人，其中管理部门30人，生产车间生产人员170人，企业的历史经验数据表明，每个职工每月需补贴食堂150元。甲公司2024年9月末会计处理正确的有（　　）。
    A. 借：生产成本　　　　　　　25500
    　　　管理费用　　　　　　　 4500
    　　　贷：应付职工薪酬——职工福利费
    　　　　　　　　　　　　　　 30000
    B. 借：应付职工薪酬——职工福利费
    　　　　　　　　　　　　　　 30000
    　　　贷：银行存款　　　　　 30000
    C. 借：生产成本　　　　　　　25500
    　　　管理费用　　　　　　　 4500
    　　　贷：银行存款　　　　　 30000
    D. 借：生产成本　　　　　　　25500
    　　　管理费用　　　　　　　 4500
    　　　贷：应付账款　　　　　 30000

14. 甲公司为家电生产企业，共有职工200名，其中170名为直接参加生产的职工，30名为总部管理人员。2024年12月，甲公司将其生产的每台成本为900元的电暖器作为春节福利发放给公司每名职工。该型号的电暖器不含增值税的市场售价为每台1000元，甲公司销售商品适用的增值税税率为13%。甲公司会计处理正确的有（　　）。

A. 应确认的应付职工薪酬的金额为 226000 元

B. 应记入"生产成本"科目的金额为 192100 元

C. 应记入"管理费用"科目的金额为 33900 元

D. 应确认的应付职工薪酬的金额为 200000 元

15. 甲公司购入农产品一批，农产品收购发票上注明的买价为 200000 元，规定的扣除率为 9%，货物尚未到达，价款已用银行存款支付。甲公司会计处理正确的有（ ）。

A. 原材料借方增加 182000 元

B. 在途物资借方增加 200000 元

C. 应交税费——应交增值税（进项税额）借方增加 18000 元

D. 银行存款减少 200000 元

16. 下列各项中，关于企业非货币性职工薪酬的会计处理的表述正确的有（ ）。

A. 难以认定受益对象的非货币性福利，应当直接计入当期损益

B. 企业租赁汽车供高级管理人员无偿使用，应当将每期应付的租金计入管理费用

C. 企业以自产产品作为非货币性福利发放给销售人员，应当按照产品的实际成本计入销售费用

D. 企业将自有房屋无偿提供给生产工人使用，应当按照该住房的公允价值计入生产成本

17. 下列关于职工薪酬的处理，说法正确的有（ ）。

A. 以自产产品发放职工福利的，应付职工薪酬应当按照自产产品的含税公允价值计量

B. 企业应当将辞退福利分类为设定提存计划和设定受益计划

C. 短期薪酬是指企业在职工提供相关服务的年度开始 12 个月内需要全部支付的职工薪酬

D. 工会经费、职工教育经费属于短期薪酬

三、判断题

1. 短期借款利息属于筹资费用，在资产负债表日，应当按照计算确定的短期借款利息费用，确认财务费用。 （ ）

2. 应付票据是指企业购买材料、商品和接受劳务供应等而开出、承兑的商业汇票，包括商业承兑汇票和银行汇票。 （ ）

3. 为银行承兑汇票支付的手续费，应记入"财务费用"中核算。 （ ）

4. 企业购入材料、商品验收入库后，若发票账单尚未收到，应在月末按照估计的金额确认一项应付账款，并在资产负债表中列示。 （ ）

5. 应付账款核算企业购买原材料及商品过程中所发生的应付款项，包括预付货款。 （ ）

6. 预收货款虽然与应付账款均属于负债项目，但与应付账款不同，通常不需要以货币资金偿付。 （ ）

7. 企业代扣代缴的个人所得税，应通过"其他应付款"科目核算。 （ ）

8. 增值税小规模纳税人取得普通发票不可以抵扣进项税额，但是如果取得的是专用发票，则可以抵扣进项税额。 （ ）

9. 小规模纳税人销售货物采用销售额和应纳增值税合并定价的方法向客户结算款项时，应按照不含税的销售额确认收入。 （ ）

10. 企业仅按面值发行债券，应按实际收到的金额，借记"银行存款""库存现金"等科目，按债券票面价值，贷记"应付债券——面值"科目；实际收到的款项与债券票面金额的差额，借记或贷记"应付债券——利息调整"科目。（ ）

基础训练参考答案及解析

一、单项选择题

1.【答案】A　【解析】本题考查短期借款。企业对短期借款预提利息时，会计分录为：
借：财务费用
　　　贷：应付利息
选项 A 正确。

2.【答案】A　【解析】向银行或其他金融机构等借入期限在 1 年以下（含 1 年）的款项通过"短期借款"科目核算。短期借款的债权人不仅是银行，还包括其他非银行金融机构或者其他单位或个人。

3.【答案】B　【解析】"短期借款"为负债类账户，期末贷方余额 = 期初贷方余额 − 本期借方发生额 + 本期贷方发生额，因此，甲企业"短期借款"账户的期初贷方余额为 90 万元。

4.【答案】D　【解析】采用预提方式计提短期借款利息，应借记"财务费用"科目，贷记"应付利息"科目。

5.【答案】D　【解析】年利息 = 80 × 6% = 4.8（万元），月利息 = 4.8 ÷ 12 = 0.4（万元），选项 D 正确。

6.【答案】C　【解析】本题考查应付票据。银行汇票和银行本票，应通过"其他货币资金"科目核算，选项 A、B 错误；支票，应通过"银行存款"科目核算，选项 D 错误。

7.【答案】C　【解析】该企业应支付的金额 = 100 + 100 × 6% ÷ 2 = 103（万元）。

8.【答案】B　【解析】本题考查应付票据。应付银行承兑汇票到期，如企业无力支付票款，则由承兑银行代为支付并作为付款企业的贷款处理，企业应将应付票据的账面余额转作短期借款，会计分录为：借：应付票据，贷：短期借款。

9.【答案】B　【解析】本题考查应付账款。企业转销无法支付的应付账款的会计分录应借记"应付账款"科目，贷记"营业外收入"科目。

10.【答案】A　【解析】预付账款属于企业流动资产，预收账款、应付账款和应付票据都属于企业流动负债。

11.【答案】D　【解析】应付股利是企业根据股东大会或类似机构审议批准的利润分配方案确定分配给投资者的现金股利或利润，确认应付投资者股利时，借记"利润分配——应付股利"科目，贷记"应付股利"科目。企业董事会类似机构通过的利润分配方案中拟分配的现金股利或利润，不需要进行账务处理，但应在附注中披露。

12.【答案】B　【解析】本题考查其他应付款的账务处理。
（1）应交纳的教育费附加，通过"应交税费——应交教育费附加"科目核算，选项 A 错误；
（2）股东大会宣告分配的现金股利，通过"应付股利"科目核算，选项 C 错误；
（3）应付供货方代垫的运费，应通过"应付账款"科目核算，选项 D 错误。

13.【答案】A　【解析】选项 A 计入其他应付款；选项 B 计入应付账款；选项 C 计入应付账款或短期借款；选项 D 计入应付职工薪酬。

14.【答案】B　【解析】本题考查应付职工薪酬的内容。（1）确认本期销售人员的工伤保险中企业承担部分，会计分录为借记"销售费用"，贷记"应付职工薪酬——社会保险费"，选项 A 错误；（2）确认本期职工工资中代扣代缴的个人所得税，会计分录为借记"应付职工薪酬——工资"，贷记"应交税费——应交个人所得税"，选项 B 正确；（3）确认因解除与职工劳动关系应给予的补偿，会计分录为借记"管理费用"，贷记"应付职工薪酬——辞退福利"，选项 C 错误；（4）支付退休人员的工资，会计分录为借记"管理费用"，贷记"银行存款"，选项 D 错误。

15. 【答案】A 【解析】本题考查短期职工薪酬的账务处理——国家规定计提标准的职工薪酬。计算应由企业负担的向社会保险经办机构缴纳的管理人员的社会保险费的会计分录是：借：管理费用，贷：应付职工薪酬——社会保险费。选项 A 正确。

16. 【答案】D 【解析】利润分享计划，是指因职工提供服务而与职工达成的基于利润或其他经营成果提供薪酬的协议。

17. 【答案】A 【解析】"应交增值税"明细账设置的专栏包括：进项税额、销项税额抵减、已交税金、转出未交增值税和转出多交增值税、减免税款、出口抵减内销产品应纳税额、销项税额、出口退税、进项税额转出。

18. 【答案】A 【解析】本题考查其他应交税费。自产自用应税产品应交纳的资源税应记入"生产成本""制造费用"等科目，借记"生产成本""制造费用"等科目，贷记"应交税费——应交资源税"科目，选项 A 正确。

19. 【答案】D 【解析】自产产品用于职工福利、对外投资、对外捐赠均视同销售，计算增值税销项税额；管理不善造成的原材料毁损，相关进项税额不能抵扣，应作进项税额转出处理。

20. 【答案】B 【解析】企业交纳以前期间未交的增值税，应借记"应交税费——未交增值税"科目，贷记"银行存款"科目。企业交纳当月应交增值税，应借记"应交税费——应交增值税（已交税金）"科目，贷记"银行存款"科目。

21. 【答案】D 【解析】本题考查应交增值税——小规模纳税人账务处理。小规模纳税人会计核算不健全，因此，小规模纳税人进行账务处理时，只需在"应交税费"科目下设"应交增值税"明细科

目，该明细科目不再设置增值税专栏，选项 D 正确。

22. 【答案】C 【解析】不含税销售额 = 51500÷（1 + 3%）= 50000（元），应交增值税 = 50000×3% = 1500（元）。

23. 【答案】A 【解析】本题考查应交消费税——委托加工应税消费品。委托加工物资收回后，直接用于销售的，应将受托方代收代缴的消费税计入委托加工物资的成本，借记"委托加工物资"等科目；委托加工物资收回后用于连续生产应税消费品的，按规定准予抵扣的，应按已由受托方代收代缴的消费税，借记"应交税费——应交消费税"科目，选项 A 正确。

24. 【答案】D 【解析】增值税、消费税是计算城市维护建设税的依据。该企业 8 月应交城市维护建设税 =（实际交纳的增值税 + 实际交纳的消费税）× 7% =（200000 + 150000）×7% = 24500（元）。

25. 【答案】C 【解析】本题考查其他应交税费。由税务部门统一征收的社会保险费，应记入"应付职工薪酬"科目，选项 A 错误；进口货物应向海关缴纳的关税，直接计入进口货物的成本中，不通过"应交税费"科目核算，选项 B 错误；占用耕地建房应缴纳的耕地占用税，直接计入房产成本中，不通过"应交税费"科目核算，选项 D 错误。

26. 【答案】B 【解析】企业发行的长期债券，资产负债表日，应将按摊余成本和实际利率计算确定的债券利息费用，借记"在建工程""制造费用""财务费用""研发支出"等科目，按票面利率计算确定的应付未付利息，贷记"应付债券——应计利息"科目，按其差额，贷记"应付债券——利息调整"科目。选项 B 正确。

27. 【答案】B 【解析】银行存款减少是资产的减少，短期借款减少是负债的减少。

28. 【答案】C 【解析】选项 C，应记入

"其他应付款"科目。

29.【答案】B 【解析】资产负债表的"其他应付款"项目应根据"应付利息""应付股利""其他应付款"科目的期末余额合计填列；选项B记入"应付债券——应计利息"科目，填列在"应付债券"项目中。

二、多项选择题

1.【答案】CD 【解析】企业预提短期借款利息应借记"财务费用"科目，贷记"应计利息"科目。

2.【答案】AC 【解析】合同负债核算企业按照《企业会计准则第14号——收入》规定预收的转让商品款或应收客户对价而应向客户转让商品的义务，选项A正确；对于不适用《企业会计准则第14号——收入》规定的预收款项，企业可设置"预收账款"科目，选项B不正确；企业应设置"合同负债"科目，核算企业在向客户转让商品之前，客户已经支付了合同对价或企业已经取得了无条件收取合同对价的权利，选项C正确；"合同负债"科目期末贷方余额，反映企业在向客户转让商品之前，已经收到的合同对价或已经取得的无条件收取合同对价权利的金额，选项D不正确。

3.【答案】AC 【解析】选项A，企业因开出银行承兑汇票而支付银行的手续费，应当计入当期损益，借记"财务费用"科目，贷记"银行存款"科目；选项C，企业应当按照计算确认的短期借款利息费用，借记"财务费用"科目，贷记"应付利息"科目。

4.【答案】AC 【解析】本题考查其他应付款。其他应付款是指企业除应付票据、应付账款、预收账款、应付职工薪酬、应交税费、应付利息、应付股利等经营活动以外的其他各项应付、暂收的款项，如应付短期租赁固定资产租金、应付低价值资产租赁的租金、应付租入包装物租金、出租

或出借包装物向客户收取的押金、存入保证金等，选项A、C正确；应付水电费与应付购买的原材料运费，应记入"应付账款"科目，选项B、D错误。

5.【答案】ABCD 【解析】职工薪酬是指企业为获得职工提供的服务或解除劳动关系而给予的各种形式的报酬或补偿。职工薪酬包括短期薪酬和其他职工薪酬，其中，其他职工薪酬包括离职后福利、辞退福利和其他长期职工福利。社会保险费和非货币性福利属于短期薪酬，养老保险费属于离职后福利。

6.【答案】BC 【解析】社会保险费包括医疗保险费、养老保险费、失业保险费、工伤保险费。企业承担的社会保险费，除养老保险费和失业保险费按规定确认为离职后福利外，其他的社会保险作为企业的短期薪酬。故选项B、C正确。

7.【答案】ABC 【解析】本题考查职工薪酬的内容。为辞退职工王某而支付的补偿金30000元，属于辞退福利，选项D错误。

8.【答案】AB 【解析】短期薪酬包括职工工资、奖金、津贴和补贴，职工福利费，医疗保险、工伤保险等社会保险费，住房公积金，工会经费和职工教育经费，短期带薪缺勤，短期利润分享计划，其他短期薪酬。养老保险和失业保险属于离职后福利。

9.【答案】ABCD 【解析】职工薪酬中所称的"职工"包括全职的、兼职的以及临时工，董事会和监事会成员，通过企业与劳务中介公司签订用工合同而向企业提供服务的人员。这些人员的工资、奖金、津贴、住房公积金都属于短期薪酬，应在"应付职工薪酬"科目中核算。

10.【答案】BCD 【解析】长期借款计提利息时的会计处理为：借记"在建工程""制造费用""财务费用""研发支出"等科目，按合同利率计算确定的应付未付利息，贷记"长期借款——应计利息"科目，按其差额，贷记"长期借款——

利息调整"科目。对于已过付息期但尚未支付的利息，应借记"长期借款——应计利息"科目，贷记"应付利息"科目。选项 A 错误，长期借款利息不计入管理费用。

11.【答案】CD 【解析】本题考查长期应付款。向金融机构借入的期限在 1 年以上的借款，应通过"长期借款"科目核算，选项 A 错误；发行债券确认的应付债券本金，应通过"应付债券"科目核算，选项 B 错误。

12.【答案】BC 【解析】企业销售应税矿产品应交的资源税计入税金及附加，自产自用应税矿产品应交的资源税计入生产成本或制造费用。

13.【答案】AB 【解析】应编制如下会计分录：

借：生产成本 25500
　管理费用 4500
　　贷：应付职工薪酬——职工福利费
　　　　　　　　 30000
借：应付职工薪酬——职工福利费
　　　　　　　 30000
　　贷：银行存款 30000

故选项 A、B 正确。

14.【答案】ABC 【解析】甲公司编制会计分录如下：

借：生产成本〔1000×170×（1＋13%）〕
　　　　　　　 192100
　管理费用〔1000×30×（1＋13%）〕
　　　　　　　 33900
　　贷：应付职工薪酬——非货币性福利〔1000×200×（1＋13%）〕
　　　　　　　 226000

故选项 A、B、C 正确。

15.【答案】CD 【解析】甲公司会计处理如下：

借：在途物资 182000
　应交税费——应交增值税（进项税额） 18000
　　贷：银行存款 200000

故选项 C、D 正确。

16.【答案】AB 【解析】本题考查短期薪酬的账务处理——非货币性职工薪酬。难以认定受益对象的非货币性福利，直接计入当期损益和应付职工薪酬，选项 A 正确；租赁住房等资产供职工无偿使用的，应当将每期应付的租金计入相关资产成本或当期损益，选项 B 正确；企业以自产产品作为非货币性福利发放给销售人员，属于视同销售行为，且符合收入准则中收入的确认条件，所以应当按照市场价格确认收入，同时确认增值税销项税额，选项 C 错误；企业将自有房屋无偿提供给生产工人使用，应按照房屋每期计提的折旧计入生产成本，选项 D 错误。

17.【答案】AD 【解析】企业应将离职后福利计划分类为设定提存计划和设定受益计划，选项 B 错误；短期薪酬是指企业在职工提供相关服务的年度报告期间结束后 12 个月内需要全部支付的职工薪酬，因解除与职工的劳动关系给予的补偿除外，选项 C 错误。

三、判断题

1.【答案】√ 【解析】短期借款通常是企业为了生产经营周转使用的资金，其利息是为了筹资而发生的，所以应计入财务费用。

2.【答案】× 【解析】应付票据是指企业购买材料、商品和接受劳务供应等而开出、承兑的商业汇票。包括商业承兑汇票、财务公司承兑汇票和银行承兑汇票等。

3.【答案】√ 【解析】为银行承兑汇票支付的手续费，是企业为筹资或融资发生的费用，应计入财务费用。

4.【答案】√ 【解析】根据现行规定，在发票账单未到的情况下，对于已验收入库的材料、商品，应在月末对其进行估价，并按估价确认相应的应付账款，待下月月初用红字将上月月末暂估入账的应付账款予以冲销。

5. 【答案】× 【解析】应付账款核算企业购买原材料及商品过程中所发生的应付款项，不包括预付货款。

6. 【答案】√ 【解析】预收货款虽然与应付账款均属于负债项目，但与应付账款不同，它通常不需要以货币偿付。

7. 【答案】× 【解析】企业代扣代缴的个人所得税，通过"应交税费"科目核算。

8. 【答案】× 【解析】增值税小规模纳税人无论取得的是普通发票还是专用发票，其进项税额都不能抵扣，直接计入成本中。

9. 【答案】√ 【解析】小规模纳税人采用销售额和应纳税额合并定价的方法并向客户结算款项，在提供销售货物、应税服务或应税行为后，应进行价税分离，确定不含税的销售额。不含税的销售额计算公式为：不含税销售额 = 含税销售额 ÷ （1 + 征收率）。

10. 【答案】× 【解析】企业无论按面值发行，还是溢价发行或折价发行债券，应按实际收到的金额，借记"银行存款""库存现金"等科目，按债券票面价值，贷记"应付债券——面值"科目；实际收到的款项与债券票面金额的差额，借记或贷记"应付债券——利息调整"科目。

提 高 演 练

一、单项选择题

1. 2024 年 4 月 1 日，某企业借入经营用短期借款 100000 元，期限 6 个月，年利率 4.8%。借款利息按月计提，季末支付，到期还本。不考虑其他因素，6 月 30 日该企业支付借款利息的会计处理正确的是（　　）。

 A. 借：财务费用 　　　　800
   应付利息 　　　　400
    贷：银行存款 　　　　1200
 B. 借：财务费用 　　　　400
   应付利息 　　　　800
    贷：银行存款 　　　　1200
 C. 借：应付利息 　　　　1200
    贷：银行存款 　　　　1200
 D. 借：财务费用 　　　　1200
    贷：银行存款 　　　　1200

2. 企业在资产负债表日，按合同利率计提短期借款利息费用时的会计处理为（　　）。

 A. 借记"短期借款"科目，贷记"应付利息"科目
 B. 借记"财务费用"科目，贷记"短期借款"科目
 C. 借记"财务费用"科目，贷记"应付利息"科目
 D. 借记"应付利息"科目，贷记"财务费用"科目

3. 2024 年 1 月 1 日，企业向银行借款 200000 元，期限 6 个月，年利率 6%。按银行规定一般于每季度末收取短期借款利息，2024 年 3 月企业对短期借款利息应当作的账务处理是（　　）。

 A. 借：财务费用 　　　　1000
    贷：银行存款 　　　　1000
 B. 借：财务费用 　　　　3000
    贷：银行存款 　　　　3000
 C. 借：财务费用 　　　　1000
   应付利息 　　　　2000
    贷：银行存款 　　　　3000
 D. 借：财务费用 　　　　2000
   应付利息 　　　　1000
    贷：银行存款 　　　　3000

4. 2024 年 7 月 1 日，企业向银行借入一笔期限 3 个月、到期一次还本付息的生产经营周转借款 200000 元，年利率 6%。借款利息采用按月预提方式。10 月 1 日，企业以银行存款偿还借款本息的账务处理正确的是（　　）。

 A. 借：短期借款 　　　　200000
   应付利息 　　　　3000

　　　　贷：银行存款　　　 203000

　　B. 借：短期借款　　200000

　　　　　应付利息　　　 2000

　　　　　财务费用　　　 1000

　　　　贷：银行存款　　　 203000

　　C. 借：短期借款　　200000

　　　　　财务费用　　　 3000

　　　　贷：银行存款　　　 203000

　　D. 借：短期借款　　203000

　　　　贷：银行存款　　　 203000

5. 下列各项中，企业签发的银行承兑汇票到期无力支付时，应将未支付的票款记入的会计科目是（　　）。

　　A. 短期借款　　　B. 其他应付款

　　C. 应付账款　　　D. 营业外支出

6. 下列各项中，不会引起"应付票据"科目金额发生增减变动的是（　　）。

　　A. 开出商业承兑汇票购买原材料

　　B. 转销已到期无力支付票款的商业承兑汇票

　　C. 转销已到期无力支付票款的银行承兑汇票

　　D. 支付银行承兑汇票手续费

7. 2024 年 7 月 1 日某企业购入原材料一批，开出一张面值为 113000 元、期限为 3 个月的不带息的商业承兑汇票。2024 年 10 月 1 日该企业无力支付票款时，下列会计处理正确的是（　　）。

　　A. 借：应付票据　　113000

　　　　贷：短期借款　　　 113000

　　B. 借：应付票据　　113000

　　　　贷：其他应付款　　 113000

　　C. 借：应付票据　　113000

　　　　贷：应付账款　　　 113000

　　D. 借：应付票据　　113000

　　　　贷：预付账款　　　 113000

8. 2024 年 8 月 1 日，某企业购入原材料一批并验收入库，取得的增值税专用发票上注明的价款为 600000 元，增值税税额为 78000 元，对方代垫的运费为 12000 元，增值税专用发票上注明的增值税税额为 1080 元，全

部款项尚未支付。不考虑其他因素，该企业确认应付账款的金额为（　　）元。

　　A. 678000　　　　B. 612000

　　C. 691080　　　　D. 600000

9. 企业在向客户转让商品之前，客户已经支付了合同对价或企业已经取得了无条件收取合同对价权利的，企业应当在客户实际支付款项与到期应支付款项孰早时点，按照该已收或应收的金额（不包含增值税部分）进行的会计处理是（　　）。

　　A. 借：银行存款/应收账款

　　　　贷：合同负债

　　B. 借：银行存款/应收账款

　　　　贷：预收账款

　　C. 借：银行存款/应收账款

　　　　贷：其他业务收入

　　D. 借：银行存款/应收账款

　　　　贷：主营业务收入

10. 下列各项中，应在"其他应付款"科目核算的是（　　）。

　　A. 应付股东的现金股利

　　B. 应收取的包装物的租金

　　C. 应付购买工程物资款

　　D. 收取的包装物押金

11. 下列各项中，应计入其他应付款的是（　　）。

　　A. 应交纳的教育费附加

　　B. 存入保证金

　　C. 应付由企业负担的职工社会保险费

　　D. 代扣代缴的职工个人所得税

12. 某企业 2024 年 1 月 1 日以短期租赁方式租入管理用办公设备一批，月租金为 3000 元，每季度末一次性支付本季度租金。不考虑其他因素，该企业 1 月 31 日计提租入设备租金时相关会计科目处理正确的是（　　）。

　　A. 贷记"应付账款"科目 3000 元

　　B. 贷记"预收账款"科目 3000 元

　　C. 贷记"预付账款"科目 3000 元

　　D. 贷记"其他应付款"科目 3000 元

13. 下列各项中，不属于职工薪酬的组成内

容的是（　　）。

A. 为职工代扣代缴的个人所得税

B. 根据设定提存计划计提应向单独主体缴存的提存金

C. 为鼓励职工自愿接受裁减而给予职工的补偿金

D. 按国家规定标准计提的职工工会经费

14. 下列各项中，企业应记入"应付职工薪酬"科目贷方的是（　　）。

A. 支付职工的培训费

B. 发放职工工资

C. 确认因解除与职工劳动关系而给予的补偿

D. 缴存职工基本养老保险费

15. 下列各项中，职工薪酬不是按职工提供服务受益对象进行分配的是（　　）。

A. 辞退福利　　　B. 离职后福利

C. 职工福利费　　D. 非货币性福利

16. 某企业为增值税一般纳税人，适用的增值税税率为13%。2024年12月20日将自产的200台产品作为非货币性福利发放给职工，每台成本为800元，每台不含税市场售价为1200元。不考虑其他因素，该企业应确认应付职工薪酬的金额为（　　）元。

A. 160000　　　　B. 180800

C. 240000　　　　D. 271200

17. 某企业2024年10月末，生产工人工资20万元，车间管理人员工资10万元，企业管理人员工资5万元，按职工工资2%计提工会经费，8%计提职工教育经费，则2024年10月该企业管理部门职工薪酬发生额为（　　）万元。

A. 5　　　　　　　B. 0.225

C. 5.5　　　　　　D. 6.125

18. 某企业以现金支付车间管理人员生活困难补助2000元，下列各项中，会计处理正确的是（　　）。

A. 借：其他应付款　　　2000
　　　贷：库存现金　　　　　2000

B. 借：营业外支出　　　2000

　　　贷：库存现金　　　　　2000

C. 借：制造费用　　　　2000
　　　贷：库存现金　　　　　2000

D. 借：应付职工薪酬　　2000
　　　贷：库存现金　　　　　2000

19. 某企业结算本月应付职工薪酬，按税法规定应代扣代缴的职工个人所得税为8000元，下列各项中，关于企业代扣个人所得税的会计处理正确的是（　　）。

A. 借：应付职工薪酬　　8000
　　　贷：应交税费——应交个人所得税
　　　　　　　　　　　　　　8000

B. 借：应付职工薪酬　　8000
　　　贷：其他应付款　　　　8000

C. 借：其他应付款　　　　8000
　　　贷：应付职工薪酬　　　8000

D. 借：应交税费——应交个人所得税
　　　　　　　　　　　　　　8000
　　　贷：应付职工薪酬　　　8000

20. 某企业临时租赁一套租期为12个月的公寓供总部高级经理免费使用。不考虑其他因素，下列各项中，关于企业确认该项非货币性福利会计处理表述正确的是（　　）。

A. 借记"营业外支出"科目，贷记"应付职工薪酬"科目

B. 借记"管理费用"科目，贷记"应付职工薪酬"科目

C. 借记"销售费用"科目，贷记"应付职工薪酬"科目

D. 借记"其他业务成本"科目，贷记"应付职工薪酬"科目

21. 甲公司为增值税一般纳税人，适用的增值税税率为13%。2024年6月甲公司董事会决定将本公司生产的500件产品作为福利发放给公司管理人员。该批产品的单件成本为1.2万元，市场销售价格为每件2万元（不含增值税）。不考虑其他税费，甲公司在2024年因该项业务应计入应付职工薪酬的金额为（　　）万元。

A. 600   B. 678
C. 1000   D. 1130

22. 甲公司为增值税一般纳税人，适用的增值税税率为13%。2024年8月收购免税农产品一批，收购发票上注明的买价为90000元，收购的免税农产品已验收入库，规定的增值税进项税额扣除率为9%。不考虑其他因素，该批免税农产品的入账价值为（　　）元。
 A. 81900   B. 90000
 C. 98100   D. 78300

23. 下列各项中，企业应通过"应交税费"科目核算的是（　　）。
 A. 应交纳的职工社会保险费
 B. 占用耕地建房应交纳的耕地占用税
 C. 转让房屋应交纳的土地增值税
 D. 签订合同应交纳的印花税

24. 增值税一般纳税人发生的下列事项中，不需要视同销售确认增值税销项税额的是（　　）。
 A. 将自产产品用于自建厂房
 B. 将自产产品用于对外投资
 C. 将外购的生产用原材料用于对外捐赠
 D. 将自产产品用于职工个人福利

25. 增值税纳税人关于增值税的下列会计处理中，不正确的是（　　）。
 A. 缴纳以前期间的增值税：
 借：应交税费——未交增值税
 　　贷：银行存款
 B. 将自产产品对外无偿捐赠：
 借：营业外支出
 　　贷：库存商品
 　　　　应交税费——应交增值税
 C. 将外购的商品作为非货币性福利发放给职工：
 借：应付职工薪酬
 　　贷：库存商品
 D. 将收回的委托加工商品用于集体福利：
 借：应付职工薪酬——非货币性福利
 　　贷：主营业务收入

应交税费——应交增值税（销项税额）

26. 甲公司为增值税一般纳税人，2024年5月购入原材料一批，估计价值200万元，原材料已验收入库，但发票账单至月末尚未收到，甲公司的会计处理应为（　　）。
 A. 将原材料暂估入账，待下月月初用红字冲回
 B. 不作账务处理
 C. 直接确认原材料的入账价值200万元
 D. 将原材料按暂估价值和暂估的增值税入账，待收到发票账单后按实际价值和增值税调整

27. 下列各项中，关于增值税小规模纳税人交纳本月应交增值税的会计处理正确的是（　　）。
 A. 借记"应交税费——应交增值税"科目
 B. 借记"应交税费——应交增值税（销项税额）"科目
 C. 贷记"应交税费——应交增值税（销项税额）"科目
 D. 贷记"应交税费——应交增值税"科目

28. 某企业为增值税一般纳税人，2024年应缴纳增值税800万元，消费税120万元，城市维护建设税50万元，车船税1万元，印花税1万元，企业所得税130万元，应记入"应交税费"科目贷方的金额是（　　）万元。
 A. 1102   B. 920
 C. 970   D. 1101

29. 甲公司为增值税一般纳税人，委托乙公司加工一批应税消费品，收回后直接对外出售，甲公司支付加工费100万元，增值税税额13万元，并取得乙公司开具的增值税专用发票。另付乙公司代扣代缴消费税15万元。下列各项中，甲公司支付加工费和相关税费会计处理正确的是（　　）。
 A. 借：委托加工物资 131

贷：银行存款　　　　　131
B. 借：委托加工物资　　　100
　　应交税费——应交增值税（进项
　　税额）　　　　　13
　　　　——应交消费税
　　　　　　　15
　　贷：银行存款　　　　128
C. 借：委托加工物资　　　115
　　应交税费——应交增值税（进项
　　税额）　　　　　13
　　贷：银行存款　　　　128
D. 借：委托加工物资　　　116
　　应交税费——应交消费税
　　　　　　　15
　　贷：银行存款　　　　131

30. 甲企业为一般纳税人，委托乙企业加工某非金银首饰材料（应税消费品），发出原材料价款20000元，支付加工费5000元，取得的增值税专用发票上注明的增值税税额为650元，由受托方代收代缴的消费税为500元，材料已加工完毕。收回材料用于继续生产应税消费品，该材料收回时的成本为（　　）元。
A. 25000　　　　B. 25500
C. 20850　　　　D. 20500

31. 某企业将自产的一批应税消费品（非金银首饰）用于在建工程。该批消费品成本为750万元，计税价格为1250万元，适用的增值税税率为13%，消费税税率为10%。计入在建工程成本的金额为（　　）万元。
A. 875　　　　B. 962.5
C. 1087.5　　　D. 1587.5

32. 某企业销售应税消费品确认应交增值税150万元，消费税90万元，城市维护建设税16.8万元。不考虑其他因素，上述税金记入的会计科目正确的是（　　）。
A. "税金及附加"科目166.8万元
B. "税金及附加"科目106.8万元
C. "应交税费"科目240万元
D. "管理费用"科目90万元

33. 某小规模纳税企业委托外单位加工一批消费税应税消费品，材料成本50万元，收到受托方开出的增值税普通发票注明加工费12万元，增值税1.56万元；由受托方代收代缴消费税2万元。该批材料加工后委托方直接出售，则该批材料加工完毕入库时的成本为（　　）万元。
A. 64　　　　B. 63.56
C. 58.5　　　D. 65.56

34. 下列各项中，企业应交消费税的相关会计处理表述正确的是（　　）。
A. 收回委托加工物资直接对外销售，受托方代收代缴的消费税记入"应交税费——应交消费税"科目的借方
B. 销售产品应交的消费税记入"税金及附加"科目的借方
C. 用于在建工程的自产产品应交纳的消费税记入"税金及附加"科目的借方
D. 收回委托加工物资连续生产应税消费品，受托方代收代缴的消费税记入"委托加工物资"科目的借方

二、多项选择题

1. 下列各项中，关于短期借款的说法正确的有（　　）。
A. 企业经营期间的短期借款利息属于筹资费用，应当于发生时直接计入当期财务费用
B. 短期借款属于企业的非流动负债
C. 企业从银行取得短期借款时，借记"银行存款"科目，贷记"短期借款"科目
D. 短期借款到期偿还本金时，借记"短期借款"科目，贷记"银行存款"科目

2. 应付票据到期无力支付票据款，借记"应付票据"科目，贷记科目可能有（　　）。
A. 应付账款　　　B. 短期借款
C. 预付账款　　　D. 长期借款

3. 下列各项中，对于付款方来说，应通过"应付票据"科目核算的有（　　）。
A. 商业承兑汇票
B. 银行本票

C. 银行汇票

D. 银行承兑汇票

4. 下列各项中，关于应付票据的说法正确的有（　　）。

A. 应付票据包括银行汇票和银行本票

B. 应付票据到期结清时，应当在备查簿内予以注销

C. 应付票据余额在借方，表示企业尚未到期的商业汇票的票面金额和应计未付的利息

D. 商业汇票承兑人不同，分为商业承兑汇票和银行承兑汇票

5. 下列各项中，会引起企业"应付票据"科目余额减少的有（　　）。

A. 转销已到期但无力支付票款的商业承兑汇票

B. 使用银行承兑汇票购买生产设备

C. 以银行存款支付到期银行承兑汇票

D. 以银行存款支付开具银行承兑汇票的手续费

6. 由于控股股东豁免企业确实无力支付的应付账款，企业将其账面余额不应记入（　　）科目。

A. 公允价值变动损益

B. 营业外收入

C. 其他业务收入

D. 资本公积

7. 甲公司 2024 年 5 月从乙公司购入一批原材料，款项尚未支付，2024 年 9 月乙公司因经营不善而倒闭，甲公司确认该批原材料的价款已无法支付，甲公司的相关会计处理应为（　　）。

A. 借记"应付账款"科目

B. 贷记"管理费用"科目

C. 贷记"营业外收入"科目

D. 贷记"其他业务收入"科目

8. 下列各项中，关于应付账款的会计处理正确的有（　　）。

A. 货物与发票账单同时到达，待货物验收入库后，按发票账单登记入账

B. 货物已到但发票账单未同时到达，待月

份终了时暂估入账

C. "应付账款"科目的贷方登记应付未付款项的增加

D. 应付账款包括购入原材料时应支付的增值税

9. 下列各项中，属于应付利息的有（　　）。

A. 吸收存款

B. 分期付息到期还本长期借款利息

C. 应付债券利息

D. 应付票据利息

10. 下列关于应付账款的会计处理中，正确的有（　　）。

A. 货物与发票账单同时到达，待货物验收入库后，按发票账单登记入账

B. 货物已到但发票账单未同时到达，待月份终了时暂估入账

C. 企业外购电力通过"应付账款"科目核算

D. 企业确实无法支付的应付账款应予以转销

11. 下列各项中，关于"应付股利"科目的表述正确的有（　　）。

A. 应付股利是指企业根据股东大会或类似机构审议批准的利润分配方案确定分配给投资者的现金股利或利润

B. 企业通过"应付股利"科目核算企业确定或宣告支付但尚未实际支付的现金股利或利润

C. 该科目借方登记应支付的现金股利或利润，贷方登记实际支付的现金股利或利润

D. 该科目期末贷方余额反映企业应付未付的现金股利或利润

12. 下列各项中，工业企业应通过"其他应付款"科目核算的有（　　）。

A. 应付职工的工资

B. 应交纳的教育费附加

C. 应付以短期租赁方式租入设备的租金

D. 应付租入包装物的租金

13. 下列各项中，属于"其他应付款"科目核算内容的有（　　）。

A. 应付投资者的现金股利

B. 应退回出租包装物收取的押金

C. 存入保证金

D. 应付购货方代垫的运杂费

14. 下列各项中，属于其他应付款核算范围的有（   ）。

A. 应付租入包装物租金

B. 应付短期租入固定资产租金

C. 存入保证金

D. 出租包装物收取的押金

15. 下列各项中，属于职工薪酬的有（   ）。

A. 职工报销的差旅费

B. 支付职工非货币性福利

C. 为职工缴纳的商业保险

D. 对职工家属的支出

16. 下列各项中，针对应付职工薪酬的理解正确的有（   ）。

A. 从职工薪酬涵盖的时间来看，既包括在职期间，也包括离职后

B. 从职工薪酬的支付对象来看，既包括本企业职工，也包括本企业职工的亲属

C. 职工薪酬均应根据受益对象进行分配计入相关资产成本或费用中

D. 职工薪酬包括货币性职工薪酬和非货币性职工薪酬

17. 下列各项中，关于企业职工薪酬的会计处理正确的有（   ）。

A. 计提的生产工人的工会经费计入管理费用

B. 养老保险不属于短期薪酬

C. 以自产产品发放给职工，应按产品的含税公允价值计入应付职工薪酬

D. 根据短期利润分享计划支付给管理人员的提成属于利润分配

18. 下列各项中，通过"应付职工薪酬"科目核算的有（   ）。

A. 工会经费

B. 报销的差旅费

C. 社会保险费

D. 按国家规定标准提取的职工教育经费

19. 生产部门人员的职工薪酬可能涉及的会计科目有（   ）。

A. 生产成本   B. 制造费用

C. 管理费用   D. 销售费用

20. 某公司为专设销售机构销售人员提供免费使用汽车。下列各项中，关于该项非货币性福利按月计提折旧的会计处理，表述正确的有（   ）。

A. 借记"应付职工薪酬"科目，贷记"累计折旧"科目

B. 借记"管理费用"科目，贷记"累计折旧"科目

C. 借记"管理费用"科目，贷记"应付职工薪酬"科目

D. 借记"销售费用"科目，贷记"应付职工薪酬"科目

21. 下列各项中，企业纳税义务发生时应记入"应交税费"科目的有（   ）。

A. 转让厂房应缴纳的土地增值税

B. 购买耕地建造建筑物应缴纳的耕地占用税

C. 按规定缴纳的与生产经营有关的城市维护建设税

D. 按规定缴纳的与生产经营有关的教育费附加

22. 企业交纳的下列税费，不通过"应交税费"科目核算的有（   ）。

A. 印花税

B. 耕地占用税

C. 城镇土地使用税

D. 土地增值税

23. 下列各项中，应通过"应交税费"科目核算的有（   ）。

A. 开立并使用账簿交纳的印花税

B. 开采矿产品应交纳的资源税

C. 销售应税消费品应交纳的消费税

D. 发放职工薪酬代扣代缴的个人所得税

24. 下列各项中，应计入相关资产成本的有（   ）。

A. 关税

B. 印花税

C. 车船税

D. 小规模纳税人购进货物支付的增值税

25. 下列各项中，不通过"税金及附加"科目核算的有（　　）。

A. 委托加工物资受托方代收代缴的消费税

B. 厂部车辆应交的车辆购置税

C. 销售矿产品应交的资源税

D. 销售应税消费品应交的消费税

26. 下列各项中，有关增值税的表述正确的有（　　）。

A. 增值税是一种流转税

B. 从海关取得的完税凭证上注明的增值税税额可以抵扣

C. 企业购进生产用设备所支付的增值税税额，应计入固定资产的成本

D. 小规模纳税企业不享有进项税额的抵扣权

27. 某企业销售应税消费品应交增值税 150 万元，消费税 90 万元，城市维护建设税 16.8 万元，全部税金尚未交纳。不考虑其他因素，上述税金记入的会计科目正确的有（　　）。

A. "税金及附加"科目 166.8 万元

B. "税金及附加"科目 106.8 万元

C. "应交税费"科目 256.8 万元

D. "管理费用"科目 90 万元

28. 甲企业为增值税一般纳税人，2024 年 10 月购入农产品一批作为原材料，农产品收购发票上注明的买价为 100000 元，规定的扣除率为 9%，农产品收到并验收入库，价款已用银行存款支付，下列说法中正确的有（　　）。

A. "原材料"科目的入账金额为 100000 元

B. "原材料"科目的入账金额为 91000 元

C. 增值税计入农产品成本，进项税额不得抵扣

D. 增值税进项税额为 9000 元

29. 下列各项中，增值税一般纳税人需要作进项税额转出处理的有（　　）。

A. 自制产品用于对外投资

B. 外购的货物发生非正常损失

C. 外购的原材料改用于免征增值税项目

D. 自制产品用于职工集体福利

30. 下列各项中，关于增值税一般纳税人会计处理表述正确的有（　　）。

A. 已单独确认进项税额的购进货物用于投资，应贷记"应交税费——应交增值税（进项税额转出）"科目

B. 将委托加工的货物用于对外捐赠，应贷记"应交税费——应交增值税（销项税额）"科目

C. 已单独确认进项税额的购进货物发生非正常损失，应贷记"应交税费——应交增值税（进项税额转出）"科目

D. 企业管理部门领用本企业生产的产品，应贷记"应交税费——应交增值税（销项税额）"科目

31. 下列各项中，属于小规模纳税人外购存货成本的有（　　）。

A. 外购存货的买入价

B. 外购存货由卖方承担的运输费

C. 外购存货的销售发票上注明的增值税税额

D. 进口商品缴纳的关税

32. 下列各项中，增值税一般纳税人涉及进项税额转出的有（　　）。

A. 自然灾害造成存货毁损

B. 集体福利领用外购原材料

C. 管理不善造成存货被盗

D. 因违反法律规定不动产被拆除

33. 甲公司因洪灾造成原材料毁损一批，该批原材料取得时的成本为 20 万元，负担的增值税为 2.6 万元，该批原材料的计税价格为 22 万元。取得保险公司的赔款为 10 万元。下列关于此项业务的会计处理中，表述不正确的有（　　）。

A. 应确认应交税费——应交增值税（销项税额）2.86 万元

B. 应计入其他应收款 10 万元

C. 应计入营业外支出 12.6 万元

D. 应计入应交税费——应交增值税（进项税额转出）2.6 万元

34. 2024 年 7 月，甲公司因地震造成原材料

毁损一批，该批原材料实际成本为 20 万元，相关增值税专用发票上注明的增值税税额为 2.6 万元。根据合同，甲公司取得保险公司的理赔款 15 万元。不考虑其他因素，甲公司关于此业务的下列会计处理中，正确的有（　　）。

A. 确认"应交税费——应交增值税（进项税额转出）"金额 2.6 万元

B. 确认"其他应收款"金额 15 万元

C. 确认"管理费用"金额 7.6 万元

D. 确认"营业外支出"金额 5 万元

35. 下列关于长期借款的表述中，正确的有（　　）。

A. 在生产经营期间，达到预定可使用状态后，不符合资本化条件的利息支出应计入财务费用

B. 资产负债表日，按合同利率计算确定的应付未付利息，贷记"长期借款——应计利息"科目，按其差额，贷记"长期借款——利息调整"科目

C. 筹建期间，不符合资本化条件的利息计入财务费用

D. 对于已过付息期但尚未支付的利息，应借记"长期借款——应计利息"科目，贷记"应付利息"科目

36. 企业对于不存在利息调整余额的长期债券，到期支付债券本息时，借记的会计科目有（　　）。

A. "应付利息"科目

B. "应付债券——面值"科目

C. "应付债券——应计利息"科目

D. "财务费用"科目

三、判断题

1. 到期还本付息的短期借款，如果利息金额不大，可以不预提，而在实际支付时直接计入当期损益。（　　）

2. "短期借款"科目贷方核算的内容包括短期借款预提的利息。（　　）

3. 短期借款的利息在预提和实际支付时均应通过"短期借款"科目核算。（　　）

4. 应付银行承兑汇票到期，企业无力支付票款，应由承兑银行代为支付并作为付款企业的贷款处理。（　　）

5. 企业购进材料采用银行承兑汇票进行结算，应贷记"其他货币资金"科目。（　　）

6. 企业向供货单位采购原材料支付货款开出的银行承兑汇票，应通过"应付账款"科目核算。（　　）

7. 企业应将因债权单位撤销而无法清偿的应付账款的账面余额计入营业外收入。（　　）

8. 企业向投资者宣告发放现金股利，应在宣告时确认为费用。（　　）

9. 董事会审议批准的利润分配方案确定分配给投资者的现金股利或利润应确认应付股利。（　　）

10. 企业分配的股票股利不通过"应付股利"科目核算。（　　）

11. 企业提供给职工配偶、子女、受赡养人、已故员工遗属及其他受益人等的福利，也属于职工薪酬。（　　）

12. 企业支付给职工的非货币性福利，也属于企业提供的职工薪酬。（　　）

13. 辞退福利应区分受益对象，分别计入生产成本、制造费用、管理费用等。（　　）

14. 难以认定受益对象的非货币性福利，直接计入当期损益和确认应付职工薪酬。（　　）

15. 企业以其自产产品作为非货币性福利发放给职工的，应根据确定的受益对象，按照产品的含税公允价值直接计入当期损益。（　　）

16. 对于设定提存计划，企业应当根据在资产负债表日为换取职工在会计期间提供的服务而应向单独主体缴存的提存金，确认为应付职工薪酬。（　　）

17. 企业在资产负债表日为换取职工在会计期间提供的服务而应向单独主体缴存的提存金，确认为其他应付款。（　　）

18. 以商业保险形式提供给职工的各种保险

待遇，不属于职工薪酬。　　　（　　）

19. 企业提前解除劳动合同所给予职工的补偿，应通过"应付职工薪酬——辞退福利"科目核算。　　　（　　）

20. 企业为获得职工提供的服务而在职工退休或与企业解除劳动关系后，提供的各种形式的报酬和福利为辞退福利。（　　）

21. 企业提前解除劳动合同给予职工解除劳动关系的补偿，应通过"应付职工薪酬——辞退福利"科目核算。　　（　　）

22. 个人所得税、印花税、耕地占用税均通过"应交税费"科目核算。　　　（　　）

23. 对于一般纳税人，企业实际交纳当月的增值税，应通过"应交税费——应交增值税（已交税金）"科目核算。（　　）

24. 小规模纳税企业应在"应交增值税"下设专栏，按相应专栏核算应交纳的增值税。　　　　　　　　　　（　　）

25. 一般纳税企业如果确认收入的时点早于增值税纳税义务发生时点，应将相关销项税额记入"应交税费——待转销项税额"科目，待实际发生纳税义务时再转入"应交税费——应交增值税（销项税额）"科目。　　　　　　　（　　）

26. 一般纳税人购进货物等，当月已认证的可抵扣增值税税额，借记"应交税费——应交增值税（进项税额）"科目，当月未认证的可抵扣增值税税额，借记"应交税费——待认证进项税额"科目。（　　）

27. 货物验收入库但尚未取得增值税扣税凭证，月末按暂估价格入账，增值税进项税额不需要暂估入账。　　　　（　　）

28. 对于当月销项税额小于进项税额而形成的留抵税款，月末借记"应交税费——未交增值税"科目，贷记"应交税费——应交增值税（转出多交增值税）"科目。　　　　　　　　　　（　　）

29. 一般纳税人购入用于简易计税项目的物资，若取得增值税专用发票，则可以从当期的销项税额中抵扣。　　（　　）

30. 委托加工货物用于对外投资、分配给股东、无偿赠送他人，其进项税额应作转出处理。　　　　　　　　　（　　）

31. 某企业进口货物支付的由海关代征的消费税，应记入"应交税费——应交消费税"科目的借方。　　　　（　　）

32. 采取从量定额计征的消费税，以不含增值税的销售额为税基，按照税法规定的税率计算。　　　　　　（　　）

33. 企业购建固定资产发生的长期借款利息符合资本化条件的，应计入在建工程成本。　　　　　　　　　（　　）

34. 债券溢价或折价不是债券发行企业的收益或损失，而是发行债券企业在债券存续期内对利息费用的一种调整。（　　）

35. 房地产开发经营企业销售房地产应交纳的土地增值税记入"税金及附加"科目。　　　　　　　　　　（　　）

36. 设定受益计划，是指向独立的基金缴存固定费用后，企业不再承担进一步支付义务的离职后福利计划；设定提存计划，是指除设定收益计划以外的离职后福利计划。　　　　　　　　　　　（　　）

37. 短期薪酬是指企业在职工提供相关服务的年度报告期间结束后 12 个月内需要全部予以支付的职工薪酬。　（　　）

38. 企业对于确实无法支付的应付账款应予以转销，按其账面余额计入营业外支出。　　　　　　　　　　（　　）

四、不定项选择题

1. 甲企业为增值税一般纳税人，适用的增值税税率为 13%，每月月初发放上月工资。2024 年 12 月 1 日，"应付职工薪酬"科目贷方余额为 60 万元。该企业 2024 年 12 月发生职工薪酬业务如下：

（1）3 日，结算上月应付职工薪酬 60 万元，其他代扣代缴的职工个人所得税 5 万元，代扣为职工垫付的房租 8 万元，实际发放职工薪酬 47 万元。

（2）31 日，企业以其生产的产品作为非货币性福利发放给车间生产人员。该批产品不含税的市场售价为 100 万元，实际生产成本为 60 万元。

（3）31 日，对本月职工工资分配的结果如下：车间生产人员 18 万元，车间管理人员 6 万元，企业行政管理人员 30 万元，专设销售机构人员 8 万元。

（4）31 日，企业计提本月基本养老保险费、基本医疗保险费等社会保险费共计 24 万元，计提本月住房公积金 6 万元。

要求：根据上述资料，不考虑其他因素，分析回答下列问题。

（1）根据期初资料和资料（1），下列各项中，企业结算职工薪酬的相关会计处理正确的是（　　）。

A. 代扣为职工垫付的房租时：
借：应付职工薪酬　　　　8
　　贷：其他应收款　　　　8

B. 代扣个人所得税时：
借：其他应付款　　　　5
　　贷：应交税费——应交个人所得税　　　　5

C. 代扣个人所得税时：
借：应付职工薪酬　　　　5
　　贷：应交税费——应交个人所得税　　　　5

D. 代扣为职工垫付的房租时：
借：应付职工薪酬　　　　8
　　贷：应收账款　　　　8

（2）根据资料（2），下列各项中，企业发放非货币性福利会计处理结果正确的是（　　）。

A. 确认非货币性福利时，借记"生产成本"科目 60 万元

B. 发放非货币性福利时，借记"应付职工薪酬——非货币性福利"科目 100 万元

C. 发放非货币性福利时结转成本，贷记"主营业务成本"科目 60 万元

D. 发放非货币性福利时确认收入，贷记"主营业务收入"科目 100 万元

（3）根据资料（3），下列各项中，企业分

配工资的相关会计处理结果正确的是（　　）。

A. 专设销售机构人员工资，借记"销售费用"科目 8 万元

B. 车间管理人员和车间生产人员工资，借记"制造费用"科目 24 万元

C. 车间生产人员工资，借记"生产成本"科目 18 万元

D. 全部人员工资，贷记"应付职工薪酬"科目 62 万元

（4）根据资料（1）~（4），下列各项中，关于职工薪酬的表述正确的是（　　）。

A. 计提的住房公积金属于短期薪酬

B. 计提的基本医疗保险费属于短期薪酬

C. 计提的基本养老保险费属于短期薪酬

D. 为职工垫付的房租不属于职工薪酬

（5）根据期初资料和资料（1）~（4），下列各项中，甲企业 2024 年 12 月 31 日资产负债表中"应付职工薪酬"项目的期末余额是（　　）万元。

A. 86　　　　　　　B. 70
C. 76　　　　　　　D. 92

2. 某企业为增值税一般纳税人，适用的增值税税率为 13%，2024 年 6 月 1 日"应付职工薪酬——工资"科目贷方余额为 600 万元，6 月该企业发生有关职工薪酬业务如下：

（1）1 日，根据工资费用分配表，结算上月应付职工工资 600 万元，其中代扣职工房租 10 万元，代扣职工个人所得税 20 万元，代扣职工个人应缴纳的社会保险费 60 万元，实发工资 510 万元，以银行存款支付。

（2）13 日，将本企业生产的电风扇作为非货币性福利发放给 400 名生产工人。该型号电风扇不含增值税的市场售价为每台 200 元，每台生产成本为 150 元。

（3）30 日，分配本月应付职工薪酬 600 万

元, 工资费用分配表中生产工人工资 300 万元, 车间管理人员工资 80 万元, 行政管理人员工资 120 万元, 专设销售机构人员工资 100 万元。

(4) 30 日, 分别按工资的 12% 和 11% 计提社会保险 (不含基本养老保险和失业保险) 和住房公积金。

要求: 根据上述资料, 不考虑其他因素, 分析回答下列问题。(答案中的金额单位用万元表示)

(1) 根据期初资料和资料 (1), 企业支付职工薪酬相关会计处理结果正确的是 ( )。

A. 其他应付款减少 60 万元

B. 其他应收款减少 10 万元

C. 应交税费增加 20 万元

D. 银行存款减少 510 万元

(2) 根据资料 (2), 下列各项中, 该企业确认和发放非货币性福利相关会计处理正确的是 ( )。

A. 借: 主营业务成本　　　6
　　　贷: 库存商品　　　　　6

B. 借: 应付职工薪酬　　9.04
　　　贷: 主营业务收入　　8
　　　　　应交税费——应交增值税 (销项税额)
　　　　　　　　　　　　　1.04

C. 借: 生产成本　　　　　8
　　　贷: 应付职工薪酬　　　8

D. 借: 生产成本　　　　9.04
　　　贷: 应付职工薪酬 9.04

(3) 根据资料 (3), 该企业分配职工薪酬相关会计处理表述正确的是 ( )。

A. 行政管理人员工资 120 万元计入管理费用

B. 销售人员工资 100 万元计入销售费用

C. 车间管理人员工资 80 万元计入管理费用

D. 生产工人工资 300 万元计入生产成本

(4) 根据期初资料, 资料 (1) ~ (4), 该企业 2024 年 6 月 30 日资产负债表 "应付职工薪酬" 项目期末余额栏应填列的金额是 ( ) 万元。

A. 747.04　　　　B. 609.04

C. 600　　　　　　D. 738

(5) 根据资料 (2) ~ (4), 下列各项中, 该企业职工薪酬业务对本月利润表相关项目本期金额的影响结果正确的是 ( )。

A. 营业收入增加 8 万元

B. 营业成本增加 6 万元

C. 管理费用增加 120 万元

D. 销售费用增加 123 万元

3. 甲乳制品生产企业 (以下简称 "甲企业") 为增值税一般纳税人, 适用的增值税税率为 13%, 2024 年 10 月初 "应交税费" 借方余额为 60 万元, 当月发生如下经济业务:

(1) 建造办公楼领用外购商品一批, 成本 150 万元, 市场价值 180 万元。

(2) 外购鲜牛乳一批, 材料已验收入库, 但发票账单至月末尚未收到也无法确定其实际成本, 暂估价值 300 万元, 款项尚未支付。

(3) 甲企业决定将一批外购的生产用原材料 (鲜牛乳) 作为非货币性福利发放给职工, 每人发放一件, 每件成本 2 万元, 对应增值税进项税额 0.26 万元, 本月月末发放。该企业共有 100 名职工, 其中生产工人 50 名, 车间管理人员 10 名, 行政管理人员 20 名, 销售人员 20 名。

(4) 向贫困地区捐赠乳制品一批, 实际成本 50 万元, 市场价值 60 万元 (不含税)。

要求: 根据上述资料, 不考虑其他因素, 分析回答下列问题。

(1) 根据资料 (1), 下列各项中, 甲企业会计处理正确的是 ( )。

A. "在建工程" 科目增加 150 万元

B. "在建工程" 科目增加 203.4 万元

C. "应交税费——应交增值税 (销

项税额）"科目增加 23.4 万元

D. "应交税费——应交增值税（进项税额转出）"科目增加 19.5 万元

（2）根据资料（2），甲企业的会计处理中正确的是（　　）。

A. 借：原材料　　　　　　300

应交税费——应交增值税（进项税额）　　39

贷：应付账款　　　　339

B. 借：原材料　　　　　　339

贷：应付账款——暂估应付款

339

C. 借：在途物资　　　　　300

应交税费——应交增值税（进项税额）　　39

贷：应付账款　　　　339

D. 借：在途物资　　　　　300

贷：应付账款——暂估应付款

339

（3）根据资料（3），下列各项中，关于甲企业会计处理结果正确的是（　　）。

A. 计提管理人员非货币性福利时，应借记"管理费用"科目 67.8 万元

B. 计提车间生产工人非货币性福利时，应贷记"应交税费——应交增值税（进项税额转出）"科目 13 万元

C. 发放非货币性福利时，应借记"应付职工薪酬"科目 226 万元

D. 发放非货币性福利时，应贷记"库存商品"200 万元

（4）根据资料（4），下列各项中，甲企业向贫困地区捐赠乳制品的会计处理正确的是（　　）。

A. 借：营业外支出　　　　50

贷：库存商品　　　　50

B. 借：营业外支出　　　56.5

贷：库存商品　　　　50

应交税费——应交增值税（进项税额转出）

6.5

C. 借：营业外支出　　　67.8

贷：主营业务收入　　60

应交税费——应交增值税（销项税额）　7.8

D. 借：营业外支出　　　57.8

贷：库存商品　　　　50

应交税费——应交增值税（销项税额）　7.8

（5）根据上述资料，甲企业 2024 年财务报表相关项目编制正确的是（　　）。

A. 资产负债表"在建工程"项目增加 150 万元

B. 资产负债表"存货"项目减少 100 万元

C. 利润表"营业利润"项目减少 80 万元

D. 利润表"利润总额"项目减少 130 万元

4. 甲企业为增值税一般纳税人，销售产品适用的增值税税率为 13%，"应交税费"科目期初余额为 0。采用实际成本进行存货日常核算。2024 年 12 月该企业发生与存货相关的经济业务如下：

（1）6 日，从乙企业采购一批原材料，取得增值税专用发票注明的价款为 100 万元，增值税税额为 13 万元，原材料已验收入库。甲企业开具一张面值为 113 万元的银行承兑汇票，同时支付承兑手续费 0.0533 万元，取得的增值税专用发票注明的增值税税额为 0.0032 万元。

（2）10 日，甲企业向丙企业销售一批原材料，开具的增值税专用发票注明的价款为 500 万元，增值税税额为 65 万元，收到一张面值为 565 万元、期限为 2 个月的商业承兑汇票。该批原材料的实际成本为 400 万元。

（3）27 日，领用一批自产产品作为福利发给 300 名职工，其中专设销售机构人员 100 名，总部管理人员 200 名。该批产品不含增值税的售价为 30 万元，实际成本为 21 万元。

要求：根据上述资料，不考虑其他因素，分析回答下列问题。

（1）根据资料（1），下列各项中，甲企业采购原材料会计处理正确的是（　　）。

  A. 借：财务费用　　0.0533

     应交税费——应交增值税（进项税额）0.0032

    贷：银行存款　　0.0565

  B. 借：材料采购　　100

     应交税费——应交增值税（进项税额）　　13

    贷：其他货币资金　113

  C. 借：原材料　　100

     应交税费——应交增值税（进项税额）　　13

    贷：应付票据　　　113

  D. 借：原材料　　113

    贷：应付票据　　113

（2）根据资料（2），下列各项中，甲企业销售原材料会计处理表述正确的是（　　）。

  A. 贷记"其他业务收入"科目500万元

  B. 贷记"应交税费——应交增值税（销项税额）"科目65万元

  C. 借记"其他业务成本"科目400万元

  D. 借记"其他货币资金"科目565万元

（3）根据资料（3），下列各项中，甲企业发放福利会计处理表述正确的是（　　）。

  A. 贷记"应交税费——应交增值税（销项税额）"科目3.9万元

  B. 贷记"主营业务收入"科目30万元

  C. 借记"管理费用"科目22.6万元

  D. 借记"销售费用"科目7万元

（4）根据资料（1）~（3），甲企业12月应交纳增值税的金额是（　　）万元。

  A. 68.9　　　　　B. 65

C. 55.8968　　　　D. 55.9

（5）根据资料（1）~（3），上述业务导致甲企业12月存货变动金额是（　　）万元。

  A. 321　　　　　B. 300

  C. 400　　　　　D. 421

5. 甲公司为增值税一般纳税人，销售货物适用的增值税税率为13%，销售不动产、提供不动产租赁服务、提供运输服务适用的增值税税率为9%。2024年5月发生部分经济业务：

（1）2日，外购原材料一批，取得货物增值税专用发票注明的价款为230万元，增值税税额为29.9万元，支付运费取得增值税专用发票注明的运费为3万元，增值税税额为0.27万元，原材料已验收入库。以上款项均通过银行转账方式支付。

（2）5日，将一批原材料委托乙公司将其加工为A产品（非金银首饰的应税消费品）。发出原材料的成本为22万元，支付加工费取得增值税专用发票注明的价款为30万元，增值税税额为3.9万元，乙公司按税法规定代收代缴的消费税为13万元。收回的A产品直接对外出售。以上款项均通过银行转账方式支付。

（3）19日，将办公楼整体对外出租1个月，取得不含税月租金收入为25万元。

（4）20日，将闲置的一台设备对外出售，取得转让收入300万元。已知该设备的原值为1200万元，已提折旧1000万元。

（5）30日，计提税金及附加。已知当月应当交纳的增值税为38.6万元、印花税25万元、城市维护建设税14.88万元、教育费附加6.38万元。

要求：根据上述资料，不考虑其他因素，分析回答下列问题。

（1）根据资料（1），下列会计处理正确的是（　　）。

  A. 借：原材料　　　　　230

     应交税费——应交增值税（进项税额）　　30.17

销售费用　　　　3
　　　　贷：银行存款　263.17
　B. 借：原材料　　　　233
　　　　应交税费——应交增值税（进
　　　　项税额）　30.17
　　　　贷：银行存款　263.17
　C. 借：原材料　　　　233.27
　　　　应交税费——应交增值税（进
　　　　项税额）　29.9
　　　　贷：银行存款　263.17
　D. 借：原材料　　　　230
　　　　应交税费——应交增值税（进
　　　　项税额）　29.9
　　　　销售费用　　　　3.27
　　　　贷：银行存款　263.17
（2）根据资料（2），计算收回的委托加工
　物资成本（　　）万元。
　A. 52　　　　　　B. 65
　C. 57.1　　　　　D. 70.1
（3）根据资料（3），下列会计处理表述中
　正确的是（　　）。
　A. 企业将办公楼出租属于非日常行
　为，应当将租金收入计入营业外收入

B. 企业将办公楼出租属于日常行为，
　应当将租金收入计入营业收入
C. 取得租金收入应计入其他业务收入
D. 出租所交纳的增值税计入税金及
　附加
（4）根据资料（4），下列会计处理正确的
　是（　　）。
　A. 借：固定资产清理　200
　　　　累计折旧　　　1000
　　　　贷：固定资产　　1200
　B. 借：银行存款　　　327
　　　　贷：固定资产清理　300
　　　　　　应交税费——应交增值
　　　　　　税（销项税额）　27
　C. 借：固定资产清理　85
　　　　贷：营业外收入　　85
　D. 借：固定资产清理　100
　　　　贷：资产处置损益　100
（5）根据资料（5），甲公司当月计提税金
　及附加的金额为（　　）万元。
　A. 46.26　　　　B. 66.26
　C. 104.86　　　　D. 79.86

提高演练参考答案及解析

一、单项选择题

1.【答案】B 【解析】本题考查短期借款。本题中，借款利息按月计提、季末支付，所以4月与5月的利息应当计提，6月末支付第二季利息费用，会计分录如下：
借：财务费用　　　　400
　　应付利息　　　　800
　　贷：银行存款　　　1200
选项B正确。

2.【答案】C 【解析】采用预提方式计提短期借款利息，应借记"财务费用"科目，贷记"应付利息"科目。

3.【答案】C 【解析】企业短期借款按月计息，1月和2月计入应付利息合计2000

元，3月利息1000元直接计入财务费用，3月支付第一季度利息时，冲减应付利息2000元，增加财务费用1000元。

4.【答案】B 【解析】企业短期借款按月计息，8月1日和9月1日分别借记"财务费用"1000元，贷记"应付利息"1000元，10月1日偿还本息，借记"财务费用"1000元、"应付利息"2000元、"短期借款"200000元，贷记"银行存款"203000元。

5.【答案】A 【解析】企业应付银行承兑汇票到期，无力支付票款时，应由承兑银行代为支付并作为付款企业的贷款处理，企业应将应付票据的账面余额转作短期借款，借记"应付票据"科目，贷记"短期

借款"科目，选项 A 正确。

6. 【答案】D 【解析】开出商业承兑汇票购买原材料，应借记"在途物资"等科目，贷记"应付票据"科目，使"应付票据"科目金额增加，选项 A 错误；转销已到期无力支付票款的商业承兑汇票，应借记"应付票据"科目，贷记"应付账款"科目，使"应付票据"科目金额减少，选项 B 错误；转销已到期无力支付票款的银行承兑汇票，应借记"应付票据"科目，贷记"短期借款"科目，使"应付票据"科目金额减少，选项 C 错误；支付银行承兑汇票手续费的会计分录为：借记"财务费用""应交税费——应交增值税（进项税额）"科目，贷记"银行存款"科目，这项业务不会引起"应付票据"科目发生增减变动，选项 D 正确。

7. 【答案】C 【解析】应付票据到期时，如果企业无力支付票款，商业承兑汇票和银行承兑汇票的账务处理是不同的：商业承兑汇票应借记"应付票据"科目，贷记"应付账款"科目；银行承兑汇票应借记"应付票据"科目，贷记"短期借款"科目。

8. 【答案】C 【解析】该企业确认应付账款的金额 = 600000 + 78000 + 12000 + 1080 = 691080（元）。会计分录如下：
借：原材料
　　（600000 + 12000）612000
　　应交税费——应交增值税（进项税额）（78000 + 1080）79080
　　货：应付账款　　　　691080

9. 【答案】A 【解析】企业在向客户转让商品之前，客户已经支付了合同对价或企业已经取得了无条件收取合同对价权利的，企业应当在客户实际支付款项与到期应支付款项孰早时点，按照该已收或应收的金额（不包含增值税部分），借记"银行存款""应收账款""应收票据"等科目，贷记"合同负债"科目。

10. 【答案】D 【解析】选项 A，应付股东的现金股利通过"应付股利"科目核算；选项 B，应收取的包装物的租金通过"其他应收款"科目核算；选项 C，应付购买工程物资款通过"应付账款"科目核算；选项 D，收取的包装物押金通过"其他应付款"科目核算。

11. 【答案】B 【解析】选项 A，应交纳的教育费附加通过"应交税费"科目核算；选项 B，存入保证金通过"其他应付款"科目核算；选项 C，应付由企业负担的职工社会保险费，通过"应付职工薪酬"科目核算；选项 D，代扣代缴的职工个人所得税通过"应交税费"科目核算。

12. 【答案】D 【解析】计提租入设备租金分录如下：
借：管理费用　　　　3000
　　贷：其他应付款　　　　3000

13. 【答案】A 【解析】职工薪酬包括短期薪酬和其他职工薪酬。选项 B，根据设定提存计划计提应向单独主体缴存的提存金属于长期职工薪酬中的离职后福利；选项 C，为鼓励职工自愿接受裁减而给予职工的补偿金属于其他职工薪酬中的辞退福利；选项 D，按国家规定标准计提的职工工会经费属于短期薪酬。选项 A，为职工代扣代缴的个人所得税不属于职工薪酬的组成内容。

14. 【答案】C 【解析】支付职工培训费（选项 A）、发放职工工资（选项 B）、缴存职工基本养老保险费（选项 D）应借记"应付职工薪酬"科目，贷记"银行存款"科目；确认因解除与职工的劳动关系而给予的补偿（选项 C）属于辞退福利，应借记"管理费用"科目，贷记"应付职工薪酬"科目。

15. 【答案】A 【解析】辞退福利不按职工提供服务的受益对象进行分配，发生时直接计入管理费用。

16. 【答案】D 【解析】企业将自产的产品作为福利发给员工时，应视同销售，确认收入并结转成本。该企业应确认应付

职工薪酬的金额 = 1200 × 200 × （1 + 13%）= 271200 （元）。

17. 【答案】C 【解析】该企业发生的职工薪酬中只有企业管理人员的薪酬应计入管理费用，所以2024 年10 月该企业管理部门职工薪酬发生额 = 5 + 5 × （2% + 8%）= 5.5 （万元）。

18. 【答案】D 【解析】生活困难补助属于短期薪酬，应通过"应付职工薪酬"科目核算，以现金发放时，应借记"应付职工薪酬"科目，贷记"库存现金"科目。

19. 【答案】A 【解析】本题考查短期职工薪酬的账务处理——货币性职工薪酬。企业代扣个人所得税的会计处理如下：
借：应付职工薪酬　　　　8000
　　贷：应交税费——应交个人所得税
　　　　　　　　　　　　8000
选项 A 正确。

20. 【答案】B 【解析】企业的高级经理属于企业的管理人员，所以为其确认的非货币性职工薪酬计入管理费用，选项 B 正确。

21. 【答案】D 【解析】应计入应付职工薪酬的金额 = 500 × 2 × （1 + 13%）= 1130 （万元）。

22. 【答案】A 【解析】该批免税农产品的入账价值 = 90000 － 90000 × 9% = 81900 （元）。

23. 【答案】C 【解析】应交纳的职工社会保险费应通过"应付职工薪酬"科目核算。占用耕地建房应交纳的耕地占用税、签订合同应交纳的印花税不需要预计应交税金数，不需要通过"应交税费"科目核算。

24. 【答案】A 【解析】自产产品用于职工福利、对外投资和外购材料用于对外捐赠应视同销售，计算增值税销项税额。在建工程（如购建机器设备生产经营固定资产）领用自产产品，会计上按照成本结转，税法上不确认销项税额，会计

分录为：
借：在建工程
　　贷：库存商品

25. 【答案】C 【解析】本题考查应交增值税。企业将外购商品作为非货币性福利发放给职工，不属于视同销售，同时增值税不得抵扣需要转出，会计分录为：
借：应付职工薪酬
　　贷：库存商品
　　　　应交税费——应交增值税（进项税额转出）

26. 【答案】A 【解析】对于已经收到的原材料，在发票账单尚未到达的情况下，应按暂估价入账，不需要考虑增值税，待下月月初用红字冲回，待收到发票账单后按实际价值入账。

27. 【答案】A 【解析】小规模纳税人进行账务处理时，只需在"应交税费"科目下设置"应交增值税"明细科目，该明细科目不再设置增值税专栏。

28. 【答案】D 【解析】应记入"应交税费"科目贷方的金额 = 800 + 120 + 50 + 1 + 130 = 1101 （万元）。印花税不需要预计，不通过"应交税费"科目核算，发生时直接以库存现金或银行存款支付。

29. 【答案】C 【解析】本题考查应交消费税。因为甲公司为增值税一般纳税人，且取得乙公司开具的增值税专用发票，所以增值税可以抵扣，不应计入委托加工物资的成本中；委托乙公司加工的应税消费品，收回后直接对外出售，所以消费税应当计入委托加工物资的成本中，会计分录如下：
借：委托加工物资　　　　115
　　应交税费——应交增值税（进项税额）
　　　　　　　　　　　　13
　　贷：银行存款　　　　　128
选项 C 正确。

30. 【答案】A 【解析】该材料收回时的成本 = 20000 + 5000 = 25000 （元）。收回材料用于继续生产应税消费品的，受托方

代收代缴的消费税记入"应交税费——应交消费税"科目的借方。增值税应记入"应交税费——应交增值税（进项税额）"科目。

31. 【答案】A 【解析】企业将自产产品用于在建工程，应按照产品成本进行结转，计入在建工程成本。该产品应交纳消费税，则应将消费税计入在建工程成本。计入在建工程成本的金额 = 750 + 1250 × 10% = 875（万元）。

32. 【答案】B 【解析】会计分录如下：
借：应收账款等 150
　　税金及附加 106.8
　　贷：应交税费——应交增值税（销项税额） 150
　　　　　　　　——应交消费税 90
　　　　　　　　——应交城市维护建设税 16.8
选项 B 正确。

33. 【答案】D 【解析】材料加工完毕入库时的成本 = 50 + 12 + 1.56 + 2 = 65.56（万元）。

34. 【答案】B 【解析】选项 A 计入委托加工物资的成本；选项 C 计入在建工程；选项 D 计入应交税费——应交消费税。

二、多项选择题

1. 【答案】ACD 【解析】短期借款属于企业的流动负债，所以选项 B 错误。

2. 【答案】AB 【解析】如为银行承兑汇票到期无力支付，应计入短期借款；如为商业承兑汇票到期无力支付，应计入应付账款。

3. 【答案】AD 【解析】银行本票和银行汇票对付款方来说，通过"其他货币资金"科目核算；商业汇票分为商业承兑汇票、财务公司承兑汇票和银行承兑汇票，对付款方来说通过"应付票据"科目核算。

4. 【答案】BD 【解析】选项 A，应付票据包括商业承兑汇票和银行承兑汇票；选

项 C，应付票据期末余额在贷方，表示企业尚未到期的商业汇票的票面金额。

5. 【答案】AC 【解析】
选项 A，借：应付票据
　　　　　　贷：应付账款
应付票据减少；
选项 B，借：固定资产等
　　　　　　贷：应付票据
应付票据增加；
选项 C，借：应付票据
　　　　　　贷：银行存款
应付票据减少；
选项 D，借：财务费用
　　　　　　贷：银行存款
对应付票据无影响。

6. 【答案】ACD 【解析】控股股东的豁免企业确实无力支付的应付账款，企业应将其账面余额计入营业外收入中。

7. 【答案】AC 【解析】企业对于确实无法支付的应付账款应予以转销，按其账面余额计入营业外收入，借记"应付账款"科目，贷记"营业外收入"科目。

8. 【答案】ABCD 【解析】应付账款是指企业因购买材料、商品或接受劳务供应等经营活动而应付给供应单位的款项，包括价款、增值税以及对方代垫的运费等。在材料、商品和发票账单同时到达的情况下，一般在所购材料、商品验收入库后，根据发票账单登记入账，确认应付账款。在所购材料、商品已经验收入库，但是发票账单未能同时到达的情况下，企业应付材料、商品供应单位的债务已经成立，在会计期末，为了反映企业的负债情况，需要将所购材料、商品和相关的应付账款暂估入账，待下月月初用红字将上月月末暂估入账的应付账款予以冲销。

9. 【答案】ABC 【解析】应付票据利息通过"应付票据"核算。

10. 【答案】ABCD 【解析】本题考查应付账款。在材料、商品和发票账单同时到达的情况下，一般在所购材料、商品验收入库

后，根据发票账单登记入账，确认应付账款，选项 A 正确。在所购材料、商品已经验收入库，但是发票账单未能同时到达的情况下，企业应付材料、商品供应单位的债务已经成立，在会计期末，为了反映企业的负债情况，需要将所购材料、商品和相关的应付账款暂估入账，待下月月初用红字将上月月末暂估入账的应付账款予以冲销，选项 B 正确。实务中，企业外购电力、燃气等动力一般通过"应付账款"科目核算，选项 C 正确。企业对于确实无法支付的应付账款应予以转销，按其账面余额计入营业外收入，借记"应付账款"科目，贷记"营业外收入"科目，选项 D 正确。

11. 【答案】ABD 【解析】"应付股利"科目贷方登记应支付的现金股利或利润，借方登记实际支付的现金股利或利润。

12. 【答案】CD 【解析】其他应付款是指企业除应付票据、应付账款、预收账款、应付职工薪酬、应交税费、应付利息、应付股利等经营活动以外的其他各项应付、暂收的款项，如应付短期租赁固定资产租金、应付低价值资产租赁的租金、应付租入包装物租金、出租或出借包装物向客户收取的押金、存入保证金等，选项 C、D 正确。选项 A、B 记入应付职工薪酬。

13. 【答案】BC 【解析】选项 A，应付投资者的现金股利应通过"应付股利"科目核算；选项 D，应付购货方代垫的运杂费应通过"应付账款"科目核算。其他应付款是指企业除应付票据、应付账款、预收账款、应付职工薪酬、应交税费、应付利息、应付股利等经营活动以外的其他各项应付、暂收的款项，如应付短期租赁固定资产租金、应付低价值资产租赁的租金、应付租入包装物租金、出租或出借包装物向客户收取的押金、存入保证金等。

14. 【答案】ABCD 【解析】其他应付款是

指企业除应付票据、应付账款、预收账款、应付职工薪酬、应交税费、应付利息、应付股利等经营活动以外的其他各项应付、暂收的款项，如应付短期租赁固定资产租金、应付低价值资产租赁的租金、应付租入包装物租金、出租或出借包装物向客户收取的押金、存入保证金等。

15. 【答案】BCD 【解析】职工薪酬是指企业为获得职工提供的服务或解除劳动关系而给予的各种形式的报酬或补偿。职工薪酬包括短期薪酬、离职后福利、辞退福利和其他长期职工福利。企业提供给职工配偶、子女、受赡养人、已故员工遗属及其他受益人等的福利，也属于职工薪酬。选项 A，职工报销的差旅费应记入管理费用等，不属于职工薪酬。

16. 【答案】ABD 【解析】职工薪酬是指企业为获得职工提供的服务或解除劳动关系而给予的各种形式的报酬或补偿。职工薪酬包括短期薪酬、离职后福利、辞退福利和其他长期职工福利，所以职工薪酬既包括在职期间，也包括离职后（选项 A）。企业提供给职工配偶、子女、受赡养人、已故员工遗属及其他受益人等的福利，也属于职工薪酬，所以职工薪酬的支付对象既包括本企业职工，也包括本企业职工的亲属（选项 B）。职工薪酬包括货币性职工薪酬和非货币性职工薪酬（选项 D）。职工薪酬中的辞退福利不按受益对象进行分配，发生时全部计入管理费用（选项 C）。

17. 【答案】BC 【解析】选项 A，计提的生产工人的工会经费应计入生产成本，而不是管理费用；选项 D，短期利润分享计划属于职工薪酬的内容。

18. 【答案】ACD 【解析】本题考查货币性职工薪酬。报销的差旅费，通过管理费用核算，因此选项 B 错误。

19. 【答案】AB 【解析】生产部门人员包括生产车间工人和生产车间管理人员，根据受益原则，生产车间工人的薪酬应计入生产成本，生产车间管理人员的薪酬应计入制造费用。

20.【答案】AD 【解析】销售员工使用公司提供的免费汽车，借：销售费用，贷：应付职工薪酬；借：应付职工薪酬，贷：累计折旧。

21.【答案】ACD 【解析】选项A，借记"固定资产清理"科目，贷记"应交税费——应交土地增值税"科目；选项B，借记"在建工程"科目，贷记"银行存款"科目；选项C，借记"税金及附加"科目，贷记"应交税费——应交城市维护建设税"科目；选项D，借记"税金及附加"科目，贷记"应交税费——应交教育费附加"科目。

22.【答案】AB 【解析】印花税和耕地占用税不需要预计应交税金，不通过"应交税费"科目核算，于实际发生时借记"税金及附加"科目，贷记"银行存款"科目。

23.【答案】BCD 【解析】印花税不需要预计应交数，不通过"应交税费"科目核算，相关账务处理为：
借：税金及附加
　　贷：银行存款

24.【答案】AD 【解析】印花税和车船税记入"税金及附加"科目。

25.【答案】AB 【解析】选项A需要区分情况，企业委托加工物资由受托方代收代缴的消费税，如果收回后继续加工生产应税产品。消费税记入"应交税费——应交消费税"科目借方；如果收回后直接对外出售，记入"委托加工物资"科目借方，选项B计入固定资产成本。

26.【答案】ABD 【解析】选项A，增值税是以商品（含应税劳务、应税行为）在流转过程中实现的增值额作为计税依据而征收的一种流转税；选项B，从海关取得的完税凭证是可以抵扣增值税进项税额的法定凭证；选项C，企业购进生产经营用设备所支付的增值税税额，在购置

当期全部一次扣除；选项D，小规模纳税企业核算增值税采用简化的方法，即购进货物、应税劳务或应税行为，取得增值税专用发票上注明的增值税，一律不予抵扣，直接计入相关成本费用或资产。

27.【答案】BC 【解析】消费税和城市维护建设税通过"税金及附加"核算 = 90 + 16.8 = 106.8（万元），选项B正确，选项A、D错误，增值税、消费税、城市维护建设税均需通过"应交税费"核算，150 + 90 + 16.8 = 256.8（万元），因此选项C正确。会计分录为：
借：应付账款　　　　　　150
　　税金及附加　　　　　106.8
　　贷：应交税费——应交增值税（销项税额）　　　　　150
　　　　——应交消费税　　90
　　　　——应交城市维护建设税　　16.8

28.【答案】BD 【解析】企业购进农产品，按农产品收购发票或者销售发票上注明的农产品买价和规定的扣除率计算的进项税额，借记"应交税费——应交增值税（进项税额）"科目，按农产品买价扣除进项税额后的差额，借记"材料采购"等科目，按应付或实际支付的价款，贷记"银行存款"等科目。本题中增值税进项税额为9000元（100000 × 9%），"原材料"科目的入账金额为91000元（100000 - 9000）。

29.【答案】BC 【解析】自制产品用于对外投资和职工集体福利，应视同销售计算增值税的销项税额，外购货物发生非正常损失、用于免征增值税项目，其进项税额不得抵扣，应将增值税进项税额转出。

30.【答案】BC 【解析】外购货物用于投资应视同销售，贷记"应交税费——应交增值税（销项税额）"科目；将委托加工的货物用于对外捐赠应视同销售，贷记"应交税费——应交增值税（销项税额）"

科目；已单独确认进项税额的购进货物发生非正常损失，进项税额不得抵扣，应作进项税额转出处理，贷记"应交税费——应交增值税（进项税额转出）"科目；企业管理部门领用本企业生产的产品是按成本领用，不视同销售。

31.【答案】ACD 【解析】选项 B，外购存货由卖方承担的运输费，记入卖方"销售费用"科目；外购存货由买方承担的运输费，计入买方存货成本。

32.【答案】BCD 【解析】企业已单独确认进项税额的购进货物、加工修理修配劳务或者服务、无形资产或不动产但其事后改变用途，或发生非正常损失，原已计入进项税额、待抵扣进项税额或待认证进项税额，应作转出处理。根据增值税制度规定，非正常损失是指因管理不善造成货物被盗、丢失、霉烂变质，以及因违反法律法规造成货物或不动产被依法没收、销毁、拆除的情形。

33.【答案】ACD 【解析】自然灾害导致的存货毁损不涉及增值税进项税额的转出，该笔业务的会计分录为：

借：待处理财产损溢　　20
　　贷：原材料　　　　　　　20
借：其他应收款　　　　10
　　营业外支出　　　　10
　　贷：待处理财产损溢　　20

34.【答案】BD 【解析】本题考查应交增值税。甲公司关于此业务的会计处理如下：
（1）批准前：
借：待处理财产损溢　　20
　　贷：原材料　　　　　　　20
（2）批准后：
借：其他应收款　　　　15
　　营业外支出　　　　5
　　贷：待处理财产损溢　　20
选项 B、D 正确。

35.【答案】ABD 【解析】本题考查长期借款。在生产经营期间，达到预定可使用状态后，不符合资本化条件的利息支出

应计入财务费用，选项 A 正确；资产负债表日，应将按摊余成本和实际利率计算确定的长期借款利息费用，借记"在建工程""制造费用""财务费用""研发支出"等科目，按合同利率计算确定的应付未付利息，贷记"长期借款——应计利息"科目，按其差额，贷记"长期借款——利息调整"科目，选项 B 正确；筹建期间，不符合资本化条件的利息计入管理费用，选项 C 错误；对于已过付息期但尚未支付的利息，应借记"长期借款——应计利息"科目，贷记"应付利息"科目，选项 D 正确。

36.【答案】ABC 【解析】对于不存在利息调整余额的长期债券，到期支付债券本息时，借记"应付债券——面值""应付债券——应计利息""应付利息"科目，贷记"银行存款"科目。选项 A、B、C 正确。

三、判断题

1.【答案】√ 【解析】在实际工作中，如果短期借款利息是按期支付的，如按季度支付利息，或者利息是在借款到期时连同本金一起归还，并且其数额较大的，企业于月末应采用预提方式进行短期借款利息的核算。如果企业的短期借款利息按月支付，或者在借款到期时连同本金一起归还，数额不大的可以不采用预提的方法，而在实际支付时，直接计入当期损益，这是会计核算重要性原则的体现。

2.【答案】× 【解析】企业计提短期借款利息时，应借记"财务费用"科目，贷记"应付利息"科目。

3.【答案】× 【解析】"短期借款"科目核算短期借款的本金，短期借款的利息在预提和实际支付时通过"应付利息"科目核算。

4.【答案】√ 【解析】应付银行承兑汇票到期，如企业无力支付票款，则由承兑银行代为支付并作为付款企业的贷款处理，企

业应将应付票据的账面余额转作短期借款，借记"应付票据"科目，贷记"短期借款"科目。

5. 【答案】× 【解析】企业购进材料采用银行承兑汇票进行结算，应贷记"应付票据"科目。

6. 【答案】× 【解析】企业向供货单位采购原材料支付货款开出的银行承兑汇票，应通过"应付票据"科目核算。

7. 【答案】√ 【解析】确实无法支付的应付账款予以转销时：借记"应付账款"科目，贷记"营业外收入"科目。

8. 【答案】× 【解析】企业向投资者宣告发放现金股利，应编制的会计分录涉及所有者权益类科目和负债类科目，不涉及费用类科目，具体会计分录为借记"利润分配"科目，贷记"应付股利"科目。

9. 【答案】× 【解析】董事会审议批准的利润分配方案确定分配给投资者的现金股利或利润不确认应付股利，应在报表附注中披露。而经过股东大会或类似机构审议批准的利润分配方案确定分配给投资者的现金股利或利润应确认为应付股利。

10. 【答案】√ 【解析】企业宣告发放股票股利时不作账务处理，实际发放股票股利时借记"利润分配"科目，贷记"股本"科目。

11. 【答案】√ 【解析】从职工薪酬的支付对象来看，不仅包括本企业职工，还包括本企业职工的配偶、子女、受赡养人、已故员工遗属及其他受益人。

12. 【答案】√ 【解析】职工薪酬是指企业为获得职工提供的服务或者为解除与职工的劳动关系而给予的各种形式的报酬和补偿，所以职工薪酬包括货币性的和非货币性的。

13. 【答案】× 【解析】辞退福利不区分受益对象，发生时全部计入管理费用，这是辞退福利与其他职工薪酬在核算上的区别。

14. 【答案】√ 【解析】非货币性福利应根据受益原则，计入相关资产成本或费用中，但是如果难以认定受益对象，应将非货币性福利直接计入当期损益。

15. 【答案】× 【解析】企业以其自产产品作为非货币性福利发放给职工的，应当根据受益对象，按照该产品的含税公允价值计入相关资产成本或当期损益，同时确认应付职工薪酬，借记"生产成本""制造费用""管理费用"等科目，贷记"应付职工薪酬——非货币性福利"科目。

16. 【答案】√ 【解析】设定提存计划主要是指养老保险和失业保险，企业向单独主体缴存时，应按受益原则借记"生产成本""制造费用""管理费用"等科目，贷记"应付职工薪酬"科目。

17. 【答案】× 【解析】企业在资产负债表日为换取职工在会计期间提供的服务而应向单独主体缴存的提存金属于设定提存计划，设定提存计划属于离职后福利，应通过"应付职工薪酬"核算。

18. 【答案】× 【解析】为职工提供的保险待遇，也属于职工薪酬。

19. 【答案】√ 【解析】企业解除劳动合同所给予职工的补偿，应借记"管理费用"科目，贷记"应付职工薪酬——辞退福利"科目。

20. 【答案】× 【解析】辞退福利是企业在合同到期前与职工解除劳动关系或为了鼓励职工自愿接受裁减而给予的补偿，职工退休后给予的报酬和福利属于离职后福利。

21. 【答案】√ 【解析】相关处理如下：
借：管理费用
　　贷：应付职工薪酬——辞退福利

22. 【答案】× 【解析】印花税、耕地占用税不需要预计税金，不通过"应交税费"科目核算。

23. 【答案】√ 【解析】企业交纳当月应交的增值税，借记"应交税费——应交增值税（已交税金）"科目，贷记"银行存款"科目；企业交纳以前期间未交的增值税，借记"应交税费——未交增值税"科目，贷记"银行存款"科目。

24.【答案】× 【解析】小规模纳税企业无须在"应交增值税"下设专栏，直接按照不含税销售额和规定的增值税征收率计算交纳增值税。

25.【答案】√ 【解析】有时企业确认收入的时点与增值税纳税义务的发生时点不一致，如一般纳税人销售货物、加工修理修配劳务、服务、无形资产或不动产，已确认相关收入（或利得）但尚未发生增值税纳税义务而需于以后期间确认为销项税额的增值税税额应先记入"待转销项税额"明细科目，待实际发生纳税义务时，再从"待转销项税额"明细科目转入"应交增值税（销项税额）"明细科目。

26.【答案】√ 【解析】一般纳税人购进货物、加工修理修配劳务、服务、无形资产或者不动产，按应计入相关成本费用或资产的金额，借记"材料采购""在途物资""原材料""库存商品""生产成本""无形资产""固定资产""管理费用"等科目，按当月已认证的可抵扣增值税税额，借记"应交税费——应交增值税（进项税额）"科目，按当月未认证的可抵扣增值税税额，借记"应交税费——待认证进项税额"科目，按应付或实际支付的金额，贷记"应付账款""应付票据""银行存款"等科目。经税务机关认证后，再将"应交税费——待认证进项税额"转入"应交税费——应交增值税（进项税额）"。

27.【答案】√ 【解析】为便于存货管理，对于所购货物已验收入库，但发票账单尚未到达的，应按货物的暂估价入账，但不用暂估增值税。待下月月初用红字冲回，收到账单后按发票上注明的价款和增值税入账。

28.【答案】× 【解析】对于当月销项税额小于进项税额而形成的留抵税款月末无须处理，形成"应交税费——应交增值

税"科目的借方余额。

29.【答案】× 【解析】企业已单独确认进项税额的购进货物、加工修理修配劳务或者服务、无形资产或者不动产但其事后改变用途（如用于简易计税方法计税项目、免征增值税项目、非增值税应税项目等），或发生非正常损失，原已计入进项税额、待抵扣进项税额或待认证进项税额，按照现行增值税制度规定不得从销项税额中抵扣。

30.【答案】× 【解析】委托加工货物用于对外投资、分配给股东、无偿赠送他人应视同销售处理。

31.【答案】× 【解析】企业进口应税物资交纳的消费税由海关代征。应交的消费税按照组成计税价格和规定的税率计算，消费税计入该项物资成本。

32.【答案】× 【解析】采取从价定率方法征收的消费税，以不含增值税的销售额为税基，按照税法规定的税率计算。采用从量定额计征的消费税，根据按税法确定的企业应税消费品的数量和单位应税消费品应交纳的消费税计算确定。

33.【答案】√ 【解析】长期借款用于购建固定资产等符合资本化条件的，在资产尚未达到预定可使用状态前，所发生的利息支出数应当资本化，计入在建工程等相关资产成本；资产达到预定可使用状态后发生的利息支出，以及按规定不予资本化的利息支出，计入财务费用。

34.【答案】√ 【解析】债券溢价或折价不是债券发行企业的收益或损失，而是发行债券企业在债券存续期内对利息费用的一种调整。其中：折价是企业以后各期少付利息而预先给投资者的补偿，溢价是企业以后各期多付利息而事先得到的补偿。

35.【答案】√ 【解析】房地产开发经营企业销售房地产应交纳的土地增值税记入"税金及附加"科目，此说法正确。

36.【答案】× 【解析】设定提存计划，是

指向独立的基金缴存固定费用后，企业不再承担进一步支付义务的离职后福利计划；设定受益计划，是指除设定提存计划以外的离职后福利计划。

37. 【答案】× 【解析】短期薪酬是指企业在职工提供相关服务的年度报告期间结束后12个月内需要全部予以支付的职工薪酬，因解除与职工的劳动关系给予的补偿除外。

38. 【答案】× 【解析】应付账款一般在较短期限内支付，但有时由于债权单位撤销或其他原因而使应付账款无法清偿。企业对于确实无法支付的应付账款应予以转销，按其账面余额计入营业外收入。

四、不定项选择题

1. (1)【答案】AC 【解析】会计分录如下：
   借：应付职工薪酬　60
   　　贷：应交税费——应交个人所得税　5
   　　　　其他应收款　8
   　　　　银行存款　47

   (2)【答案】CD 【解析】会计分录如下：
   借：生产成本　113
   　　贷：应付职工薪酬　113
   借：应付职工薪酬　113
   　　贷：主营业务收入　100
   　　　　应交税费——应交增值税（销项税额）　13
   借：主营业务成本　60
   　　贷：库存商品　60

   (3)【答案】ACD 【解析】会计分录如下：
   借：生产成本　18
   　　制造费用　6
   　　管理费用　30
   　　销售费用　8
   　　贷：应付职工薪酬　62

   (4)【答案】ABD 【解析】计提的基本养老保险属于离职后福利。

   (5)【答案】D 【解析】"应付职工薪酬"项目的期末余额=60（期初）-60

[资料（1）]+113-113[资料（2）]+（18+6+30+8）[资料（3）]+（24+6）[资料（4）]=92（万元）。

2. (1)【答案】BCD 【解析】本题考查短期薪酬的账务处理——货币性职工薪酬。企业支付职工薪酬相关的会计分录为：
   借：应付职工薪酬——工资　510
   　　贷：银行存款　510
   借：应付职工薪酬——工资　90
   　　贷：其他应付款——社会保险费　60
   　　　　其他应收款——职工房租　10
   　　　　应交税费——应交个人所得税　20
   选项B、C、D正确。

   (2)【答案】ABD 【解析】本题考查短期薪酬的账务处理——非货币性职工薪酬。该企业确认和发放非货币性福利相关的会计分录为：
   借：生产成本　9.04
   　　贷：应付职工薪酬　9.04
   借：应付职工薪酬　9.04
   　　贷：主营业务收入　8
   　　　　应交税费——应交增值税（销项税额）　1.04
   借：主营业务成本　6
   　　贷：库存商品　6
   选项A、B、D正确。

   (3)【答案】ABD 【解析】本题考查短期职工薪酬的账务处理——货币性职工薪酬。该企业分配职工薪酬相关的会计分录为：
   借：生产成本　300
   　　制造费用　80
   　　管理费用　120
   　　销售费用　100
   　　贷：应付职工薪酬　600

选项 A、B、D 正确。

(4)【答案】D【解析】本题考查资产负债表编制——填列说明。该企业 2×24 年 6 月 30 日资产负债表"应付职工薪酬"项目期末余额栏应填列的金额 = 600 [期初余额] - (510 + 90) [资料(1)] + (9.04 - 9.04) [资料(2)] + 600 [资料(3)] + (72 + 66) [资料(4)] = 738(万元),选项 D 正确。

资料(4)中分别按工资的 12% 和 11% 计提社会保险(不含基本养老保险和失业保险)和住房公积金的会计分录为:

借:生产成本
　　[300×(11% + 12%)] 69
　　制造费用
　　[80×(11% + 12%)] 18.4
　　管理费用
　　[120×(11% + 12%)] 27.6
　　销售费用
　　[100×(11% + 12%)] 23
　贷:应付职工薪酬——社会保险费
　　　　　　　　　　　　　　　72
　　　　　　　——住房公积金
　　　　　　　　　　　　　　　66

(5)【答案】ABD【解析】本题考查利润表的编制——填列方法。
①营业收入 = 8 [资料(2)] + 0 = 8(万元),选项 A 正确;
②营业成本 = 6 [资料(2)] + 0 = 6(万元),选项 B 正确;
③管理费用 = 120 [资料(3)] + 27.6 [资料(4)] = 147.6(万元),选项 C 错误;
④销售费用 = 100 [资料(3)] + 23 [资料(4)] = 123(万元),选项 D 正确。

3.(1)【答案】A【解析】本题考查应交增值税。会计分录如下:
借:在建工程　　　　　　　150

贷:库存商品　　　　　　　150

(2)【答案】B【解析】本题考查应付账款。会计分录如下:
借:原材料　　　　　　　　339
　贷:应付账款——暂估应付款
　　　　　　　　　　　　　　339
选项 B 正确。

(3)【答案】C【解析】本题考查应交增值税。会计分录如下:
甲企业计提非货币性福利:
借:生产成本——直接人工
　　　　　　　　　　　　113
　　制造费用　　　　　22.6
　　管理费用　　　　　45.2
　　销售费用　　　　　45.2
　贷:应付职工薪酬——非货币性
　　　福利　　　　　　226
甲企业发放非货币性福利时:
借:应付职工薪酬　　　226
　贷:原材料　　　　　200
　　　应交税费——应交增值税
　　　(进项税额转出)　26
选项 C 正确。

(4)【答案】D【解析】本题考查应交增值税。甲企业向贫困地区捐赠乳制品的会计分录如下:
借:营业外支出　　　　57.8
　贷:库存商品　　　　50
　　　应交税费——应交增值税
　　　(销项税额)　　7.8
选项 D 正确。

(5)【答案】AB【解析】①资产负债表"在建工程"项目的增加额 = 150 万元,选项 A 正确;②资产负债表"存货"项目的减少额 = 150 - 300 + 200 + 50 = 100(万元),选项 B 正确;③利润表"营业利润"项目的减少额 = 40 + 5.2 + 40 + 5.2 = 90.4(万元),选项 C 错误;④利润表"利润总额"项目的减少额 = 90.4 + 50 = 140.4(万元),选项 D 错误。

4. （1）【答案】AC 【解析】采用实际成本法进行核算的会计处理为：

借：原材料　　　　　100

　　应交税费——应交增值税（进项税额）　　　　13

　　　贷：应付票据　　　　113

借：财务费用　　　　0.0533

　　应交税费——应交增值税（进项税额）　　　　0.0032

　　　贷：银行存款　　　0.0565

选项A、C正确。

（2）【答案】ABC 【解析】相关会计分录如下：

借：应收票据　　　　565

　　　贷：其他业务收入　　500

　　　　应交税费——应交增值税（销项税额）　　　65

借：其他业务成本　　400

　　　贷：原材料　　　　400

（3）【答案】ABC 【解析】相关会计分录如下：

借：销售费用　　　　11.3

　　管理费用　　　　22.6

　　　贷：应付职工薪酬　33.9

借：应付职工薪酬　　33.9

　　　贷：主营业务收入　30

　　　　应交税费——应交增值税（销项税额）　　3.9

借：主营业务成本　　21

　　　贷：库存商品　　　21

（4）【答案】C 【解析】甲企业12月应交纳增值税的金额＝（65＋3.9）－（13＋0.0032）＝55.8968（万元）。

（5）【答案】A 【解析】甲企业12月31日资产负债表"存货"项目变动金额＝100－400－21＝－321（万元）。

5. （1）【答案】B 【解析】运费需计入原材料的采购成本，货物和运费所匹配的增值税可以抵扣。

（2）【答案】B 【解析】委托加工物资收回成本＝22＋30＋13＝65（万元）。委托方收回委托加工物资直接对外出售的，受托方代收代缴的消费税计入委托加工物资成本中。

（3）【答案】BC 【解析】选项A，应属于日常活动；选项D，不计入税金及附加。

（4）【答案】ABD 【解析】转让固定资产的净损益应计入资产处置损益。

（5）【答案】A 【解析】甲公司当月计提税金及附加的金额＝25＋14.88＋6.38＝46.26（万元）。

第六章　所有者权益

重难点分析

　　所有者权益的确认依赖于资产、负债的确认，因此，在考查本章内容时，经常涉及资产、负债等知识。本章在考查时以单项选择题、多项选择题、判断题为主，不定项选择题主要是将本章的内容与资产、负债等知识结合考查。考生在复习时，不仅应把握好所有者权益的相关知识点，还应注意与资产、收入、费用、利润等相关知识点结合学习。

　　2025 年本章教材在盈余公积的账务处理上有所调整。

基本内容框架

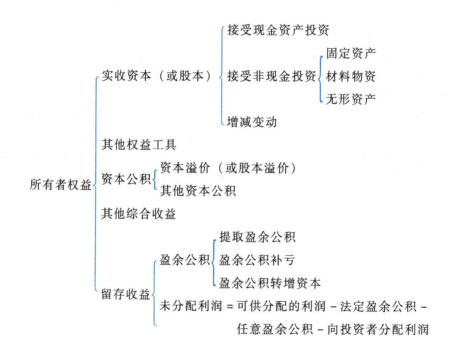

基 础 训 练

一、单项选择题

1. 下列各项中，会影响所有者权益总额发生增减变动的是（ ）。
   A. 以资本公积转增实收资本
   B. 用银行存款购入原材料
   C. 支付已宣告的现金股利
   D. 股东大会宣告派发现金股利

2. 下列关于所有者权益的说法中，不正确的是（ ）。
   A. 除非发生减资、清算或分派现金股利，企业不需要偿还所有者权益
   B. 企业清算时，所有者享有优先受偿权
   C. 所有者权益是指企业资产扣除负债后由所有者享有的剩余权益
   D. 所有者凭借所有者权益能够参与企业利润的分配

3. 下列各项中，可以体现各所有者的占有比例，并且能作为所有者参与企业财务经营决策依据的是（ ）。
   A. 资产总额
   B. 实收资本
   C. 资本公积
   D. 盈余公积

4. 投资者实际出资额超过投资者在企业注册资本中所占份额的部分，应计入（ ）。
   A. 实收资本
   B. 资本公积
   C. 留存收益
   D. 营业外收入

5. 甲股份有限公司按法定程序报经批准后采用收购本公司股票方式减资，购回股票支付价款低于股票面值总额的，所注销库存股账面余额与冲减股本的差额应计入（ ）。
   A. 盈余公积
   B. 实收资本
   C. 资本公积
   D. 未分配利润

6. 股份有限公司采用收购本公司股票方式减资的，按注销股票的面值总额减少股本，回购股票支付的价款超过面值的部分，应依次冲减的会计科目是（ ）。
   A. 盈余公积、资本公积、利润分配——未分配利润

   B. 资本公积、盈余公积、利润分配——未分配利润
   C. 利润分配——未分配利润、盈余公积、资本公积
   D. 利润分配——未分配利润、资本公积、盈余公积

7. 下列各项中，应通过"资本公积"科目核算的是（ ）。
   A. 发行股票取得的股本溢价
   B. 转销确实无法偿还的应付账款
   C. 出售无形资产的利得
   D. 企业接受捐赠

8. 下列关于其他权益工具的核算，说法不正确的是（ ）。
   A. 其他权益工具核算企业发行的普通股以及其他归类为权益工具的各种金融工具
   B. 企业发行其他权益工具，应按照实际发行的对价扣除直接归属于权益性交易的交易费用后的金额，贷记"其他权益工具"科目
   C. 其他权益工具存续期间分派股利的，作为利润分配处理，借记"利润分配"科目，贷记"应付股利"科目
   D. 其他权益工具的回购、注销等作为权益的变动处理

9. 下列各项中，以后会计期间满足规定条件时可以重分类进损益的其他综合收益的是（ ）。
   A. 重新计量设定受益计划变动额
   B. 权益法核算下不能转损益的其他综合收益
   C. 外币财务报表折算差额
   D. 指定为以公允价值计量且其变动计入其他综合收益的非交易性权益工具投资发生的公允价值变动

10. 下列各项中，主要来源于企业实现的利润的是（ ）。
    A. 实收资本
    B. 资本公积
    C. 其他综合收益
    D. 留存收益

11. 下列各项中，能够导致企业留存收益减少的是（ ）。
    A. 提取任意盈余公积
    B. 以盈余公积转增资本
    C. 提取法定盈余公积
    D. 以盈余公积弥补亏损

12. 下列各项中，不会引起留存收益总额变动的是（ ）。
    A. 盈余公积补亏
    B. 宣告用未分配利润发放现金股利
    C. 盈余公积转增资本
    D. 提取盈余公积

13. 《公司法》规定：企业法定盈余公积提取达到注册资本（ ）时，可以不再提取。
    A. 30%   B. 50%
    C. 80%   D. 100%

14. 法定盈余公积转增资本后留存下来的部分不得低于转增前注册资本的（ ）。
    A. 10%   B. 25%
    C. 30%   D. 50%

15. 上市公司发生的下列交易或事项中，最终会引起上市公司所有者权益总额发生增减变动的是（ ）。
    A. 发放股票股利
    B. 应付账款获得债权人豁免
    C. 以本年利润弥补以前年度亏损
    D. 注销库存股

二、多项选择题

1. 下列关于实收资本的说法中，正确的有（ ）。
   A. 是企业清算时确定所有者对净资产的要求权的依据
   B. 确定所有者在企业所有者权益中所占的份额和参与企业生产经营决策的基础
   C. 实收资本可以转资本公积
   D. 企业进行利润分配和股利分配的依据

2. 下列各项中，会导致企业实收资本增加的有（ ）。
   A. 资本公积转增资本
   B. 接受投资者追加投资
   C. 盈余公积转增资本
   D. 接受非流动资产捐赠

3. 下列各项中，不会使资本公积发生增减变动的有（ ）。
   A. 企业实现净利润
   B. 盈余公积转增资本
   C. 资本公积转增资本
   D. 投资者超过注册资本额的投入资本

4. 下列关于优先股的说法中正确的有（ ）。
   A. 优先股股东在参与公司决策管理中享有优先权
   B. 优先股的股东对公司资产、利润分配等享有优先权
   C. 风险较小
   D. 优先股股东不能退股，只能通过优先股的赎回条款被公司赎回

5. 下列各项中，属于企业留存收益的有（ ）。
   A. 发行股票的溢价收入
   B. 按规定从净利润中提取的法定盈余公积
   C. 累计未分配利润
   D. 按股东大会决议从净利润中提取的任意盈余公积

6. 下列各项中，不会引起留存收益变动的有（ ）。
   A. 盈余公积补亏
   B. 计提法定盈余公积
   C. 盈余公积转增资本
   D. 计提任意盈余公积

7. 下列各项中，导致企业留存收益变动的有（ ）。
   A. 宣告发放现金股利
   B. 接受投资者设备投资
   C. 盈余公积转增资本
   D. 资本公积转增资本

8. 下列各项中，年度终了需要转入"利润分配——未分配利润"科目的有（ ）。
   A. 本年利润
   B. 利润分配——应付现金股利或利润
   C. 利润分配——盈余公积补亏

D. 利润分配——提取法定盈余公积

9. 企业可用来弥补亏损的有（　　）。

  A. 实收资本

  B. 法定盈余公积

  C. 任意盈余公积

  D. 资本公积金

10. 下列各项中，最终会导致所有者权益总额减少的有（　　）。

  A. 向投资者宣告分派现金股利

  B. 盈余公积补亏

  C. 出售固定资产发生净损失

  D. 宣告分配股票股利

三、判断题

1. 企业回购本公司股票会导致所有者权益增加。（　　）

2. 企业接受新投资者投资会导致所有者权益总额增加。（　　）

3. 股份有限公司溢价发行股票时，按股票面值计入股本，溢价收入扣除发行手续费、佣金等发行费用后的金额计入资本公积。（　　）

4. 留存收益是指企业从历年实现的利润中提取或形成的留存于企业的内部积累，包括资本公积和未分配利润。（　　）

5. 优先股应当分类为权益工具，而永续债应当分类为金融负债。（　　）

6. 在按面值发行股票的情况下，公司发行股票支付的手续费、佣金等发行费用，直接计入当期财务费用。（　　）

7. 企业回购并注销本公司股票会导致所有者权益减少。（　　）

8. 企业的资本公积经批准可用于弥补亏损、转增资本等。（　　）

9. 企业无论是用税前利润补亏还是用税后利润补亏，均须作专门的会计处理。（　　）

基础训练参考答案及解析

一、单项选择题

1. 【答案】D 【解析】股东大会宣告发放现金股利，借记"利润分配"科目，贷记"应付股利"科目，使所有者权益减少。

2. 【答案】B 【解析】企业清算时，只有在清偿所有的负债后，所有者权益才返还给所有者。

3. 【答案】B 【解析】实收资本（或股本）的构成比例是确定所有者参与企业财务经营决策的基础，也是企业进行利润分配或股利分配的依据，同时还是企业清算时确定所有者对净资产的要求权的依据。资本公积的用途主要是用来转增资本（或股本）。资本公积不体现各所有者的占有比例，也不能作为所有者参与企业财务经营决策或进行利润分配（或股利分配）的依据。

4. 【答案】B 【解析】投资者实际出资额超过投资者在企业注册资本中所占份额的部分，应记入"资本公积——资本溢价"科目。

5. 【答案】C 【解析】注销股份时，应按购回股票支付的价款低于面值总额的差额贷记"资本公积——股本溢价"科目。

6. 【答案】B 【解析】注销股份时，应按购回股票支付的价款高于面值总额的差额借记"资本公积——股本溢价"科目。股本溢价不足冲减的，应依次冲减盈余公积、利润分配——未分配利润等。

7. 【答案】A 【解析】转销确实无法偿还的应付账款计入营业外收入；出售无形资产利得计入资产处置损益；企业接受捐赠应计入营业外收入。

8. 【答案】A 【解析】其他权益工具核算企业发行的除普通股以外的归类为权益工具的各种金融工具，企业发行的普通股通过"股本"科目以及"资本公积——股本溢价"科目核算，不通过"其他权益工具"科目核算。

9. 【答案】C 【解析】企业对境外经营的财务报表进行折算时，将外币财务报表折算差额作为其他综合收益核算。处置该境外经营资产时，原计入其他综合收益的部分应当转入当期损益。其余三项均为以后会计期间不能重分类进损益的其他综合收益。

10. 【答案】D 【解析】实收资本（或股本）是指投资者按照企业章程或合同、协议的约定，实际投入企业并依法进行注册的资本；资本公积的来源不是企业实现的利润，而主要来自资本溢价（或股本溢价）等。留存收益是企业从历年实现的利润中提取或形成的留存于企业的内部积累，来源于企业生产经营活动实现的利润。其他综合收益是指企业未在当期损益中确认的各项利得和损失。

11. 【答案】B 【解析】以盈余公积转增资本导致留存收益减少；提取盈余公积（包括法定盈余公积和任意盈余公积）和盈余公积补亏都是在留存收益内部发生变化，不影响留存收益总额的变化。

12. 【答案】A 【解析】盈余公积补亏，借记"盈余公积"科目，贷记"利润分配"科目，留存收益不变；利润发放现金股利，借记"利润分配"科目，贷记"应付股利"科目，留存收益减少；盈余公积转增资本，借记"盈余公积"科目，贷记"实收资本"科目，留存收益减少；提取盈余公积，借记"利润分配"科目，贷记"盈余公积"科目，留存收益减少。

13. 【答案】B 【解析】企业法定盈余公积提取达到注册资本50%时，可以不再提取。

14. 【答案】B 【解析】按照《公司法》规定，法定盈余公积转增资本后留存下来的部分不得低于转增前注册资本的25%。

15. 【答案】B 【解析】发放股票股利，所有者权益总额没有变化；应付账款获得债权人豁免，计入营业外收入，最终会使所有者权益总额增加；以本年利润弥补以前年度亏损无须作专门的账务处理；注销库存股不会引起所有者权益总额的变化。

二、多项选择题

1. 【答案】ABD 【解析】资本公积可以转实收资本，实收资本在注销时，其溢价冲减会涉及"资本公积"的变动，但不能说是"实收资本可以转资本公积"。

2. 【答案】ABC 【解析】一般企业增加资本主要有三个途径：接受投资者追加投资、资本公积转增资本和盈余公积转增资本。接受非流动资产捐赠应当计入营业外收入。

3. 【答案】AB 【解析】企业实现利润、盈余公积转增资本不会引起资本公积发生变动；资本公积转增资本引起资本公积减少；投资者超过注册资本额的投入资本计入资本公积——资本溢价（或股本溢价）。

4. 【答案】BCD 【解析】优先股的特点有：（1）优先股的股东对公司资产、利润分配等享有优先权，其风险较小；（2）对公司的经营没有参与权，优先股股东不能退股，只能通过优先股的赎回条款被公司赎回。

5. 【答案】BCD 【解析】发行股票的溢价收入应计入资本公积，资本公积不属于留存收益。

6. 【答案】ABD 【解析】留存收益包括盈余公积和未分配利润。盈余公积转增资本使留存收益减少。

7. 【答案】AC 【解析】选项A，借：利润分配，贷：应付股利，留存收益减少；选项B，借：固定资产等，贷：实收资本（或股本）等，不影响留存收益；选项C，借：盈余公积，贷：实收资本（或股本），留存收益减少；选项D，借：资本公积，贷：实收资本（或股本），不影响留存收益。

8. 【答案】ABCD 【解析】期末"本年利

润"科目的余额应该转入"利润分配——未分配利润"科目；而当期的利润分配事项中利润分配的明细科目如"应付现金股利或利润""盈余公积补亏""提取法定盈余公积"等都要转入"利润分配——未分配利润"明细科目。

9. 【答案】BCD 【解析】实收资本不得用于弥补亏损。

10. 【答案】AC 【解析】选项A，借记"利润分配——应付现金股利或利润"科目，贷记"应付股利"科目，使得所有者权益总额减少；选项B，借记"盈余公积"科目，贷记"利润分配"科目，不会使所有者权益总额减少；选项C，出售固定资产净损失记入"资产处置损益"科目，损益类科目最终会影响所有者权益，这里为净损失，所以会使得所有者权益总额减少；选项D，宣告分配股票股利，不进行账务处理。故本题正确答案为选项A、B、C。

三、判断题

1. 【答案】× 【解析】企业回购公司股票时的会计分录为：借：库存股，贷：银行存款；注销股份时的分录为：借：股本、资本公积等，贷：库存股。因此，企业回购股票导致所有者权益减少。

2. 【答案】√ 【解析】接受新投资，借记"库存现金""银行存款""固定资产"等科目，贷记"实收资本（或股本）""资本公积"等科目，会导致所有者权益总额增加。

3. 【答案】√

4. 【答案】× 【解析】留存收益是指企业从历年实现的利润中提取或形成的留存于企业的内部积累，包括盈余公积和未分配利润。

5. 【答案】× 【解析】企业应根据所签订金融工具的合同条款及其所反映的经济实质在初始确认时将该金融工具或其组成部分分类为金融资产、金融负债或权益工具，而不能仅仅根据其名称中是否包含"股"或"债"。也就是说，优先股和永续债均有可能被分类为权益工具或金融负债。

6. 【答案】× 【解析】在按面值发行股票的情况下，公司发行股票支付的手续费、佣金等发行费用，冲减盈余公积和未分配利润。

7. 【答案】√ 【解析】企业回购公司股票时的会计分录为：借：库存股，贷：银行存款；注销股份时的分录为：借：股本、资本公积等，贷：库存股，因此，企业回购股票导致所有者权益减少。

8. 【答案】√ 【解析】资本公积可以用来转增资本（或股本）、弥补亏损，题干中所叙述的是盈余公积的特点。

9. 【答案】× 【解析】企业的税前利润或税后利润补亏均无须作专门的会计处理。

提 高 演 练

一、单项选择题

1. 甲上市公司2024年12月31日的股本为1000万股，面值1元，资本公积（股本溢价）500万元，盈余公积300万元，假定甲公司回购股票200万股，回购价格为每股2元，则注销库存股时冲减资本公积（　）万元。

A. 200　　　　　B. 500
C. 400　　　　　D. 300

2. 甲企业于设立时收到乙企业作为资本投入的一批原材料，该批原材料的账面价值为100000元，投资合同约定的原材料价值为120000元（不含可抵扣的增值税进项税额），增值税税额为15600元（由投资方支付税款，并开具增值税专用发票），合同约定的价值与公允价值相符，乙企业投资全部用于增加注册资本。不考虑其他因素，该业务使甲企业实收资本增加的金额为（　　）元。

A. 100000 　　　　B. 119200

C. 120000 　　　　D. 135600

3. 甲、乙公司均为增值税一般纳税人，适用的增值税税率为13%。甲公司接受乙公司投资转入的原材料一批，账面价值170000元，投资协议约定的价值200000元，假定投资协议约定的价值与公允价值相符，该项投资没有产生资本溢价。甲公司实收资本应增加（　　）元。

A. 170000 　　　　B. 222100

C. 226000 　　　　D. 200400

4. 甲公司注册资本为500万元，现有乙出资者出资现金300万元，使得注册资本增加到600万元，其中乙出资者占注册资本的比例为25%。甲公司接受乙出资者出资时，应计入资本公积的金额为（　　）万元。

A. 0 　　　　　　B. 150

C. 200 　　　　　D. 300

5. 股份有限公司采用收购本公司股票方式减资的，按注销股票的面值总额减少股本，购回股票支付的价款超过面值的部分，应依次冲减的会计科目是（　　）。

A. 盈余公积、资本公积、利润分配——未分配利润

B. 利润分配——未分配利润、资本公积、盈余公积

C. 利润分配——未分配利润、盈余公积、资本公积

D. 资本公积、盈余公积、利润分配——未分配利润

6. 甲股份公司委托某证券公司代理发行普通股100000股，每股面值1元，每股按1.2元的价格出售，按协议证券公司从发行收入中收取2%的手续费，从发行收入中扣除。甲公司计入资本公积的数额为（　　）元。

A. 20000 　　　　B. 17600

C. 120000 　　　　D. 0

7. 某股份有限公司股本为1000万元（每股面值1元），资本公积（股本溢价）为50万元，盈余公积为100万元。经股东大会批准以每股2元价格回购本公司股票100万股并予以注销，不考虑其他因素，下列关于该公司注销库存股的会计处理正确的是（　　）。

A. 借：股本　　　　　　1000000
　　　资本公积——股本溢价
　　　　　　　　　　　　500000
　　　盈余公积　　　　　500000
　　　　贷：库存股　　　　　2000000

B. 借：股本　　　　　　1000000
　　　资本公积——股本溢价
　　　　　　　　　　　　500000
　　　盈余公积　　　　　500000
　　　　贷：银行存款　　　2000000

C. 借：库存股　　　　　2000000
　　　　贷：银行存款　　　2000000

D. 借：股本　　　　　　2000000
　　　　贷：库存股　　　　　2000000

8. 某公司委托证券公司发行股票2000万股，每股面值1元，每股发行价格5元，向证券公司支付佣金120万元，该公司应记入"资本公积——股本溢价"科目的金额为（　　）万元。

A. 0 　　　　　　　B. 7880

C. 8000 　　　　　D. 9880

9. 甲股份有限公司委托乙证券公司发行普通股，股票面值总额2000万元，发行总额5000万元，发行费按发行总额的2%计算（不考虑其他因素），股票发行净收入全部收到。甲股份有限公司该笔业务记入"资本公积"科目的金额为（　　）万元。

A. 0 　　　　　　　B. 1900

C. 2900 　　　　　D. 3000

10. 甲股份有限公司委托证券公司代理发行普通股1000万股，每股股价1元，发行价格每股4元。证券公司按发行收入的

2% 收取手续费，该公司这项业务应计入资本公积的金额为（　　）万元。

A. 2920　　　　　　B. 2940

C. 2980　　　　　　D. 3000

11. 某公司公开发行普通股 100 万股，每股面值 1 元，每股发行价格为 10 元，按发行收入的 3% 向证券公司支付佣金，从发行收入中扣除，收到的款项已存入银行。不考虑其他因素，该公司发行股票应计入资本公积的金额为（　　）万元。

A. 893　　　　　　B. 970

C. 870　　　　　　D. 900

12. 某企业计划利用盈余公积转增资本 200 万元，企业注册资本金为 300 万元，企业累计计提的法定盈余公积为 100 万元，累计计提的任意盈余公积为 250 万元，该企业法定盈余公积转增资本的上限为（　　）万元。

A. 100　　　　　　B. 50

C. 25　　　　　　D. 0

13. 甲公司 2024 年 12 月 31 日的股本是 1000 万股，面值 1 元，资本公积（股本溢价）300 万元，盈余公积 100 万元，假定甲公司回购本公司股票 100 万股，以每股 2 元的价格收回，假定不考虑其他条件，则注销库存股时冲减的盈余公积是（　　）万元。

A. 100　　　　　　B. 200

C. 300　　　　　　D. 0

14. 某企业盈余公积年初余额为 80 万元，本年利润总额为 600 万元，所得税费用为 150 万元，按净利润的 10% 提取法定盈余公积，并将盈余公积 10 万元转增资本。该企业盈余公积年末余额为（　　）万元。

A. 60　　　　　　B. 105

C. 115　　　　　　D. 130

15. 甲公司 2024 年 12 月 31 日的股本是 1000 万股，面值 1 元，资本公积（股本溢价）300 万元，盈余公积 200 万元，假定甲公司回购本公司股票 200 万股，以每股 3 元

的价格收回，假定不考虑其他条件，则注销库存股时冲减的盈余公积是（　　）万元。

A. 100　　　　　　B. 200

C. 300　　　　　　D. 0

16. 某企业计划利用盈余公积转增资本 500 万元，企业注册资本金为 3000 万元，企业累计计提的法定盈余公积为 1000 万元，累计计提的任意盈余公积为 350 万元，该企业转增法定盈余公积的上限为（　　）万元。

A. 0　　　　　　B. 250

C. 500　　　　　　D. 1000

17. 甲公司年初"利润分配——未分配利润"借方余额 30 万元，当年实现利润总额 100 万元，所得税税率为 25%，法定盈余公积提取比例为 10%，则甲公司当年应提取盈余公积（　　）万元。

A. 10　　　　　　B. 8.25

C. 7　　　　　　D. 5.25

18. 企业用盈余公积转增资本时，应作的会计分录为（　　）。

A. 借：利润分配——盈余公积转增资本
　　　贷：盈余公积

B. 借：盈余公积
　　　贷：利润分配——盈余公积转增资本

C. 借：利润分配——盈余公积转增资本
　　　贷：股本

D. 借：盈余公积
　　　贷：实收资本

19. 甲公司盘盈固定资产一台，重置成本 10 万元，估计有八成新，该公司盈余公积提取比例为 10%，假设不考虑所得税，则该事项对甲公司期初留存收益的影响额为（　　）万元。

A. 10　　　　　　B. 9

C. 8　　　　　　D. 7.2

20. A 企业留存收益年初余额为 100 万元，本年利润总额为 800 万元，所得税税率为 25%，按净利润的 10% 提取法定盈余公

积，按净利润的 5% 提取任意盈余公积，将盈余公积 20 万元用于转增资本。A 企业年末留存收益余额为（   ）万元。

A. 680   B. 740

C. 700   D. 790

21. 某企业年初未分配利润余额为 – 100 万元，盈余公积年初余额为 100 万元，本年利润总额为 1000 万元，所得税税率为 25%，按净利润的 10% 提取法定盈余公积，并将盈余公积 50 万元转增资本。该企业盈余公积年末余额为（   ）万元。

A. 60   B. 115

C. 125   D. 130

22. 某企业 2024 年初的所有者权益情况如下：实收资本 2000 万元，资本公积 170 万元，盈余公积 380 万元，未分配利润 320 万元。则该企业 2024 年 1 月 1 日留存收益为（   ）万元。

A. 320   B. 380

C. 700   D. 870

23. 某企业年初所有者权益总额 160 万元，当年以其中的资本公积转增资本 50 万元。当年实现净利润 300 万元，提取盈余公积 30 万元，向投资者分配利润 20 万元。该企业年末所有者权益总额为（   ）万元。

A. 360   B. 410

C. 440   D. 460

24. 某公司 2024 年初所有者权益总额为 1360 万元，当年实现净利润 450 万元，提取盈余公积 45 万元，向投资者分配现金股利 200 万元，本年内以资本公积转增资本 50 万元。该公司年末所有者权益总额为（   ）万元。

A. 1565   B. 1595

C. 1610   D. 1795

25. 某企业年初未分配利润借方余额为 100 万元，当年净利润为 200 万元，按 10% 提取法定盈余公积，按 10% 提取任意盈余公积。该企业可供投资者分配的利润为（   ）万元。

A. 0   B. 80

C. 160   D. 240

26. 某公司 2024 年初所有者权益总额为 1500 万元，当年实现净利润 450 万元，提取盈余公积 45 万元，向投资者分配现金股利 200 万元，本年内以资本公积转增资本 50 万元，投资者追加现金投资 50 万元。该公司年末所有者权益总额为（   ）万元。

A. 1500   B. 1780

C. 1800   D. 1950

27. 某公司 2024 年初所有者权益总额为 2720 万元，当年实现净利润 900 万元，提取法定盈余公积 90 万元，向投资者分配现金股利 400 万元，投资者追加现金投资 80 万元。该公司 2024 年末所有者权益总额为（   ）万元。

A. 3130   B. 3190

C. 3280   D. 3300

28. 某企业年初未分配利润为 100 万元，本年实现的净利润为 200 万元，分别按 10% 提取法定盈余公积和任意盈余公积，向投资者分配利润 150 万元，该企业未分配利润为（   ）万元。

A. 10   B. 90

C. 100   D. 110

29. 某企业 2024 年 1 月 1 日所有者权益构成情况如下：实收资本 1500 万元，资本公积 100 万元，盈余公积 300 万元，未分配利润 200 万元。2024 年度实现利润总额为 600 万元，企业所得税税率为 25%。假定不存在纳税调整事项及其他因素，该企业 2024 年 12 月 31 日可供分配利润为（   ）万元。

A. 600   B. 650

C. 800   D. 1100

二、多项选择题

1. 某股份有限公司按法定程序报经批准后采用收购本公司股票方式减资，购回股票支付价款高于股票面值总额，所注销库存股账面余额与冲减股本的差额可能涉及的会计科目有（　　）。

A. 盈余公积

B. 利润分配——未分配利润

C. 营业外收入

D. 资本公积

2. 甲公司 2024 年 12 月 31 日的股本是 1000 万股，面值 1 元，资本公积（股本溢价）300 万元，盈余公积 100 万元，未分配利润是 300 万元，假定甲公司回购本公司股票 300 万股，以每股 3 元的价格收回，假定不考虑其他条件，下列说法中正确的有（　　）。

A. 冲减的股本是 300 万元

B. 冲减的资本公积是 300 万元

C. 冲减的盈余公积是 100 万元

D. 冲减的未分配利润是 200 万元

3. 下列各项中，可能引起资本公积变动的有（　　）。

A. 溢价发行股票相关的手续费、佣金等交易费用

B. 企业接受投资者投入的资本

C. 用资本公积转增资本

D. 注销库存股

4. 下列交易或事项中，影响企业资本公积变动的有（　　）。

A. 投资者实际出资额超过应出资额的部分

B. 企业股票发行价超过面值的部分

C. 企业支付股票发行费

D. 长期股权投资采用权益法核算，分享被投资单位除净损益、其他综合收益和利润分配以外的所有者权益变动的份额

5. A 公司和 B 公司均为增值税一般纳税人，适用的增值税税率为 13%，B 公司接受 A 公司投入商品一批，账面价值 50000 元，投资合同约定价值 60000 元，假设投资合同约定价值与公允价值相符，该投资未产生资本溢价，则 B 公司会计处理正确的有（　　）。

A. B 公司库存商品入账价值为 50000 元

B. B 公司库存商品入账价值为 60000 元

C. B 公司实收资本应增加 56500 元

D. B 公司实收资本应增加 67800 元

6. 甲公司 2024 年 12 月 31 日的股本为 10000 万股，每股面值为 1 元，资本公积（股本溢价）4000 万元，盈余公积 1500 万元。经股东大会批准，甲公司以银行存款回购本公司股票 1500 万股并注销，每股回购价为 4 元。下列各项中，会计处理正确的有（　　）。

A. 回购库存股时使所有者权益减少 6000 万元

B. 注销库存股时减少资本公积 4500 万元

C. 注销库存股时不影响所有者权益总额

D. 注销库存股时使股本减少 1500 万元

7. 某上市公司发行普通股 1000 万股，每股面值 1 元，每股发行价格 5 元，支付手续费 20 万元，支付咨询费 60 万元。下列说法中正确的有（　　）。

A. 股本的金额为 1000 万元

B. 股本的金额为 5000 万元

C. 资本公积的金额为 4920 万元

D. 资本公积的金额为 3920 万元

8. 下列会计事项中，不会引起留存收益总额发生增减变动的有（　　）。

A. 收到投资者以非现金资产投入的资本

B. 按照规定注销库存股

C. 以资本公积转增资本

D. 按照规定提取盈余公积

9. 下列各项中，能够影响可供分配利润增减变动的有（　　）。

A. 年初未分配利润

B. 提取法定盈余公积

C. 提取任意盈余公积

D. 当年实现的净利润

10. 甲公司为增值税一般纳税人，年初收到乙公司投入设备注明价款 100 万元，增值税税额 13 万元，合同约定设备的价款 120 万元（价值公允），甲公司收到乙公司投资后注册资金共 1000 万元，乙公司占 10% 的股权，以下会计处理正确的

有（　　）。

A. 实收资本入账金额为113万元

B. 接受投资产生的资本溢价35.6万元

C. 实收资本增加20万元

D. 准予抵扣的进项税额15.6万元

11. 甲公司2024年12月31日的股本是1000万股，面值1元，资本公积（股本溢价）300万元，盈余公积100万元，未分配利润是300万元，假定甲公司回购本公司股票300万股，以每股3元的价格收回，假定不考虑其他条件，下列说法中正确的有（　　）。

A. 冲减的股本是900万元

B. 冲减的资本公积是300万元

C. 冲减的盈余公积是100万元

D. 冲减的未分配利润是200万元

12. 下列关于盈余公积的表述，错误的有（　　）。

A. 盈余公积是指企业按照规定从利润总额中提取的积累资金

B. 法定盈余公积累计额达到注册资本的50%时可不再提取

C. 企业的法定盈余公积必须按照净利润的10%的比例提取

D. 企业可随意提取任意盈余公积

13. 下列各项中，年度终了需要转入"利润分配——未分配利润"科目的有（　　）。

A. 本年利润

B. 利润分配——应付现金股利或利润

C. 利润分配——盈余公积补亏

D. 利润分配——提取法定盈余公积

14. 下列各项中，利润分配所属明细科目年末一定无余额的有（　　）。

A. 盈余公积补亏

B. 提取法定盈余公积

C. 应付现金股利

D. 未分配利润

三、判断题

1. 企业清算时，只有在清偿所有的负债后，所有者权益才返还给所有者。（　　）

2. 企业接受投资者以固定资产投资时，必须按投资合同或协议约定的价值确认资产的入账价值。（　　）

3. "其他权益工具"属于损益类科目。（　　）

4. 其他权益工具包括普通股、优先股、永续债等。（　　）

5. 资本公积是企业从历年实现的利润中提取或形成的留存于企业的、来源于企业生产经营活动实现的利润。（　　）

6. 企业在一定期间发生亏损，则企业在这一会计期间的所有者权益一定减少。（　　）

7. 企业用盈余公积弥补亏损时，应借记"盈余公积"科目，贷记"利润分配——盈余公积补亏"科目。（　　）

8. 企业股东会或类似机构通过的利润分配方案中确定分配的现金股利，应确认为应付股利。（　　）

9. 对于归类为权益工具的金融工具，无论其名称中是否包含"股"，其利息支出或股利分配原则上按照借款费用进行处理，其回购或赎回产生的利得或损失等计入当期损益。（　　）

10. 未在当期损益中确认的各项利得和损失，应当计入其他综合收益，且不得撤销。（　　）

11. 将以公允价值计量且其变动计入其他综合收益的金融资产投资重分类为以摊余成本计量的金融资产的，原计入其他综合收益的累计利得可以转出。（　　）

12. 提取法定盈余公积会使所有者权益增加。（　　）

13. 企业回购本公司股票，依法注销时，回购价大于对应股本的，按注销股票的回购价与其面值的差额调整"资本公积——股本溢价"；"资本公积——股本溢价"不足以冲减的，依次冲减盈余公积和未分配利润。（　　）

14. 留存收益是指企业从历年实现的利润中提取或形成的留存于企业的内部积累，包括其他综合收益、盈余公积和未分配利润。（　　）

15. 年末，"利润分配"科目如为借方余额，表示累计未分配利润；如为贷方余额，表示累计未弥补亏损。（　　）

四、不定项选择题

1. 甲股份有限责任公司（以下简称"甲公司"）2024年所有者权益变化情况如下：
（1）2024年初股本总额为1000万股，每股面值为1元；资本公积为2000万元；盈余公积为5000万元；未分配利润为600万元。甲公司占A公司有表决权股份的25%。
（2）2月1日，接受B公司投资500万元，使甲公司股本总额增加至1200万元。
（3）12月31日，A公司其他权益下降80万元。
（4）2024年实现净利润1000万元，按净利润的10%提取法定盈余公积。
（5）宣告发放现金股利100万元。
要求：根据上述资料，不考虑其他因素，分析回答下列问题。
（1）下列各项中，不会引起甲公司所有者权益总额发生增减变动的是（　　）。
　A. 计提盈余公积
　B. 资本公积转增资本
　C. 盈余公积转增资本
　D. 盈余公积补亏
（2）下列说法中，正确的是（　　）。
　A. 接受B公司投资，使股本增加500万元
　B. 接受B公司投资，使股本增加200万元
　C. 接受B公司投资，使资本公积增加300万元
　D. 接受B公司投资，使所有者权益总额增加500万元
（3）2024年A公司因其他权益下降，甲公司处理正确的是（　　）。
　A. 甲公司不需要进行处理
　B. 甲公司确认其他综合收益80万元
　C. 甲公司确认资本公积-20万元

D. 甲公司长期股权投资账面价值增加20万元
（4）2024年提取法定盈余公积的基数为（　　）万元。
　A. 1600　　　　B. 600
　C. 1000　　　　D. 5000
（5）甲公司宣告发放现金股利100万元，下列说法中正确的是（　　）。
　A. 甲公司所有者权益不变
　B. 甲公司所有者权益增加
　C. 甲公司所有者权益减少
　D. 甲公司负债增加

2. 某股份有限公司适用的所得税税率为25%，2024年有关交易或事项如下：
（1）1月初，该公司股东权益总额是20500万元，其中股本为10000万元（股数10000万股，每股1元），资本公积为3000万元，盈余公积为6000万元，未分配利润为1500万元。
（2）经股东大会决议并报有关部门核准，6月28日该公司以银行存款回购本公司股票100万股，每股回购的价格为5元，每股原发行价格为1元，7月3日将回购的股票100万股注销。
（3）当年实现利润总额为1800万元，其中相关会计处理与税法规定存在差异事项为：
①支付税收滞纳金300万元已计入营业外支出；
②本年取得的国债利息收入100万元已经计入投资收益，不考虑递延所得税。
（4）根据股东大会批准的利润分配方案，该公司按实现净利润的10%提取法定盈余公积；按实现净利润的10%提取任意盈余公积；向股东分配现金股利400万元。
要求：根据上述资料，不考虑其他因素，分析回答下列问题。
（1）根据资料（1），1月初，该公司留存收益的金额为（　　）万元。
　A. 10500　　　　B. 9000
　C. 4500　　　　D. 7500

（2）根据资料（2），下列各项中，关于回购与注销本公司股票的会计处理结果正确的是（　　）。

A. 7 月 3 日注销库存股冲减股本 100 万元

B. 6 月 28 日回购股票确认库存股增加 100 万元

C. 6 月 28 日回购股票确认库存股增加 500 万元

D. 7 月 3 日注销库存股冲减资本公积 200 万元

（3）根据资料（3），下列各项中，该公司的会计处理正确的是（　　）。

A. 交纳所得税：

借：所得税费用　　　500

　　贷：应交税费——应交所得税

　　　　　　　　　　　500

B. 交纳所得税：

借：所得税费用　　　450

　　贷：应交税费——应交所得税

　　　　　　　　　　　450

C. 将本年利润结转至未分配利润时：

借：本年利润　　　1300

　　贷：利润分配——未分配利润

　　　　　　　　　　1300

D. 将本年利润结转至未分配利润时：

借：本年利润　　　1350

　　贷：利润分配——未分配利润

　　　　　　　　　　1350

（4）根据资料（4），下列各项中，该公司 2024 年未分配利润的年末余额为（　　）万元。

A. 640　　　　　　B. 2140

C. 670　　　　　　D. 2170

（5）根据资料（1）~（4），2024 年 12 月 31 日该公司资产负债表"股东权益"下列项目期末余额填列正确的是（　　）。

A. 库存股无余额

B. 资本公积 2600 万元

C. 股本 9900 万元

D. 盈余公积 6260 万元

3. 2024 年初甲股份有限公司所有者权益共计 8600 万元，其中股本 5000 万元，资本公积 1000 万元，盈余公积 2000 万元，未分配利润 600 万元。2024 年度甲公司发生有关所有者权益业务如下：

（1）2 月 1 日，经批准增发普通股股票 500 万股，每股面值 1 元，每股发行价格为 4 元，按照发行收入的 3% 支付手续费和佣金。股票已全部发行完毕，所收股款存入该公司开户银行。

（2）10 月 8 日，经股东大会批准，该公司以每股 3 元价格回购本公司股票 600 万股（每股面值 1 元），并在规定时间内注销回购的股票。

（3）2024 年度实现净利润 1000 万元。年末，按净利润的 10% 提取法定盈余公积；经股东大会批准，按净利润的 5% 提取任意盈余公积，并宣告发放现金股利 100 万元。

要求：根据上述资料，不考虑其他因素，分析回答下列问题。

（1）根据资料（1），甲公司发行股票记入"资本公积——股本溢价"科目的金额是（　　）万元。

A. 1500　　　　　B. 2000

C. 1940　　　　　D. 1440

（2）根据期初资料、资料（1）和资料（2），下列各项中，甲公司注销股票的会计处理结果正确的是（　　）。

A. 冲减资本公积 1800 万元

B. 冲减股本 600 万元

C. 冲减盈余公积 1200 万元

D. 冲减资本公积 1200 万元

（3）根据期初资料和资料（3），下列各项中，甲公司利润分配业务的会计处理表述正确的是（　　）。

A. "应付股利"科目贷方增加 100 万元

B. "资本公积"科目贷方增加 750 万元

C. "盈余公积"科目贷方增加 150
万元

D. "利润分配——未分配利润"科
目贷方增加 750 万元

（4）根据期初资料、资料（1）~（3），下
列各项中，不影响所有者权益总额的
业务是（　　）。

A. 注销回购股票 600 万股

B. 按净利润的 5% 计提任意盈余公积

C. 向投资者宣告发放现金股利 100
万元

D. 按净利润的 10% 计提法定盈余
公积

（5）根据期初资料、资料（1）~（3），
2024 年 12 月 31 日甲公司资产负债表
中所有者权益总额是（　　）万元。

A. 9640　　　　B. 9740

C. 9700　　　　D. 11440

4. 2024 年初甲公司所有者权益总额为 4500
万元，其中股本 3000 万元，资本公积 100
万元，盈余公积 900 万元，未分配利润
500 万元，本年发生如下业务：

（1）甲公司发行股票 400 万股，每股面值
1 元，发行价每股 5 元，支付股票发行费
60 万元。

（2）当年实现利润总额 5015 万元，其中
国债利息收入 25 万元，当年税收滞纳金
10 万元，无其他调整事项。

（3）股东大会批准回购本公司股票 100 万
股并注销，回购价每股 4 元。

（4）甲公司拥有乙公司 30% 的股权，采
用权益法核算，当年乙公司除净损益、其
他综合收益和利润分配以外所有者权益增
加 100 万元。

要求：根据上述资料，不考虑其他因素，
分析回答下列问题。

（1）根据资料（1），下列各项中，甲公
司会计处理正确的是（　　）。

A. 财务费用增加 60 万元

B. 股本增加 400 万元

C. 资本公积增加 1540 万元

D. 银行存款增加 1940 万元

（2）甲公司适用的所得税税率为 25%，
根据资料（2），2023 年甲公司净利
润为（　　）万元。

A. 3761.25　　　B. 3772.5

C. 3750　　　　D. 3765

（3）根据资料（3），下列各项中，甲公
司股票回购的会计处理正确的是
（　　）。

A. 增加股本 100 万元

B. 减少库存股 100 万元

C. 银行存款减少 400 万元

D. 资本公积减少 300 万元

（4）根据资料（4），下列各项中，关于
甲公司长期股权投资业务对财务报表
项目影响正确的是（　　）。

A. 长期股权投资增加 30 万元

B. 投资收益增加 30 万元

C. 资本公积增加 30 万元

D. 其他综合收益增加 30 万元

（5）根据资料（1）~（4），甲公司 2024
年末各所有者权益项目金额正确的是
（　　）。

A. 股本 3300 万元

B. 资本公积 1370 万元

C. 未分配利润 8750 万元

D. 所有者权益总额 14320 万元

5. 2024 年 1 月 1 日，甲股份有限公司所有者
权益的年初总额为 9200 万元，其中：股
本 4000 万元，资本公积 2000 万元，盈余
公积 1200 万元，未分配利润 2000 万元。
2024 年，公司发生相关业务资料如下：

（1）经股东大会批准并已履行相应增资手
续，将资本公积 500 万元转增股本。

（2）经股东大会批准，宣告发放现金股利
800 万元。

（3）委托证券公司发行普通股 100 万股，
每股面值 1 元，每股发行价格 5 元。按照
发行价的 2% 向证券公司支付相关发行费
用（不考虑增值税）。

（4）甲公司当年实现净利润 200 万元，按

净利润的 10% 提取法定盈余公积。

要求：根据上述资料，不考虑其他因素，分析回答下列问题（选项中的金额单位用万元表示）。

（1）根据资料（1），下列各项中，关于该公司以资本公积转增股本的会计处理结果表述正确的是（　　）。

　　A. 股本增加 500 万元

　　B. 留存收益总额不变

　　C. 所有者权益总额增加 500 万元

　　D. 留存收益增加 500 万元

（2）根据资料（2），下列表述正确的是（　　）。

　　A. 所有者权益减少 800 万元

　　B. 留存收益总额不变

　　C. 留存收益减少 800 万元

　　D. 负债增加 800 万元

（3）根据资料（3），甲公司增发股票计入资本公积的金额是（　　）万元。

　　A. 500　　　　　　B. 390

　　C. 490　　　　　　D. 400

（4）根据资料（4），关于计提盈余公积，下列表述正确的是（　　）。

　　A. 盈余公积增加 20 万元

　　B. 留存收益增加 20 万元

　　C. 所有者权益增加 20 万元

　　D. 留存收益总额不变

（5）根据期初资料和资料（1）~（4），2024 年 12 月 31 日甲公司所有者权益的余额为（　　）万元。

　　A. 8890　　　　　B. 9390

　　C. 8910　　　　　D. 9090

提高演练参考答案及解析

一、单项选择题

1. 【答案】A　【解析】回购股票时：

借：库存股　　　　　　　400

　　贷：银行存款　　　　　　　400

注销股份时：

借：股本　　　　　　　　200

　　资本公积——股本溢价　200

　　贷：库存股　　　　　　　400

2. 【答案】D　【解析】甲企业实收资本增加 = 120000 + 15600 = 135600（元）。

3. 【答案】C

　【解析】借：原材料　　　200000

　　　　　　　应交税费——应交增值税（进项税额）（200000 × 13%）

　　　　　　　　　　　　　26000

　　　　　　贷：实收资本　　226000

4. 【答案】B　【解析】应计入资本公积的金额 = 300 − 600 × 25% = 150（万元）。

5. 【答案】D　【解析】注销时，购回股票支付的价款高于面值总额的，按其差额借记"资本公积——股本溢价"科目。股本溢价不足冲减的，应依次冲减盈余公积、利润分配——未分配利润，即借记"盈余公积""利润分配——未分配利润"等科目。

6. 【答案】B　【解析】100000 × 1.2 × (1 − 2%) − 100000 × 1 = 17600（元）。

7. 【答案】A　【解析】注销股票时，按股票面值和注销股数计算的总额冲减股本，按注销库存股的账面余额与所冲减股本的差额冲减股本溢价，股本溢价不足冲减的，应依次冲减盈余公积和未分配利润。

8. 【答案】B　【解析】该公司应记入"资本公积——股本溢价"科目的金额 = 2000 × (5 − 1) − 120 = 7880（万元）。

9. 【答案】C　【解析】计入资本公积的金额 = 5000 − 2000 − 5000 × 2% = 2900（万元）。

10. 【答案】A　【解析】发行股票支付的手续费 = 1000 × 4 × 2% = 80（万元）；发行股票相关的手续费等交易费用，在溢价发行时，应从溢价中扣除，冲减资本公积。所以计入资本公积的金额 = 1000 × 4 − 1000 − 80 = 2920（万元）。

11. 【答案】C 【解析】应计入资本公积的金额 $= 100 \times 10 - 100 \times 1 - 100 \times 10 \times 3\% = 870$（万元）。

12. 【答案】C 【解析】该企业注册资本金为 300 万元，按照《公司法》规定，法定盈余公积转增后留存下来的部分不得低于转增前注册资本金的 25%，即留存下的法定盈余公积不低于 75 万元（$300 \times 25\%$），最多转增法定盈余公积 25 万元（$100 - 75$）。

13. 【答案】D 【解析】注销库存股时，如果回购价大于回购股份对应的股本，先冲减资本公积，资本公积不足冲减的再冲减盈余公积和未分配利润，本题中，回购的库存股一共 200 万元，对应股本为 100 万元，差额 100 万元，所以只需冲减资本公积 100 万元，不需要再冲减盈余公积。

14. 【答案】C 【解析】盈余公积期末余额 $= 80 + (600 - 150) \times 10\% - 10 = 115$（万元）。

15. 【答案】A 【解析】注销库存股时，如果回购价大于回购股份对应的股本，先冲减资本公积，资本公积不足冲减的再冲减盈余公积，本题中，回购的库存股一共 600 万元，对应股本为 200 万元，差额为 400 万元，所以应该先冲减资本公积 300 万元，再冲减盈余公积 100 万元。

16. 【答案】B 【解析】该企业注册资本金为 3000 万元，按照《公司法》规定，法定盈余公积转增后留存下来的部分不得低于转增前注册资本金的 25%，即留存下的法定盈余公积不低于 750 万元（$3000 \times 25\%$），最多转增法定盈余公积 250 万元（$1000 - 750$）。

17. 【答案】D 【解析】（1）弥补亏损后利润总额 $= 100 - 30 = 70$（万元）；（2）所得税 $= 70 \times 25\% = 17.5$（万元）；（3）提取盈余公积 $= (70 - 17.5) \times 10\% = 5.25$（万元）。

18. 【答案】D 【解析】"盈余公积"借方登记用盈余公积弥补亏损和转增资本的实际数额。盈余公积转增资本时应当借记"盈余公积"科目，贷记"实收资本"科目。

19. 【答案】C 【解析】该业务的会计分录为：

借：固定资产（10×0.8）　　 8
　　贷：以前年度损益调整　　　　 8
借：以前年度损益调整　　　　 8
　　贷：盈余公积（$8 \times 10\%$）　 0.8
　　　利润分配——未分配利润
　　　　　　　　　　　　　　　 7.2

20. 【答案】A 【解析】企业提取盈余公积，将使其留存收益内部盈余公积和"未分配利润"两个项目的金额一增一减，增减金额相等，留存收益总额不变。因此，留存收益年末余额 $= 100 + (800 - 800 \times 25\%) - 20 = 680$（万元）。

21. 【答案】B 【解析】如果以前年度有未弥补的亏损，应先弥补以前年度亏损再提取盈余公积，即盈余公积年末余额 $= 100 + [1000 \times (1 - 25\%) - 100] \times 10\% - 50 = 115$（万元）。

22. 【答案】C 【解析】留存收益 = 盈余公积 + 未分配利润 $= 380 + 320 = 700$（万元）。

23. 【答案】C 【解析】资本公积转增资本、提取盈余公积不影响所有者权益总额；向投资者分配利润使所有者权益减少；该公司年末所有者权益总额 $= 160 + 300 - 20 = 440$（万元）。

24. 【答案】C 【解析】期末所有者权益总额 = 期初所有者权益总额（1360）+ 本期净利润（450）- 现金股利（200）= 1610（万元）。

25. 【答案】B 【解析】该企业可供投资者分配的利润 = 当年实现的净利润（或净亏损）+ 年初未分配利润（或 - 年初未弥补亏损）+ 其他转入 $= (-100 + 200) \times (1 - 20\%) + 0 = 80$（万元）。

26. 【答案】C 【解析】以资本公积转增资

本、提取盈余公积是所有者权益内部项目的变化，并不影响所有者权益总额，向投资者分配利润减少所有者权益总额，实现净利润、接受现金投资增加所有者权益，因此该公司 2024 年末所有者权益总额 = 1500 + 450 − 200 + 50 = 1800（万元）。

27.【答案】D 【解析】该公司年末所有者权益总额 = 2720 + 900 − 400 + 80 = 3300（万元）。

28.【答案】D 【解析】期末未分配利润 = 期初未分配利润（100）+ 本期净利润（200）− 盈余公积（40）− 分配利润（150）= 110（万元）。

29.【答案】B 【解析】期末可供分配利润 = 200 + 600 − 600 × 25% = 650（万元）。

二、多项选择题

1.【答案】ABD 【解析】如果购回股票支付的价款高于面值总额，注销股票时，按股票面值和注销股数计算的总额冲减股本，按注销库存股的账面余额与所冲减股本的差额冲减股本溢价，股本溢价不足以冲减的，应依次冲减盈余公积、利润分配——未分配利润。

2.【答案】ABCD 【解析】注销库存股时，如果回购价大于回购股份对应的股本，先冲减资本公积，股本溢价不足冲减的，应借记"盈余公积""利润分配——未分配利润"科目。本题中，回购的库存股一共 900 万元，对应股本为 300 万元，差额 600 万元，所以应该先冲减资本公积 300 万元，再冲减"盈余公积"100 万元，冲减"利润分配——未分配利润"200 万元。因此四个选项均正确。

3.【答案】ABCD 【解析】溢价发行股票相关的手续费、佣金等交易费用冲减资本公积；企业接受投资超过注册资本的部分计入资本公积；用资本公积转增资本使资本公积减少；注销库存股，如果回购价大于回购股份对应的股本，应冲减资本公积。

4.【答案】ABCD 【解析】选项 A、B 使资本公积增加；选项 C 需要冲减资本公积；选项 D 记入"资本公积——其他资本公积"科目，也导致资本公积发生变动。

5.【答案】BD 【解析】合同约定价值为公允价值则按合同约定价值作为库存商品入账价值，B 公司实收资本增加 = 60000 ×（1 + 13%）= 67800（元）。

6.【答案】ACD 【解析】库存股属于所有者权益，注销库存股不影响所有者权益总额。会计分录是：
（1）回购：
借：库存股　　　　　　60000000
　　贷：银行存款　　　　　60000000
（2）注销：
借：股本　　　　　　　15000000
　　资本公积——股本溢价
　　　　　　　　　　　40000000
　　盈余公积　　　　　 5000000
　　贷：库存股　　　　　　60000000

7.【答案】AD 【解析】股本的金额 = 1000 × 1 = 1000（万元）。资本公积的金额 = 1000 ×（5 − 1）− 20 − 60 = 3920（万元）。

8.【答案】ACD 【解析】选项 A，会影响实收资本的变化，也可能会引起资本公积的变化，但不会引起留存收益的变化；选项 B，可能会引起留存收益的变化（企业"资本公积——股本溢价"科目余额不足时依次冲减盈余公积和未分配利润）；选项 C，会引起股本和资本公积的变化，不会引起留存收益的变化；选项 D，会引起留存收益结构的变化，不会引起留存收益总额发生变化。

9.【答案】AD 【解析】可供分配利润 = 当年的净利润（或净亏损）+ 年初未分配利润 + 其他转入。

10.【答案】BD 【解析】该业务的账务处理为：
借：固定资产　　　　　　120
　　应交税费——应交增值税（进项税额）　　　　　　　15.6

贷：实收资本　　　　　　 100

　　资本公积——资本溢价

　　　　　　　　　　　　 35.6

11. 【答案】BCD 【解析】注销库存股时，如果回购价大于回购股份对应的股本，先冲减资本公积，股本溢价不足冲减的，应借记"盈余公积""利润分配——未分配利润"科目。本题中，回购的库存股一共 900 万元，对应股本为 300 万元，差额 600 万元，所以应该先冲减资本公积 300 万元，再冲减"盈余公积"100 万元，冲减"利润分配——未分配利润"200 万元。

12. 【答案】ACD 【解析】按照公司法有关规定，公司制企业应按照净利润（减弥补以前年度亏损）的 10% 提取法定盈余公积，因此选项 A 错误。非公司制企业法定盈余公积的提取比例可超过净利润的 10%，因此选项 C 错误。公司制企业可根据股东会的决议提取任意盈余公积。非公司制企业经类似权力机构批准，也可提取任意盈余公积，选项 D 错误。

13. 【答案】ABCD 【解析】期末"本年利润"科目的余额应该转入"利润分配——未分配利润"科目；而当期的利润分配事项中利润分配的明细科目如"应付现金股利或利润""盈余公积补亏""提取法定盈余公积"等都要转入"未分配利润"明细科目。

14. 【答案】ABC 【解析】除未分配利润外，利润分配所属其他明细科目年末均无余额。

三、判断题

1. 【答案】√ 【解析】所有者权益具有以下特征：（1）除非发生减资、清算或分派现金股利，企业不需要偿还所有者权益；（2）企业清算时，只有在清偿所有的负债后，所有者权益才返还给所有者；（3）所有者凭借所有者权益能够参与企业利润的分配。

2. 【答案】× 【解析】企业以非现金资产投入的，应按投资合同或协议约定价值入账，但投资合同或协议约定价值不公允的除外。

3. 【答案】× 【解析】"其他权益工具"属于所有者权益类科目。因此，本题表述错误。

4. 【答案】× 【解析】其他权益工具是企业发行的除普通股以外的按照准则规定归类为权益工具的各种金融工具，如优先股、永续债等。

5. 【答案】× 【解析】留存收益是企业从历年实现的利润中提取或形成的留存于企业的、来源于企业生产经营活动实现的利润。

6. 【答案】× 【解析】企业在一定期间发生亏损，由此可能会导致所有者权益的减少。由于所有者权益中有些项目与盈亏无关（如实收资本和资本公积），因此不能说企业在一定期间发生亏损，则所有者权益一定减少。

7. 【答案】√

8. 【答案】√ 【解析】相应的会计分录为：借：利润分配——应付现金股利或利润，贷：应付股利。

9. 【答案】× 【解析】其他权益工具账务处理的基本原则：对于归类为权益工具的金融工具，无论其名称中是否包含"债"，其利息支出或股利分配都应当作为发行企业的利润分配，其回购、注销等作为权益的变动处理；对于归类为金融负债的金融工具，无论其名称中是否包含"股"，其利息支出或股利分配原则上按照借款费用进行处理，其回购或赎回产生的利得或损失等计入当期损益。

10. 【答案】× 【解析】其他综合收益，是指企业根据其他会计准则规定未在当期损益中确认的各项利得和损失，包括以后会计期间不能重分类进损益的其他综合收益和以后会计期间满足规定条件时将重分类进损益的其他综合收益两类。

11. 【答案】√ 【解析】将以公允价值计量

且其变动计入其他综合收益的金融资产
重分类为以摊余成本计量的金融资产的，
按规定可以将原计入其他综合收益的累
计利得或损失转出。

12.【答案】× 【解析】提取法定盈余公积
是所有者权益内部组成项目的一增一减，
不会导致所有者权益发生变动。

13.【答案】√ 【解析】注销库存股时：
如果回购价大于回购股份对应的股本：
借：股本（每股面值×注销股数）
　　资本公积——股本溢价（差额）
　　盈余公积
　　利润分配——未分配利润
　　贷：库存股（每股回购价格×注销
　　　　股数）
如果回购价小于回购股份对应的股本：
借：股本（每股面值×注销股数）
　　贷：库存股（每股回购价格×注销
　　　　股数）
　　　　资本公积——股本溢价（差额）

14.【答案】× 【解析】留存收益不包括其
他综合收益。

15.【答案】× 【解析】年末，"利润分配"
科目，借方余额表示累计未弥补亏损，
贷方余额表示累计未分配利润。

四、不定项选择题

1.（1）【答案】ABCD 【解析】四个选项均
使所有者权益内部发生变动，不会引
起所有者权益总额发生变动。

（2）【答案】BCD 【解析】接受B公司投
资，使股本增加200万元，使资本公
积增加300万元，使所有者权益总额
增加500万元。

（3）【答案】C 【解析】2024年A公司因
其他权益下降，甲公司账务处理为：
借：资本公积——其他资本公积
　　　　　　200000
　　贷：长期股权投资　200000

（4）【答案】C 【解析】计提盈余公积的
基数不应包括企业年初未分配利润。

（5）【答案】CD 【解析】甲公司宣告发
放现金股利，借记"利润分配"科
目，贷记"应付股利"科目。

2.（1）【答案】D 【解析】留存收益包括盈
余公积和未分配利润，该公司1月初
留存收益的金额=6000+1500=7500
（万元）。

（2）【答案】AC 【解析】回购股份，应
以回购价确认库存股增加；注销库存
股，首先要按股份的面值冲减股本，
注销库存股余额与股本差额冲减资本
公积，资本公积不足的依次冲减盈余
公积和未分配利润，本题冲减资本公
积的金额=500-100=400（万元）。

（3）【答案】AC 【解析】应纳税所得
额=1800+300-100=2000（万元）；
所得税费用=2000×25%=500（万
元）；净利润=1800-500=1300（万
元）。

（4）【答案】B 【解析】2024年末未分配
利润=1500+1300-1300×（10%+
10%）-400=2140（万元）。

（5）【答案】ABCD 【解析】回购的库存
股已经注销，所以期末无余额；资本
公积期末余额=3000-400=2600
（万元）；股本期末余额=10000-
100=9900（万元）；盈余公积期末余
额=6000+1300×（10%+10%）=
6260（万元）。

3.（1）【答案】D 【解析】记入"资本公
积——股本溢价"科目的金额=500×
（4-1）-500×4×3%=1440（万元）。
资料（1）会计分录：
借：银行存款（500×4-500×4×3%）
　　　　　　1940
　　贷：股本（500×1）　500
　　　　资本公积——股本溢价（倒
　　　　挤）　　　　1440

（2）【答案】BD 【解析】资料（2）会计
分录：
回购时：

借：库存股　　　　　1800
　　贷：银行存款　　　　1800
注销时：
借：股本　　　　　　600
　　资本公积——股本溢价（倒挤）
　　　　　　　　　　1200
　　贷：库存股　　　　1800

（3）【答案】ACD　【解析】资料（3）会
计分录：
结转实现净利润时：
借：本年利润　　　　1000
　　贷：利润分配——未分配利润
　　　　　　　　　　1000
提取盈余公积时：
借：利润分配——提取法定盈余公积
　　（1000×10%）　100
　　　　　——提取任意盈余公积
　　　　　（1000×5%）
　　　　　　　　　　50
　　贷：盈余公积——法定盈余公积
　　　　　　　　　　100
　　　　　——任意盈余公积
　　　　　　　　　　50
宣告发放现金股利时：
借：利润分配——应付现金股利或
　　利润　　　　　　100
　　贷：应付股利　　　　100
将"利润分配"科目所属其他明细科
目的余额结转至"未分配利润"明细
科目：
借：利润分配——未分配利润
　　　　　　　　　　250
　　贷：利润分配——提取法定盈余
　　　　公积　　　　100
　　　　　——提取任意盈余
　　　　公积　　　　50
　　　　　——应付现金股利
　　　　或利润　　　100

（4）【答案】ABD　【解析】选项C，导致
所有者权益减少。

（5）【答案】A　【解析】2024年12月31

日该公司资产负债表中所有者权益总
额＝8600（期初）＋500［资料（1）］＋
1440［资料（1）］－1800［资料（2）］＋
1000［资料（3）］－100［资料（3）］＝
9640（万元）。

4.（1）【答案】BCD　【解析】甲公司的会计
处理为：
借：银行存款（5×400－60）
　　　　　　　　19400000
　　贷：股本（1×400）
　　　　　　　　4000000
　　　　资本公积——股本溢价（4×
　　　　400－60）　15400000

（2）【答案】D　【解析】甲公司2024年
应税所得＝5015－25＋10＝5000（万
元）；净利润＝5015－5000×25%＝
3765（万元）。

（3）【答案】CD　【解析】甲公司回购股
票的会计处理为：
借：库存股　　　　4000000
　　贷：银行存款　　4000000
借：股本　　　　　1000000
　　资本公积——股本溢价
　　　　　　　　　3000000
　　贷：库存股　　　4000000

（4）【答案】AC　【解析】该笔业务的会
计处理为：
借：长期股权投资　300000
　　贷：资本公积　　　300000

（5）【答案】AB　【解析】股本＝3000＋
400－100＝3300（万元）；资本公积＝
100＋1540＋30－300＝1370（万元）；
盈余公积＝900万元；未分配利润＝
500＋3765＝4265（万元）；所有者权
益合计＝3300＋1370＋900＋4265＝
9835（万元）。

5.（1）【答案】AB　【解析】
借：资本公积　　　　　500
　　贷：股本　　　　　　500
该业务不会引起留存收益的变化，也
不会引起所有者权益总额的变化，资

本公积减少 500 万元，股本增加 500 万元。因此选项 A、B 正确，选项 C、D 错误。

（2）【答案】ACD 【解析】资料（2）的账务处理：

借：利润分配　　　　800

　　贷：应付股利　　　　　800

本业务引起负债增加 800 万元，所有者权益减少 800 万元，留存收益减少 800 万元，因此选项 A、C、D 正确。

（3）【答案】B 【解析】资料（3）的账务处理：

借：银行存款（100×5−100×5×2%）

　　　　　　　　　　490

　　贷：股本　　　　　100

　　　　资本公积——股本溢价

　　　　　　　　　　390

（4）【答案】AD 【解析】计提盈余公积的账务处理：

借：利润分配　　　　20

　　贷：盈余公积　　　　20

引起盈余公积增加 20 万元，引起的是留存收益内容一增一减，总额不变，所有者权益总额不变。因此选项 A、D 正确。

（5）【答案】D 【解析】2024 年 12 月 31 日甲公司所有者权益的余额 = 9200 + 500 − 500 − 800 + 100 + 390 + 200 − 20 + 20 = 9090（万元）。

第七章 收入、费用和利润

重难点分析

本章是全书的重点章节之一，也是历年来初级考试的难点。收入经常与资产、费用和利润结合在一起出题，且各种考试题型都可能涉及，从历年的考试来看，本章所占分值较大，一般在20分左右。

2025年本章教材增加了委托代销业务收入确认的举例，删除了特定交易中售后回购的会计处理。费用和利润的内容无实质变化。

基本内容框架

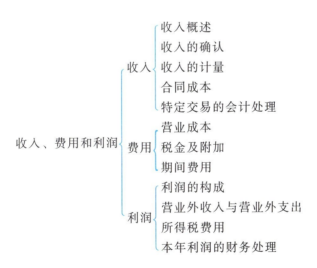

收入、费用和利润
- 收入
  - 收入概述
  - 收入的确认
  - 收入的计量
  - 合同成本
  - 特定交易的会计处理
- 费用
  - 营业成本
  - 税金及附加
  - 期间费用
- 利润
  - 利润的构成
  - 营业外收入与营业外支出
  - 所得税费用
  - 本年利润的财务处理

基 础 训 练

一、单项选择题

1. 下列各项中，不符合会计要素收入定义的是（　　）。
   A. 出售材料收入
   B. 出售单独计价的包装物收取的价款
   C. 销售商品收入
   D. 固定资产报废净收益

2. 下列各项中，属于制造业企业主营业务收入的是（　　）。
   A. 销售原材料收入
   B. 出租包装物租金收入
   C. 出售生产设备净收益
   D. 销售产品收入

3. 企业取得合同发生的、预计能够收回的增量成本应记入（　　）科目。
   A. 合同履约成本　　B. 合同资产
   C. 主营业务成本　　D. 合同取得成本

4.（　　）是企业确认客户合同收入的前提。
　　A. 合同　　　　　B. 收款
　　C. 风险转移　　　D. 所有权转移

5. 对于某一时点履行的履约义务，企业应在（　　）确认收入。
　　A. 实际收到货款时
　　B. 取得收取货款权利时
　　C. 将商品交给客户时
　　D. 客户取得相关商品控制权时

6. 4月1日，甲公司向乙公司销售一批商品，开具的增值税专用发票上注明的金额为30万元，增值税税额3.9万元；当日，甲公司收到乙公司开具一张不带息的商业承兑汇票一张，票面金额33.9万元，期限6个月。该批商品成本24万元，乙公司收到商品并验收入库。不考虑其他因素，甲公司下列会计处理中，不正确的是（　　）。
　　A."应收票据"科目增加33.9万元
　　B."主营业务收入"科目增加30万元
　　C."发出商品"科目增加24万元
　　D."库存商品"科目减少24万元

7. 甲公司为增值税一般纳税人，2024年12月1日，甲公司向乙公司销售100件商品，每件单价150元，每件成本130元，当日发出货物，开出的增值税专用发票上注明的税额为1950元，款项尚未收到。甲公司向乙公司承诺2个月内乙公司可无条件退货，根据以往经验，甲公司预计退货率为5%。假定商品控制权在发出货物时转移，不考虑其他因素，甲公司在2024年12月1日应确认收入的金额为（　　）元。
　　A. 14250　　　　B. 15000
　　C. 16950　　　　D. 750

8. 2024年12月1日，甲公司与乙公司签订一份为期3个月的劳务合同，合同总价款为120万元（不含增值税），当日收到乙公司预付合同款30万元。截至月末该劳务合同的履约进度为40%，符合按履约进度确认收入的条件。不考虑其他因素，甲公司2024年12月应确认的劳务收入为（　　）万元。

A. 40　　　　　　B. 12
C. 30　　　　　　D. 48

9. 在某一时段内履行履约义务确认收入，资产负债表日，企业应当按（　　）确认当期收入。
　　A. 合同的交易价格总额
　　B. 合同的交易价格总额乘以履约进度
　　C. 合同的交易价格总额乘以履约进度扣除以前会计期间累计已确认的收入后的金额
　　D. 为履行合同实际发生的履约成本

10. 甲公司签订一项合同，合同总价款为500万元，根据合同规定，如果甲公司提前完成合同，可获得100万元的额外奖励，如果没有提前完成则没有奖励。甲公司估计提前完成合同的可能性为90%，不能提前完成合同的可能性为10%。甲公司应确认的交易价格为（　　）万元。
　　A. 500　　　　　B. 540
　　C. 600　　　　　D. 0

11. 当合同中包含两项或多项履约义务时，企业应当在合同开始日，将交易价格分摊各单项履约义务。具体分摊时采用的方法是（　　）。
　　A. 各单项履约义务所承诺商品的成本的相对比例
　　B. 各单项履约义务所承诺商品的单独售价的相对比例
　　C. 各单项履约义务所承诺商品的净收益的相对比例
　　D. 直线法平均摊销

12. 企业发生的下列支出中，不应当计入当期损益的是（　　）。
　　A. 无法在尚未履行的与已履行（或已部分履行）的履约义务之间区分的相关支出
　　B. 非正常消耗的直接材料
　　C. 由客户承担的管理费用
　　D. 与履约义务中已履行（包括已全部履行或部分履行）部分相关的支出

13. 下列关于增量成本的表述中，不正确的是（　　）。

A. 增量成本是指企业不取得合同就不会发生的成本

B. 为取得合同发生的差旅费属于增量成本

C. 企业为取得合同发生的、除预期能够收回的增量成本之外的其他支出，一般应于发生时计入当期损益

D. 为取得合同而聘请外部律师发生的尽职调查支出不属于增量成本

14. 下列各项中，不计入税金及附加的是（　　）。

A. 资源税

B. 增值税

C. 消费税

D. 城市维护建设税

15. 下列各项中，企业依据税法规定计算应交纳的车船税应借记的会计科目是（　　）。

A. 主营业务成本　　B. 销售费用

C. 税金及附加　　　D. 管理费用

16. 以下选项不属于期间费用的是（　　）。

A. 管理费用　　　　B. 销售费用

C. 财务费用　　　　D. 制造费用

17. 企业为销售产品而专设的销售机构的职工工资应计入（　　）。

A. 管理费用　　　　B. 销售费用

C. 财务费用　　　　D. 制造费用

18. 下列各项中，企业发生的产品广告费借记的会计科目是（　　）。

A. 销售费用　　　　B. 主营业务成本

C. 管理费用　　　　D. 其他业务成本

19. 超过所得税税前扣除标准的业务招待费应记入（　　）科目。

A. 营业外支出　　　B. 其他业务支出

C. 管理费用　　　　D. 其他业务成本

20. 甲公司 2024 年 5 月主营业务收入 50 万元，主营业务成本 40 万元，管理费用 5 万元，公允价值变动收益 5 万元，投资收益 6 万元，所得税费用 6 万元。假定不考虑其他因素，甲公司 2024 年 5 月的营业利润为（　　）万元。

A. 21　　　　　　　B. 11

C. 16　　　　　　　D. 10

21. 2024 年度，某企业"财务费用"科目核算内容如下：短期借款利息支出 90 万元，收到流动资金存款利息收入 1 万元，支付银行承兑汇票手续费 15 万元。不考虑其他因素，2024 年度该企业应计入财务费用的金额为（　　）万元。

A. 104　　　　　　B. 90

C. 105　　　　　　D. 106

22. 企业无法查明原因的现金溢余，应作的处理是（　　）。

A. 冲减管理费用

B. 增加营业外收入

C. 冲减财务费用

D. 增加其他业务收入

23. 2024 年 7 月，某制造业企业转让一项专利权，开具增值税专用发票上注明的价款为 100 万元，增值税税额为 6 万元，全部款项已存入银行。该专利权成本为 200 万元，已摊销 150 万元，不考虑其他因素，该企业转让专利权对利润总额的影响金额为（　　）万元。

A. −94　　　　　　B. 56

C. −100　　　　　 D. 50

24. 下列各项中，计算所得税时应调减的是（　　）。

A. 前 1 年的亏损额

B. 税收滞纳金

C. 行政罚款

D. 超过标准扣除的工会经费

25. 下列各项中，不影响净利润的是（　　）。

A. 发行股票的手续费

B. 转回已计提的存货跌价准备

C. 处置长期股权投资（权益法），同时结转已确认的资本公积

D. 计算确认应交的房产税

26. 下列各项中，关于结转本年利润的方法表述不正确的是（　　）。

A. 表结法减少了月末转账环节工作量，且不影响利润表的编制

B. 表结法下每月月末需将损益类科目本

月发生额合计数填入利润表的本月数栏

C. 账结法无须每月编制转账凭证，仅在年末一次性编制

D. 期末结转本年利润的方法有表结法和账结法两种

二、多项选择题

1. 下列各项中，适用《企业会计准则第14号——收入》规定的有（　　）。

A. 随商品销售单独计价的包装物

B. 交易性金融资产的确认和计量

C. 销售商品收到的价款

D. 提供安装服务收取的服务费

2. 下列各项中，关于收入确认和计量表述正确的有（　　）。

A. 企业识别合同中的单项履约义务

B. 企业确认客户合同收入应以合同存在为前提

C. 交易价格包括企业预期将退还给客户的款项

D. 企业履行所有履约义务时确认收入

3. 下列各项中，与收入计量有关的有（　　）。

A. 识别与客户订立的合同

B. 确定交易价格

C. 将交易价格分摊至各单项履约义务

D. 履行各单项履约义务时确认收入

4. 下列各项中，关于收入确认条件的说法中正确的有（　　）。

A. 该合同具有商业实质

B. 企业因向客户转让商品而有权取得的对价可能收回

C. 该合同有明确的与所转让商品相关的支付条款

D. 合同各方已批准该合同并承诺将履行各自义务

5. 属于在某一时段内履行的履约义务应满足的条件有（　　）。

A. 客户在企业履约的同时即取得并消耗企业履约所带来的经济利益

B. 客户能够控制企业履约过程中在建的商品

C. 企业履约过程中所产出的商品具有不可替代用途，且该企业在整个合同期间内有权就累计至今已完成的履约部分收取款项

D. 企业履约过程中所产出的商品可以替代

6. 对于在某一时点履行的履约义务，企业应当在客户取得相关商品控制权时确认收入。在判断客户是否取得商品的控制权时，企业应当考虑的迹象有（　　）。

A. 客户已接受该商品

B. 客户已拥有该商品的法定所有权

C. 客户已取得该商品所有权上的主要风险和报酬

D. 客户就该商品负有现时付款义务

7. 甲公司向乙公司销售商品一批，开具的增值税专用发票上注明售价为400000元，增值税税额为52000元；甲公司收到乙公司开出的不带息银行承兑汇票一张，票面金额为452000元，期限为2个月；甲公司以银行存款支付代垫运费，增值税专用发票上注明运输费2000元，增值税税额为180元，所垫运费尚未收到；该批商品成本为320000元；乙公司收到商品并验收入库。根据上述资料，下列说法正确的有（　　）。

A. 甲公司应确认的应收票据是402000元

B. 甲公司应确认的应收账款是2180元

C. 甲公司应予乙公司收到商品并验收入库时确认收入

D. 甲公司应确认的主营业务收入为402000元

8. 下列各项中，可以作为确定履约进度指标的有（　　）。

A. 实际测量的完工进度

B. 投入的材料数量

C. 已完工或交付的产品

D. 时间进度

9. 下列各项中，属于可变对价的有（　　）。

A. 价格保护　　　B. 现金折扣

C. 业绩奖金　　　D. 返利

10. 合同履约成本确认为资产应同时满足的条件有（　　）。

A. 该成本与一份当前或预期取得的合同直接相关

B. 该成本增加了企业未来属于（或持续履行）履约义务的资源

C. 该成本能够可靠计量

D. 该成本预期能够收回

11. 下列各项中，属于与合同直接相关的成本的有（　　）。

A. 为履行合同耗用的原材料

B. 支付给直接为客户提供所承诺服务的人员的奖金

C. 为履行合同的场地清理费

D. 为履行合同组织生产的管理人员的工资

12. 下列各项中，不应该作为合同履约成本确认为合同资产的有（　　）。

A. 为取得合同发生但预期能够收回的增量成本

B. 为履行合同发生的非正常消耗的直接材料、直接人工和制造费用

C. 为组织和管理企业生产经营发生的但非由客户承担的管理费用

D. 无法在尚未履行的与已履行（或已部分履行）的履约义务之间区分的支出

13. 下列各项中，不应计入合同取得成本的有（　　）。

A. 为取得合同发生的差旅费

B. 为取得合同发生的投标费

C. 为准备投标资料发生的相关费用

D. 本期发生直接为客户提供承诺服务且预期能够收回的人员工资

14. 下列生产企业发生的经营活动所实现的收入中，属于其他业务收入的有（　　）。

A. 出售材料

B. 出租商品

C. 出租包装物

D. 出售生产的商品

15. 费用是指企业在日常活动中所产生的经济利益的总流出，具体包括（　　）。

A. 营业外支出　　　B. 期间费用

C. 制造费用　　　　D. 营业成本

16. 以下关于营业成本的表述中，错误的有（　　）。

A. 营业成本是非日常活动形成的

B. 营业成本是由主营业务成本、其他业务成本和税金及附加组成的

C. 营业成本会导致利润总额减少

D. 企业在确认销售商品收入时，应将已销售商品的成本计入营业成本

17. 以下不属于企业营业成本的有（　　）。

A. 资产处置损失　　B. 营业外支出

C. 其他业务成本　　D. 主营业务成本

18. 下列各项中，应列入利润表中"税金及附加"项目的有（　　）。

A. 销售应税矿产品计提的应交资源税

B. 经营活动中支付的印花税

C. 经营活动中计提的个人所得税

D. 销售应税消费品计提的应交消费税

19. 下列关于期间费用的说法中，正确的有（　　）。

A. 期间费用是指企业日常活动发生的不能计入特定核算对象的成本，而应计入发生当期损益的费用

B. 期间费用与可以确定特定成本核算对象的材料采购、产成品生产等没有直接关系

C. 企业发生的支出不产生经济利益，或者即使产生经济利益但不符合资产确认条件的，不能确认为费用

D. 期间费用年末有余额

20. 下列各项中，应计入管理费用的有（　　）。

A. 董事会成员差旅费

B. 中介机构咨询费

C. 研究费用

D. 生产设备折旧费

21. 下列各项中，不属于"财务费用"科目核算内容的有（　　）。

A. 汇兑损益　　　　B. 利息收入

C. 业务招待费　　　D. 现金折扣

22. 下列各项中，不影响当期营业利润的有（　　）。

A. 转让固定资产利得

B. 公允价值变动损益

C. 现金盘盈利得

D. 所得税费用

23. 下列各项中，导致企业利润总额减少的有（　　）。

A. 销售费用　　　B. 资产减值损失

C. 主营业务成本　D. 所得税

24. 下列各项中，属于直接计入当期利润的利得和损失的有（　　）。

A. 财务费用

B. 公允价值变动损益

C. 营业外支出

D. 营业外收入

25. 下列各项中，可能引起当期所得税费用发生增减变动的有（　　）。

A. 当期应交所得税

B. 递延所得税资产发生额

C. 应交税费——应交个人所得税

D. 递延所得税负债发生额

26. 下列各项中，期末余额应结转到"本年利润"科目的有（　　）。

A. 主营业务收入

B. 生产成本

C. 信用减值损失

D. 制造费用

27. 下列会计科目中，年末结账后无余额的有（　　）。

A. 主营业务收入

B. 所得税费用

C. 生产成本

D. 利润分配——未分配利润

28. 下列各项中，月末可以转入"本年利润"借方的有（　　）。

A. 主营业务成本

B. 制造费用

C. 资产处置损益

D. 公允价值变动损益

29. 会计期末结转本年利润的方法主要有（　　）。

A. 表结法　　　　B. 账结法

C. 品种法　　　　D. 分批法

30. 下列各项中，关于会计期末结转本年利润的表结法表述不正确的有（　　）。

A. 表结法下不需要设置"本年利润"科目

B. 年末不需要将各项损益类科目余额结转入"本年利润"科目

C. 各月月末需要将各项损益类科目发生额填入利润表来反映本期的利润（或亏损）

D. 每月月末需要编制转账凭证将当期各损益类科目余额结转入"本年利润"科目

三、判断题

1. 营业收入包括主营业务收入、其他业务收入、营业外收入等。（　　）

2. 制造业企业出租无形资产取得的租金收入，属于营业外收入。（　　）

3. 企业对于向客户转让一系列实质相同且转让模式相同的、可明确区分商品的承诺不能作为单项履约义务。（　　）

4. 如果某项合同仅为单项履约义务，则不用分摊交易价格，直接在履行履约义务时确认收入。（　　）

5. 企业采用预收款方式销售商品时，销售方通常在收到全部款项时确认收入。（　　）

6. 甲公司销售货物开具的增值税普通发票注明的金额113万元（含增值税13万元），为该业务的交易价格。（　　）

7. 由企业承担的为取得合同发生的投标费，应确认为合同取得成本。（　　）

8. 企业按照累计实际发生的成本占预计总成本的比例确定履约进度。（　　）

9. 对于每一项履约义务，企业可以采用多种方法来确定其履约进度。（　　）

10. 企业对发生的合同履约成本应按履约进度进行摊销。（　　）

11. 企业对合同取得成本进行摊销，应计入主营业务成本。（　　）

12. 附有销售退回条款的销售，在资产负债表日，企业应当重新估计未来销售退回的情况，并对上述资产和负债进行重新计量，如有变化，应当作为会计政策变更进行会计处理。（　　）

13. 法定义务的质量保证条款与商品本身应该分别作为单项履约义务处理。（　　）

14. 费用可以分为营业成本、税金及附加、期间费用和营业外支出。（　　）

15. 企业一般在确认销售商品、提供劳务等主营业务收入时，或在月末，将已销售商品、已提供劳务的成本转入主营业务成本。（　　）

16. 凡是记入"税金及附加"科目的税费，贷方对应的均为"应交税费"科目。（　　）

17. 期末，将销售费用、制造费用、管理费用和财务费用转入"本年利润"科目，结转后该科目无余额。（　　）

18. 营业外收入是指企业发生的与其日常活动无直接关系的利得。（　　）

19. 月份终了时"本年利润"科目无余额。（　　）

20. 账结法下，每月月末均需编制转账凭证，将在账上结计出的各损益类科目的余额结转入"本年利润"科目。（　　）

基础训练参考答案及解析

一、单项选择题

1. 【答案】D 【解析】收入是企业在日常活动中形成的、会导致所有者权益增加的、与所有者投入资本无关的经济利益的总流入。而固定资产报废净收益属于与企业日常活动无直接关系的利得，计入营业外收入，不符合收入要素的定义。

2. 【答案】D 【解析】"主营业务收入"科目核算企业确认的销售商品、提供服务等主营业务的收入。选项A、B，计入其他业务收入；选项C，计入资产处置损益。

3. 【答案】D 【解析】"合同取得成本"科目核算企业取得合同发生的、预计能够收回的增量成本。该科目借方登记发生的合同取得成本，贷方登记摊销的合同取得成本，期末借方余额，反映企业尚未结转的合同取得成本。

4. 【答案】A 【解析】合同的存在是企业确认客户合同收入的前提。

5. 【答案】D 【解析】对于在某一时点履行的履约义务，企业应当在客户取得相关商品控制权时点确认收入。

6. 【答案】C 【解析】确认收入时，借记"应收票据"科目33.9万元，贷记"主营业务收入"科目30万元，贷记"应交税费——应交增值税（销项税额）"3.9万元；结转销售成本时，借记"主营业务成本"科目24万元，贷记"库存商品"科目24万元。所以选项C错误。

7. 【答案】A 【解析】附有销售退回条款的销售，企业在商品控制权转移时，应按预期有权收取的对价金额确认收入。应确认收入的金额 = $100 \times 150 \times (1 - 5\%)$ = 14250（元）。

8. 【答案】D 【解析】甲公司2024年12月应确认的劳务收入 = $120 \times 40\%$ = 48（万元）。

9. 【答案】C 【解析】在某一时段内履行的履约义务，资产负债表日，企业按照合同的交易价格总额乘以履约进度扣除以前会计期间累计已确认的收入后的金额，确认当期收入。履约进度不能合理确定的除外。

10. 【答案】C 【解析】当合同仅有两种可能结果时，按照最可能发生金额估计可变对价金额，所以甲公司应确认的交易价格 = $500 + 100$ = 600（万元）。

11. 【答案】B 【解析】当合同中包含两项或多项履约义务时，企业应当在合同开始日，按照各单项履约义务所承诺商品的单独售价的相对比例，将交易价格分摊至各单项履约义务。

12.【答案】C 【解析】企业应当在下列支出发生时，将其计入当期损益：一是管理费用，除非这些费用明确由客户承担。二是非正常消耗的直接材料、直接人工和制造费用（或类似费用），这些支出为履行合同发生，但未反映在合同价格中。三是与履约义务中已履行（包括已全部履行或部分履行）部分相关的支出，即该支出与企业过去的履约活动相关。四是无法在尚未履行的与已履行（或已部分履行）的履约义务之间区分的相关支出。

13.【答案】B 【解析】增量成本是指企业不取得合同就不会发生的成本。为取得合同而发生的聘请外部律师进行尽职调查发生的支出、为投标发生的差旅费、投标费等，不论最终是否能取得合同，这些支出都会发生，所以不属于增量成本，应于发生时直接计入当期损益。

14.【答案】B 【解析】税金及附加是指企业经营活动应负担的相关税费，包括消费税、城市维护建设税、教育费附加和资源税等，不包括增值税。

15.【答案】C 【解析】税金及附加是指企业经营活动应负担的相关税费，包括消费税、城市维护建设税、教育费附加、资源税、房产税、城镇土地使用税、车船税、印花税等。

16.【答案】D 【解析】期间费用包括销售费用、管理费用和财务费用；制造费用构成产品成本，不属于期间费用。

17.【答案】B 【解析】销售费用是指企业销售商品和材料、提供服务的过程中发生的各种费用，包括企业在销售商品过程中发生的保险费、包装费、展览费和广告费、商品维修费、预计产品质量保证损失、运输费、装卸费等以及为销售本企业商品而专设的销售机构（含销售网点、售后服务网点等）的职工薪酬、业务费、折旧费等经营费用。因此，企

业为销售产品而专设的销售机构的职工工资应计入销售费用。

18.【答案】A 【解析】企业发生的产品广告费应计入销售费用。

19.【答案】C 【解析】业务招待费一律计入管理费用，只是如果超过所得税税前扣除标准，在计算所得税时应调整增加应纳税所得额。

20.【答案】C 【解析】甲公司2024年5月的营业利润 = 50 - 40 - 5 + 5 + 6 = 16（万元），所得税费用影响净利润，不影响营业利润。

21.【答案】A 【解析】短期借款利息支出记入"财务费用"的借方；银行存款利息收入记入"财务费用"的贷方；银行承兑手续费记入"财务费用"的借方，所以期末"财务费用"的金额 = 90 - 1 + 15 = 104（万元）。

22.【答案】B 【解析】无法查明原因的现金溢余，计入营业外收入。

23.【答案】D 【解析】出售无形资产过程中产生的增值税不影响无形资产的处置损益，所以该企业转让专利权对利润总额的影响金额 = 100 - （200 - 150）= 50（万元）。

24.【答案】A 【解析】纳税调整减少额主要包括按企业所得税法规定允许弥补的亏损和准予免税的项目，如前5年内未弥补亏损和国债利息收入等。税收滞纳金、行政罚款和超过标准扣除的工会经费属于计算所得税时应调增的项目。

25.【答案】A 【解析】选项A，应冲减资本公积，不影响净利润；选项B，计入资产减值损失；选项C，计入投资收益；选项D，计入税金及附加，选项B、C、D均影响营业利润进而影响净利润。

26.【答案】C 【解析】账结法下，每月月末均需编制转账凭证，将在账上结计出的各损益类科目的余额结转入"本年利润"科目。

二、多项选择题

1. 【答案】ACD 【解析】交易性金融资产的确认和计量适用金融工具会计准则的相关规定。

2. 【答案】AB 【解析】交易价格是指企业因向客户转让商品而预期有权收取的对价金额，不包括企业代第三方收取的款项（如增值税）以及企业预期将退还给客户的款项。企业履行各单项履约义务时确认收入。

3. 【答案】BC 【解析】根据《企业会计准则第14号——收入》，收入确认和计量大致分为五步。第一步为识别与客户订立的合同；第二步为识别合同中的单项履约义务；第三步为确定交易价格；第四步为将交易价格分摊至各单项履约义务；第五步为履行各单项履约义务时确认收入。其中，第一步、第二步和第五步主要与收入的确认有关，第三步和第四步主要与收入的计量有关。

4. 【答案】ACD 【解析】企业与客户之间的合同同时满足下列五项条件的，企业应当在客户取得相关商品控制权时确认收入：（1）合同各方已批准该合同并承诺将履行各自义务；（2）该合同明确了合同各方与所转让商品相关的权利和义务；（3）该合同有明确的与所转让商品相关的支付条款；（4）该合同具有商业实质，即履行该合同将改变企业未来现金流量的风险、时间分布或金额；（5）企业因向客户转让商品而有权取得的对价很可能收回。

5. 【答案】ABC 【解析】满足下列条件之一的，属于在某一时段内履行的履约义务：（1）客户在企业履约的同时即取得并消耗企业履约所带来的经济利益；（2）客户能够控制企业履约过程中在建的商品；（3）企业履约过程中所产出的商品具有不可替代用途，且该企业在整个合同期间内有权就累计至今已完成的履约部分收取款项。

6. 【答案】ABCD 【解析】对于在某一时点履行的履约义务，企业应当在客户取得相关商品控制权时点确认收入。在判断控制权是否转移时，企业应当综合考虑下列迹象：（1）企业就该商品享有现时收款权利，即客户就该商品负有现时付款义务；（2）企业已将该商品的法定所有权转移给客户，即客户已拥有该商品的法定所有权；（3）企业已将该商品实物转移给客户，即客户已占有该商品实物；（4）企业已将该商品所有权上的主要风险和报酬转移给客户，即客户已取得该商品所有权上的主要风险和报酬；（5）客户已接受该商品；（6）其他表明客户已取得商品控制权的迹象。

7. 【答案】BC 【解析】
（1）确认收入时：
借：应收票据 452000
　　贷：主营业务收入 400000
　　　　应交税费——应交增值税（销项税额） 52000
借：主营业务成本 320000
　　贷：库存商品 320000
（2）代垫运费时：
借：应收账款 2180
　　贷：银行存款 2180

8. 【答案】ABCD 【解析】企业应当考虑商品的性质，采用实际测量的完工进度、评估已实现的结果、时间进度、已完工或交付的产品等产出指标，或采用投入的材料数量、花费的人工工时、机器工时，发生的成本和时间进度等投入指标确定恰当的履约进度。

9. 【答案】ABCD 【解析】因折扣、价格折让、返利、退款、奖励积分、激励措施、业绩奖金、索赔等因素导致的对价金额变化为可变对价。根据一项或多项或有事项的发生而收取不同对价金额的合同，也属于可变对价的情形。

10. 【答案】ABD 【解析】属于《企业会计准则第14号——收入》准则规范范围且

同时满足下列条件的，应当作为合同履约成本确认为一项资产：（1）该成本与一份当前或预期取得的合同直接相关；（2）该成本增加了企业未来用于履行（包括持续履行）履约义务的资源；（3）该成本预期能够收回。

11. 【答案】ABCD 【解析】与合同直接相关的成本包括直接人工、直接材料、制造费用或类似费用、明确由客户承担的成本以及仅因该合同而发生的其他成本。

12. 【答案】ABCD 【解析】为取得合同发生但预期能够收回的增量成本应作为合同取得成本确认为一项资产；企业为履行合同发生的成本，属于收入准则规范范围且同时满足下列条件的，应当作为合同履约成本确认为一项资产：（1）该成本与一份当前或预期取得的合同直接相关，包括直接人工、直接材料、制造费用、明确由客户承担的成本以及仅因该合同而发生的其他成本；（2）该成本增加了企业未来用于履行履约义务的资源；（3）该成本预期能够收回。

13. 【答案】ABCD 【解析】企业为取得合同发生的、除预期能够收回的增量成本之外的其他支出，如无论是否取得合同均会发生的差旅费、投标费、为准备投标资料发生的相关费用等，应当在发生时计入当期损益，除非这些支出明确由客户承担。选项D为合同履约成本。

14. 【答案】ABC 【解析】"其他业务收入"科目核算企业确认的除主营业务活动以外的其他经营活动实现的收入，包括出租固定资产、出租无形资产、出租包装物和商品、销售材料等实现的收入。出售生产的商品应计入主营业务收入。

15. 【答案】BD 【解析】费用是指企业在日常活动中所产生的经济利益的总流出，主要指企业为取得营业收入所进行产品销售等营业活动所发生的企业货币资金的流出，具体包括营业成本、税金及附加和期间费用。

16. 【答案】AB 【解析】营业成本是日常活动中形成的；营业成本由主营业务成本、其他业务成本组成。

17. 【答案】AB 【解析】营业成本是指企业经营业务所发生的实际成本总额，包括主营业务成本和其他业务成本。资产处置损失与营业成本是营业利润的组成部分，营业外支出是利润总额的组成部分。

18. 【答案】ABD 【解析】税金及附加包括消费税、城市维护建设税、教育费附加、资源税、房产税、城镇土地使用税、车船税、印花税等。计提的个人所得税不通过"税金及附加"科目核算，通过"应付职工薪酬"科目核算，会计分录为：
借：应付职工薪酬
　　贷：应交税费——应交个人所得税

19. 【答案】AB 【解析】企业发生的支出不产生经济利益，或者即使产生经济利益但不符合或者不再符合资产确认条件的，应当在发生时确认为费用，计入当期损益。期间费用年末结转至本年利润后无余额。

20. 【答案】ABC 【解析】生产设备折旧费计入制造费用。

21. 【答案】CD 【解析】财务费用是指企业为筹集生产经营所需资金等而发生的筹资费用。业务招待费属于管理费用，现金折扣属于可变对价，直接从收入中扣除。

22. 【答案】CD 【解析】现金盘盈利得计入营业外收入，不影响营业利润；所得税费用不影响营业利润，影响净利润。

23. 【答案】ABC 【解析】所得税不影响利润总额，影响净利润。

24. 【答案】CD 【解析】财务费用和公允价值变动损益都属于企业的费用。营业外支出属于计入当期利润的损失，营业外收入属于计入当期利润的利得。

25. 【答案】ABD 【解析】所得税费用是核算企业所得税费用的确认及其结转情况，与个人所得税无关。所得税费用＝当期应交所得税＋递延所得税。

26. 【答案】AC 【解析】期末"生产成本"科目如有余额，表明有尚处于生产过程中的产品，应保留余额，待完工时结转至"库存商品"科目；期末"制造费用"科目如有余额，应分配记入"生产成本"科目。

27. 【答案】AB 【解析】期末，损益类科目结转至"本年利润"科目后无余额，"主营业务收入""所得税"等科目都属于损益类科目。年末企业如有尚处于生产过程中的产品，"生产成本"科目会有借方余额。"本年利润"科目的本年累计余额要结转至"利润分配——未分配利润"科目，结转后"本年利润"科目无余额。

28. 【答案】ACD 【解析】期末，企业对于借方发生额的损益类科目应编制会计分录：

借：本年利润
　　贷：损益类科目
对于贷方发生额的损益类科目应编制会计分录：
借：损益类科目
　　贷：本年利润
制造费用应分配结转至"生产成本"科目。

29. 【答案】AB 【解析】品种法和分批法是产品成本的计算方法。

30. 【答案】ABD 【解析】表结法下，各损益类科目每月月末只需结计出本月发生额和月末累计余额，不结转到"本年利润"科目，只有在年末时才将全年累计余额结转入"本年利润"科目。但每月月末要将损益类科目的本月发生额合计数填入利润表的本月数栏，同时将本月月末累计余额填入利润表的本年累计数栏，通过利润表计算反映各期的利润（或亏损）。

三、判断题

1. 【答案】× 【解析】营业外收入是非日常活动中形成的，属于利得，不属于营业收入。营业收入包括主营业务收入和其他业务收入。

2. 【答案】× 【解析】制造业企业出租无形资产取得的租金收入，属于其他业务收入。

3. 【答案】× 【解析】履约义务是指合同中企业向客户转让可明确区分商品或服务的承诺。企业应将向客户转让一系列实质相同且转让模式相同的、可明确区分商品的承诺作为单项履约义务。

4. 【答案】√ 【解析】收入的确认通常分为五个步骤。第一步，识别与客户订立的合同；第二步，识别合同中的单项履约义务；第三步，确定交易价格；第四步，将交易价格分摊至各单项履约义务；第五步，履行各单项履约义务时确认收入。如果企业按照第二步确定某项合同仅为单项履约义务时，可以从第三步直接进入第五步确认收入，不需要第四步（分摊交易价格）。

5. 【答案】× 【解析】企业采用预收款方式销售商品时，应将预收的货款记入"合同负债"科目，待将商品转让给客户，客户取得对商品控制权时，再确认收入。

6. 【答案】× 【解析】交易价格是指企业因向客户转让商品而预期有权收取的对价金额，不包括企业代第三方收取的款项（如增值税）以及企业预期将退还给客户的款项。本题中，增值税普通发票注明的金额113万元为含税金额，其中包含的增值税13万元不包括在交易价格中，所以该业务的交易价格为100万元。

7. 【答案】× 【解析】企业为取得合同发生的、除预期能够收回的增量成本之外的其他支出，如无论是否取得合同均会发生的差旅费、投标费、为准备投标资料发生的相关费用等，应当在发生时计入当期损益，除非这些支出明确由客户承担。

8. 【答案】√ 【解析】通常企业应按照累计实际发生的成本占预计总成本的比例（即

成本法）确定履约进度。

9.【答案】×　【解析】对于每一项履约义务，企业只能采用一种方法来确定其履约进度。

10.【答案】√　【解析】对于在某一时段履行的履约义务，企业应在按履约进度确认收入的同时，按相同基础摊销合同履约成本。

11.【答案】×　【解析】企业对合同取得成本进行摊销，应计入当期损益。

12.【答案】×　【解析】附有销售退回条款的销售，在资产负债表日，企业应当重新估计未来销售退回的情况，并对上述资产和负债进行重新计量，如有变化，应当作为会计估计变更进行会计处理。

13.【答案】×　【解析】法定义务的质量保证条款与商品本身应该合并作为一起的单项履约义务处理。

14.【答案】×　【解析】费用可以分为营业成本、税金及附加、期间费用。营业外支出属于损失。费用是在企业日常活动中发生的，而损失是在非日常活动中发生的。

15.【答案】√　【解析】"主营业务成本"是与"主营业务收入"科目相对应的，即确认了主营业务收入，与该项主营业务收入对应的费用就应计入主营业务成

本，这是会计核算配比原则的体现。

16.【答案】×　【解析】例如印花税等不需要预计应交的税金，实际交纳时，直接贷记"银行存款"科目。

17.【答案】×　【解析】期末企业应将损益类科目的发生额结转"本年利润"科目，结转后，这些损益类科目无余额。制造费用不属于损益类科目，它是产品成本的组成部分，应分配转入不同产品的生产成本中，因此不应转入"本年利润"科目。

18.【答案】√　【解析】营业外收入是指企业确认的与其日常活动无直接关系的各项利得，主要包括非流动资产报废毁损利得、盘盈利得（主要指现金溢余无法查明原因部分）、捐赠利得等。

19.【答案】×　【解析】年末，将"本年利润"科目的本年累计余额转入"利润分配——未分配利润"科目后，"本年利润"科目无余额。

20.【答案】√　【解析】账结法下，每月月末均需编制转账凭证，将在账上结计出的各损益类科目的余额结转入"本年利润"科目。结转后"本年利润"科目的本月余额反映当月实现的利润或发生的亏损，"本年利润"科目的本年余额反映本年累计实现的利润或发生的亏损。

提 高 演 练

一、单项选择题

1. 下列各项中，属于制造业企业主营业务收入的是（　　）。
   A. 销售原材料收入
   B. 现金股利收入
   C. 接受现金捐赠利得
   D. 销售商品收入

2. 企业已向客户转让商品而有权收取对价的权利，且该权利取决于时间流逝之外的其他因素（如履行合同中的其他履约义务），

则应将该权利记入（　　）科目。
   A. 应收账款　　　B. 预收账款
   C. 合同资产　　　D. 合同负债

3. 下列各项会计科目中，期末通常有余额的是（　　）。
   A. 合同资产　　　B. 主营业务收入
   C. 其他业务收入　　D. 管理费用

4. 2024年4月1日，甲公司向乙公司签订一份销售合同，向其销售M、N两种商品，合同价款3万元（其中M商品1.2万元、N商品1.8万元）。合同约定，甲公司将

两项商品全部交付后，甲公司才有权收取
合同价款。假定 M 商品与 N 商品分别构
成单项履约义务。不考虑其他因素，甲公
司下列会计处理中，正确的是（　　）。

A. 甲公司仅交付 M 商品：

　借：应收账款　　　　　　1.2
　　贷：主营业务收入　　　　　1.2

B. 甲公司仅交付 M 商品：

　借：合同资产　　　　　　3
　　贷：主营业务收入　　　　　3

C. 甲公司同时交付 M、N 商品：

　借：应收账款　　　　　　3
　　贷：主营业务收入　　　　　3

D. 甲公司同时交付 M、N 商品：

　借：合同资产　　　　　　3
　　贷：主营业务收入　　　　　3

5. 下列各项中，企业已经发出但不符合收入
确认条件的商品成本借记的会计科目是
（　　）。

A. 主营业务成本　　B. 发出商品
C. 销售费用　　　　D. 其他业务成本

6. 某企业与客户签订 M、N 两种商品销售合
同，合同价款为 108 万元，M、N 商品单
独售价分别为 30 万元、90 万元，成本分
别为 22 万元、64 万元。合同约定，M 商
品和 N 商品分别于合同开始日起 30 天内
交付和 50 天内交付，当两种商品全部交
付给客户，企业才有权收取全部合同价
款。M、N 商品分别构成单项履约义务，其
控制权在交付时转移给客户。上述价格均
不包含增值税。不考虑其他因素，下列各
项中，企业按合同要求交付 M 商品的会计
处理结果正确的是（　　）。

A. 应收账款增加 30 万元
B. 发出商品增加 22 万元
C. 营业收入增加 30 万元
D. 合同资产增加 27 万元

7. 某企业为建筑施工单位，2024 年 9 月 1 日
与客户签订一份施工合同，属于在某一时
段内履行的单项履约义务。合同总金额为
3500 万元，预计总成本为 2000 万元。截

至 2024 年 12 月 31 日，该企业为履行合同
履约义务实际发生成本 800 万元，履约进
度不能合理确定，已经发生的成本预计能
够得到补偿。不考虑相关税费和其他因
素，2024 年该企业应确认的收入为（　　）
万元。

A. 2000　　　　　B. 1400
C. 800　　　　　　D. 2100

8. 委托方与受托方签订合同，委托受托方代
销商品，并按最终实现销售收入的一定比
例向受托方支付手续费，委托方有权收回
商品或将其销售给其他客户。受托方在商
品销售后应按（　　）确认收入。

A. 销售价款和手续费
B. 手续费和增值税
C. 销售价款和增值税
D. 收取的手续费

9. 2024 年 9 月 1 日，甲公司与乙公司签订委
托代销商品合同，合同约定甲公司按不含
增值税的销售价格的 10% 向乙公司支付手
续费。在商品对外销售之前，乙公司没有
义务向甲公司支付货款。乙公司不承担包
销责任，未售出的商品必须退还给甲公
司。不考虑其他因素，下列各项中，关于
甲公司对该委托代销业务的会计处理表述
正确的是（　　）。

A. 发出委托代销商品时确认销售收入
B. 发出委托代销商品时确认营业成本
C. 支付的代销商品手续费计入营业成本
D. 收到乙公司开出的委托代销商品清单
时确认销售收入

10. 甲公司委托乙公司销售商品一批，其价
款为 500 万元（不考虑增值税），该商品
的成本为 300 万元。商品已发出但乙公
司没有取得商品控制权，则甲公司正确
的会计处理是（　　）。

A. 借：应收账款　　　3000000
　　贷：库存商品　　　　3000000
B. 借：主营业务成本　　3000000
　　贷：发出商品　　　　3000000
C. 借：发出商品　　　　3000000

```
   贷：库存商品         3000000
D. 借：应收账款         5000000
       贷：库存商品         3000000
           发出商品         2000000
```

11. 2024 年 11 月 1 日，甲公司接受乙公司委托为其安装一台大型设备，安装期限为 3 个月，合同约定乙公司应支付安装费总额为 60000 元。当日收到乙公司 20000 元预付款，其余款项安装结束验收合格后一次付清。截至 2024 年 12 月 31 日，甲公司实际发生安装费 15000 元，预计至安装完成还将发生安装费用 25000 元；该公司按累计实际发生的成本占预计总成本的比例确定履约进度。不考虑其他因素，甲公司 2024 年应确认的收入为（　　）元。

　　A. 20000　　　　　　B. 22500
　　C. 15000　　　　　　D. 60000

12. 2024 年 11 月 1 日，A 公司与 B 公司签订合同，合同约定 A 公司在 B 公司的土地上为其建造厂房，建设期 5 个月，合同价款 1000 万元，预计合同成本 600 万元。当日 A 公司已预收 B 公司材料款 200 万元。至 12 月 31 日，A 公司已发生建造成本 300 万元，预计还将发生建造成本 300 万元，经专业测量师测量后，确定该项劳务的完工程度为 50%；不考虑其他因素，A 公司 2024 年应确认的收入为（　　）万元。

　　A. 200　　　　　　　B. 300
　　C. 500　　　　　　　D. 1000

13. 2024 年 1 月 1 日，甲公司与乙公司签订合同，向其销售 A 产品。合同约定，当乙公司在 2024 年的采购量不超过 2000 件时，每件产品的价格为 80 元；当乙公司在 2024 年的采购量超过 2000 件时，每件产品的价格为 70 元。乙公司在第一季度的采购量为 150 件，甲公司预计乙公司全年的采购量不会超过 2000 件。2024 年 4 月，乙公司因完成产能升级而增加了原材料的采购量，第二季度共向甲公司采购 A 产品 1000 件，甲公司预计乙公司全年的采购量将超过 2000 件，因此，全年采购量适用的产品单价均将调整为 70 元。甲公司 2024 年第二季度应确认收入为（　　）元。

　　A. 68500　　　　　　B. 8000
　　C. 7000　　　　　　D. 0

14. 2024 年 8 月 30 日甲公司与乙公司签订合同，以每辆 20 万元的价格向乙公司销售所生产的 15 辆汽车。当时甲公司将 15 辆汽车的控制权转移给乙公司。同时，甲公司承诺如果在未来三个月内，该型号汽车售价下降，则按照合同价格与最低售价之间的差额向乙公司退还差价。根据以往执行类似合同的经验，甲公司预计未来三个月内该型号的汽车不降价的概率为 50%，每辆降价 2 万元的概率为 30%，每辆降价 5 万元的概率为 20%。8 月 30 日甲公司应确定的交易价格为（　　）万元。

　　A. 300　　　　　　　B. 0
　　C. 270　　　　　　　D. 276

15. 甲公司与乙公司签订销售合同，向乙公司销售 A、B、C 三种产品，合同总价款为 9 万元，A、B、C 产品的单独售价分别为 5 万元、4 万元、3 万元。A 产品应分摊的交易价格为（　　）万元。

　　A. 3　　　　　　　　B. 3.75
　　C. 2.25　　　　　　D. 5

16. 下列各项中，应计入合同履约成本的是（　　）。

　　A. 与企业过去的履约活动相关的差旅费
　　B. 非正常消耗的直接材料
　　C. 企业承担的管理费用
　　D. 本期发生直接为客户提供承诺服务且预期能够收回的人员工资

17. 下列关于取得合同发生的增量成本会计处理的说法中，不正确的是（　　）。

　　A. 增量成本是指企业不取得合同就不会发生的成本
　　B. 企业为取得合同发生的增量成本预期

能够收回的，应当作为合同取得成本确认为一项资产

C. 增量成本形成的资产摊销期限不超过一年的，可以在发生时计入当期损益

D. 企业为取得合同发生的、除预期能够收回的增量成本之外的其他支出，应当在发生时计入合同成本

18. 某软件公司通过竞标赢得一项服务期为3年的合同，为取得该合同，支付咨询费用8万元，支付销售人员佣金6万元，支付年终奖5万元，该公司预期这些支出未来均能收回。不考虑其他因素，该公司应确认的合同取得成本金额为（ ）万元。

A. 11   B. 14

C. 6   D. 13

19. A公司2024年11月1日销售一批商品，共销售50000件，每件售价100元，每件成本70元。同时，A公司与客户签订销售退回条款，约定2025年3月31日前该商品如出现质量问题可以予以退货。A公司销售当日预计该商品的退货率为10%；2024年12月31日A公司根据最新情况重新预计该商品的退货率为8%；假定不考虑增值税，A公司因销售该批商品2024年12月应确认收入的金额为（ ）元。

A. 5000000   B. 3500000

C. 4500000   D. 100000

20. 以下关于附有质量保证条款销售的会计处理正确的是（ ）。

A. 对于附有质量保证条款的销售，企业应当评估该质量保证是否在向客户保证所销售商品符合既定标准之外提供了一项单独的服务

B. 企业提供法定服务的，应当作为单项履约义务，按照收入准则处理

C. 企业提供额外服务的，不应当作为单项履约义务单独确认收入

D. 客户能够单独购买质量保证的，表明该质量保证不构成单项履约义务

21. 2024年11月1日，甲公司向乙公司销售100台空调，并提供为期1年的因乙公司使用不当而发生的质量保证服务，合同总价款40万元，乙公司当日支付货款，空调已运送至乙公司。下列说法中正确的是（ ）。

A. 甲公司应于2024年11月1日确认收入40万元

B. 甲公司应将合同总价款在销售空调和提供质量保证服务之间进行分摊

C. 甲公司应于质量保证服务期满确认收入40万元

D. 甲公司该项销售业务符合在某一时点确认收入的条件

22. 甲商场系增值税一般纳税人，适用增值税税率为13%。2024年春节期间为进行促销，该商场规定购物每满200元积10分，不足200元部分不积分，积分可在一年内兑换成与积分等值的商品。某顾客购买了售价为5000元、成本为4000元的服装，预计该顾客将在有效期限内兑换全部积分。假定不考虑增值税等因素，因该顾客购物商场应确认的收入为（ ）元。

A. 4707.5   B. 4761.9

C. 4750   D. 5000

23. 下列各项中，制造业企业应通过"其他业务收入"科目核算的是（ ）。

A. 出租固定资产实现的收入

B. 转让交易性金融资产取得的收益

C. 取得的与日常活动无关的政府补助

D. 接受现金捐赠产生的利得

24. 甲公司为一家产品制造企业，2024年12月，甲公司对外销售产品一批，其价款为500万元，适用的增值税税率为13%，该批产品的生产成本为320万元，已经计提存货跌价准备50万元。则在确认销售收入时，应确认的主营业务成本金额为（ ）万元。

A. 320   B. 370

C. 270   D. 300

25. 某企业 2024 年 12 月发生如下事项：销售
A 材料的实际成本为 20 万元，销售 A 材
料的同时出售单独计价的包装物的成本
为 5 万元；生产车间固定资产的修理费
用为 6 万元；计提的投资性房地产的摊
销额为 1 万元，出借包装物的摊销额为 1
万元。该企业 2024 年 12 月应计入其他业
务成本的金额为（　　）万元。
A. 28.5　　　　B. 26
C. 8　　　　　D. 6

26. 某企业 2024 年 12 月发生如下事项：销售
M 商品的同时出售不单独计价的包装物
的成本为 8 万元；计提的管理用无形资
产的摊销额为 2 万元，出租包装物的摊
销额为 0.5 万元。则该企业 2024 年 12 月
应计入其他业务成本的金额为（　　）
万元。
A. 10.5　　　　B. 0.5
C. 8　　　　　D. 2.5

27. 下列各项中，不应列入利润表"营业成
本"项目的是（　　）。
A. 已销商品的实际成本
B. 在建工程领用产品的成本
C. 对外提供劳务结转的成本
D. 经营出租的固定资产计提的折旧额

28. 下列经济业务产生应交消费税中，应记
入"税金及附加"科目的是（　　）。
A. 企业将生产的应税消费品用于在建工
程等非生产机构时，按规定应交纳的消
费税
B. 企业销售应税消费品应交的消费税
C. 企业进口应税物资交纳的消费税
D. 委托加工物资收回后，直接用于销售
的、受托方代扣代交的消费税

29. 某应税消费品生产企业在 2024 年 9 月，
委托外单位加工一批特殊材料，加工费
为 60 万元，另支付增值税进项税额 7.8
万元和消费税 9 万元，该材料收回后用
于连续生产一种特制的应税消费品，当
月该特制消费品取得销售收入 500 万元，
增值税税率为 13%，消费税税率为 10%。

则当月，该企业向税务部门申报缴纳的
消费税和确认的税金及附加项目金额分
别为（　　）。
A. 50 万元和 50 万元
B. 41 万元和 50 万元
C. 41 万元和 41 万元
D. 50 万元和 41 万元

30. 甲集团 2024 年 9 月实际交纳增值税 160
万元、消费税 130 万元，适用的城市维护
建设税税率为 7%，教育费附加税率为
3%，则甲集团 9 月应确认的税金及附加
的金额为（　　）万元。
A. 159　　　　B. 319
C. 259　　　　D. 429

31. 某企业为增值税一般纳税人，适用的增
值税税率为 13%。2024 年发生的各项税
费如下：应交增值税 500 万元，销售应税
消费品的消费税 300 万元，应交城市维
护建设税 56 万元，应交教育费附加 24 万
元，应交所得税 200 万元。该企业应记入
"税金及附加"科目的金额为（　　）
万元。
A. 880　　　　B. 580
C. 500　　　　D. 380

32. 下列各项中，应计入期间费用的是（　　）。
A. 车间管理人员工资
B. 预计产品质量保证损失
C. 生产设备折旧费
D. 销售商品发生的商业折扣

33. 某企业 6 月赊购 10000 元办公用品交付使
用，预付第三季度办公用房租金 45000
元，支付第二季度短期借款利息 6000 元，
其中 4～5 月已累计计提利息 4000 元，不
考虑其他因素，该企业 6 月应确认的期
间费用为（　　）元。
A. 10000　　　　B. 6000
C. 12000　　　　D. 55000

34. 下列人员工资薪金直接计入期间费用的
是（　　）。
A. 工程人员工资
B. 为履行合同而提供服务人员的工资

C. 生产车间管理人员的工资

D. 销售人员的工资

35. 下列各项中，应计入期间费用的是（　　）。

A. 销售商品发生的销售退回

B. 销售商品发生的售后服务费

C. 销售商品发生的商业折扣

D. 销售商品发生的违约金

36. 某企业12月发生以下经济业务：支付专设销售机构固定资产修理费用3万元；代垫销售商品运杂费2万元；支付受托方代销商品手续费10万元；结转随同商品出售单独计价包装物成本5万元；预计本月已销商品质量保证损失1万元；计提房产税0.8万元。该企业12月应计入销售费用的金额是（　　）万元。

A. 21.8　　　　B. 14

C. 14.8　　　　D. 16

37. 某企业2024年11月发生以下经济业务：支付专设销售机构固定资产折旧费3万元；结转随同商品出售不单独计价包装物成本5万元；支付产品广告费1万元；支付诉讼费0.8万元。该企业11月份应计入销售费用的金额是（　　）万元。

A. 9.8　　　　B. 8

C. 9　　　　D. 4

38. 某企业2024年销售商品20万件，并承诺未来一年当中如果产品质量出现问题给予免费修理或者更换，为此估计未来一年可能发生的产品质量保证损失为360万元。则该企业正确的会计处理是（　　）。

A. 计入2024年的销售费用360万元

B. 计入2025年的销售费用360万元

C. 冲减2024年的销售收入360万元

D. 增加2024年的存货减值损失360万元

39. 企业行政管理部门发生的固定资产修理费计入（　　）。

A. 销售费用　　B. 管理费用

C. 主营业务成本　D. 其他业务成本

40. 某单位2024年5月各部门发生的折旧费情况如下：行政管理部门7万元（其中

财务部门0.5万元），车间管理部门0.6万元。假定不考虑其他因素，该单位2024年5月应计入管理费用的金额为（　　）万元。

A. 9.3　　　　B. 7

C. 6.5　　　　D. 7.5

41. 下列各项中，不应计入企业管理费用的是（　　）。

A. 计提的生产车间职工养老保险费

B. 计提销售部门人员辞退福利

C. 应向董事会成员支付的津贴

D. 发生的会计师事务所审计费

42. 某企业2024年11月发生如下费用：销售部门业务招待费10万元，管理部门日常维修费5万元，财务部门差旅费3万元。不考虑其他因素，该企业当月应确认的管理费用为（　　）万元。

A. 8　　　　B. 10

C. 13　　　　D. 18

43. 下列各项中，应计入管理费用的是（　　）。

A. 外币汇兑损失

B. 支付的法律诉讼费

C. 因违反协议支付的违约金

D. 支付的专设销售机构房屋维修费

44. 下列各项中，应计入财务费用的是（　　）。

A. 筹建期间的借款利息支出

B. 发行债券支付的手续费

C. 不符合资本化条件的利息支出

D. 购买交易性金融资产支付的手续费

45. 下列各项中，不应计入财务费用的是（　　）。

A. 计提的短期借款利息

B. 发生的不符合资本化条件的借款利息

C. 销售商品发生的现金折扣

D. 支付银行借款的手续费

46. 某公司2024年共发生经营活动短期借款利息费用90万元。收到流动资金存款利息收入1万元，支付银行承兑汇票手续费15万元，不考虑其他因素，2024年应计入财务费用的金额为（　　）万元。

A. 90　　　　　　B. 105

C. 106　　　　　　D. 104

47. 2024 年 11 月，某企业确认短期借款利息 7.2 万元（不考虑增值税），收到银行活期存款利息收入 1.5 万元。开具银行承兑汇票支付手续费 0.5 万元（不考虑增值税）。不考虑其他因素，11 月该企业利润表中"财务费用"项目的本期发生额为（　　）万元。

A. 5.7　　　　　　B. 5.2

C. 7.7　　　　　　D. 6.2

48. 下列各项中，影响当期营业利润的是（　　）。

A. 确认的所得税费用

B. 自营工程领用本企业生产的产品成本

C. 计提的存货跌价准备

D. 结转盘亏固定资产的净损失

49. 黄河公司 2024 年度实现营业收入 1000 万元，营业成本 800 万元，管理费用 15 万元，销售费用 20 万元，资产减值损失 35 万元，投资收益 30 万元，营业外收入 20 万元，营业外支出 5 万元，所得税费用 20 万元。假定不考虑其他因素，黄河公司 2024 年度的营业利润为（　　）万元。

A. 150　　　　　　B. 160

C. 200　　　　　　D. 130

50. 某企业 2024 年发生经济业务如下：确认销售费用 1000 万元，公允价值变动损失 60 万元，确认信用减值损失 4 万元，支付税收滞纳金 26 万元。不考虑其他因素，上述业务导致该企业 2024 年营业利润减少的金额为（　　）万元。

A. 1090　　　　　B. 1064

C. 1086　　　　　D. 1060

51. 企业因下列交易事项产生的损益中，不影响发生当期营业利润的是（　　）。

A. 固定资产报废损失

B. 投资于银行理财产品取得的收益

C. 预计与当期产品销售相关的保修义务

D. 发放给高管人员的绩效奖

52. 下列各项中，影响企业当期营业利润的是（　　）。

A. 无法查明原因的现金短缺

B. 公益性捐赠支出

C. 固定资产报废净损失

D. 支付的合同违约金

53. 下列各项中，不影响企业当期营业利润的是（　　）。

A. 所得税费用

B. 存货减值损失

C. 销售包装物收入

D. 交易性金融资产公允价值变动收益

54. A 公司于 2023 年 10 月 5 日以 100 万元的价格购入一项摊销期限为 5 年的非专利技术，采用直线法摊销，不考虑净残值。2025 年 4 月 1 日，甲公司出售该项无形资产，取得银行存款 80 万元，应交税费 4.8 万元。出售该项非专利技术应计入资产处置损益的金额为（　　）万元。

A. 74　　　　　　B. -16

C. 5.2　　　　　　D. 80

55. 2024 年 5 月 1 日，甲企业开始研究开发一项微波新技术，当月共发生研发支出 350 万元，其中，费用化的金额 150 万元，符合资本化条件的金额 200 万元。5 月末，研发活动尚未完成。该项目在 2024 年 5 月计入利润表的金额是（　　）万元。

A. 0　　　　　　B. 150

C. 300　　　　　　D. 450

56. 下列各项收入中，不属于营业收入的是（　　）。

A. 出租包装物收入

B. 出租固定资产租金收入

C. 股票溢价收入

D. 出售材料收入

57. 下列各项中，引起企业营业收入发生增减变动的是（　　）。

A. 转销无法支付的应付账款

B. 捐赠利得

C. 取得代销商品手续费收入

D. 取得保险公司赔款

58. 下列各项中，应在"营业外收入"科目中核算的是（　　）。

　　A. 无法查明原因的现金溢余

　　B. 固定资产盘盈

　　C. 存货盘盈

　　D. 出租包装物取得的租金

59. 2024 年 9 月，某企业报经批准结转无法查明原因的现金溢余 500 元、转销由于债权单位无法清偿的应付账款 8000 元；出售管理用设备确认净收益 6000 元。不考虑其他因素，2024 年 9 月该企业确认的营业外收入为（　　）元。

　　A. 14500　　　　　　B. 8500

　　C. 6500　　　　　　D. 14000

60. 下列各项中，应计入营业外收入的是（　　）。

　　A. 大型设备处置利得

　　B. 存货收发计量差错形成的盘盈

　　C. 无形资产出售利得

　　D. 无法支付的应付账款

61. 下列各项中，不应计入营业外支出的是（　　）。

　　A. 公益性捐赠支出

　　B. 存货自然灾害损失

　　C. 固定资产报废损失

　　D. 长期股权投资处置损失

62. 下列各项中，报经批准应记入"营业外支出"科目的是（　　）。

　　A. 生产车间的停工修理损失

　　B. 采购材料运输途中的合理损失

　　C. 地震导致的库存商品盘亏净损失

　　D. 出售非专利技术产生的处置净损失

63. 下列各项中，属于营业外支出的是（　　）。

　　A. 确认的固定资产减值损失

　　B. 处置闲置的固定资产

　　C. 管理不善造成的原材料毁损

　　D. 对外捐赠的固定资产

64. 某公司因台风造成损失共计 250 万元，其中流动资产 150 万元，非流动资产 100 万元，获得保险公司赔偿 80 万元，则计入营业外支出的金额为（　　）万元。

　　A. 250　　　　　　B. 170

　　C. 150　　　　　　D. 100

65. 下列各项中，属于企业发生的损失的是（　　）。

　　A. 企业外币应收账款的汇兑损失

　　B. 企业支付的行政罚款

　　C. 企业预计产品质量保证损失

　　D. 企业存货因管理不善造成的盘亏

66. 下列各项业务中，不会引起利润总额发生增减变动的是（　　）。

　　A. 计提坏账准备

　　B. 接受现金捐赠

　　C. 确认所得税费用

　　D. 取得持有交易性金融资产的股息

67. A 公司 2024 年度利润总额为 300 万元，其中本年度国债利息收入 15 万元，税收滞纳金 5 万元，实际发生的业务招待费 25 万元（税法核定的业务招待费 20 万元）。递延所得税负债年初数为 5 万元，年末数为 4 万元，递延所得税资产年初数为 8 万元，年末数为 3 万元。适用的企业所得税税率为 25%，假定不考虑其他因素，A 公司 2024 年度应纳税所得额为（　　）万元。

　　A. 294　　　　　　B. 295

　　C. 221.25　　　　D. 220.5

68. 某企业 2024 年应交所得税 1000 万元；递延所得税资产年初余额为 500 万元，年末余额为 600 万元；递延所得税负债年初余额为 800 万元，年末余额为 600 万元。假定递延所得税的发生额只影响所得税费用，该企业 2024 年应确认的所得税费用的金额为（　　）万元。

　　A. 1000　　　　　　B. 1100

　　C. 900　　　　　　D. 700

69. 某企业适用的所得税税率为 25%。2024 年度实现利润总额（税前会计利润）2300 万元，其中，从其投资的未上市的居民企业取得现金股利 30 万元、支付违反环保法规罚款 10 万元。假定无递延所得税因素，该企业当期确认的所得税费用为（　　）万元。

A. 547.5　　　　B. 527.5

C. 575　　　　D. 570

70. A 公司 2024 年度利润总额为 500 万元，递延所得税负债年初数为 20 万元，年末数为 30 万元，递延所得税资产年初数为 15 万元，年末数为 10 万元。适用的企业所得税税率为 25%，假定不考虑其他因素，A 公司 2024 年度应交所得税为（　　）万元。

A. 475　　　　B. 125

C. 130　　　　D. 126.25

71. A 公司 2024 年度利润总额为 100 万元，其中国债利息收入为 5 万元。当年按税法核定的业务招待费为 25 万元，实际发生业务招待费为 30 万元。假定该企业无其他纳税调整项目，适用的所得税税率为 25%，该企业 2024 年所得税费用为（　　）万元。

A. 23.75　　　　B. 25

C. 22.5　　　　D. 28.75

72. 某企业 2024 年度利润总额为 500 万元，应纳税所得额为 480 万元；递延所得税资产年初数为 18 万元，年末数为 10 万元；所得税税率为 25%。不考虑其他因素，该企业 2024 年末确认的所得税费用为（　　）万元。

A. 125　　　　B. 112

C. 120　　　　D. 128

73. 甲公司适用的所得税税率为 25%。2024 年度该企业实现利润总额 500 万元，应纳税所得额为 480 万元，递延所得税资产增加 8 万元，递延所得税负债减少 2 万元。不考虑其他因素，该企业 2024 年度利润表"所得税费用"项目本期金额为（　　）万元。

A. 128　　　　B. 112

C. 110　　　　D. 120

74. 某公司 2024 年实现利润总额 120 万元，确认所得税费用 30 万元、其他综合收益

税后净额 8 万元。不考虑其他因素，该公司 2024 年实现的净利润为（　　）万元。

A. 120　　　　B. 128

C. 90　　　　D. 98

75. 某企业 2024 年"递延所得税资产"科目的年初数为 50 万元，年末数为 30 万元，则应将该科目的本年发生额记入（　　）。

A. "递延所得税资产"科目的借方

B. "递延所得税资产"科目的贷方

C. "递延所得税负债"科目的借方

D. "递延所得税负债"科目的贷方

76. 甲企业适用的企业所得税税率为 25%，2024 年营业收入 5020 万元，营业成本 3500 万元，税金及附加 120 万元，期间费用 320 万元，资产减值损失 50 万元，营业外收入 100 万元，营业外支出 10 万元（其中行政罚款 2 万元），递延所得税负债年初数为 20 万元，年末数为 30 万元，则甲企业 2024 年应确认的所得税费用为（　　）万元。

A. 280.5　　　　B. 290.5

C. 270.5　　　　D. 257.5

77. 下列各项中，不影响净利润的是（　　）。

A. 发行股票的手续费

B. 转回已计提的存货跌价准备

C. 处置长期股权投资（权益法），同时结转已确认的资本公积

D. 计算确认应交的房产税

78. 某企业 2024 年度实现主营业务收入 200 万元，主营业务成本 160 万元，其他业务收入 124 万元，其他业务成本 80 万元，计提的资产减值损失 48 万元，税金及附加 15 万元，销售费用 6 万元，管理费用 12 万元，实现的投资收益 20 万元，行政罚款 8 万元，假定不考虑其他因素，则该企业 2024 年 12 月 31 日结转后"本年利润"科目余额为（　　）万元。

A. 23　　　　B. 15

C. 0　　　　D. −1

79. 某企业本年实现利润总额 192 万元，当

年发生的管理费用中不得税前抵扣的金额为 8 万元，企业所得税税率为 25%，不考虑其他因素，该企业本年的净利润为（　　）万元。

A. 142　　　　　B. 192

C. 144　　　　　D. 146

二、多项选择题

1. A 公司与 B 公司签订合同，约定为 B 公司生产并销售专用冰柜 2 台，并负责冰柜的安装与检验工作，如果冰柜不能正常运行，则 A 公司需要返修，然后再进行安装和检验，直至冰柜能正常使用。下列 A 公司的处理中正确的有（　　）。

A. 应将销售和安装检验冰柜分别作为单项履约义务

B. 应将销售和安装检验冰柜作为单项履约义务

C. 销售冰柜和安装检验冰柜可明确区分

D. 销售冰柜和安装检验冰柜不可明确区分

2. 5 月 1 日，甲公司与客户签订合同，向其销售 A、B 两种商品，A 商品的单独售价为 6000 元，B 商品的单独售价为 24000 元，合同价款为 25000 元。合同约定，A 商品于合同开始日交付，B 商品在一个月之后交付，只有两种商品全部交付后，甲公司才有权收取 25000 元的合同对价。假定 A 商品和 B 商品分别构成单项履约义务，其控制权在交付时转移给客户。假定不考虑增值税及其他因素。下列各项中，甲公司会计处理正确的有（　　）。

A. 甲公司于 5 月 1 日确认主营业务收入 6000 元

B. 甲公司于 5 月 1 日确认合同资产 5000 元

C. 甲公司于 6 月 1 日确认主营业务收入 25000 元

D. 甲公司于 6 月 1 日确认应收账款 25000 元

3. 甲企业为增值税一般纳税人，与客户签订合同销售一批商品，由于货款收回存在较大不确定性，甲企业未确认该项业务的销

售收入，商品已经发出且纳税义务已发生，假定不考虑其他因素，下列关于该项销售业务的会计处理中正确的有（　　）。

A. 借：发出商品
　　　　贷：库存商品

B. 借：主营业务成本
　　　　贷：库存商品

C. 借：应收账款
　　　　贷：应交税费——应交增值税（销项税额）

D. 暂不编制会计分录，待收到款项时再进行会计处理

4. 在采用支付手续费方式委托代销商品时，委托方在会计处理中可能涉及的会计科目有（　　）。

A. 发出商品

B. 销售费用

C. 应交增值税——应交增值税（销项税额）

D. 应交增值税——应交增值税（进项税额）

5. 下列各项中，关于采用支付手续费方式委托代销商品的会计处理，表述正确的有（　　）。

A. 委托方通常在收到受托方开出的代销清单时确认销售商品收入

B. 委托方发出商品时应按合同价记入"发出商品"科目

C. 受托方应在代销商品销售后按照双方约定的手续费确认营业收入

D. 受托方按合同价销售但不确认收入

6. 2024 年 11 月 2 日，某企业收到客户退回上月销售的商品一批并验收入库。该批商品售价 40 万元，增值税税额 5.2 万元，成本 19 万元。企业于当日支付了退货款，开具了增值税专用发票（红字）。下列各项中，关于该企业销售退回会计处理表述正确的有（　　）。

A. 借记"库存商品"科目 19 万元

B. 借记"主营业务收入"科目 40 万元

C. 借记"应交税费——应交增值税（进

项税额）"科目 5.2 万元

D. 贷记"主营业务成本"科目 19 万元

7. 下列业务中，属于在某一时段履行的履约义务的有（　　）。

A. 甲公司向乙公司提供的保洁服务

B. 丙建筑公司向丁公司提供的生产厂房建造服务

C. 戊会计师事务所向己公司提供的审计服务

D. 庚公司向辛公司销售的日化用品

8. 某公司经营一家健身俱乐部，适用的增值税税率为 6%。2024 年 1 月 1 日，与客户签订合同，并收取客户会员费 12000 元（不含税）。客户可在未来 12 个月内享受健身服务，且没有次数限制。不考虑其他因素，下列各项中，该公司会计处理正确的有（　　）。

A. 1 月 1 日收到会员费时确认收入 12000 元

B. 1 月 31 日确认主营业务收入 1000 元

C. 1 月 1 日收到会员费时确认合同负债 12000 元

D. 1 月 1 日收到会员费时确认预收账款 12000 元

9. 对合同履约成本进行摊销时可能涉及的会计科目有（　　）。

A. 合同履约成本

B. 主营业务成本

C. 管理费用

D. 其他业务成本

10. 下列关于收入的计量，表述正确的有（　　）。

A. 交易价格是指企业因向客户转让商品已收取的对价

B. 企业代第三方收取的款项，应当作为负债进行会计处理

C. 企业应当按照分摊至单项履约义务的交易价格计量收入

D. 企业预期将退还给客户的款项，应当先作为收入进行会计处理

11. 对于在某一时段内履行的履约义务，企业应当在该段时间内按照履约进度确认

收入。下列各项中，关于履约进度的表述正确的有（　　）。

A. 企业可以采用实际测量的完工进度确定履约进度

B. 对于类似情况下的履约义务，企业应当采用相同的方法确定履约进度

C. 对于某一项履约义务，企业可以采用多种方法来确定其履约进度

D. 企业可以按累计实际发生的成本占预计总成本的比例确定履约进度

12. 甲公司为一家健身器材销售公司，为增值税一般纳税人，2024 年 6 月 1 日，甲公司按合同约定向乙公司销售 5 万件健身器材，单位销售价格为 500 元，健身器材已交付乙公司。合同约定，乙公司 7 月 31 日前有权退还健身器材。假定甲公司根据过去的经验，估计该批健身器材的退货率约为 20%，在不确定性消除时，80% 的收入极可能不会发生重大转回。下列说法中正确的有（　　）。

A. 2024 年 6 月 1 日甲公司应确认的收入为 2500 万元

B. 2024 年 6 月 1 日甲公司应确认的收入为 2000 万元

C. 2024 年 6 月 1 日甲公司应确认的收入为 0

D. 如果 80% 的收入极可能发生重大转回，则不应该确认收入

13. 下列关于附有质量保证条款的销售中的质量保证的会计处理中，正确的有（　　）。

A. 法定要求之外的质量保证，通常应作为单项履约义务

B. 企业提供额外服务的，应当作为单项履约义务

C. 企业销售商品提供的质量保证，均应与商品销售作为一项履约义务

D. 企业提供的质量保证属于向客户保证所销售商品符合既定标准的服务的，应作为或有事项进行会计处理

14. 下列关于附有质量保证条款的销售履约义务识别表述中正确的有（　　）。

A. 企业提供额外服务的，应当作为单项履约义务

B. 企业未提供额外服务的，应按照或有事项要求进行会计处理

C. 客户能够选择单独购买质量保证的，该质量保证构成单项履约义务

D. 质量保证期越长，越有可能是单项履约义务

15. A 公司与 B 公司签订合同，约定向 B 公司销售 100 件商品，售价总额为 30 万元，商品成本为 24 万元，假定不考虑增值税因素。A 公司承诺该批商品自售出起 1 年内如果发生非意外事件造成的故障或质量问题，A 公司负责免费保修，同时还承诺免费提供额外的两年延保服务，市场上单独购买两年延保服务需要支付 2 万元，法律规定该批商品必须有 1 年的质量保证期。A 公司根据以往经验估计在法定保修期（1 年）内将发生的保修费用为 0.5 万元。根据上述资料，以下说法正确的有（　　）。

A. A 公司应确认销售费用 2.375 万元

B. A 公司应确认预计负债 0.5 万元

C. A 公司应确认合同负债 1.875 万元

D. A 公司应确认两项履约义务，其中商品销售及法定质保确认为一项履约义务，确认收入 28 万元，两年延保服务应确认一项履约义务，确认收入 2 万元

16. 甲公司系增值税一般纳税人，适用的增值税税率为 13%。2024 年 12 月 1 日，甲公司以赊销方式向乙公司销售一批成本为 60 万元的商品。开出的增值税专用发票上注明的价款为 100 万元，增值税税额为 13 万元，满足销售商品收入确认条件，合同约定乙公司有权在 3 个月内退货。2024 年 12 月 31 日，甲公司尚未收到上述款项。根据以往经验估计退货率为 20%。下列关于甲公司 2024 年该项业务会计处理的表述中，正确的有（　　）。

A. 确认主营业务收入 100 万元

B. 确认预计负债 20 万元

C. 确认应收退货成本 12 万元

D. 确认主营业务成本 60 万元

17. 企业向客户授予的额外购买选择权的形式包括（　　）。

A. 销售激励

B. 客户奖励积分

C. 未来购买商品的折扣券

D. 合同续约选择权

18. 对于附有客户额外购买选择权的销售，如果该选择权向客户提供了重大权利，分摊至重大选择权的交易价格与未来的商品相关，企业应当在（　　）时确认收入。

A. 企业确认该额外购买选择权

B. 企业销售商品时

C. 客户未来行使该选择权取得相关商品的控制权

D. 该选择权失效时

19. A 公司 2024 年 1 月 1 日开始执行一项积分计划，约定客户每消费 1 元可积 1 分，满 100 分可抵现金 1 元。2024 年共发生符合条件的销售额 3000 万元，积分为 3000 万分；A 公司预计将有 80% 的积分会被使用。当年没有客户使用所授予的积分，假定不考虑增值税因素，A 公司下列会计处理正确的有（　　）。

A. A 公司应确认收入 3000 万元

B. A 公司应确认收入 2976.19 万元

C. A 公司应确认合同负债 23.81 万元

D. A 公司应确认合同负债 3000 万元

20. 下列各项中，属于费用的有（　　）。

A. 主营业务成本　　B. 其他业务成本

C. 营业外支出　　　D. 资产处置损失

21. 下列各项中，应计入主营业务成本的有（　　）。

A. 出租无形资产的摊销成本

B. 非流动资产处置损失

C. 工业企业销售自产产品的成本

D. 服务企业提供劳务所发生的成本

22. 下列各项中，工业企业应计入其他业务成本的有（　　）。

A. 销售产品的成本

B. 出售单独计价包装物的成本

C. 出租包装物的成本

D. 经营租赁出租设备计提的折旧

23. 下列各项中，应计入制造业企业其他业务成本的有（　　）。

A. 经营租出固定资产的折旧额

B. 经营租出无形资产的摊销额

C. 销售原材料的实际成本

D. 存货盘亏净损失

24. 下列各项中，应列入利润表"营业成本"项目的有（　　）。

A. 随同商品出售不单独计价的包装物成本

B. 商品流通企业销售外购商品的成本

C. 随同商品出售单独计价的包装物成本

D. 销售材料的成本

25. 下列各项中，会使"营业成本"增加的有（　　）。

A. 生产商品领用的原材料

B. 出租非专利技术的摊销额

C. 采用成本模式进行后续计量的投资性房地产计提的折旧

D. 行政管理部门发生的固定资产修理费

26. 2024年11月甲公司发生如下税费：增值税60万元，消费税80万元，销售产品应交资源税5万元，印花税2万元，适用的城市维护建设税和教育费附加的税率分别为7%和3%，假定不考虑其他因素，下列关于甲公司11月相关税费计算的说法中，正确的有（　　）。

A. 城市维护建设税为7.7万元

B. 教育费附加为4.2万元

C. 税金及附加为101万元

D. 税金及附加为161万元

27. 下列关于期间费用的说法中，正确的有（　　）。

A. 现金折扣会导致销货方增加期间费用总额

B. 生产车间计提固定资产折旧会增加期间费用总额

C. 消费税的发生不应影响期间费用总额

D. 行政管理部门发生的固定资产修理费用增加期间费用总额

28. 下列各项中，不应计入期间费用的有（　　）。

A. 销售商品发生的销售退回

B. 销售商品发生的售后服务费

C. 销售商品发生的商业折扣

D. 委托代销商品支付的手续费

29. 下列资产的折旧费中，应计入当期损益的有（　　）。

A. 销售部门固定资产折旧

B. 财务部门固定资产折旧

C. 生产车间固定资产折旧

D. 研究阶段研发部门固定资产折旧

30. 下列关于企业发生的各项支出表述中，正确的有（　　）。

A. 企业财务部门人员的工资计入财务费用

B. 聘请中介机构发生的咨询费计入管理费用

C. 企业行政管理部门固定资产日常修理费用计入管理费用

D. 广告费计入管理费用

31. 下列各项中，应计入销售费用的有（　　）。

A. 销售商品时发生的业务招待费

B. 销售部门发生的人工费

C. 为宣传产品发生的展览费

D. 与专设销售机构相关的固定资产计提的折旧费

32. 下列各项中，应计入销售费用的有（　　）。

A. 预计产品质量保证损失

B. 销售部门人员的职工教育经费

C. 现金折扣

D. 专设销售机构发生的差旅费

33. 下列各项业务中，在进行会计处理时应计入管理费用的有（　　）。

A. 无法查明原因的现金盘亏

B. 企业筹建期间发生的开办费

C. 存货收发计量差错造成的盘亏

D. 业务招待费

34. 下列各项中，不通过"管理费用"科目核算的有（　　）。

A. 销售部门职工的高温补贴

B. 车间管理部门职工的工资薪酬

C. 生产车间职工的教育经费

D. 辞退福利

35. 下列各项中，会影响企业管理费用的有（　　）。

A. 现金盘亏

B. 管理不善造成的存货盘亏

C. 固定资产盘亏净损失

D. 存货盘盈

36. 下列各项中，不属于企业"财务费用"科目核算内容的有（　　）。

A. 满足资本化条件的利息支出

B. 筹建期间符合资本化条件的利息支出

C. 财务部门人员差旅费

D. 外币汇兑损益

37. 下列各项中，应计入财务费用的有（　　）。

A. 支付银行承兑汇票手续费

B. 购买交易性金融资产手续费

C. 汇兑损益

D. 发行股票支付手续费

38. 下列各项中，不会导致当期营业利润减少的有（　　）。

A. 确认本期企业所得税费用

B. 支付的环境污染罚款

C. 支付税收滞纳金

D. 出租土地使用权计提的摊销

39. 下列各项中，影响企业营业利润的有（　　）。

A. 销售商品发生的人工费

B. 出售单独计价的包装物取得的净收入

C. 出售无形资产的净损失

D. 计提的资产减值损失

40. 下列各项中，应计入投资收益的有（　　）。

A. 出售交易性金融资产的净收益

B. 出售长期股权投资的净损失

C. 出售投资性房地产的收入

D. 出售无形资产的净收益

41. 下列各项中，应确认为营业外收入的有（　　）。

A. 现金盘盈

B. 固定资产盘盈

C. 与企业日常活动无关的政府补助

D. 无法查明原因的现金溢余

42. 下列各项中，应计入营业外收入的有（　　）。

A. 捐赠利得

B. 存货收发计量差错形成的盘盈

C. 无形资产出售利得

D. 转销确实无法支付的应付账款

43. 下列各项中，影响营业外支出的有（　　）。

A. 无形资产报废损失

B. 现金盘亏

C. 违约金支出

D. 出售长期股权投资的净损失

44. 下列各项中，计入营业外支出的有（　　）。

A. 地震导致的原材料毁损

B. 捐建希望小学的支出

C. 税收罚款支出

D. 产品保修维修费

45. 下列各项中，应该确认为营业外支出的有（　　）。

A. 因管理不善造成的原材料损失

B. 向慈善机构支付的捐赠款

C. 因自然灾害造成的原材料损失扣除保险公司赔偿的部分

D. 处置固定资产的净损失

46. 下列各项中，引起当期利润总额增加的有（　　）。

A. 确认存货盘盈的收益

B. 确认本期出租闲置设备的租金收入

C. 确认银行存款的利息收入

D. 出售交易性金融资产取得的净收益

47. 下列各项中，一定会影响利润总额计算的有（　　）。

A. 收入　　　　　B. 费用

C. 利得　　　　　D. 损失

48. 以下各项中，既影响营业利润又影响利润总额的业务有（　　）。

A. 计提坏账准备

B. 转销确实无法支付的应付账款

C. 出售材料取得的收入

D. 转让股票所取得的收益

49. 下列各项中，会产生应纳税暂时性差异的有（　　）。

A. 资产的账面价值大于其计税基础

B. 资产的账面价值小于其计税基础

C. 负债的账面价值大于其计税基础

D. 负债的账面价值小于其计税基础

50. 下列交易或事项中，企业计算应纳税所得额时，纳税调增的有（　　）。

A. 会计折旧大于税法折旧的部分

B. 违约金

C. 业务招待费超标部分

D. 国债利息收入

51. 根据税法规定，下列应进行纳税调整的事项有（　　）。

A. 已计入投资收益的国债利息收入

B. 企业发生的职工福利费支出没有超过工资总额14%的部分

C. 已计入当期损益的公益性捐赠支出超过税法规定扣除标准的部分

D. 支付并已计入当期损益的税收滞纳金

52. 下列关于企业所得税费用的表述，正确的有（　　）。

A. 期末应将所得税费用余额结转计入本年利润

B. 所得税费用通过"税金及附加"科目核算

C. 利润总额减去所得税费用为净利润

D. 所得税费用由当期所得税和递延所得税组成

53. 下列各项中，会使企业本期所得税费用大于本期应交所得税的有（　　）。

A. 递延所得税资产借方增加额

B. 递延所得税资产贷方增加额

C. 递延所得税负债借方增加额

D. 递延所得税负债贷方增加额

三、判断题

1. 商业银行的利息收入是其主营业务收入。　　　　　　（　　）

2. 企业出售原材料、包装物、固定资产也视同商品销售，其收入确认和计量原则比照商品销售，因此其实现的收入应该作为主营业务收入处理。　　　　（　　）

3. "合同资产"科目与"应收账款"科目都是核算企业已向客户转让商品而有权收取对价的权利，因此，它与应收账款相同。　　　　　（　　）

4. 企业与客户签订合同，向其销售商品并提供安装服务，若该安装服务复杂且商品需要按客户定制要求修改，则合同中销售商品和提供安装服务为两项单项履约义务。　　　（　　）

5. 确认和计量任何一项合同收入都必须经过五个步骤。　　　　　　（　　）

6. 甲企业与客户签订销售商品合同，约定客户有权定价且在收到商品无误后10日内付款。甲企业按约定将商品交给客户并经客户验收后表明商品的控制权已转移。　　　　　　（　　）

7. 甲企业为增值税一般纳税人，2024年6月5日与客户签订一份购销合同，2024年6月15日甲企业收到客户支付的预付货款，2024年6月30日甲企业按合同约定发出货物，经客户验收合格后入库。甲企业应于2024年6月15日确认该项合同的收入。　　　　　　（　　）

8. 甲企业向乙企业赊销商品时已知晓乙企业发生财务困难，不能确定销售商品款是否能收回，但为了维持与乙企业长期以来的合作关系，仍然将商品发出并开具销售发票，对于该赊销，甲企业不需要进行相关会计处理。　　　　　　（　　）

9. 已经发出但不符合销售商品收入确认条件的商品的会计处理中，不确认收入，也不会涉及"应交税费——应交增值税（销项税额）"科目。　　（　　）

10. 企业采用支付手续费方式委托代销商品，委托方应在发出商品时不确认销售商品收入。　　　　　　（　　）

11. 企业应先判断该履约义务是否属于某一

时点的履约义务，如不是，则该履约义务属于某一时段内履行的履约义务。

（ ）

12. 客户能够控制企业履约过程中在建的商品，属于在某一时点履行履约义务，相关收入应当在该履约义务完成时确认。

（ ）

13. 当履约进度不能合理确定时，企业已经发生的成本预计能够得到补偿的，应当按照已经收到的金额确认收入。 （ ）

14. 企业履约过程中所产生的商品具有不可替代用途，属于在某一时段内履行的履约义务。

（ ）

15. 与企业过去的履约活动相关的支出应计入合同履约成本。 （ ）

16. 无法在尚未履行的与已履行（或已部分履行）的履约义务之间区分的相关支出应计入合同履约成本。 （ ）

17. 企业代第三方收取的款项以及企业预期将退还给客户的款项，应当作为负债进行会计处理，不计入交易价格。 （ ）

18. 企业从客户处收取的全部价款均应作为交易价格。 （ ）

19. 当合同中包含两项或多项履约义务时，企业应当在合同开始日，按照各单项履约义务所承诺商品的成本的相对比例，将交易价格分摊至各单项履约义务。

（ ）

20. 在对可变对价进行估计时，企业应当按照最可能发生金额确定可变对价的最佳估计数。 （ ）

21. 包含可变对价的交易价格，应当不超过在相关不确定性消除时，累计已确认的收入可能不会发生重大转回的金额。

（ ）

22. 由企业承担的为取得合同发生的投标费，应确认为合同取得成本。 （ ）

23. 企业对已确认为资产的合同取得成本，应当采用与该资产相关的商品收入确认相同的基础进行摊销，计入当期损益。

（ ）

24. 对附有销售退回条件的商品销售，如果企业能够按照以往的经验对退货的可能性作出合理估计的，则估计可能发生退货的部分，不确认收入。 （ ）

25. 附有销售退回条款的销售，在资产负债表日，企业应按照预期将退回商品转让时的账面价值，扣除收回该商品预计发生的成本（包括退回商品的价值减损）后的余额冲减主营业务成本。 （ ）

26. 附有销售退回条款的销售，在资产负债表日，企业应当重新估计未来销售退回的情况，并对上述资产和负债进行重新计量，如有变化，应当作为会计政策变更进行会计处理。 （ ）

27. 对于附有客户额外购买选择权的销售，如果该选择权向客户提供了一项重大权利的，则企业不应当将其作为单项履约义务进行会计处理。 （ ）

28. 甲企业向乙企业销售一批商品，乙企业因此取得 1 年内在甲企业购买商品享受 6 折优惠的权利，假定甲企业向其他客户销售相同商品也可享受 6 折优惠，甲企业向乙企业提供的该选择权为一项重大权利。 （ ）

29. 产品成本是费用总额的一部分。 （ ）

30. 一般纳税企业购买商品的增值税、关税、消费税等通过"税金及附加"科目核算。

（ ）

31. 税金及附加的核算内容包括消费税、城市维护建设税、资源税、教育费附加、房产税、城镇土地使用税、车船税、印花税、所得税等。 （ ）

32. 销售费用是与企业销售商品活动有关的费用，包括销售商品本身的成本和劳务成本。 （ ）

33. 企业应将确认的预计产品质量保证损失计入销售费用。 （ ）

34. "财务费用"科目年末有余额，且余额在借方。 （ ）

35. 制造费用与财务费用不同，本期发生的财务费用直接影响本期损益，而本期发

生的制造费用不会影响本期的损益。（　　）

36. 企业购买交易性金融资产的手续费应计入财务费用。（　　）

37. 企业筹建期间的借款费用、销售商品发生的商业折扣以及支付银行承兑汇票的手续费均通过"财务费用"科目核算。（　　）

38. 企业发生的支出不产生经济利益，或者即使产生经济利益，但不符合或者不再符合资产确认条件的，应当在发生时确认费用，计入当期损益。（　　）

39. 企业支付的行政罚款、违约金均会减少企业的营业利润。（　　）

40. 资产处置损益不影响企业营业利润。（　　）

41. 固定资产计提资产减值损失会减少利润总额。（　　）

42. 投资性房地产的租金收入应该通过"投资收益"科目核算。（　　）

43. 固定资产、无形资产的处置净损失通过"营业外支出"科目核算。（　　）

44. 无形资产出售和出租均影响营业利润的金额。（　　）

45. 企业接受固定资产捐赠产生的利得计入资本公积。（　　）

46. 固定资产盘盈是企业非日常的利得，应通过"营业外收入"科目核算。（　　）

47. "营业外收入"科目核算企业除主营业务活动以外的其他经营活动实现的收入。（　　）

48. 原材料运输途中发生的合理损耗应计入营业外支出。（　　）

49. 营业外收入不需要与有关的费用进行配比。（　　）

50. 原材料处置成本、公益性捐赠支出、盘亏损失、出租包装物的成本、罚款支出等都计入营业外支出。（　　）

51. 应纳税暂时性差异一般情况下应确认相关递延所得税负债。（　　）

52. 资产的账面价值小于其计税基础，或

负债的账面价值大于其计税基础，会产生应纳税时间性差异。（　　）

53. "所得税费用"科目的期末余额应转入"未分配利润"科目，结转后本科目应无余额。（　　）

54. 企业所得税费用包括当期所得税和递延所得税负债两部分。（　　）

55. 某企业2024年初有2023年形成的亏损100万元，税法规定该亏损可以在未来5年内用税前利润弥补，2024年该企业实现利润总额50万元，假定不存在其他纳税调整事项，所得税税率为25%，则该企业2024年应交纳企业所得税12.5万元。（　　）

56. 如果不存在纳税调整事项及递延所得税因素，利润表中的"所得税费用"项目的金额可以直接根据"利润总额"项目的金额乘以所得税税率直接填列。（　　）

57. 无论采用账结法还是表结法，"本年利润"科目都能提供当月及本年累计的利润（或亏损）额。（　　）

四、不定项选择题

1. B公司为增值税一般纳税人企业，其销售的产品为应纳增值税产品，适用的增值税税率为13%，产品销售价款中均不含增值税税额。产品销售成本按经济业务逐项结转。2024年B公司发生如下经济业务：

（1）5月1日销售A产品1200件给乙公司，产品销售价格为80000元，产品销售成本为48000元。为了促销，B公司给予乙公司15%的商业折扣并开具了增值税专用发票。产品已经发出，同时向银行办妥了托收手续。

（2）委托丙公司代销C产品一批，并将该批产品交付丙公司。代销合同规定B公司按售价的10%向丙公司支付手续费，该批产品的销售价款为120000元，产品销售成本为66000元。

（3）6月10日，因部分A产品的规格与合同不符，乙公司退回A产品600件。当

日，B 公司按规定向乙公司开具增值税专用发票（红字），销售退回允许扣减当期增值税销项税额，退回商品已验收入库，款项尚未收到。

（4）丙公司已将代销的 C 产品全部售出，款项尚未支付给 B 公司。B 公司在收到代销清单时向丙公司开具了增值税专用发票，并按合同规定确认应向丙公司支付的代销手续费，收到丙公司开具的提供代销服务的增值税专用发票。

（5）用银行存款支付发生的管理费用 6780 元，计提坏账准备 4000 元。

（6）销售产品应交的城市维护建设税为 2100 元，应交的教育费附加为 900 元。

要求：根据上述资料，分析回答下列问题。

（1）关于业务（1）和业务（3），下列说法正确的是（　　）。

 A. 5 月 1 日销售 A 产品应确认的主营业务收入为 68000 元

 B. 5 月 1 日销售 A 产品应确认的应收账款为 78880 元

 C. 6 月 10 日，因部分 A 产品被退回，确认减少主营业务收入 34000 元

 D. 6 月 10 日，因部分 A 产品被退回，确认减少应收账款 39440 元

（2）关于业务（2）和业务（4），下列说法中正确的是（　　）。

 A. 委托丙公司代销 C 产品，应当在发出产品时确认产品销售收入

 B. B 公司在丙公司将 C 商品销售给最终客户时，应确认产品销售收入

 C. 向丙公司支付的代销手续费应记入"销售费用"科目

 D. 确认应收账款金额为 122880 元

（3）B 公司根据上述资料计算的主营业务收入为（　　）元。

 A. 86000　　　　　B. 34000

 C. 154000　　　　D. 188000

（4）B 公司根据上述资料计算的主营业务成本为（　　）元。

 A. 90000　　　　　B. 34000

 C. 42000　　　　　D. 6000

（5）B 公司根据上述资料应确认的营业利润为（　　）元。

 A. 38220　　　　　B. 42220

 C. 50220　　　　　D. 14220

2. 甲工业企业（以下简称"甲企业"）为增值税一般纳税人，适用的增值税税率为 13%，商品售价和提供服务收入均不包含增值税。销售商品和提供服务均符合收入确认条件，其成本在确认收入时逐笔结转。2024 年 12 月，甲企业发生如下交易或事项：

（1）6 日，与乙公司签订合同，向乙公司销售 A 商品一批，商品售价为 300 万元，增值税税额为 39 万元，该批商品的成本为 120 万元。商品已发出，款项已收到并存入银行，开出增值税专用发票。销售前，该批商品已计提了 20 万元的存货跌价准备。

（2）18 日，因资金周转困难，急需资金一笔，将购买成本为 30 万元的原材料出售。售价 28 万元，当月收到原材料款项。

（3）19 日，与丙公司签订销售合同，采用预收款方式向丙公司销售一批商品，实际成本 90 万元。销售协议约定，售价 120 万元，相关增值税税额 15.6 万元，丙公司预付 60% 的货款（不含增值税），其余款项于 12 月 31 日丙公司收到货物并验收合格时结算。

（4）28 日，与戊公司签订为期 3 个月的服务合同，合同总价款为 70 万元。至 12 月 31 日，已经预收合同款 50 万元，实际发生成本 30 万元（假定均为提供劳务人员薪酬），估计为完成该合同还将发生成本 20 万元，该公司按实际发生的成本占估计总成本的比例确定合同履约进度，属于在某一时段内履行的履约义务。

要求：根据上述资料，不考虑其他因素，分析回答下列问题。

（1）根据资料（1），下列说法中正确的

是（　　）。

A. 应确认主营业务收入 300 万元

B. 应确认主营业务收入 180 万元

C. 应确认主营业务成本 120 万元

D. 应确认主营业务成本 100 万元

（2）根据资料（2），甲企业应将销售原材料结转的成本计入（　　）。

A. 生产成本

B. 其他业务成本

C. 主营业务成本

D. 制造费用

（3）根据资料（3），下列会计分录中正确的是（　　）。

A. 借：银行存款　　　720000

　　　贷：合同负债　　　720000

B. 借：银行存款　　　636000

　　　合同负债　　　720000

　　　贷：主营业务收入

　　　　　　　　1200000

　　　应交税费——应交增值税（销项税额）

　　　　　　　　　156000

C. 借：预收账款　1356000

　　　贷：主营业务收入

　　　　　　　　1200000

　　　应交税费——应交增值税（销项税额）

　　　　　　　　　156000

D. 借：主营业务成本

　　　　　　　900000

　　　贷：库存商品　　900000

（4）根据资料（4），关于甲公司 12 月 31 日会计处理结果正确的是（　　）。

A. 结转主营业务成本 30 万元

B. 确认主营业务收入 50 万元

C. 确认主营业务收入 42 万元

D. 结转主营业务成本 50 万元

（5）根据资料（1）~（4），甲公司本期应结转的"营业成本"的金额为（　　）万元。

A. 270　　　　　　B. 180

C. 250　　　　　　D. 160

3. 甲公司提供施工服务，属于在某一时段内履行的履约义务，为取得施工合同发生的合同取得成本按照履约进度进行摊销。2024 年 7 ~ 12 月，发生的有关经济业务如下：

（1）6 月 30 日，通过竞标取得一项为期 2 年的施工合同，合同总价款为 1000 万元，施工费每半年支付 250 万元。为取得该合同，2024 年 7 月甲公司以银行存款支付投标费 2 万元、投标人员差旅费 1 万元、销售人员佣金 6 万元，预期这些支出未来均能收回。

（2）截至 2024 年 12 月 31 日，为该项合同累计发生施工成本 120 万元，预计还将发生施工成本 480 万元。甲公司按照实际发生的成本占预计总成本的比例确定履约进度。

（3）2024 年 12 月 31 日，甲公司按照合同约定收到施工费 250 万元。

要求：根据上述资料，不考虑相关税费等其他因素，分析回答下列问题。

（1）下列各项中，关于合同取得成本的表述正确的是（　　）。

A. 合同取得成本是所签订合同的对象或内容本身所直接发生的费用

B. 企业发生合同取得成本时应借记"合同取得成本"科目

C. 企业发生合同取得成本时应借记"合同资产"科目

D. 合同取得成本是企业为取得合同发生的预期能够收回的增量成本

（2）根据资料（1），下列各项表述正确的是（　　）。

A. 因订立该合同增加期间费用 9 万元

B. 投标人员差旅费 1 万元应计入管理费用

C. 投标费 2 万元应计入合同取得成本

D. 销售人员佣金 6 万元应计入合同取得成本

（3）根据资料（2）和资料（3），下列各项关于甲公司 12 月 31 日相关会计处理表述正确的是（　　）。

A. 主营业务收入增加 200 万元

B. 甲公司的履约进度为 20%

C. 主营业务成本增加 120 万元

D. 合同负债增加 50 万元

（4）根据期初资料、资料（1）和资料（2），下列关于甲公司 12 月 31 日合同取得成本摊销的会计处理正确的是（　　）。

A. 借：销售费用　　　18000

　　　贷：合同取得成本 18000

B. 借：销售费用　　　16000

　　　贷：合同取得成本 16000

C. 借：管理费用　　　16000

　　　贷：合同取得成本 16000

D. 借：销售费用　　　12000

　　　贷：合同取得成本 12000

（5）根据期初资料、资料（1）～（3），上述业务对甲公司 2024 年"营业利润"的影响金额为（　　）万元。

A. 78.2　　　　　　　B. 71

C. 75.8　　　　　　　D. 73.4

4. 甲公司 2024 年发生以下经济业务：

（1）8 月 31 日，甲公司向乙公司销售 A 产品 2000 件，单位售价 0.4 万元，单位成本 0.3 万元。货款已经收到。销售协议同时约定，2024 年 10 月 31 日前乙公司有权退还 A 产品。8 月 31 日，甲公司根据以往经验估计该批 A 商品的退货率为 10%。9 月 30 日，甲公司对该批 A 产品重新估计退货率为 5%。

（2）12 月 1 日，甲公司向客户销售成本为 300 万元的 B 产品，售价 400 万元已收存银行。客户为此获得 125 万个奖励积分，每个积分可在 2025 年购物时抵减 1 元。根据历史经验，甲公司估计该积分的兑换率为 80%。

要求：假定不考虑增值税等因素，根据上述业务，回答下列问题。

（1）甲公司 8 月 31 日应确认的 A 产品销售收入为（　　）万元。

A. 0　　　　　　　　B. 720

C. 800　　　　　　　D. 600

（2）甲公司 8 月 31 日结转 A 产品成本时，应借记的会计科目有（　　）。

A. 应收退货成本

B. 库存商品

C. 主营业务成本

D. 其他业务成本

（3）9 月 30 日甲公司重新估计 A 产品退货率时的会计处理中正确的有（　　）。

A. 冲减预计负债 40 万元

B. 冲减应收退货成本 30 万元

C. 确认主营业务成本 30 万元

D. 确认主营业务收入 30 万元

（4）12 月 1 日，甲公司销售 B 产品应确认的销售收入为（　　）万元。

A. 400　　　　　　　B. 0

C. 320　　　　　　　D. 425

（5）下列关于甲公司销售 B 产品会计处理说法中正确的有（　　）。

A. 估计客户将兑换的积分应分摊的交易价格应计入合同负债

B. 甲公司向客户提供的积分兑换属于向客户提供了一项重大权利

C. 甲公司应当在客户未来使用积分购物或者积分失效时，将积分分摊的交易价格确认为收入

D. 甲公司应当在 B 产品的控制权转移给客户时将积分分摊的交易价格确认为收入

5. 甲公司 2024 年 4 月发生以下经济业务：

（1）10 日，以 995 万元的价格向乙公司销售一批产品，该批产品成本为 800 万元，控制权已转移，款项已收存银行。合同约定，该批产品自售出之日起 1 年内如果发生质量问题，甲公司提供免费维修服务，该维修服务构成单项履约义务。该批产品的单独售价为 990 万元，一年期维修服务

的单独售价为 10 万元。

（2）15 日，甲公司与零售商 B 公司签订销售合同，向其销售 10000 台 M 商品，每台合同价为 100 元，单位成本为 80 元。当日开具增值税专用发票，货款尚未收到。16 日，甲公司收到 B 公司支付的全部款项，商品尚未发出。

（3）20 日，甲公司通过竞标赢得一个新客户，为取得该客户合同，甲公司发生以下支出：聘请外部律师进行尽职调查支出 15000 元；因投标发生差旅费 10000 元；支付销售人员佣金 5000 元。甲公司预期这些支出未来能够收回。此外，甲公司根据其年度销售目标、整体盈利情况及个人业绩等，向销售部门经理支付年度奖金 10000 元。

要求：假定不考虑增值税等因素，根据上述资料，分析回答下列问题。

（1）根据资料（1），甲公司 4 月 10 日应确认的收入为（　　）万元。

A. 995　　　　　　B. 990

C. 1000　　　　　D. 985.05

（2）根据资料（1），关于甲公司提供的质保服务，下列说法中正确的有（　　）。

A. 该质保服务属于在某一时点履行的履约义务

B. 该质保服务属于在某一时段履行的履约义务

C. 该质保服务收入应于销售商品的同时确认

D. 该质保服务属于甲公司的一项负债

（3）根据资料（1），甲公司的会计处理正确的是（　　）。

A. 主营业务收入增加 995 万元

B. 主营业务收入增加 1000 万元

C. 预计负债增加 10 万元

D. 合同负债增加 9.95 万元

（4）根据资料（2），甲公司应作的会计处理是（　　）。

A. 主营业务收入增加 1000000 元

B. 库存商品减少 800000 元

C. 银行存款增加 1000000 元

D. 合同负债增加 1000000 元

（5）根据资料（3），下列说法中正确的是（　　）。

A. 合同取得成本为 5000 元

B. 合同取得成本为 15000 元

C. 合同取得成本为 25000 元

D. 合同取得成本为 40000 元

6. 甲公司为增值税一般纳税人，适用的增值税税率为 13%，甲公司 2024 年 12 月发生如下交易或事项：

（1）2 日，计算应交的资源税 2 万元，应交印花税 4 万元。

（2）15 日，销售商品领用一批单独计价的包装物成本 2 万元，增值税专用发票上注明销售收入 4 万元，增值税税额为 0.52 万元，款项已存入银行，符合收入确认条件。

（3）26 日，车间管理部门使用的固定资产计提折旧 3 万元。

（4）31 日，销售商品发生的售后商品维修费 10 万元，专设销售网点机器设备折旧 8 万元，销售人员薪酬 15 万元，销售过程中发生汇兑损失 6 万元。

要求：根据上述资料，不考虑其他因素，分析回答下列问题。

（1）根据资料（1），下列会计处理正确的是（　　）。

A. 借记"管理费用"6 万元

B. 借记"税金及附加"6 万元

C. 贷记"银行存款"4 万元

D. 贷记"应交税费"6 万元

（2）根据资料（2），下列说法中正确的是（　　）。

A. 出售包装物时，贷方确认其他业务收入 4 万元

B. 出售包装物时，贷方确认其他业务收入 4.52 万元

C. 在结转出售包装物成本时，借方确认其他业务成本 2 万元

D. 在结转出售包装物成本时，借方确认主营业务成本 2 万元

（3）根据资料（3），下列会计处理正确的是（　　）。

A. 确认管理费用 3 万元

B. 确认生产成本 3 万元

C. 确认销售费用 3 万元

D. 确认制造费用 3 万元

（4）根据资料（4），应确认销售费用的金额为（　　）万元。

A. 23　　　　　B. 29

C. 33　　　　　D. 39

（5）根据上述资料，甲公司 12 月应计入期间费用的金额为（　　）万元。

A. 47　　　　　B. 39

C. 44　　　　　D. 43

7. 甲企业为增值税一般纳税人，适用的所得税税率为 25%。2024 年 1 月 1 日，递延所得税资产为 50 万元，递延所得税负债为 80 万元。本年有关业务资料如下：

（1）年初自行建造一座新的厂房，以银行存款购入建造工程用的各种物资 100 万元，增值税专用发票上注明的税额 13 万元，全部用于工程建设。另外，领用本企业生产的水泥一批，实际成本 60 万元；应计工程人员薪酬 20 万元。支付安装费，取得增值税专用发票上注明的金额 7 万元，增值税税额 0.63 万元。年末，该建造工程尚未完工，但工程出现减值迹象，经减值测试该在建工程的可回收金额为 160 万元。

（2）7 月 1 日，购入乙企业发行的股票 50 万股（占乙企业发行股票总数的 2%），每股 10.2 元（含已宣告但尚未发放的现金股利 0.2 元），另支付交易费用 5 万元。甲企业将其划分为交易性金融资产进行管理和核算。9 月 30 日，该股票市价为每股 11 元；12 月 31 日，该股票市价为每股 11.5 元。

（3）当年甲企业发生职工福利费 160 万元，税法规定允许扣除 140 万元；发生公益性捐赠支出 50 万元，税法规定允许扣除 60 万元；发生营业外支出 20 万元，其中包含环境污染罚款 8 万元，合同违约罚款 7 万元。

（4）当年甲企业实现利润总额 500 万元（含上述业务），年末递延所得税资产余额 40 万元，递延所得税负债余额 100 万元。

要求：根据上述资料，不考虑其他因素，分析回答下列问题。

（1）根据资料（1），下列各项中，甲企业的会计处理正确的是（　　）。

A. 购入建造工程用的各种物资：

借：在建工程　　　　100

　　应交税费——应交增值税（进项税额）　　　　13

贷：银行存款　　　　113

B. 领用本企业生产的水泥：

借：在建工程　　　　60

贷：库存商品　　　　60

C. 应计工程人员薪酬：

借：在建工程　　　　20

贷：应付职工薪酬　　20

D. 建造工程发生减值：

借：资产减值损失　　27

贷：在建工程减值准备　　　　27

（2）根据资料（2），甲企业关于乙企业股权投资的会计处理正确的是（　　）。

A. 2024 年 7 月 1 日，"交易性金融资产——成本"科目借方增加 510 万元

B. 2024 年 7 月 1 日，"投资收益"科目借方增加 5 万元

C. 2024 年 9 月 30 日，"公允价值变动损益"科目借方增加 40 万元

D. 2024 年 12 月 31 日，"公允价值变动损益"科目贷方增加 25 万元

（3）根据资料（3），下列各项中，甲企业应纳税所得额的调整正确的是（　　）。

A. 职工福利费调增应纳税所得额 20 万元

B. 公益性捐赠支出调减应纳税所得额 10 万元

C. 营业外支出调增应纳税所得额 8 万元

D. 营业外支出调增应纳税所得额 15 万元

（4）根据资料（4），下列各项中，甲企业当期所得税费用的金额是（　　）万元。

A. 155　　　　B. 162

C. 157　　　　D. 160

（5）根据资料（4），下列各项中，甲企业关于所得税的会计处理正确的是（　　）。

A. 借：所得税费用　155
　　贷：应交税费——应交所得税　125

递延所得税负债　20
递延所得税资产　10

B. 借：所得税费用　162
　　贷：应交税费——应交所得税　132

递延所得税负债　20
递延所得税资产　10

C. 借：所得税费用　157
　　贷：应交税费——应交所得税　127

递延所得税负债　20
递延所得税资产　10

D. 借：所得税费用　160
　　贷：应交税费——应交所得税　130

递延所得税负债　20
递延所得税资产　10

提高演练参考答案及解析

一、单项选择题

1.【答案】D 【解析】销售原材料收入属于制造业企业的其他业务收入；现金股利收入属于投资收益；接受现金捐赠利得属于营业外收入。

2.【答案】C 【解析】"合同资产"科目核算企业已向客户转让商品而有权收取对价的权利，且该权利取决于时间流逝之外的其他因素（如履行合同中的其他履约义务），而"应收账款"科目核算企业已向客户转让商品而有权收取对价的权利，且该权利只取决于时间流逝因素。

3.【答案】A 【解析】"合同资产"科目核算企业已向客户转让商品而有权收取对价的权利且该权利取决于时间流逝之外的其他因素。

4.【答案】C 【解析】（1）甲公司仅交付 M 商品时，由于 M 商品的对价是否能收回还取决于 N 商品是否能按合同约定交付，因此应将该债权 1.2 万元计入合同资产，选

项 A、B 错误。（2）甲公司交付 M、N 商品时，应收的债权除时间因素外，不受其他因素影响，因此应将此项债权 3 万元全部计入应收账款，选项 C 正确，选项 D 错误。

5.【答案】B 【解析】企业对于发出的商品，不符合收入确认条件的，应按其实际成本由"库存商品"科目转入"发出商品"科目。所以应借记"发出商品"科目，贷记"库存商品"科目。

6.【答案】D 【解析】企业以赊销方式对外销售商品，在客户取得相关商品控制权时点确认收入。同时，企业应当在合同开始日，按照各单项履约义务所承诺商品的单独售价的相对比例，将交易价格分摊至各单项履约义务。本题中，由于合同约定，企业在将两种商品全部交付给客户时，企业才有权收取全部合同价款。所以，当企业仅交付 M 商品时，未收取的货款应通过"合同资产"科目核算。因此，企业按合同要求交付 M 商品应确认的合同资产金

额 $=108 \times 30 \div (30+90)=27$（万元）。

7. 【答案】C 【解析】当履约进度不能合理确定时，企业已经发生的成本预计能够得到补偿的，应当按照已经发生的成本金额确认收入，直到履约进度能够合理确定为止。

8. 【答案】D 【解析】销售价款是委托方应确认的收入，受托方应按合同收取已实现销售收入一定比例的手续费确认收入。

9. 【答案】D 【解析】企业采用支付手续费的方式委托代销的，应在收到受托方开出的代销清单时确认销售商品收入，选项 D 正确。

10. 【答案】C 【解析】企业已经发出但客户没有取得商品控制权，应当将库存商品成本转入"发出商品"科目核算，待企业收到货款或者取得收取货款的权利时确认收入。

11. 【答案】B 【解析】2024 年末的履约进度 $=15000 \div (15000+25000) \times 100\% = 37.5\%$；2024 年应确认的收入 $=60000 \times 37.5\% = 22500$（元）。

12. 【答案】C 【解析】A 公司为履行在某一时段内履行的履约义务，至 2024 年 12 月 31 日，A 公司应确认的收入 $=1000 \times 50\% = 500$（万元）。

13. 【答案】A 【解析】2024 年第一季度，甲公司根据以往经验估计乙公司全年的采购量将不会超过 2000 件，甲公司按照 80 元的单价确认收入，满足在不确定性消除之后，累计已确认的收入将极可能不会发生重大转回的要求，因此，甲公司在第一季度确认的收入金额为 12000 元（80×150）。2024 年第二季度，甲公司对交易价格进行重新估计，由于预计乙公司全年的采购量将超过 2000 件，按照 70 元的单价确认收入，才满足极可能不会导致累计已确认的收入发生重大转回的要求。因此，甲公司在第二季度确认收入 $=[70 \times (1000+150)-12000] = 68500$（元）。

14. 【答案】D 【解析】甲公司 2024 年 8 月 30 日向乙公司销售汽车应确定的交易价格 $=20 \times 15 \times 50\% + (20-2) \times 15 \times 30\% + (20-5) \times 15 \times 20\% = 276$（万元）。

15. 【答案】B 【解析】A 产品应分摊的交易价格 $=5 \div (5+4+3) \times 9 = 3.75$（万元）。

16. 【答案】D 【解析】选项 A、B、C 应计入当期损益，不计入合同履约成本。

17. 【答案】D 【解析】企业为取得合同发生的、除预期能够收回的增量成本之外的其他支出，应当在发生时计入当期损益，选项 D 不正确。

18. 【答案】C 【解析】选项 C 正确，销售佣金 6 万元计入合同取得成本。

19. 【答案】D 【解析】该批商品 2024 年 11 月 1 日应确认的收入 $=50000 \times 100 \times (1-10\%) = 4500000$（元），2024 年 12 月 31 日，根据最新情况重新预计商品的退货率降低了 2%，所以应补充确认收入 $=50000 \times 100 \times (10\% - 8\%) = 100000$（元）。

20. 【答案】A 【解析】对于客户能够选择单独购买质量保证的，表明该质量保证构成单项履约义务；对于客户虽然不能选择单独购买质量保证，但如果该质量保证在向客户保证所销售的商品符合既定标准之外提供了一项单独服务的，也应当作为单项履约义务。作为单项履约义务的质量保证应当进行相应的会计处理，并将部分交易价格分摊至该项履约义务。

21. 【答案】B 【解析】因该项质量保证服务是因乙公司使用不当发生的，不属于法定质保，应作为单项履约义务，将总价款 40 万元在销售空调和提供质量保证服务之间进行分摊。对于销售空调的交易价格符合收入确认条件，应于 2024 年 11 月 1 日确认收入；对于提供的质量保证服务属于在某一时段内履行的履约义务，应根据履约进度确认收入。

22. 【答案】B 【解析】授予奖励积分的公允价值 = 5000 ÷ 200 × 10 = 250（元），因该顾客购物商场应确认的收入 = 5000 × 5000 ÷（5000 + 250）= 4761.9（元）。

23. 【答案】A 【解析】选项 B 通过"投资收益"科目核算；选项 C、D 通过"营业外收入"科目核算。

24. 【答案】C 【解析】销售商品并确认收入时，相关商品成本应一并结转，确认销售成本，对于已经售出的商品包含有存货跌价准备的，应当转销对应的存货跌价准备，同时冲减销售成本。对于本题而言，有关销售成本处理的相关会计分录如下：

借：主营业务成本　　　　320
　　贷：库存商品　　　　　　320
借：存货跌价准备　　　　50
　　贷：主营业务成本　　　　50

25. 【答案】B 【解析】销售 A 材料、出售单独计价的包装物的成本均计入其他业务成本；生产车间固定资产的修理费用计入管理费用；计提的投资性房地产的摊销额计入其他业务成本；出借包装物的摊销额计入销售费用。所以该企业 2024 年 12 月应计入其他业务成本的金额 = 20 + 5 + 1 = 26（万元）。

26. 【答案】B 【解析】出售不单独计价的包装物的成本计入销售费用；计提的管理无形资产的摊销额计入管理费用；出租包装物的摊销额计入其他业务成本。所以该企业 2024 年 12 月应计入其他业务成本的金额为 0.5 万元。

27. 【答案】B 【解析】在建工程领用产品的实际成本在领用时直接记入"在建工程"科目。

28. 【答案】B 【解析】选项 A 应计入在建工程，选项 C 应计入该项物资的成本，选项 D 应计入应交税费——应交消费税。

29. 【答案】B 【解析】委托加工应税消费品收回后直接用于生产应税消费品的，

支付给受托方的代收代交的消费税准予抵扣，所以当月应申报交纳的消费税 = 500 × 10% − 9 = 41（万元），当月应确认的税金及附加 = 500 × 10% = 50（万元）。

30. 【答案】A 【解析】城市维护建设税和教育费附加是以实际交纳的增值税和消费税为基础征收，城市维护建设税、教育费附加和消费税应计入税金及附加，增值税为价外税，不影响企业的损益，所以甲集团 9 月应确认的税金及附加 = 130 +（130 + 160）×（7% + 3%）= 159（万元）。

31. 【答案】D 【解析】应记入"税金及附加"科目的金额 = 300 + 56 + 24 = 380（万元）。

32. 【答案】B 【解析】车间管理人员工资计入制造费用；预计产品质量保证损失计入销售费用；生产设备折旧费计入制造费用；销售商品发生的商业折扣在确认收入之前已扣除，不形成费用。销售费用、管理费用和财务费用属于期间费用，选项 B 正确。

33. 【答案】C 【解析】期间费用包括管理费用、财务费用和销售费用。赊购办公用品计入管理费用，预付第三季度办公用房租金应计入第三季度各月的管理费用，不应计入 6 月的期间费用中；支付第二季度短期借款的利息 6000 元，已有 4000 元在 4 月和 5 月确认为财务费用，6 月应确认的财务费用为 2000 元，所以该企业 6 月应确认的期间费用 = 10000 + 2000 = 12000（元）。

34. 【答案】D 【解析】工程人员工资计入在建工程；为履行合同而提供服务人员的工资计入合同履约成本；生产车间管理人员的工资计入制造费用；销售人员的工资计入销售费用。销售费用属于期间费用，选项 D 正确。

35. 【答案】B 【解析】销售商品发生的销售退回冲减主营业务收入；销售商品发生的售后服务费计入销售费用，属于期间费用；销售商品发生的商业折扣在确认收入时直接按扣除商业折扣后的金额确认，不形成费用；销售商品发生的违约金计入营业外支出，不属于期间费用。

36. 【答案】B 【解析】支付专设销售机构固定资产修理费用应计入销售费用，代垫销售商品运杂费应计入应收账款，支付受托方代销商品手续费应计入销售费用，结转随同商品出售单独计价包装物成本应计入其他业务成本，预计已销商品质量保证损失应计入销售费用，房产税应计入税金及附加。因此，该企业12月应计入销售费用的金额 = 3 + 10 + 1 = 14（万元）。

37. 【答案】C 【解析】销售费用的金额 = 3 + 5 + 1 = 9（万元），企业支付的诉讼费0.8万元应计入管理费用。

38. 【答案】A 【解析】预计产品质量保证损失属于销售费用核算的内容，由于是因2024年度的销售而发生的，所以该笔销售费用应计入2024年，与当年的销售收入形成因果上的配比。

39. 【答案】B 【解析】行政管理部门发生的固定资产修理费用计入管理费用。

40. 【答案】B 【解析】车间管理部门的折旧费计入制造费用，行政管理部门的折旧费计入管理费用，财务部门也属于企业的行政管理部门。所以该单位2024年5月应计入的管理费用为7万元。

41. 【答案】A 【解析】计提的生产车间职工养老保险费应计入制造费用；辞退福利不按受益原则，均计入管理费用；向董事会成员支付的津贴和发生的会计师事务所审计费应计入管理费用。

42. 【答案】D 【解析】该企业当月应确认的管理费用 = 10 + 5 + 3 = 18（万元），选项D正确。销售部门的业务招待费，记入"管理费用"科目。

43. 【答案】B 【解析】选项A，计入财务费用；选项C，计入营业外支出；选项D，计入销售费用。

44. 【答案】C 【解析】筹建期间的借款利息支出计入管理费用；发行债券支付的手续费直接从取得的价款中扣除；购买交易性金融资产支付的手续费计入投资收益；不符合资本化条件的利息支出计入财务费用。

45. 【答案】C 【解析】现金折扣属于可变对价，只影响收入确认金额，不计入财务费用。

46. 【答案】D 【解析】经营活动发生的短期借款利息90万元，应计入财务费用借方；收到流动资金存款利息收入1万元，应计入财务费用贷方；支付银行承兑汇票手续费15万元，应计入财务费用借方。该公司2024年应计入财务费用的金额 = 90 - 1 + 15 = 104（万元）。

47. 【答案】D 【解析】短期借款利息和支付的银行承兑汇票手续费均增加企业的财务费用；收到银行活期存款利息收入冲减企业的财务费用，所以该企业11月利润表中"财务费用"项目的本期发生额 = 7.2 + 0.5 - 1.5 = 6.2（万元）。

48. 【答案】C 【解析】选项A，计入所得税费用，影响净利润，不影响营业利润和利润总额；选项B，计入在建工程，不属于损益类科目，不影响营业利润、利润总额和净利润；选项C，计入资产减值损失，影响营业利润、利润总额和净利润；选项D，计入营业外支出，影响利润总额和净利润，不影响营业利润。

49. 【答案】B 【解析】黄河公司2024年度的营业利润 = 1000 - 800 - 15 - 20 - 35 + 30 = 160（万元）。营业外收入、营业外支出不影响营业利润，影响利润总额；所得税费用不影响营业利润，影响净利润。

50. 【答案】B 【解析】税收滞纳金计入营业外支出，不影响营业利润，所以导致该企业2024年营业利润减少的金额 = 1000 + 60 + 4 = 1064（万元）。

51. 【答案】A 【解析】选项A，计入营业外支出，不影响营业利润；选项B，计入投资收益，影响营业利润；选项 C，计入销售费用，影响营业利润；选项 D，计入管理费用，影响营业利润。

52. 【答案】A 【解析】无法查明原因的现金短缺计入管理费用，影响营业利润；公益性捐赠支出、固定资产报废净损失和支付的合同违约金应计入营业外支出，营业外支出不影响营业利润，影响利润总额。

53. 【答案】A 【解析】存货减值损失计入资产减值准备，影响营业利润；销售包装物收入计入其他业务收入，影响营业利润；交易性金融资产公允价值变动收益计入公允价值变动损益，影响营业利润。所得税费用不影响营业利润和利润总额。

54. 【答案】C 【解析】A 公司出售该项非专利技术应计入资产处置收益的金额 = 80 - 4.8 - (100 - 100 ÷ 5 ÷ 12 × 18) = 5.2（万元）。会计分录为：

借：银行存款　　　　　　　80
　　累计摊销　　　　　　　30
　　贷：无形资产　　　　　　　100
　　　　应交税费——应交增值税（销项税额）　　　4.8
　　　　资产处置损益　　　　　5.2

55. 【答案】B 【解析】只有费用化部分在当期应该计入管理费用才会影响利润表，选项 B 正确。因研发活动尚未完成，所以符合资本化条件的金额计入无形资产成本。

56. 【答案】C 【解析】出租包装物收入、出租固定资产租金收入、出售材料收入都属于其他业务收入，其他业务收入是营业收入的组成部分。股票溢价收入计入资本公积——股本溢价。

57. 【答案】C 【解析】转销无法支付的应付账款、捐赠利得应计入营业外收入，营业外收入不属于营业收入，所以不会导致营业收入发生增减变动；取得保险公司赔款计入其他应收款，其他应收款属于资产，不属于损益，不会导致营业收入发生增减变动；取得代销商品手续费收入计入主营业务收入或其他业务收入，是营业收入的组成部分，会导致营业收入增加。

58. 【答案】A 【解析】固定资产盘盈计入以前年度损益调整，存货盘盈冲减管理费用，出租包装物取得的租金计入其他业务收入。

59. 【答案】B 【解析】无法查明原因的现金溢余计入营业外收入，转销无法清偿的应付账款计入营业外收入，出售管理用设备确认净收益计入资产处置损益，但报废设备取得的净收益应计入营业外收入。该企业应确认的营业外收入 = 500 + 8000 = 8500（元）。

60. 【答案】D 【解析】大型设备处置利得和无形资产出售利得计入资产处置损益；存货收发计量差错形成的盘盈冲减管理费用；无法支付的应付账款应计入营业外收入。

61. 【答案】D 【解析】营业外支出是指企业发生的与其日常活动无直接关系的各项损失，主要包括非流动资产毁损报废损失、公益性捐赠支出、盘亏损失、非常损失、罚款支出等。长期股权投资处置损失应该计入投资收益。

62. 【答案】C 【解析】生产车间的停工修理损失，记入"制造费用"科目，选项 A 错误；采购材料运输途中的合理损失，记入"原材料"等科目，选项 B 错误；出售非专利技术产生的处置净损失，记入"资产处置损益"科目，选项 D 错误。

63. 【答案】D 【解析】确认固定资产减值损失计入资产减值损失，处置闲置的固定资产计入资产处置损益，管理不善造成的原材料毁损计入管理费用，对外捐赠的固定资产计入营业外支出。

64. 【答案】B 【解析】因自然灾害造成的损失计入营业外支出，计入营业外支出的金额 = 250 - 80 = 170（万元）。

65.【答案】B 【解析】企业外币应收账款的汇兑损失应计入财务费用,企业预计产品质量保证损失应计入销售费用,企业存货因管理不善造成的盘亏应计入管理费用,财务费用、销售费用和管理费用属于企业的期间费用。企业支付的行政罚款应计入营业外支出,营业外支出是指企业发生的与其日常活动无直接关系的各项损失。

66.【答案】C 【解析】所得税费用是根据利润总额计算的,影响的是净利润。能够影响利润总额的项目包括影响营业利润的项目和营业外收入、营业外支出。

67.【答案】B 【解析】应纳税所得额是在企业税前会计利润(即利润总额)的基础上调整确定的。根据现行企业所得税法律制度规定,国债利息收入免征企业所得税,应调减;税收滞纳金不允许税前扣除,应调增;超过规定标准的业务招待费不允许税前扣除,应调增。递延所得税不影响应纳税所得额的计算。所以 A 公司 2024 年度应纳税所得额 = 300 − 15 + 5 + (25 − 20) = 295(万元)。

68.【答案】D 【解析】递延所得税费用 = (600 − 800) − (600 − 500) = − 300(万元),所得税费用 = 1000 − 300 = 700(万元)。

69.【答案】D 【解析】根据税法规定,符合条件的居民企业之间的股息、红利等权益性投资收益免征企业所得税,要纳税调减;违反环保法规罚款不能在税前扣除,要纳税调增。所以该企业 2024 年所得税费用的金额 = (2300 − 30 + 10) × 25% = 570(万元)。

70.【答案】B 【解析】在无纳税调整事项的情况下,企业的利润总额与应纳税所得额相等。递延所得税不影响应交所得税的计算。因此,A 公司 2024 年度应交所得税 = 应纳税所得额 × 所得税税率 = 500 × 25% = 125(万元)。

71.【答案】B 【解析】应纳税所得额是在企业税前会计利润(即利润总额)的基础上调整确定的。根据现行企业所得税法律制度规定,国债利息收入免征企业所得税,应调减;超过标准规定的业务招待费不允许税前扣除,应调增。在不存在递延所得税的情况下,所得税费用与应交所得税相等,因此,A 公司 2024 年所得税费用 = (100 − 5 + 30 − 25) × 25% = 25(万元)。

72.【答案】D 【解析】递延所得税 = (递延所得税负债的期末余额 − 递延所得税负债的期初余额) − (递延所得税资产的期末余额 − 递延所得税资产的期初余额) = 0 − (10 − 18) = 8(万元);所得税费用 = 当期所得税 + 递延所得税 = 480 × 25% + 8 = 128(万元)。

73.【答案】C 【解析】所得税费用包括应交所得税和递延所得税。甲公司的应交所得税 = 480 × 25% = 120(元)。递延所得税 = − 2 − 8 = − 10(万元),因此所得税费用 = 120 − 10 = 110(万元)。会计分录为:
借:所得税费用 110
　　递延所得税资产 8
　　递延所得税负债 2
　　贷:应交税费——应交所得税 120

74.【答案】C 【解析】该公司 2024 年实现的净利润 = 120 − 30 = 90(万元)。

75.【答案】B 【解析】"递延所得税资产"属于资产类科目,其减少应记入该科目的贷方。

76.【答案】B 【解析】甲企业 2024 年的应交所得税 = (5020 − 3500 − 120 − 320 − 50 + 100 − 10 + 2) × 25% = 280.5(万元),递延所得税负债 = 30 − 20 = 10(万元),所得税费用为递延所得税负债与应交所得税之和,即 280.5 + 10 = 290.5(万元),会计分录为:
借:所得税费用 290.5
　　贷:递延所得税负债 10

应交税费——应交所得税

　　　　　　　280.5

77.【答案】A 【解析】选项A，应冲减资本公积，不影响净利润；选项B，计入资产减值损失；选项C，计入投资收益；选项D，计入税金及附加。

78.【答案】B 【解析】该企业2024年12月31日结转后"本年利润"科目余额 = 200 − 160 + 124 − 80 − 48 − 15 − 6 − 12 + 20 − 8 = 15（万元）。会计分录为：

借：本年利润　　　　　　329
　　贷：主营业务成本　　　160
　　　　其他业务成本　　　 80
　　　　资产减值损失　　　 48
　　　　税金及附加　　　　 15
　　　　销售费用　　　　　　6
　　　　管理费用　　　　　 12
　　　　营业外支出　　　　　8
借：主营业务收入　　　　200
　　其他业务收入　　　　124
　　投资收益　　　　　　 20
　　贷：本年利润　　　　　344

79.【答案】A 【解析】所得税费用 = （192 + 8）× 25% = 50（万元），净利润 = 192 − 50 = 142（万元），选项A正确。

二、多项选择题

1.【答案】BD 【解析】销售冰柜和安装检验冰柜具有高度关联性，如果冰柜不能正常运行，则需要返修，所以在合同层面销售和安装检验是不可明确区分的，应当将其作为单项履约义务。

2.【答案】BD 【解析】A商品应分摊的合同价款 = 6000 ÷（6000 + 24000）× 25000 = 5000（元），B商品应分摊的合同价款 = 25000 − 5000 = 20000（元）。5月1日甲公司应编制的会计分录为：借记"合同资产"5000元，贷记"主营业务收入"5000元；6月1日，甲公司应编制的会计分录为：借记"应收账款"25000元，贷记"合同资产"5000元，贷记"主营业

务收入"20000元。选项B、D正确。

3.【答案】AC 【解析】由于甲企业向客户转让商品而收取对价存在不确定性，不符合收入确认条件，所以不能确认收入并结转成本。为反映甲企业将商品转让给客户导致库存商品减少的事实，甲企业应按转让商品的成本借记"发出商品"科目，贷记"库存商品"科目。由于增值税纳税义务已发生，所以应将应向客户收取的增值税借记"应收账款"科目，贷记"应交税费——应交增值税（销项税额）"科目。

4.【答案】ABCD 【解析】采用支付手续费方式委托代销商品时，委托方的会计处理如下：

按合同约定发出商品时，按委托商品成本：

借：发出商品
　　贷：库存商品

收到受托方开出的代销清单时按商品售价确认收入，按商品成本结转成本并结算应支付给受托方的代销手续费，代销手续费应计入委托方的销售费用：

借：应收账款
　　贷：主营业务收入
　　　　应交税费——应交增值税（销项税额）
借：主营业务成本
　　贷：发出商品
借：销售费用
　　应交税费——应交增值税（进项税额）
　　贷：应收账款

5.【答案】ACD 【解析】委托方发出商品时应按成本价记入"发出商品"科目。

6.【答案】ABD 【解析】会计分录：
借：主营业务收入　　　　 40
　　应交税费——应交增值税（销项税额）
　　　　　　　　　　　　 5.2
　　贷：银行存款　　　　 45.2
借：库存商品　　　　　　 19
　　贷：主营业务成本　　　 19

7. 【答案】ABC 【解析】满足下列条件之一的，属于在某一时段内履行的履约义务：（1）客户在企业履约的同时即取得并消耗企业履约所带来的经济利益（选项 A 正确）；（2）客户能够控制企业履约过程中在建的商品（选项 B 正确）；（3）企业履约过程中所产出的商品具有不可替代的用途，且该企业在整个合同期间内有权就累计至今已完成的履约部分收取款项（选项 C 正确）；庚公司向辛公司销售的日化用品，属于时点履约义务，选项 D 错误。

8. 【答案】BC 【解析】符合收入准则的预收款项应计入合同负债，选项 C 正确，选项 D 错误。客户在会籍期间，可以随时在该公司享受健身服务，不受次数限制，所以该履约服务属于在某一时段完成的履约义务，且该履约义务是随时间流逝而被履行，所以该公司应按时间进度采用直线法分月确认收入，每个月月末应确认的收入 = 12000 ÷ 12 = 1000（元），选项 B 正确，选项 A 错误。

9. 【答案】ABD 【解析】企业发生合同履约成本时，借记"合同履约成本"科目，贷记"银行存款""应付职工薪酬""原材料"等科目；对合同履约成本进行摊销时，借记"主营业务成本""其他业务成本"等科目，贷记"合同履约成本"科目。涉及增值税的，还应进行相应的处理。

10. 【答案】BC 【解析】交易价格，是指企业因向客户转让商品而有权收取的对价，不包括企业代第三方收取的款项（如增值税）以及企业预期将退还给客户的款项。代第三方收取的款项和企业预期将退还给客户的款项，应当作为负债进行会计处理。当合同中包含两项或多项履约义务时，需要将交易价格分摊至各单项履约义务，按照分摊至单项履约义务的交易价格计量收入。如果合同中只有一项履约义务，那么直接以该交易价格计量收入，不存在分摊问题。

11. 【答案】ABD 【解析】对于每一项履约义务，企业只能采用一种方法来确定其履约进度。

12. 【答案】BD 【解析】2024 年 6 月 1 日甲公司应确认的收入 = 5 × 500 × (1 − 20%) = 2000（万元）。包含可变对价的交易价格，应当不超过在相关不确定性消除时，累计已确认的收入可能不会发生重大转回的金额。

13. 【答案】ABD 【解析】选项 C，企业销售商品提供的质量保证，应当评估该质量保证是否属于在向客户保证所销售商品符合既定标准之外所提供的单独服务，如果是提供的额外服务，则应当作为单项履约义务，不与销售商品作为一项履约义务。

14. 【答案】ABCD 【解析】对于客户能够选择单独购买质量保证的，表明该质量保证构成单项履约义务；对于客户虽然不能选择单独购买质量保证，但如果该质量保证在向客户保证所销售的商品符合既定标准之外提供了一项单独服务的，也应当作为单项履约义务。企业未提供额外服务的，应按照或有事项要求进行会计处理。

15. 【答案】BC 【解析】A 公司应单独确认销售商品的收入和延保服务收入，将交易价格在这两项履约义务之间分摊：

商品的交易价格 = 30 ÷ (30 + 2) × 30 = 28.125（万元）

延保服务的交易价格 = 30 ÷ (30 + 2) × 2 = 1.875（万元）

会计分录为：

借：银行存款 30
　　贷：主营业务收入 28.125
　　　　合同负债 1.875
借：主营业务成本 24
　　贷：库存商品 24
借：销售费用 0.5
　　贷：预计负债 0.5

16. 【答案】BC 【解析】会计分录为：

借：应收账款　　　　　　113

　　贷：主营业务收入（100×80%）

　　　　　　　　　　　　　　80

　　　　预计负债（100×20%）20

　　　　应交税费——应交增值税（销

　　　　项税额）　　　　　　13

借：主营业务成本（60-12）

　　　　　　　　　　　　　　48

　　应收退货成本（60×20%）

　　　　　　　　　　　　　　12

　　贷：库存商品　　　　　　60

17. 【答案】ABCD 【解析】企业向客户授予的额外购买选择权的形式包括销售激励、客户奖励积分、未来购买商品的折扣券以及合同续约选择权等。

18. 【答案】CD 【解析】分摊至重大选择权的交易价格与未来的商品相关，企业应当在客户未来行使该选择权取得相关商品的控制权时，或者在该选择权失效时确认为收入。

19. 【答案】BC 【解析】A公司应在交易发生时将交易价格分摊至销售的商品和授予的积分，积分的单独售价 = 3000÷100×80% = 24（万元）。

应分摊至销售商品的交易价格 = 3000÷（3000+24）×3000 = 2976.19（万元）

应分摊至积分的交易价格 = 24÷（3000+24）×3000 = 23.81（万元）

会计分录为：

借：银行存款　　　　　3000

　　贷：主营业务收入　2976.19

　　　　合同负债　　　　23.81

20. 【答案】AB 【解析】费用具体包括成本费用和期间费用，成本费用有主营业务成本、其他业务成本、税金及附加等，期间费用有销售费用、管理费用和财务费用；营业外支出和资产处置损失属于损失。

21. 【答案】CD 【解析】"主营业务成本"科目核算企业确认销售商品、提供服务等主营业务收入时应结转的成本。出租无形资产的摊销成本应计入其他业务成本，非流动资产处置损失应计入资产处置损失，不属于主营业务成本核算范围。

22. 【答案】BCD 【解析】其他业务成本包括出租固定资产的折旧额、出租无形资产的摊销额、出租包装物的成本或摊销额、销售材料的成本等。工业企业销售产品的成本应计入主营业务成本。

23. 【答案】ABC 【解析】选项D，自然灾害导致的存货盘亏净损失计入营业外支出，管理不善导致的存货盘亏净损失计入管理费用。

24. 【答案】BCD 【解析】营业成本包括主营业务成本和其他业务成本。随同商品出售不单独计价的包装物成本计入销售费用，不属于营业成本；商品流通企业销售外购商品的成本属于主营业务成本，应列入利润表"营业成本"项目；随同商品出售单独计价的包装物成本和销售材料的成本计入其他业务成本，应列入利润表"营业成本"项目。

25. 【答案】BC 【解析】生产商品领用的原材料，应记入"生产成本"科目，选项A错误；行政管理部门发生的固定资产修理费，应记入"管理费用"科目，选项D错误。

26. 【答案】BC 【解析】甲公司11月应交的城市维护建设税 = （60+80）×7% = 9.8（万元）；应交的教育费附加 = （60+80）×3% = 4.2（万元）；甲公司11月税金及附加 = 80+5+2+9.8+4.2 = 101（万元）。

27. 【答案】CD 【解析】现金折扣属于可变对价，企业应根据期望值或最可能发生金额确定可变对价的最佳估计数，不会导致期间费用总额增加。生产车间计提固定资产折旧计入产品成本，不影响期间费用总额。消费税应计入税金及附加，税金及附加不属于企业的期间费用。行政管理部门发生的固定资产修理费用计入管理费用，管理费用属于期间费用，管理费用增加会导致期间费用增加。

28. 【答案】AC 【解析】销售商品发生的销售退回如果未确认收入，只需要将发出商品转入库存商品即可，如果已确认收入，应冲减退回当期的主营业务收入，不影响期间费用；销售商品发生的售后服务费计入销售费用，属于期间费用；销售商品发生的商业折扣发生在企业确认主营业务收入之前，不涉及期间费用；委托代销商品支付的手续费计入销售费用，属于期间费用。

29. 【答案】ABD 【解析】销售部门固定资产折旧计入销售费用；财务部门固定资产折旧、研究阶段研发部门固定资产折旧计入管理费用；生产车间固定资产折旧计入制造费用，期末分配计入生产成本，构成产品成本，不计入当期损益。

30. 【答案】BC 【解析】企业财务部门人员属于企业的行政管理人员，其工资应计入管理费用。广告费计入销售费用。

31. 【答案】BCD 【解析】业务招待费属于管理费用的核算范围。销售部门发生的人工费、为宣传产品发生的展览费、为专设销售机构相关的固定资产计提折旧费都属于销售费用的核算范围，应计入销售费用。

32. 【答案】ABD 【解析】销售费用是指企业销售商品和材料、提供服务的过程中发生的各种费用，包括企业在销售商品过程中发生的保险费、包装费、展览费和广告费、商品维修费、预计产品质量保证损失、运输费、装卸费等以及为销售本企业商品而专设的销售机构（含销售网点、售后服务网点等）的职工薪酬、业务费、折旧费等经营费用。企业发生的与专设销售机构相关的固定资产修理费用等后续支出也属于销售费用。其中，业务费是指销售活动中的运营费用，如差旅费、运输费、通信费等。现金折扣属于可变对价，不计入销售费用。

33. 【答案】ABCD 【解析】管理费用包括企业在筹建期间内发生的开办费、董事会和行政管理部门在企业的经营管理中发生的以及应由企业统一负担的公司经费（包括行政管理部门职工薪酬、物料消耗、低值易耗品摊销、办公费和差旅费等）、行政管理部门负担的工会经费、董事会费（包括董事会成员津贴、会议费和差旅费等）、聘请中介机构费、咨询费（含顾问费）、诉讼费、业务招待费、技术转让费、研究费用等。企业生产车间（部门）和行政管理部门发生的固定资产修理费用等后续支出，也作为管理费用核算。

34. 【答案】ABC 【解析】销售部门职工的高温补贴属于销售部门的职工福利，按受益原则，应计入销售费用；车间管理部门职工的工资薪酬属于车间管理部门的职工薪酬，按受益原则，应计入制造费用；生产车间职工的教育经费属于生产车间的职工福利，按受益原则，应计入制造费用；辞退福利不按受益原则分配，发生时直接计入管理费用。

35. 【答案】ABD 【解析】现金盘亏扣除应由责任人或保险公司赔偿的部分，其他应计入管理费用；管理不善造成的存货盘亏扣除残料价值和应由保险公司、过失人赔款后的净损失，属于一般经营损失计入管理费用；存货盘盈冲减管理费用；固定资产盘亏净损失扣除可收回的保险公司赔偿或过失人赔偿后应计入营业外支出。

36. 【答案】ABC 【解析】选项A、B应计入资产成本。选项C计入管理费用。

37. 【答案】AC 【解析】购买交易性金融资产手续费计入投资收益；发行股票支付的手续费应从股票溢价中抵扣，冲减资本公积。

38. 【答案】ABC 【解析】确认本期企业所得税费用，应通过"所得税费用"科目核算，不影响营业利润，选项A正确；

支付的环境污染罚款与支付税收滞纳金，应通过"营业外支出"科目核算，不影响营业利润，选项 B、C 正确。

39. 【答案】ABCD 【解析】销售商品发生的人工费计入销售费用；出售单独计价的包装物取得的净收入计入其他业务收入；出售无形资产的净损失计入资产处置损益；确认的资产减值损失计入资产减值损失。它们都是营业利润的组成部分。

40. 【答案】AB 【解析】投资收益是指企业以各种方式对外投资所取得的收益。出售投资性房地产的收入计入其他业务收入，出售无形资产的净收益计入资产处置损益。

41. 【答案】ACD 【解析】固定资产盘盈通过以前年度损益调整核算。营业外收入主要包括非流动资产毁损报废收益、与企业日常活动无关的政府补助、盘盈利得、捐赠利得、债务重组利得等。

42. 【答案】AD 【解析】存货收发计量差错形成的盘盈计入管理费用，无形资产出售利得计入资产处置损益。

43. 【答案】AC 【解析】营业外支出与企业的日常经营活动无关，主要包括非流动资产毁损报废损失、捐赠支出、盘亏损失、非常损失、罚款支出等。现金盘亏扣除应由责任人承担的部分后计入管理费用；出售长期股权投资的净损失计入投资收益。

44. 【答案】ABC 【解析】营业外支出包括非流动资产毁损报废损失、捐赠支出、盘亏损失、非常损失、罚款支出等。产品保修维修费计入销售费用。

45. 【答案】BC 【解析】因管理不善造成的原材料损失应计入管理费用，处置固定资产的净损失计入资产处置损益。

46. 【答案】ABCD 【解析】选项 A，冲减管理费用；选项 B，增加其他业务收入；选项 C，冲减财务费用；选项 D，增加投资收益。四个选项均会导致利润总额增加。

47. 【答案】AB 【解析】利得与损失包括两

类，一是直接计入当期损益的利得与损失，二是直接计入所有者权益的利得与损失。其中，直接计入所有者权益的利得与损失不影响利润总额，选项 C、D 错误。

48. 【答案】ACD 【解析】因为营业利润是利润总额的组成部分，所以影响营业利润的业务必然影响利润总额。计提坏账准备计入信用减值损失，会影响营业利润和利润总额；转销确实无法支付的应付账款计入营业外收入，不影响营业利润，只影响利润总额；出售材料取得的收入计入其他业务收入，会影响营业利润和利润总额；转让股票所取得的收益计入投资收益，影响营业利润和利润总额。

49. 【答案】AD 【解析】资产的账面价值大于其计税基础，或负债的账面价值小于其计税基础，产生应纳税时间性差异。

50. 【答案】AC 【解析】按现行企业所得税法规定，国债利息收入免征企业所得税，企业在计算利润总额时，已包含国债利息收入，所以计算应纳税所得额时，应在利润总额的基础上减去国债利息收入，作为应纳税所得额的调整减少项目。会计折旧大于税法折旧和业务招待费超标部分按企业所得税法规定，都不允许税前扣除，但是企业在计算利润总额时，已将这些内容扣除，所以在计算应纳税所得额时，应在利润总额的基础上加回，作为应纳税所得额的调整增加项目。违约金不做纳税调整。

51. 【答案】ACD 【解析】已计入投资收益的国债利息收入按税法规定免征企业所得税，应调整减少应纳税所得额；企业发生的职工福利费支出没有超过规定标准，不需要做纳税调整；已计入当期损益的公益性捐赠支出超过税法规定扣除标准的部分，应调整增加应纳税所得额；支付并已计入当期损益的税收滞纳金按规定不允许税前扣除，应调整增加应纳税所得额。

52.【答案】ACD 【解析】选项 B，通过"所得税费用"科目核算。

53.【答案】BD 【解析】递延所得税的增加有两种途径，一是增加递延所得税负债，二是减少递延所得税资产。其中递延所得税负债增加记贷方，所以选项 D 正确；递延所得税资产减少记贷方，所以选项 B 正确。

三、判断题

1.【答案】√ 【解析】按照企业主要经营业务等经常性经营活动实现的收入，通常将收入分为主营业务收入和其他业务收入，例如，制造业企业的产品销售收入是其主营业务收入，生产产品用的材料销售收入或出租包装物等收入则属于其他业务收入；又如，商业银行的利息收入是其主营业务收入。

2.【答案】× 【解析】企业销售原材料、包装物等存货属于其他业务收入的核算范围，会计处理方法与商品销售相同，其收入确认和计量原则比照商品销售，只是实现的收入应该作为其他业务收入处理，结转成本通过"其他业务成本"科目。企业出售固定资产取得的收入属于利得，计入资产处置收益。

3.【答案】× 【解析】"合同资产"科目核算企业已向客户转让商品而有权收取对价的权利，且该权利取决于时间流逝之外的其他因素（如履行合同中的其他履约义务），而应收账款所代表的收款权利仅取决于时间流逝因素。

4.【答案】× 【解析】履约义务是指合同中企业向客户转让可明确区分商品或服务的承诺。企业应当将向客户转让可明确区分商品（或者商品的组合）的承诺以及向客户转让一系列实质相同且转让模式相同的、可明确区分商品的承诺作为单项履约义务。例如，企业与客户签订合同，向其销售商品并提供安装服务，该安装服务简单，除该企业外其他供应商也可以提供此类安装服务，该合同中销售商品和提供劳务为两项单项履约义务。若该安装服务复杂且商品需要按客户定制要求修改，则合同中销售商品和提供安装服务合并为单项履约义务。

5.【答案】× 【解析】一般而言，确认和计量任何一项合同收入应考虑全部五个步骤。但履行某些合同义务确认收入不一定都经过五个步骤，如企业按照第二步确定某项合同仅为单项履约义务时，可以从第三步直接进入第五步确认收入，不需要第四步分摊交易价格。

6.【答案】√ 【解析】甲企业按约定将商品交给客户并经客户验收后，客户能够自主确定商品的销售价格或商品的使用情况，此时甲企业享有收款权利，客户负有现时付款义务，说明商品的控制权已转移，应确认收入。

7.【答案】× 【解析】甲企业应于2024年6月30日确认收入。根据收入准则规定，企业应当在履行了合同中的履约义务，即在客户取得相关商品控制权时确认收入，2024年6月15日甲企业收到客户支付的预付货款，但是甲企业还没有履行履约义务，客户也没有取得商品的控制权，所以不能确认收入。

8.【答案】× 【解析】因甲企业向乙企业销售商品不满足有权收取的对价很可能收回的条件，所以甲企业不能确认收入，但应反映库存商品的减少，借记"发出商品"科目，贷记"库存商品"科目。

9.【答案】× 【解析】如果销售商品的纳税义务已经发生了，比如已经开出增值税专用发票，就需要确认应交增值税的销项税额。

10.【答案】√ 【解析】企业采用支付手续费方式委托代销商品，委托方有权决定收回代销商品或将代销商品销售给其他客户，受托方并没有取得商品的控制权，委托方应在受托方将商品销售给最终客户，收到受托方的代销清单时确认收入。

11.【答案】× 【解析】企业将商品控制权转移给客户，可能在某一时段内（即履行履约义务的过程中）发生，也可能在某一时点（即履约义务完成时）发生。企业应当根据实际情况，首先判断履约义务是否满足在某一时段内履行的条件，如不满足，则该履约义务属于在某一时点履行的履约义务。

12.【答案】× 【解析】满足下列条件之一的，属于在某一时段内履行的履约义务：（1）客户在企业履约的同时即取得并消耗企业履约所带来的经济利益。（2）客户能够控制企业履约过程中在建的商品。（3）企业履约过程中所产出的商品具有不可替代用途，且该企业在整个合同期间内有权就累计至今已完成的履约部分收取款项。

13.【答案】× 【解析】当履约进度不能合理确定时，企业已经发生的成本预计能够得到补偿的，应当按照已经发生的成本金额确认收入，直到履约进度能够合理确定为止。

14.【答案】× 【解析】企业履约过程中所产出的商品具有不可替代用途，且企业在整个合同期间内有权就累计至今已完成的履约部分收取款项，属于在某一时段内履行的履约义务。

15.【答案】× 【解析】与履约义务中已履行（包括已全部履行或部分履行）部分相关的支出，即该支出与企业过去的履约活动相关，应直接计入当期损益。

16.【答案】× 【解析】无法在尚未履行的与已履行（或已部分履行）的履约义务之间区分的相关支出应于发生时直接计入当期损益。

17.【答案】√ 【解析】交易价格是指企业因向客户转让商品而预期有权收取的对价金额。企业代第三方收取的款项以及企业预期将退还给客户的款项不属于企业应收取的对价，只是暂时由企业保管，所以应当作为负债。

18.【答案】× 【解析】企业从客户收取的款项中，只有因向客户转让商品而有权收取的对价金额可以作为交易价格，代第三方收取的款项以及企业预期将退还给客户的款项不计入交易价格，应作为负债。

19.【答案】× 【解析】当合同中包含两项或多项履约义务时，企业应当在合同开始日，按照各单项履约义务所承诺商品的单独售价的相对比例，将交易价格分摊至各单项履约义务。

20.【答案】× 【解析】在对可变对价进行估计时，企业应当按照期望值或最可能发生金额确定可变对价的最佳估计数。

21.【答案】√ 【解析】为了防止企业高估收入，包含可变对价的交易价格，应当不超过在相关不确定性消除时，累计已确认的收入可能不会发生重大转回的金额，这是谨慎性原则的体现。

22.【答案】× 【解析】企业为取得合同发生的、除预期能够收回的增量成本之外的其他支出，如无论是否取得合同均会发生的差旅费、投标费、为准备投标资料发生的相关费用等，应当在发生时计入当期损益，除非这些支出明确由客户承担。

23.【答案】√ 【解析】为客观真实地反映企业利润，对企业已确认为资产的合同取得成本，根据配比原则，要按确认收入相同的基础进行摊销，计入当期损益。

24.【答案】√ 【解析】可能发生的退货因不符合收入确认条件，不能在收到货款或者取得收款权时确认收入，而应确认为负债。

25.【答案】× 【解析】附有销售退回条款的销售，在资产负债表日，企业应按照预期将退回商品转让时的账面价值，扣除收回该商品预计发生的成本（包括退回商品的价值减损）后的余额确认为应收退货成本。

26. 【答案】× 【解析】附有销售退回条款的销售，在资产负债表日，企业应当重新估计未来销售退回的情况，并对上述资产和负债进行重新计量，如有变化，应当作为会计估计变更进行会计处理。

27. 【答案】× 【解析】对于附有客户额外购买选择权的销售，如果该选择权向客户提供了一项重大权利的，企业应当将其作为单项履约义务进行会计处理。

28. 【答案】× 【解析】乙企业行使该选择权购买额外商品时，并不能享受到超过该地区或该市场中其他同类客户所能够享有的折扣，因此该选择权不是向客户提供的一项重大权利。

29. 【答案】√ 【解析】费用包括营业成本、税金及附加和期间费用。企业为生产产品、提供劳务等发生的可归属于产品成本、劳务成本等的费用，应当在确认销售商品收入、提供劳务收入等时，将已销售商品、已提供劳务的成本确认为营业成本。

30. 【答案】× 【解析】一般纳税企业购买商品时交纳的增值税通过"应交税费——应交增值税（进项税额）"科目核算。一般纳税企业购买商品的关税和消费税计入商品的成本。企业销售应税消费品应交的消费税，应借记"税金及附加"科目，贷记"应交税费——应交消费税"科目。

31. 【答案】× 【解析】税金及附加的核算内容不包括所得税。企业所得税的核算通过"所得税费用"科目核算。

32. 【答案】× 【解析】销售费用是与企业销售商品活动有关的费用，但不包括销售商品本身的成本和劳务成本，它是企业销售商品和材料、提供服务的过程中发生的各种费用，销售商品本身的成本和劳务成本通过"主营业务成本"或"其他业务成本"科目核算。

33. 【答案】√ 【解析】销售费用是指企业销售商品和材料、提供服务的过程中发生的各种费用，包括在销售商品过程中发生的保险费、包装费、展览费、广告费、商品维修费、预计产品质量保证损失、运输费、装卸费等，以及为销售本企业商品而专设的销售机构的职工薪酬、业务费、折旧费等经营费用。

34. 【答案】× 【解析】"财务费用"科目年末结转后无余额。

35. 【答案】√ 【解析】本期发生的制造费用可能包含在期末存货项目中，此时对本期的损益是不产生影响的。

36. 【答案】× 【解析】企业购买交易性金融资产的手续费应计入投资收益。

37. 【答案】× 【解析】企业筹建期间的借款费用计入管理费用；销售商品发生的商业折扣在销售前即已发生，并不构成最终成交价格的一部分，直接从收入中扣除；支付的银行承兑汇票手续费计入财务费用。

38. 【答案】√ 【解析】费用是指企业在日常活动中发生的、会导致所有者权益减少的、与向所有者分配利润无关的经济利益的总流出。

39. 【答案】× 【解析】企业支付的行政罚款、违约金计入营业外支出，营业外支出不是营业利润的组成部分，不影响企业的营业利润。

40. 【答案】× 【解析】资产处置损益是营业利润的组成部分，故影响企业的营业利润。

41. 【答案】√ 【解析】计提固定资产减值损失的会计分录为：
借：资产减值损失
　　贷：固定资产减值准备
因此，计提固定资产减值损失会减少营业利润的金额，因此也会减少利润总额。

42. 【答案】× 【解析】投资性房地产的租金收入应该通过"其他业务收入"科目核算。

43. 【答案】× 【解析】固定资产、无形资产如果属于生产经营期间正常的处置损益，通过"资产处置损益"科目核算；属于自然灾害等非正常原因造成的损失，通过"营业外支出"科目核算。

44. 【答案】√ 【解析】无形资产的出售损益计入资产处置损益，资产处置损益是营业利润的组成部分，所以会影响营业利润；无形资产的出租收入计入其他业务收入，其他业务收入也是营业利润的组成部分，所以会影响营业利润。

45. 【答案】× 【解析】企业接受固定资产捐赠产生的利得计入营业外收入。

46. 【答案】× 【解析】固定资产盘盈通过"以前年度损益调整"核算，调整期初留存收益，不影响当期营业外收入。

47. 【答案】× 【解析】"其他业务收入"科目核算企业除主营业务活动以外的其他经营活动实现的收入。营业外收入不属于日常经营活动实现的收入，属于利得。

48. 【答案】× 【解析】原材料运输途中发生的合理损耗计入原材料成本。

49. 【答案】√ 【解析】营业外收入并不是企业经营资金耗费所产生的，实际上是经济利益的净流入，不需要与有关的费用进行配比。

50. 【答案】× 【解析】原材料处置成本、出租包装物的成本记入"其他业务成本"科目。

51. 【答案】√ 【解析】应纳税暂时性差异在未来期间转回时，会增加转回期间的应纳税所得额和相应的应交所得税，从而导致经济利益流出企业，因而在其发生当期，一般情况下应确认为相关的递延所得税负债。

52. 【答案】× 【解析】资产的账面价值小于其计税基础，或负债的账面价值大于其计税基础，会产生可抵扣时间性差异。

53. 【答案】× 【解析】"所得税费用"科目的期末余额应转入"本年利润"科目，结转后本科目应无余额，"本年利润"科目的余额再转入"利润分配"科目。

54. 【答案】× 【解析】企业所得税费用由当期应交所得税和递延所得税两部分组成。其中，当期应交所得税是在企业会计利润总额的基础上，根据税法规定进行纳税调整后，按适用税率计算出的应交纳的企业所得税。递延所得税包括递延所得税资产和递延所得税负债。

55. 【答案】× 【解析】税法规定企业当年形成的亏损可以在未来 5 年内用税前利润弥补，该企业 2024 年实现的利润总额 50 万元不足以弥补其 2023 年发生的亏损 100 万元，所以该企业 2024 年无须交纳企业所得税。

56. 【答案】√ 【解析】如果不存在纳税调整事项，企业的利润总额与应纳税所得额相等，无递延所得税因素，企业的所得税费用与应交所得税相等。所以，如果不存在纳税调整事项及递延所得税因素，利润表中的"所得税费用"项目的金额可以直接根据"利润总额"项目的金额乘以所得税税率直接填列。

57. 【答案】× 【解析】采用账结法，"本年利润"科目都能提供当月及本年累计的利润（或亏损）额。采用表结法，只有在年末时才能将全年累计余额结转入"本年利润"科目，平时无法反映当月的利润（或亏损）额。

四、不定项选择题

1.（1）【答案】AC 【解析】业务（1），5 月 1 日：

借：应收账款　　　76840
　　贷：主营业务收入　68000
　　　　应交税费——应交增值税
　　　　（销项税额）　　8840
借：主营业务成本　48000
　　贷：库存商品　　　48000
业务（3），6 月 10 日：
借：主营业务收入　34000
　　应交税费——应交增值税（销项税额）　4420

贷：应收账款　　　 38420
借：库存商品　　　 24000
　　贷：主营业务成本　24000

（2）【答案】BCD 【解析】采用支付手续费委托代销方式下，委托方在发出商品时，商品的控制权并未转移给受托方，委托方在发出商品时通常不应确认销售商品收入，而应在受托方将商品销售给最终客户时确认为销售商品收入，同时将应支付的代销手续费计入销售费用。会计分录为：

借：发出商品　　　 66000
　　贷：库存商品　　　 66000
借：应收账款　　 135600
　　贷：主营业务收入　120000
　　　　应交税费——应交增值税
　　　　（销项税额）　15600
借：主营业务成本　66000
　　贷：发出商品　　　 66000
借：销售费用　　　 12000
　　应交税费——应交增值税（进项税额）　　　　720
　　贷：应收账款　　　 12720

（3）【答案】C 【解析】主营业务收入＝68000－34000＋120000＝154000（元）。

（4）【答案】A 【解析】主营业务成本＝48000－24000＋66000＝90000（元）。

（5）【答案】A 【解析】营业利润＝154000－90000－（2100＋900）－6780－4000－12000＝38220（元）。

2.（1）【答案】AD 【解析】甲企业应确认的主营业务收入为300万元；由于销售前该批存货计提了存货跌价准备，所以结转销售成本的同时还要结转已计提的存货跌价准备，应确认的主营业务成本＝120－20＝100（万元）。

会计分录为：
借：银行存款　　 3390000
　　贷：主营业务收入　3000000
　　　　应交税费——应交增值税
　　　　（销项税额）　390000

借：主营业务成本　1000000
　　存货跌价准备　 200000
　　贷：库存商品　　 1200000

（2）【答案】B 【解析】工业企业销售原材料结转的成本应计入其他业务成本。会计分录为：

借：原材料　　　 300000
　　应交税费——应交增值税（进项税额）　　　 39000
　　贷：银行存款　　 339000
借：银行存款　　 316400
　　贷：其他业务收入　280000
　　　　应交税费——应交增值税
　　　　（销项税额）　36400
借：其他业务成本　300000
　　贷：原材料　　　 300000

（3）【答案】ABD 【解析】甲企业的会计分录为：

预收货款时：
借：银行存款　　　 720000
　　贷：合同负债　　 720000
丙公司收到货物并验收合格时：
借：银行存款　　　 636000
　　合同负债　　　 720000
　　贷：主营业务收入　1200000
　　　　应交税费——应交增值税
　　　　（销项税额）　156000
借：主营业务成本　900000
　　贷：库存商品　　 900000

（4）【答案】AC 【解析】结转提供服务的成本为实际发生的成本30万元，确认合同收入＝30÷（30＋20）×70＝42（万元）。会计分录为：

借：银行存款　　　 500000
　　贷：合同负债　　 500000
借：合同履约成本　300000
　　贷：应付职工薪酬　300000
借：合同负债　　　 474600
　　贷：主营业务收入　420000
　　　　应交税费——应交增值税
　　　　（销项税额）　54600

借：主营业务成本　300000

　　贷：合同履约成本　300000

(5)【答案】C　【解析】甲公司本期应结转的"营业成本"的金额 = 1000000 + 300000 + 900000 + 300000 = 2500000（元）。

3. (1)【答案】BD　【解析】企业为取得合同发生的增量成本预期能够收回的，应作为合同取得成本确认为一项资产。增量成本是指企业不取得合同就不会发生的成本，也就是企业发生的与合同直接相关，但又不是所签订合同的对象或内容（如建造商品或提供服务）本身所直接发生的费用。

企业发生合同取得成本时的会计分录：

借：合同取得成本

　　贷：银行存款等

(2)【答案】BD　【解析】选项A，因订立该合同增加期间费用3万元，即投标费和投标人员差旅费；选项C，投标费2万元应计入管理费用。

(3)【答案】ABCD　【解析】履约进度 = 120 ÷（120 + 480）× 100% = 20%；12月31日确认主营业务收入 = 1000 × 20% = 200（万元），确认主营业务成本 = （120 + 480）× 20% = 120（万元）。

(4)【答案】D　【解析】本题合同取得成本按照履约进度进行摊销，所以摊销金额 = 60000 × 20% = 12000（元）。

(5)【答案】C　【解析】"营业利润"的影响金额 = -3［资料（1）］+ 200［资料（2）］- 120［资料（2）］- 1.2［期初资料、资料（1）至资料（2）］= 75.8（万元）。

4. (1)【答案】B　【解析】甲公司8月31日应确认的主营业务收入 = 2000 × 0.4 ×（1 - 10%）= 720（万元）。会计分录为：

借：银行存款（2000 × 0.4）

　　　800

　　贷：主营业务收入（800 × 90%）

　　　720

　　　预计负债（800 × 10%）

　　　80

(2)【答案】AC　【解析】甲公司8月31日结转A产品成本的会计分录为：

借：主营业务成本（2000 × 0.3 × 90%）

　　　540

　　应收退货成本（2000 × 0.3 × 10%）

　　　60

　　贷：库存商品　600

(3)【答案】ABC　【解析】9月30日重新估计退货率时的会计分录为：

借：预计负债（800 × 5%）

　　　40

　　贷：主营业务收入　40

借：主营业务成本（600 × 5%）

　　　30

　　贷：应收退货成本　30

(4)【答案】C　【解析】甲公司销售B产品应确认的收入 = 400 × 400 ÷（400 + 125 × 80%）= 320（万元）。

(5)【答案】ABC　【解析】甲公司销售B产品时应确认的合同负债金额 = 400 ×（125 × 80%）÷（400 + 125 × 80%）= 80（万元）。会计分录为：

借：银行存款　400

　　贷：主营业务收入　320

　　　合同负债　80

借：主营业务成本　300

　　贷：库存商品　300

5. (1)【答案】D　【解析】甲公司应将收到的995万元在销售商品和提供质保服务两项履约义务之间进行分摊，甲公司4月10日销售商品应分摊的交易价格 = 995 ÷（990 + 10）× 990 = 985.05（万元）；提供质保服务应分摊的交易价格 = 995 ÷（990 + 10）× 10 = 9.95（万元）。

(2)【答案】BD　【解析】甲公司提供的该项质保服务属于在某一时段履行的

履约义务，应在提供服务期间确认收入；因甲公司尚未提供质保服务，因此收到的款项形成甲公司的一项负债。

（3）【答案】D【解析】会计分录为：
借：银行存款　9950000
　　贷：主营业务收入　9850500
　　　　合同负债　99500
借：主营业务成本　8000000
　　贷：库存商品　8000000

（4）【答案】CD【解析】甲公司虽然收到货款，但是尚未履行履约义务，B公司尚未取得商品控制权，所以甲公司不应确认收入，对于收到的款项应作为合同负债处理，应编制的会计分录为：
借：银行存款　1000000
　　贷：合同负债　1000000

（5）【答案】A【解析】甲公司因签订该客户合同而向销售人员支付的佣金属于取得合同发生的增量成本，应当将其作为合同取得成本确认为一项资产。律师尽职调查支出、投标发生的差旅费无论是否取得合同均会发生，不属于合同取得成本，应当在发生时计入当期损益。向销售部门经理支付的年度奖金不能直接归属于该新取得的合同，也不能作为合同取得成本，应计入当期损益。

6.（1）【答案】BC【解析】资源税和印花税均记入"税金及附加"科目，印花税不需要预计，于实际发生时支付。会计分录如下：
借：税金及附加　60000
　　贷：应交税费——应交资源税　20000
　　　　银行存款　40000

（2）【答案】AC【解析】甲公司正确的会计处理为：
出售包装物时：
借：银行存款　45200
　　贷：其他业务收入　40000

　　　　应交税费——应交增值税（销项税额）　5200
结转出售包装物成本：
借：其他业务成本　20000
　　贷：周转材料——包装物　20000

（3）【答案】D【解析】车间管理部门使用的固定资产计提的折旧计入制造费用。会计分录为：
借：制造费用　30000
　　贷：累计折旧　30000

（4）【答案】C【解析】销售过程中发生的汇兑损失计入财务费用。销售费用包括企业在销售商品过程中发生的保险费、包装费、展览费和广告费、商品维修费、预计产品质量保证损失、运输费、装卸费等以及为销售本企业商品而专设的销售机构（含销售网点、售后服务网点等）的职工薪酬、业务费、折旧费、企业发生的与专设销售机构相关的固定资产修理费用等后续支出。所以应确认的销售费用的金额 = 100000 + 80000 + 150000 = 330000（元）。

（5）【答案】B【解析】期间费用包括销售费用、管理费用和财务费用。甲公司12月应计入期间费用的金额 = 100000 + 80000 + 150000 + 60000 = 390000（元）。

7.（1）【答案】BCD【解析】甲企业相关会计分录如下：
①购入建造工程用的各种物资：
借：工程物资　100
　　应交税费——应交增值税（进项税额）　13
　　贷：银行存款　113
选项A错误。
②领用该工程物资时：
借：在建工程　100
　　贷：工程物资　100
③领用本企业生产的水泥：

借：在建工程　　　　　60
　　贷：库存商品　　　　　60
选项 B 正确。

④应计工程人员薪酬：

借：在建工程　　　　　20
　　贷：应付职工薪酬　　　20
选项 C 正确。

截至 12 月 31 日，"在建工程"借方金额 = 100 + 60 + 20 + 7 = 187（万元），由于该建造工程尚未完工，且工程出现减值迹象，经减值测试该在建工程的可回收金额为 160 万元，所以减值金额 = 187 – 160 = 27（万元），会计分录如下：

借：资产减值损失　　　27
　　贷：在建工程减值准备　27
选项 D 正确。

（2）【答案】BD　【解析】甲企业关于乙企业股权投资的会计分录如下：

①2023 年 7 月 1 日，购入交易性金融资产：

借：交易性金融资产——成本
　　　　　　　　　　　500
　　应收股利　　　　　10
　　投资收益　　　　　5
　　贷：其他货币资金——存出投资款　　　　　515

②2023 年 9 月 30 日，交易性金融资产公允价值变动：

借：交易性金融资产——公允价值变动　　　　　50
　　贷：公允价值变动损益　50

③2023 年 12 月 31 日，交易性金融资产公允价值变动：

借：交易性金融资产——公允价值变动　　　　　25
　　贷：公允价值变动损益　25
选项 B、D 正确。

（3）【答案】AC　【解析】职工福利费 160 万元，税法规定允许扣除 140 万元，应调增应纳税所得额 20 万元，选项 A 正确；公益性捐赠支出 50 万元，税法规定允许扣除 60 万元，由于实际发生额小于税法允许扣除的金额，所以可以税前全额扣除，不应调整应纳税所得额，选项 B 错误；营业外支出 20 万元，其中包含环境污染罚款 8 万元（不允许税前扣除），合同违约罚款 7 万元（可以税前扣除），所以应调增应纳税所得额 8 万元，选项 C 正确，选项 D 错误。

（4）【答案】B　【解析】应纳税所得额 = 500 + 20 + 8 = 528（万元）；当期应交所得税 = 528 × 25% = 132（万元）；甲企业当期所得税费用 = 132 + [（100 – 80）–（40 – 50）] = 162（万元）。

（5）【答案】B　【解析】甲企业关于所得税的会计分录如下：

借：所得税费用　　　　162
　　贷：应交税费——应交所得税　　　　　　　132
　　　　递延所得税负债　20
　　　　递延所得税资产　10

第八章 财务报告

重难点分析

本章属于历年考试中较为重要的章节。从题型上看，单项选择题和多项选择题涉及本章的内容较多；不定项选择题，个别也涉及本章的内容，往往是在对相关的经济业务进行核算的基础上，计算资产负债表、利润表某一项目的金额。本章考试分值在 7 分左右。

2025 年本章考点基本没有变化。

基本内容框架

财务报告
├── 财务报告概述
│   ├── 财务报告及其目标
│   └── 财务报表的组成
├── 资产负债表
│   ├── 资产负债表的结构
│   ├── 资产负债表的作用
│   └── 资产负债表的编制
├── 利润表
│   ├── 利润表的结构
│   ├── 利润表的作用
│   └── 利润表的编制
├── 现金流量表
│   ├── 现金流量表的结构
│   └── 现金流量表的编制
├── 所有者权益变动表
│   ├── 所有者权益变动表的结构
│   └── 所有者权益变动表的编制
└── 财务报表附注
    ├── 附注的作用
    └── 附注的主要内容

基 础 训 练

一、单项选择题

1. 下列报表中，（   ）能够反映企业特定日期所拥有的资产、需偿还的债务，以及投资者所拥有的净资产的情况。
   A. 资产负债表
   B. 利润表
   C. 现金流量表
   D. 所有者权益变动表

2. 下列各项中，属于反映企业在某一特定日期财务状况的报表是（   ）。
   A. 资产负债表
   B. 现金流量表
   C. 所有者权益变动表

D. 利润表

3. 资产负债表中资产的排列依据是（   ）。

　　A. 项目重要性　　　B. 项目流动性

　　C. 项目金额大小　　D. 项目收益性

4. 资产负债表中负债的排列依据是（   ）。

　　A. 项目重要性

　　B. 项目形成日期

　　C. 项目金额大小

　　D. 项目清偿期限长短顺序

5. 下列各项中，属于资产负债表中非流动资产项目的是（   ）。

　　A. 其他权益工具投资

　　B. 预付款项

　　C. 库存商品

　　D. 交易性金融资产

6. 下列各项中，属于资产负债表中流动资产项目的是（   ）。

　　A. 其他应收款　　B. 投资性房地产

　　C. 在建工程　　　D. 预收账款

7. 下列各项中，属于资产负债表中"流动负债"项目的是（   ）。

　　A. 长期借款　　　B. 预付款项

　　C. 合同负债　　　D. 应付债券

8. 下列各项中，应在资产负债表中作为非流动负债列示的是（   ）。

　　A. 应付利息　　　B. 应付股利

　　C. 应付债券　　　D. 其他应付款

9. 下列资产负债表"期末余额"栏内各项数字的填列，需要综合运用各种方法分析填列的是（   ）。

　　A. 长期股权投资　B. 货币资金

　　C. 预付款项　　　D. 存货

10. 下列各项中，可以按总账科目余额直接填列的是（   ）。

　　A. 其他应收款　　B. 在建工程

　　C. 应付票据　　　D. 固定资产

11. 下列资产负债表项目中，根据有关科目余额减去其备抵科目余额后的净额填列的是（   ）。

　　A. 长期待摊费用　B. 长期借款

　　C. 在建工程　　　D. 应付账款

12. 下列各项中，应当根据有关科目余额减去其备抵科目余额后的净额填列的是（   ）。

　　A. 应收款项融资

　　B. 交易性金融资产

　　C. 其他债权投资

　　D. 持有待售资产

13. 2024 年 12 月 31 日，甲公司"固定资产"账户借方余额为 5000 万元，"累计折旧"账户贷方余额为 2800 万元，"固定资产减值准备"账户贷方余额为 400 万元，"固定资产清理"账户借方余额为 60 万元。不考虑其他因素，甲公司 2024 年 12 月 31 日资产负债表中"固定资产"项目金额为（   ）万元。

　　A. 2600　　　　　B. 2540

　　C. 1740　　　　　D. 1860

14. 企业购买原材料支付的增值税进项税额，属于经营活动产生的现金流量中的（   ）。

　　A. 支付的各项税额

　　B. 购买商品、接受劳务支付的现金

　　C. 支付的其他与经营活动有关的现金

　　D. 收到的税收返还

15. 下列各项中，属于"投资活动产生的现金流量"项目的是（   ）。

　　A. 购建固定资产支付的现金

　　B. 发行股票、债券收到的现金

　　C. 广告宣传支付的现金

　　D. 购买商品支付的现金

16. 下面关于所有者权益变动表各项目金额间关系的表达式中，不正确的是（   ）。

　　A. 本年年末余额 = 本年年初余额 + 本年增减变动金额

　　B. 本年年初余额 = 上年年末余额 + 会计政策变更、前期差错更正及其他变动

　　C. 本年增减变动金额 = 综合收益总额 ± 所有者投入和减少资本 ± 利润分配 ± 所有者权益内部结转

　　D. 所有者权益合计 = 实收资本（或股本）+ 其他权益工具 + 资本公积 + 其他综

合收益＋未分配利润

17. 下列各项中，不属于现金与现金等价物的是（　　）。
    A. 库存现金
    B. 其他货币资金
    C. 流通期限为 6 个月的债权投资
    D. 可转让定期存单

18. 下列报表中，企业应当按照收付实现制编制的是（　　）。
    A. 资产负债表
    B. 利润表
    C. 现金流量表
    D. 所有者权益变动表

19. 下列各项中，属于经营活动现金流量的是（　　）。
    A. 销售商品、提供劳务收到的现金
    B. 吸收投资收到的现金
    C. 偿还长期借款支付的现金
    D. 购买固定资产支付的现金

20. 在编制现金流量表时，"直接法"与"间接法"是针对（　　）而言的。
    A. 经营活动产生的现金流量
    B. 投资活动产生的现金流量
    C. 筹资活动产生的现金流量
    D. 以上三种都是

21. 下列各项中，不在所有者权益变动表中列示的项目是（　　）。
    A. 综合收益总额
    C. 所有者投入和减少资本
    C. 利润分配
    D. 每股收益

22. 下列各项中，属于所有者权益变动表中单独列示的项目是（　　）。
    A. 营业利润　　B. 净利润
    C. 利润总额　　D. 综合收益总额

23. 下列关于财务报表附注的表述，不正确的是（　　）。
    A. 附注中包括财务报表重要项目的说明
    B. 对未能在财务报表列示的项目在附注中说明
    C. 附注是对资产负债表、利润表、现金

流量表和所有者权益变动表等报表中列示项目的文字描述或明细资料
    D. 附注中不包括企业的基本情况

二、多项选择题

1. 企业财务报告的使用者通常包括（　　）。
    A. 投资者　　　B. 债务人
    C. 债权人　　　D. 社会公众

2. 下列关于我国企业资产负债表的表述正确的有（　　）。
    A. 资产负债表中的资产项目按照金额高低排列
    B. 资产负债表反映的是企业在某一特定日期的财务状况
    C. 资产负债表中的负债项目按照清偿期限长短的先后顺序排列
    D. 资产负债表的编制依据是"所有者权益＝资产＋负债"

3. 下列各项中，企业应在资产负债表"存货"项目中填列的有（　　）。
    A. 工程物资
    B. 商品进销差价
    C. 受托代销商品
    D. 受托代销商品款

4. 下列会计科目中，会影响"固定资产"项目列示金额的有（　　）。
    A. 在建工程
    B. 固定资产清理
    C. 固定资产减值准备
    D. 累计折旧

5. 下列资产负债表项目中，不可以根据总账科目期末余额直接填列的有（　　）。
    A. 货币资金
    B. 应付账款
    C. 交易性金融资产
    D. 短期借款

6. 资产负债表中的"应收账款"项目应根据（　　）分析计算填列。
    A. 应收账款所属明细账借方余额
    B. 预收账款所属明细账借方余额
    C. 按应收账款余额一定比例计提的坏账准

备科目的贷方余额

　　D. 应收账款总账科目借方余额

7. 一套完整的财务报表至少应当包括（　　）。

　　A. 资产负债表

　　B. 利润表

　　C. 现金流量表

　　D. 年度财务预算报表

8. 下列各项中，企业应在资产负债表的非流动负债项目内列示的有（　　）。

　　A. 从银行借入的 5 年期的贷款

　　B. 按年付息还本的债券确认的未付利息

　　C. 以分期付款方式购入的发生的偿还期为 1 年以上的应付款项

　　D. 将于 1 年内偿还的长期借款

9. 下列项目中，在利润表列示的有（　　）。

　　A. 其他综合收益的税后净额

　　B. 每股收益

　　C. 信用减值损失

　　D. 递延收益

10. 甲公司为编制财务会计报告作出的下列会计处理中，符合要求的有（　　）。

　　A. 采用权责发生制编报现金流量表

　　B. 以持续经营为基础编制财务报表

　　C. 将子公司的投资性房地产的后续计量模式由成本模式调整为与甲公司相同的公允价值模式

　　D. 将原材料、在产品、库存商品等不具有重要性的项目汇总列报为存货项目

11. 根据企业业务活动的性质和现金流量的功能，主要现金流量可以分为（　　）。

　　A. 经营活动产生的现金流量

　　B. 筹资活动产生的现金流量

　　C. 投资活动产生的现金流量

　　D. 分配活动产生的现金流量

12. 下列各项中，属于现金及现金等价物的有（　　）。

　　A. 银行活期存款

　　B. 企业库存现金

　　C. 企业持有的四个月到期的公司债券

　　D. 企业持有的甲上市公司的股票

13. 企业至少应当在所有者权益变动表上单独列示的项目有（　　）。

　　A. 所有者投入资本

　　B. 提取的盈余公积

　　C. 未分配利润的期初和期末余额

　　D. 向所有者分配利润

14. 下列各项中，属于企业财务报表的有（　　）。

　　A. 利润表

　　B. 现金流量表

　　C. 附注

　　D. 所有者权益变动表

15. 下列项目中，上市公司应在其财务报表附注中披露的有（　　）。

　　A. 重要会计政策和会计估计

　　B. 报表重要项目的说明

　　C. 财务报表的编制基础

　　D. 企业的业务性质和主要经营活动

三、判断题

1. 财务报表是对企业的财务状况、经营成果和投资情况的结构性表述。（　　）

2. 我国资产负债表采用账户式结构，按其资产与负债的流动性大小排列，流动性小的排在前面，流动性大的排在后面。（　　）

3. 资产负债表中"预付款项"项目应根据"应付账款"和"预付账款"所属各明细科目期末贷方余额合计减去"坏账准备"科目中有关预付账款计提的坏账准备期末余额后的净额填列。（　　）

4. 资产负债表中"开发支出"属于非流动负债。（　　）

5. 资产负债表中"合同资产"排在"应收票据""应收账款"后，因为"应收票据""应收账款"流动性强。（　　）

6. 资产负债表中"其他应收款"项目应根据"其他应收款"科目的期末余额填列。（　　）

7. 利润表各项目均需填列"本期金额"和"上期金额"两栏。其中"上期金额"栏内各项数字（"基本每股收益"和"稀释

每股收益"项目除外），应根据上年利润表的"本期金额"栏内所列数字填列。
（　　）

8. 利润表是反映企业一定会计期间经营成果的报表，有助于保证财务报表使用者分析企业的获利能力及盈利增长趋势，但无法以此作出经济决策。（　　）

9. 企业交纳的印花税不通过应交税费科目核算，所以资产负债表中"应交税费"项目不包括印花税。（　　）

10. 现金流量表中的现金流量和资产负债表

中的货币资金是一个意思。（　　）

11. 资产负债表中"短期借款"项目期末余额应根据"短期借款"总账科目的余额直接填列。（　　）

12. 债务重组中因处置非流动资产产生的利得或损失应在利润表的"资产处置收益"项目中列示。（　　）

13. 企业购建固定资产支付的现金，应在现金流量表"经营活动产生的现金流量"项目填列。（　　）

基础训练参考答案及解析

一、单项选择题

1.【答案】A　【解析】资产负债表能够反映企业特定日期所拥有的资产、需偿还的债务，以及投资者所拥有的净资产的情况。

2.【答案】A　【解析】资产负债表是反映企业在某一特定日期的财务状况的报表，是对企业特定日期的资产、负债和所有者权益的结构性表述，选项A正确。

3.【答案】B　【解析】资产负债表中资产按照流动性排列。

4.【答案】D　【解析】资产负债表中负债按照偿还债务的顺序排列。

5.【答案】A　【解析】其他权益工具投资属于非流动资产。

6.【答案】A　【解析】其他应收款属于流动资产。

7.【答案】C　【解析】选项A、D，长期借款和应付债券属于资产负债表非流动负债项目；选项B，预付款项属于资产负债表流动资产项目。

8.【答案】C　【解析】选项A、B、D都属于流动负债，故本题正确答案选C。

9.【答案】D　【解析】长期股权投资应根据有关科目余额减去其备抵科目余额后的净额填列；货币资金应根据几个总账科目余额填列；预付款项应根据明细账科目余额

计算填列。

10.【答案】C　【解析】应付票据可以按照账户余额直接填列，其他应收款、在建工程、固定资产根据有关科目的期末余额减去其备抵科目余额后的净额填列，故本题正确答案选C。

11.【答案】C　【解析】长期待摊费用和长期借款，应根据总账科目与明细账科目余额分析填列，选项A、B错误；应付账款，应根据明细账科目余额计算填列，选项D错误。

12.【答案】D　【解析】本题考查资产负债表的编制——填列说明。
（1）"应收款项融资"项目应当按照资产负债表日以公允价值计量且其变动计入其他综合收益的应收票据和应收账款等填列，选项A错误；
（2）"交易性金融资产"项目应根据"交易性金融资产"科目的相关明细科目期末余额分析填列，选项B错误；
（3）"其他债权投资"项目应根据"其他债权投资"科目的相关明细科目期末余额分析填列，选项C错误。

13.【答案】D　【解析】本题考查资产负债表的编制。"固定资产"项目应根据"固定资产"科目的期末余额，减去"累计折旧"和"固定资产减值准备"科目的期末余额后的金额，以及"固定资产清理"科目的期末余额填列。因此，甲公司2024年12月31日资产负债表中"固定资产"项目金额 = 5000 – 2800 – 400 + 60 = 1860（万元），选项D正确。

14. 【答案】B 【解析】本题考查现金流量表的编制。企业购买原材料支付的增值税进项税额，属于经营活动产生的现金流量中的购买商品、接受劳务支付的现金，选项B正确。

15. 【答案】A 【解析】本题考查现金流量表的结构原理。发行股票、债券收到的现金，属于"筹资活动产生的现金流量"，选项B错误；广告宣传支付的现金和购买商品支付的现金，属于"经营活动产生的现金流量"，选项C、D错误。

16. 【答案】D 【解析】本题考查所有者权益变动表。所有者权益合计 = 实收资本（或股本）+ 其他权益工具 + 资本公积 – 库存股 + 其他综合收益 + 未分配利润，选项D错误。

17. 【答案】C 【解析】本题考查现金流量表概述。现金等价物，是指企业持有的期限短、流动性强、易于转换为已知金额现金、价值变动风险很小的投资。期限短，一般是指从购买日起3个月内到期。现金等价物通常包括3个月内到期的债券投资等，选项C错误。

18. 【答案】C 【解析】除现金流量表按照收付实现制编制外，企业应当按照权责发生制编制其他财务报表，选项C正确。

19. 【答案】A 【解析】选项B、C属于筹资活动产生的现金流量，选项D属于投资活动产生的现金流量。

20. 【答案】A 【解析】"直接法"与"间接法"是针对经营活动产生的现金流量而言的。

21. 【答案】D 【解析】每股收益是利润表反映的项目，不属于所有者权益变动表列示的项目。

22. 【答案】D 【解析】在所有者权益变动

表上，企业至少应当单独列示反映下列信息的项目：
（1）综合收益总额；
（2）会计政策变更和差错更正的累积影响金额；
（3）所有者投入资本和向所有者分配利润等；
（4）提取的盈余公积；
（5）实收资本、其他权益工具、资本公积、其他综合收益、专项储备、盈余公积、未分配利润的期初和期末余额及其调节情况。
选项D正确。

23. 【答案】D 【解析】附注是对资产负债表、利润表、现金流量表和所有者权益变动表等报表中列示项目的文字描述或明细资料，以及对未能在这些报表中列示项目的说明等。附注包括企业的基本情况；财务报表的编制基础；遵循企业会计准则的声明；重要会计政策和会计估计；会计政策和会计估计变更以及差错更正的说明；报表重要项目的说明；或有和承诺事项、资产负债表日后非调整事项、关联方关系及其交易等需要说明的事项；有助于财务报表使用者评价企业管理资本的目标、政策及程序的信息。

二、多项选择题

1. 【答案】ACD 【解析】财务报告的使用者通常包括投资者、债权人、政府及其有关部门和社会公众等。

2. 【答案】BC 【解析】选项A，资产项目是按照项目流动性强弱排列。选项D，编制依据是"资产 = 负债 + 所有者权益"。

3. 【答案】BCD 【解析】"存货"项目应根据"材料采购""原材料""库存商品""周转材料""委托加工物资""发出商品""生产成本""受托代销商品"等科目的期末余额合计数，减去"受托代销商品款""存货跌价准备"科目期末余额后的净额填列。材料采用计划成本核算，以及库存商品采用计划成本核算或售价核算的企业，还应按加或减材料成本差异、商品进销差价后的金额填列，选项 B、C、D 正确。

4. 【答案】BCD 【解析】"固定资产"项目应根据"固定资产"期末余额减去"固定资产减值准备"和"累计折旧"的金额，以及"固定资产清理"的期末余额填列。

5. 【答案】ABC 【解析】选项 A，根据"库存现金""银行存款""其他货币资金"三个总账科目的期末余额合计数填列；选项 B，"应付账款"项目，应根据"应付账款"和"预付账款"两个科目所属的相关明细科目的期末贷方余额计算填列；选项 C，应根据"交易性金融资产"科目的相关明细科目期末余额分析填列。

6. 【答案】ABC 【解析】应收账款项目应根据"应收账款"所属明细科目的借方期末余额与"预收账款"所属明细科目的借方期末余额减去"坏账准备"科目期末余额填列。本考点为重点、反复考查的内容，需要重点掌握。同时，要区别"应付账款""预收款项""预付款项"项目的填列要求。

7. 【答案】ABC 【解析】本题考查财务报告体系及其构成。一套完整的财务报表至少应包括"四表一注"，即资产负债表、利润表、现金流量表、所有者权益变动表和附注，选项 A、B、C 正确。

8. 【答案】AC 【解析】本题考查资产负债表编制——填列说明。按年付息还本的债券确认的未付利息，应在资产负债表的"其他应付款"项目列示，选项 B 错误；将于 1 年内偿还的长期借款，应在资产负债表的"一年内到期的非流动负债"项目列示，选项 D 错误。

9. 【答案】ABC 【解析】本题考查利润表的编制。递延收益项目，在资产负债表中列示，选项 D 错误。

10. 【答案】BCD 【解析】本题考查财务报告编制基础。现金流量表应当按照收付实现制编制，其他报表应当按照权责发生制列报，选项 A 错误。

11. 【答案】ABC 【解析】根据企业业务活动的性质和现金流量的功能，主要现金流量可以分为三类在现金流量表中列示，即：经营活动产生的现金流量、投资活动产生的现金流量和筹资活动产生的现金流量，选项 A、B、C 正确。

12. 【答案】AB 【解析】现金等价物通常包括三个月内到期的债券投资等，选项 C 错误；权益性投资变现的金额通常不确定，因而不属于现金等价物，选项 D 错误。

13. 【答案】ABCD 【解析】在所有者权益变动表上，企业至少应当单独列示的项目包括：（1）综合收益总额；（2）会计政策变更和差错更正的累积影响金额；（3）所有者投入资本和向所有者分配利润等；（4）提取的盈余公积；（5）实收资本、其他权益工具、资本公积、其他综合收益、专项储备、盈余公积、未分配利润的期初和期末余额及其调节情况。

14. 【答案】ABCD 【解析】一套完整的财务报表至少应当包括资产负债表、利润表、现金流量表、所有者权益（或股东权益）变动表以及附注（四表一注）。

15. 【答案】ABCD 【解析】选项 A、B、C、D 均应在上市公司的财务报表附注中披露。

三、判断题

1. 【答案】× 【解析】财务报表是对企业的财务状况、经营成果和现金流量的结构性表述。

2. 【答案】× 【解析】我国资产负债表采用账户式结构，资产项目按其流动性强弱排列，流动性大的排在前面，流动性小的排在后面，故本题说法错误。

3. 【答案】× 【解析】"预付款项"项目应根据"应付账款"和"预付账款"所属各明细科目期末借方余额合计减去"坏账准备"科目中有关预付账款计提的坏账准

备期末余额后的净额填列。

4. 【答案】× 【解析】资产负债表中开发支出属于非流动资产。"开发支出"项目，反映企业开发无形资产过程中能够资本化形成无形资产成本的支出部分，是企业的资产，不要误认为"开发支出"是负债。

5. 【答案】√ 【解析】"合同资产""应收票据""应收账款"都属于资产负债表中的资产项目，其排列顺序是按照资产的流动性强弱排列，强的排前面，弱的排后面。

6. 【答案】× 【解析】资产负债表中的"其他应收款"项目应根据"应收利息""应收股利""其他应收款"科目的期末余额合计数，减去"坏账准备"科目中相关坏账准备期末余额后的金额填列。

7. 【答案】√ 【解析】利润表各项目均需填列"本期金额"和"上期金额"两栏。其中"上期金额"栏内各项数字，应根据上年该期利润表的"本期金额"栏内所列数字填列。"本期金额"栏内各期数字，除"基本每股收益"和"稀释每股收益"项目外，应当按照相关科目的发生额分析填列，故本题说法正确。

8. 【答案】× 【解析】利润表是指反映企业在一定会计期间的经营成果的报表，有助于保证财务报表使用者分析企业的获利能力及盈利增长趋势，从而为其作出经济决策提供依据，故本题说法错误。

9. 【答案】√ 【解析】企业交纳的印花税不通过应交税费科目核算，故本题说法正确。

10. 【答案】× 【解析】现金流量表中的现金流量指的是一定会计期间内企业现金和现金等价物的流入和流出，与资产负债表中的货币资金不一样。

11. 【答案】√ 【解析】本题考查资产负债表的编制。"短期借款"项目，应根据"短期借款"总账科目的余额直接填列。

12. 【答案】√ 【解析】本题考查利润表的编制。债务重组中因处置非流动资产（金融工具、长期股权投资和投资性房地产除外）产生的利得或损失和非货币性资产交换中换出非流动资产（金融工具、长期股权投资和投资性房地产除外）产生的利得或损失也应列示于利润表的"资产处置收益"项目中。

13. 【答案】× 【解析】本题考查现金流量表的编制。购入固定资产支付的现金，应在现金流量表中"投资活动产生的现金流量"项目填列。

提 高 演 练

一、单项选择题

1. 下列关于资产负债表结构的说法中，不正确的是（　　）。
A. 负债及所有者权益项目按照清偿时间的先后顺序进行排列
B. 在资产负债表中，长期借款项目排列在应付票据前
C. 资产负债表中资产项目是按照资产流动性强弱排列的
D. 我国企业的资产负债表采用账户式结构

2. 下列各项中，应在资产负债表中"货币资金"项目列示的是（　　）。
A. 银行本票存款
B. 银行承兑汇票
C. 商业承兑汇票
D. 以公允价值计量且其变动计入当期损益的金融资产

3. 下列各项中，应根据总账科目和明细账科目余额分析填列的是（　　）。
A. 长期股权投资　B. 短期借款
C. 应收账款　　　D. 其他非流动资产

4. 下列资产负债表项目中，其"期末余额"应根据总账科目余额直接填列的项目是（　　）。

A. 固定资产　　　B. 在建工程

C. 应付账款　　　D. 短期借款

5. 某企业"应收账款"科目月末借方余额10000元，其中"应收账款——甲公司"明细科目借方余额70000元，"应收账款——乙公司"明细科目贷方余额60000元；"预收账款"科目月末贷方余额50000元，其中"预收账款——A公司"明细科目贷方余额100000元，"预收账款——B公司"明细科目借方余额50000元。坏账准备科目余额为5000元且均与应收账款相关。该企业月末资产负债表中"应收账款"项目的金额为（　　）元。

A. 5000　　　　　B. 55000

C. 165000　　　　D. 115000

6. 2023年12月31日，某企业填制资产负债表时，应将于2024年6月30日到期的长期借款填列的资产负债表项目是（　　）。

A. 长期借款

B. 其他非流动负债

C. 其他流动负债

D. 一年内到期的非流动负债

7. 某企业2024年12月31日生产成本借方余额20000元，发出商品借方余额15000元，周转材料借方余额8000元，库存商品借方余额25000元，存货跌价准备贷方余额3000元，则资产负债表"存货"项目的金额为（　　）元。

A. 65000　　　　B. 71000

C. 57000　　　　D. 60000

8. 某企业"预付账款"科目月末借方余额20000元，其中"预付账款——甲公司"明细科目借方余额50000元，"预付账款——乙公司"明细科目贷方余额30000元。"应付账款"科目月末贷方余额60000元，其中"应付账款——丙公司"明细科目贷方余额100000元，"应付账款——丁公司"明细科目借方余额40000元；该企业资产负债表中"预付款项"项目的金额为（　　）元。

A. 80000　　　　B. 120000

C. 90000　　　　D. 70000

9. 年度终了前，资产负债表中的"未分配利润"项目，应根据（　　）填列。

A. "利润分配"科目余额

B. "本年利润"科目余额

C. "本年利润"和"利润分配"科目的余额

D. "应付股利"科目余额

10. 下列资产负债表项目中，应根据多个总账科目期末余额合计填列的是（　　）。

A. 应付账款　　　B. 短期借款

C. 资本公积　　　D. 货币资金

11. 某公司2024年下列会计科目余额为："生产成本"借方余额20万元，"原材料"借方余额30万元，"材料成本差异"贷方余额8万元，"工程物资"借方余额15万元。2024年12月31日，该公司资产负债表中"存货"项目期末余额应列报的金额为（　　）万元。

A. 78　　　　　　B. 57

C. 42　　　　　　D. 62

12. 2024年12月31日，甲公司"长期待摊费用"账户余额3600万元，其中摊销期限为10年的，金额2000万元；摊销期限为5年的，金额1000万元；摊销期限为3年的，金额600万元。不考虑其他因素，2024年12月31日甲公司资产负债表中"长期待摊费用"项目金额为（　　）万元。

A. 3600　　　　　B. 3400

C. 3200　　　　　D. 3000

13. 下列各项中，会引起现金流量净额发生变动的是（　　）。

A. 申请开具银行汇票

B. 以银行存款购买3个月内到期的债券

C. 到期无力偿还的银行承兑汇票

D. 以生产设备换取专利权，并收取补价

14. 下列各项中，关于资产负债表"应收账款"项目填列方法表述正确的是（　　）。

A. 根据"应收账款"科目的期末余额填列

B. 根据"应收账款"和"预收账款"科目所属各明细科目的期末借方余额合计数填列

C. 根据"应收账款"和"预收账款"科目所属各明细科目的期末借方余额合计数减去"坏账准备"科目中相关坏账准备期末余额后的净额填列

D. 根据"应收账款"科目的期末余额，减去"坏账准备"科目中相关坏账准备期末余额后的金额分析填列

15. 某企业 2024 年管理部门发生招待费 80 万元，支付生产工人辞退补偿金 220 万元，购买管理部门办公用品 5 万元，支付管理人员薪酬 55 万元。不考虑其他因素，该企业 2024 年列入利润表"管理费用"项目的本期金额是（   ）万元。

A. 360　　　　　B. 140

C. 280　　　　　D. 60

16. 关于现金流量表填制的下列说法中，正确的是（   ）。

A. 企业代扣代缴的个人所得税，应在现金流量表的"支付的各项税费"项目中列示

B. 企业经营租入生产线支付的租金，应在现金流量表的"支付的其他与经营活动有关的现金"项目中列示

C. 企业处置因自然灾害毁损的办公楼的过程中收取的保险赔偿金，应在现金流量表的"收回投资收到的现金"项目中列示

D. 企业发行股票筹集资金所发生的审计费用，应在现金流量表的"支付的其他与经营活动有关的现金"项目中列示

17. 下列各项中，影响资产负债表中期初留存收益的是（   ）。

A. 因台风造成的 M 材料毁损

B. 盘盈一台生产设备

C. 出售以成本模式计量的投资性房地产

D. 转销无法支付的甲公司货款

18. 甲公司 2024 年初"利润分配——未分配利润"贷方余额为 10 万元，2024 年 12

月 31 日"本年利润"贷方余额为 210 万元，本期分配股利 15 万元，则 2024 年 12 月 31 日资产负债表中"未分配利润"项目金额为（   ）万元。

A. 220　　　　　B. 205

C. 235　　　　　D. 185

19. 2024 年 12 月 31 日，某公司下列会计科目余额为："固定资产"科目借方余额 800 万元，"累计折旧"科目贷方余额 80 万元，"在建工程"科目余额为 100 万元，"固定资产减值准备"科目贷方余额 50 万元，"固定资产清理"科目借方余额 20 万元。2024 年 12 月 31 日，该公司资产负债表中"固定资产"项目期末余额应列报的金额为（   ）万元。

A. 670　　　　　B. 750

C. 650　　　　　D. 690

20. 2024 年 12 月 31 日，某企业有关科目余额如下："原材料"科目借方余额 500 万元（实际成本），"生产成本"科目借方余额 300 万元，"工程物资"科目借方余额 50 万元，"存货跌价准备"科目贷方余额 30 万元。不考虑其他因素，该企业期末资产负债表中"存货"项目应填列的金额为（   ）万元。

A. 820　　　　　B. 770

C. 880　　　　　D. 720

21. 2024 年 7 月 1 日，某企业开始研究开发一项技术，当月共发生研发支出 800 万元，其中，费用化的金额 650 万元，符合资本化条件的金额 150 万元。7 月末，研发活动尚未完成。不考虑其他因素，该企业 2024 年 7 月 31 日资产负债表"开发支出"项目的金额为（   ）万元。

A. 0　　　　　　B. 150

C. 650　　　　　D. 800

22. 2024 年 12 月 31 日，某企业"应付账款——甲企业"明细科目贷方余额 80000 元，"应付账款——乙企业"明细科目借方余额 10000 元，"预付账款——丙企业"明细科目借方余额 30000 元，"预付

账款——丁企业"明细科目贷方余额15000元。不考虑其他因素,该企业2024年12月31日资产负债表应付账款项目期末余额为(　　)元。

A. 70000　　　　　B. 40000

C. 55000　　　　　D. 95000

23. 企业银行本票存款50万元,商业承兑汇票20万元,库存现金10万元,银行结算账户存款60万元,则企业资产负债表中"货币资金"项目的金额为(　　)万元。

A. 60　　　　　　B. 140

C. 120　　　　　D. 110

24. 2024年12月31日,某企业"固定资产"科目借方余额为2500万元,"累计折旧"科目贷方余额为700万元,"固定资产减值准备"科目贷方余额为300万元,"固定资产清理"科目借方余额为80万元。不考虑其他因素,2024年12月31日资产负债表中"固定资产"项目"期末余额"栏应填列的金额为(　　)万元。

A. 1420　　　　　B. 1500

C. 1580　　　　　D. 1800

25. 甲公司2024年12月31日"预付账款"科目借方余额为100万元;"应付账款"科目贷方余额为150万元,其中明细账借方余额为50万元,贷方余额200万元,"坏账准备"科目中与应收账款有关的金额为15万元,与预付账款有关的金额为5万元。假定不考虑其他因素,2024年12月31日甲公司资产负债表中"预付款项"项目的列示金额为(　　)万元。

A. 135　　　　　B. 145

C. 140　　　　　D. 130

26. 甲公司2024年末有关明细科目余额如下:"应收账款——甲"科目借方余额45万元,"预收账款——丙"科目借方余额20万元,"预收账款——丁"科目贷方余额55万元,与"应收账款"科目有关的"坏账准备"科目贷方余额为3万元。假定不考虑其他因素,甲公司2024年12月

31日资产负债表中"预收款项"项目的期末余额是(　　)万元。

A. 45　　　　　　B. 35

C. 55　　　　　　D. 100

27. 下列关于资产负债表中"应收账款"项目填列方法中,正确的是(　　)。

A. 应收账款项目应根据"应收账款"和"预收账款"科目所属各明细科目的期末借方余额合计数减去坏账准备科目中相关坏账准备期末余额后的净额填列

B. 应收账款项目应根据"应收账款"和"预收账款"科目所属各明细科目的期末借方余额合计填列

C. 应收账款项目应根据"应收账款"和"应付账款"科目所属各明细科目的期末借方余额合计数减去坏账准备科目中相关坏账准备期末余额后的净额填列

D. 应收账款项目应根据"应收账款"和"应付账款"科目所属各明细科目的期末借方余额合计数填列

28. 甲公司2024年末有关科目明细科目余额如下:"应收账款——A公司"科目借方余额80万元,"应收账款——B公司"科目借方余额50万元;"预收账款——C公司"科目贷方余额20万元,"预收账款——D公司"科目贷方余额35万元。假定不考虑其他因素,甲公司2024年12月31日资产负债表中"预收款项"项目的期末余额是(　　)万元。

A. 55　　　　　　B. 85

C. 100　　　　　D. 130

29. 编制利润表的主要依据是(　　)。

A. 损益类各账户的本期发生额

B. 损益类各账户的期末余额

C. 资产、负债及所有者权益各账户的本期发生额

D. 资产、负债及所有者权益各账户的期末余额

30. 2024年12月,甲公司缴纳如下税款:增值税65万元,消费税15万元(建造不动产领用应税消费品),城市维护建设税

5.6 万元，教育费附加 2.4 万元，房产税 10 万元，印花税 2 万元。不考虑其他因素，甲公司 2024 年利润表"税金及附加"项目本期金额为（　　）万元。

A. 100　　　　　B. 20

C. 35　　　　　D. 25

31. 2024 年 9 月，某企业发生如下交易或事项：支付咨询费用 15 万元，出售专利权实现净收益 20 万元，对外公益性捐赠支出 10 万元，支付合同违约金 13 万元。不考虑其他因素，上述业务影响该企业 2024 年 9 月利润表中"营业利润"的金额是（　　）万元。

A. 5　　　　　B. 25

C. 23　　　　　D. 48

32. 下列关于"销售商品、提供劳务收到的现金"项目的说法中，不正确的是（　　）。

A. 包含向购买者收取的增值税销项税额

B. 销售废品的收入应计入本项目中

C. 应收账款的期末余额高于期初余额会减少本项目的现金流量

D. 当期计提的坏账准备也会减少本项目的现金流量

33. 下列项目中，应在所有者权益变动表中反映的是（　　）。

A. 支付职工薪酬

B. 盈余公积转增股本

C. 赊购商品

D. 购买商品支付的现金

34. 下列各项中，会影响企业利润表"营业成本"项目列报的是（　　）。

A. 销售应税矿产品应交的资源税

B. 建造办公楼领用的自产应税消费品应交的消费税

C. 出售自用房产转换的以公允价值计量的投资性房地产时原计入其他综合收益的部分

D. 按期摊销的以租赁方式租入的办公楼的装修费

35. 甲企业 2024 年度实现营业收入 1500 万元，发生营业成本 600 万元，制造费用 150 万元，销售费用 200 万元，税金及附加 60 万元，取得投资收益 100 万元。不考虑其他因素，甲企业 2024 年利润表"营业利润"项目"本期金额"的列报金额为（　　）万元。

A. 750　　　　　B. 690

C. 740　　　　　D. 590

36. 下列各项中，不影响利润表中"营业利润"项目的是（　　）。

A. 固定资产盘亏非常损失

B. 计提无形资产减值准备

C. 无法查明原因的现金盘亏

D. 出售无形资产的净收益

37. 某企业 2024 年发生短期借款利息 80 万元，享受购货现金折扣 8 万元，取得银行存款利息收入 32 万元，2024 年该企业列入利润表"财务费用"项目的本期金额应为（　　）万元。

A. 40　　　　　B. 120

C. 104　　　　　D. 56

38. 下列各项中，应列入利润表"税金及附加"项目的是（　　）。

A. 销售自产应税化妆品应交的消费税

B. 进口原材料应交的关税

C. 购进生产设备应交的增值税

D. 购入土地使用权缴纳的契税

39. 甲公司为增值税一般纳税人，适用的增值税税率为 13%，2024 年 12 月发生如下交易事项：（1）销售一批自产产品，取得价款 100 万元，增值税税额为 13 万元，该批产品成本为 80 万元。（2）销售原材料一批，取得价款 50 万元，增值税税额 6.5 万元，该批原材料成本为 30 万元。（3）对外出租固定资产计提的折旧额为 10 万元，则甲公司 2024 年 12 月应计入"营业成本"项目的金额为（　　）万元。

A. 120　　　　　B. 40

C. 485　　　　　D. 30

40. 甲公司 2024 年 12 月初"主营业务收入"

科目余额为 1000 万元，12 月发生销售退回的价款为 75 万元，现金折扣 8 万元，销售原材料确认的其他业务收入为 50 万元，其他业务成本为 25 万元，不考虑其他因素，甲公司 2024 年 12 月 31 日利润表中"营业收入"项目填列金额为（ ）万元。

A. 1050　　　　B. 975
C. 967　　　　D. 942

41. 下列各项中，应列入一般企业利润表"营业收入"项目的是（ ）。
A. 出售专利技术净收益
B. 出租固定资产租金收入
C. 接受捐赠利得
D. 债券投资利息收入

42. 2024 年 12 月，A 公司的主营业务收入 60 万元，主营业务成本 50 万元；其他业务收入 10 万元，其他业务成本 8 万元；营业外收入 5 万元，则 A 公司 12 月份应确认的营业收入金额为（ ）万元。
A. 70　　　　B. 12
C. 75　　　　D. 65

43. 下列各项中，不属于利润表"利润总额"项目内容的是（ ）。
A. 确认的资产减值损失
B. 无法查明原因的现金溢余
C. 确认的所得税费用
D. 收到政府补助确认的其他收益

44. 2024 年甲公司发生如下经济业务：（1）领用应税消费品用于生产非应税消费品，应负担的消费税 15 万元；（2）出租房产取得租金收入 10 万元，应负担的房产税 1.2 万元；（3）签订一份价值 100 万元货物销售合同，应负担的印花税 3 万元。不考虑其他因素，上述经济业务对 2024 年利润表中"税金及附加"项目影响的金额为（ ）万元。
A. 19.2　　　　B. 18
C. 16.2　　　　D. 4.2

45. 下列各项中，关于现金流量表的说法中，不正确的是（ ）。

A. 是动态报表
B. 以资产负债表和利润表等会计核算资料为依据编制
C. 我国企业应当采用直接法列示经营活动产生的现金流量
D. 基本原理是以收付实现制为基础提供的会计核算资料为依据，按照权责发生制基础进行调整计算，以反映现金流量增减变动及其结果

46. 下列各项中影响筹资活动产生的现金流量的是（ ）。
A. 支付经营租赁费用所产生的现金流量
B. 支付生产人员工资
C. 偿还应付账款支付的现金
D. 发行股票

47. 支付购买固定资产的价款产生的现金流量属于（ ）。
A. 投资活动产生的现金流量
B. 筹资活动产生的现金流量
C. 经营活动产生的现金流量
D. 购买活动产生的现金流量

48. 2024 年初，某企业所有者权益总额为 1500 万元，当年该企业实现综合收益总额为 400 万元，用盈余公积转增资本 100 万元，向所有者宣告分配现金股利 80 万元，不考虑其他因素，该企业 2023 年度所有者权益变动表中所有者权益合计"本年年末余额"的列报金额为（ ）万元。
A. 1820　　　　B. 1920
C. 2000　　　　D. 2080

二、多项选择题

1. 财务报表项目应当以总额列报，下列各项中，不属于抵销的有（ ）。
A. 为交易目的而持有的金融工具形成的利得和损失应当以净额列报
B. 计提减值准备的资产，应当按扣除减值准备后的净额列示
C. 非流动资产处置形成的利得或损失，应当按处置收入扣除该资产的账面金额和

相关销售费用后的净额列报

D. 企业欠客户的应付款不得与其他客户欠本企业的应收款相抵销

2. 下列各项中，应在资产负债表"应付账款"项目列示的有（　　）。

A. "预付账款"科目所属明细科目的借方余额

B. "预付账款"科目所属明细科目的贷方余额

C. "应付账款"科目所属明细科目的贷方余额

D. "应付账款"科目所属明细科目的借方余额

3. 下列各项中，应在资产负债表中的"货币资金"项目中反映的有（　　）。

A. 外埠存款　　　　B. 银行汇票存款

C. 银行本票存款　　D. 库存现金

4. 下列资产负债表项目中，应根据明细账科目余额计算填列的有（　　）。

A. 应付职工薪酬　　B. 应付账款

C. 研发支出　　　　D. 长期借款

5. 下列各项资产负债表项目中，属于汇总列报的有（　　）。

A. 其他应付款　　　B. 货币资金

C. 长期借款　　　　D. 资本公积

6. 下列各项中，在资产负债表中"非流动资产"项目下列示的有（　　）。

A. 持有待售资产

B. 在建工程

C. 投资性房地产

D. 其他权益工具投资

7. 下列应在资产负债表"其他应收款"项目填列的有（　　）。

A. 确认被投资方已宣告但尚未发放的现金股利

B. 支付的租入包装物押金

C. 为购买方代垫的商品包装费

D. 为职工代垫的房租

8. 下列各项中，应列入利润表"资产处置收益"项目的有（　　）。

A. 出售生产设备取得的收益

B. 出售包装物取得的收入

C. 出售原材料取得的收入

D. 出售专利权取得的收益

9. 下列各项中，属于经营活动产生现金流量的项目有（　　）。

A. 购建固定资产支付的现金

B. 购买债券支付的现金

C. 广告宣传支付的现金

D. 购买商品支付的现金

10. 下列各项中，企业应当在所有者权益变动表上单独列示的有（　　）。

A. 综合收益总额

B. 会计政策变更和差错更正的累积影响金额

C. 所有者投入资本和向所有者分配利润

D. 提取的盈余公积

11. 下列各项中，属于企业应在财务报表附注中披露的内容有（　　）。

A. 财务报表的编制基础

B. 重要的会计政策和会计估计

C. 会计政策和会计估计变更以及差错更正的说明

D. 报表重要项目的说明

12. 下列各项中，需要根据明细科目的期末余额计算填列的有（　　）。

A. 预付款项　　　　B. 短期借款

C. 资本公积　　　　D. 应付账款

13. 下列各项中，可以直接根据其总账科目余额填列的有（　　）。

A. 长期借款　　　　B. 在建工程

C. 短期借款　　　　D. 资本公积

14. 下列各项中，应在资产负债表所有者权益项目中列示的有（　　）。

A. 盈余公积　　　　B. 其他综合收益

C. 递延收益　　　　D. 未分配利润

15. 下列各项中，应在资产负债表"应收账款"项目下列示的有（　　）。

A. 预付职工差旅费

B. 销售商品应收取的增值税销项税额

C. 代购货物垫付的运杂费

D. 销售企业原材料应收取的款项

16. 下列各项中，应根据有关科目余额减去其备抵科目余额后的净额填列的有（　　）。
    A. 长期股权投资　B. 固定资产
    C. 在建工程　　　D. 无形资产

17. 下列各项中，应在企业利润表"营业成本"项目列示的有（　　）。
    A. 出租无形资产的摊销额
    B. 出售不需用原材料的成本
    C. 出售固定资产发生的清理费用
    D. 固定资产盘亏净损失

18. 下列各项中，应列入利润表中"营业外支出"项目的有（　　）。
    A. 公益性捐赠支出
    B. 固定资产盘亏损失
    C. 固定资产减值损失
    D. 非流动资产毁损报废损失

19. 下列各项中，应列入利润表"资产减值损失"项目的有（　　）。
    A. 原材料盘亏损失
    B. 无形资产减值损失
    C. 应收账款减值损失
    D. 固定资产减值损失

20. 下列各项中，影响营业利润项目的有（　　）。
    A. 已销商品成本
    B. 原材料销售收入
    C. 出售固定资产净收益
    D. 转让股票所得收益

21. 下列各项中，应列入利润表"管理费用"项目的有（　　）。
    A. 发生的不符合资本化条件的研发费用
    B. 计提由行政管理部门负担的工会经费
    C. 计提专设销售机构股东投入资产的折旧费用
    D. 为取得生产技术服务合同发生的投标费用

22. 2024年6月，某企业发生以下交易或事项：支付诉讼费用10万元，固定资产处置净损失8万元，对外公益性捐赠支出5万元，支付税收滞纳金1万元，上述业务影响该企业2024年6月利润表的（　　）项目。
    A. 管理费用　　　B. 资产处置损益
    C. 营业外支出　　D. 其他收益

23. 下列各项中，与利润表"销售费用"项目有关的有（　　）。
    A. 无法查明原因的现金短缺
    B. 转销确实无法支付的应付账款
    C. 出售商品发生的包装费
    D. 销售部门的职工薪酬

24. 下列各项中，会影响企业利润表综合收益总额的有（　　）。
    A. 销售商品收入
    B. 企业所得税费用
    C. 罚没损失
    D. 交易性金融资产处置净损失

25. 下列各项中，应列入利润表中"信用减值损失"项目的有（　　）。
    A. 无形资产减值损失
    B. 债权投资减值损失
    C. 固定资产减值损失
    D. 应收账款减值损失

26. 下列各项中，应列入利润表"资产处置收益"项目的有（　　）。
    A. 转让生产设备取得的收益
    B. 转让包装物取得的收入
    C. 转让原材料取得的收入
    D. 转让专利权取得的收益

27. 下列各项中，应在制造业企业利润表"营业收入"项目列示的有（　　）。
    A. 持有交易性金融资产期间取得的利息收入
    B. 销售商品取得的收入
    C. 出售固定资产实现的净收益
    D. 出租无形资产的租金收入

28. 下列各项中，不属于现金流量表"经营活动产生的现金流量"项目的有（　　）。
    A. 取得投资收益收到的现金
    B. 支付的各项税费
    C. 取得借款收到的现金
    D. 偿还债务支付的现金

29. 下列各项中，属于筹资活动产生现金流量的项目有（　　）。
   A. 发行股票收取的现金
   B. 分配利润支付的现金
   C. 向银行借入款项收到的现金
   D. 归还银行借款支付的现金

30. 下列各项中，属于资产负债表填列方法的有（　　）。
   A. 根据总账科目余额填列
   B. 根据明细账科目余额计算填列
   C. 根据总账科目与明细账科目余额分析填列
   D. 根据有关科目余额减去其备抵科目余额后的净额填列

31. 下列各项中，应在资产负债表"应付账款"项目列报的有（　　）。
   A. "应付账款"明细科目的借方余额
   B. "应付账款"明细科目的贷方余额
   C. "预收账款"明细科目的借方余额
   D. "预付账款"明细科目的贷方余额

32. 下列业务中，能够引起利润表"利润总额"项目发生增减变动的有（　　）。
   A. 权益法核算的长期股权投资中，被投资单位持有的其他债权投资发生公允价值变动
   B. 自用房产转为以公允价值计量的投资性房地产时，公允价值低于账面价值的差额
   C. 自然灾害导致的固定资产净损失
   D. 应收账款发生预期信用损失

33. 下列各项中，属于企业现金流量表中投资活动产生的现金流量的有（　　）。
   A. 购买无形资产
   B. 购买交易性金融资产
   C. 购买原材料
   D. 购买固定资产

34. 下列各项中，在企业所有者权益变动表中单独列示反映的信息有（　　）。
   A. 向所有者分配利润
   B. 所有者投入资本
   C. 会计差错更正的累积影响金额
   D. 综合收益总额

35. 下列各项中，属于所有者权益变动表"上年年末余额"项目反映的内容有（　　）。
   A. 实收资本　　　B. 资本公积
   C. 库存股　　　　D. 盈余公积

36. 下列关于附注的说法，正确的有（　　）。
   A. 附注包括会计政策和会计估计变更及差错更正的说明
   B. 附注包括财务报表重要项目的说明
   C. 附注是对资产负债表、利润表、现金流量表和所有者权益变动表等报表中列示项目的文字描述或明细资料，以及对未能在这些报表中列示项目的说明
   D. 附注包括有助于财务报表使用者评价企业管理资本的目标、政策及程序的信息

三、判断题

1. 财务报告根据编报期不同，分为个别财务报告和合并财务报告。（　　）

2. 资产负债表是反映企业在一定会计期间的经营成果的报表。（　　）

3. 资产负债表中"使用权资产"项目，反映资产负债表日出租人企业持有的使用权资产的期末账面价值。（　　）

4. 企业资产负债表中"其他应付款"项目应根据"其他应付款"科目余额填列。（　　）

5. "固定资产清理"科目如果出现贷方余额，在填列资产负债表"固定资产"项目时应加上。（　　）

6. 资产负债表中的"货币资金"项目，应当根据"库存现金""银行存款""其他货币资金"三个总账科目余额合计填列。（　　）

7. 资产负债表中的"其他应收款"项目填列时，应根据"其他应收款"科目余额填列。（　　）

8. 资产负债表中的"开发支出"项目应根据"研发支出"科目所属的"资本化支出"明细科目期末余额填列。（　　）

9. 资产负债表中"预付款项"项目应当根据

预付账款的总账余额减去对应的坏账准备科目期末余额后的净额填列。（　　）

10. "研发费用"项目，反映企业进行研究与开发过程中发生的资本化支出以及计入管理费用的自行开发无形资产的摊销。（　　）

11. 企业利润表中"所得税费用"项目的本期金额等于当期所得税，而不应考虑递延所得税。（　　）

12. 企业向地方政府支付的违规排污罚款，应计入现金流量的"支付的其他与经营活动有关的现金流量"项目。（　　）

13. 其他综合收益的税后净额仅包括将重分类进损益的其他综合收益项目。（　　）

14. 企业出售单独计价的包装物结转的成本应填列在利润表中的"营业成本"项目中。（　　）

15. 企业利润表中，"资产处置收益""公允价值变动收益""投资收益"项目金额，均可能以负号填列。（　　）

16. 企业利润表中的"其他综合收益的税后净额"项目反映企业根据企业会计准则规定在损益中确定的各项利得和损失扣除所得税影响后的净额。（　　）

17. 出售固定资产收到的现金属于投资活动的现金流量。（　　）

18. 编制正确的现金流量表的"期末现金及现金等价物余额"应当与资产负债表中的"货币资金"项目金额相等。（　　）

19. 运用工作底稿法编制现金流量表，在对当期业务进行分析并编制调整分录时，应以利润表项目为基础，从"净利润"项目开始，结合资产负债表项目逐一进行分析调整。（　　）

20. 所有者权益变动表，既可以提供所有者权益总量增减变动的信息，也可以提供所有者权益增减变动的结构性信息。（　　）

21. 所有者权益变动表"本年金额"栏内各项数字一般应根据"实收资本（或股本）""其他权益工具""资本公积""库存股""其他综合收益""盈余公积"

"利润分配""以前年度损益调整"科目的发生额分析填列。（　　）

22. "营业收入"项目应根据"主营业务收入""其他业务收入""营业外收入"科目的发生额分析填列。（　　）

23. 采用间接法编制的现金流量表，便于分析企业经营活动产生的现金流量的来源和用途，预测企业现金流量的未来前景。（　　）

24. 企业的会计政策变更和差错更正的累计影响金额不需要在所有者权益变动表中列示。（　　）

25. 企业对报表重要项目的说明，可以按企业自身的需要，采用文字和数字描述相结合的方式进行披露。（　　）

26. 附注是对企业财务报表的文字表述，在报表中无法体现的内容均需要通过附注加以阐述。（　　）

四、不定项选择题

1. 甲有限责任公司属于工业企业，为增值税一般纳税人，适用13%的增值税税率，售价中不含增值税。商品销售时，同时结转成本。2024年12月甲有限责任公司发生如下经济业务：

（1）本月销售商品一批，增值税专用发票上注明的售价300万元，增值税税额39万元，款项尚未收到。该批商品的实际成本为240万元。

（2）本月销售原材料一批，增值税专用发票上注明的售价50万元，增值税税额6.5万元，该批材料成本30万元。款项已经收到。

（3）无法支付的应付账款15万元。

（4）12月31日，持有的交易性金融资产公允价值上升12万元。

（5）12月31日，计提坏账准备2万元，计提存货跌价准备1万元。

（6）本月计提职工工资125.5万元，其中生产工人工资80万元，车间管理人员工资10万元，行政管理人员工资9万元，

销售人员工资 25 万元，财务人员工资
1.5 万元。

（7）该公司适用的所得税税率为 25%。假
定 2024 年应纳税所得额为 400 万元。2024
年递延所得税资产年初余额为 5 万元，年
末余额为 15 万元；递延所得税负债年初
余额为 3 万元，年末余额为 8 万元。假定
按年确定所得税费用。

要求：根据上述资料，分析回答下列问题。

（1）2024 年 12 月利润表中营业项目金额
列示正确的是（　　）。

    A. 营业收入 350 万元

    B. 营业收入 300 万元

    C. 营业成本 240 万元

    D. 营业成本 270 万元

（2）2024 年 12 月利润表中资产减值损失
的金额是（　　）万元。

    A. 2　　　　　　B. 1

    C. 3　　　　　　D. 4

（3）甲有限责任公司 2024 年 12 月利润表
中期间费用列示正确的是（　　）。

    A. 管理费用 9 万元

    B. 销售费用 25 万元

    C. 财务费用 1.5 万元

    D. 制造费用 90 万元

（4）甲有限责任公司 2024 年 12 月利润总
额为（　　）万元。

    A. 68.5　　　　　B. 70.5

    C. 70　　　　　　D. 69.5

（5）甲有限责任公司以下项目计算正确的
是（　　）。

    A. 应交所得税 100 万元

    B. 递延所得税 –5 万元

    C. 所得税费用 95 万元

    D. 所得税费用 100 万元

（6）下列各项中，应在利润表"营业收
入"项目列示的是（　　）。

    A. 销售库存商品收入

    B. 出售无形资产收入

    C. 出售交易性金融资产收入

    D. 处置原材料的净收入

2. 甲公司为增值税一般纳税人，适用的增值
税税率为 13%，原材料采用实际成本法核
算，甲公司的主营业务为销售商品，如无
特殊说明，存货均未计提跌价准备。2024
年 11 月甲公司发生的有关经济业务如下：

（1）购入 A 材料一批，增值税发票上注明
材料价款为 16000 元，增值税税额 2080
元，另支付材料运输费 1000 元。材料验收
入库，款项均已通过银行支付。取得了运
费增值税专用发票。运费按 9% 抵扣进项
税额。

（2）委托外单位加工 B 材料（非金银首
饰），原材料价款 20000 元，支付加工费
10000 元，取得的增值税专用发票上注明
增值税税额为 1300 元，由受托方代收代
缴的消费税为 1000 元，材料已加工完毕
验收入库，款项均已支付。委托方收回后
的材料用于继续生产应税消费品。

（3）将 50 台自产产品作为福利分配给本
公司销售人员。该批产品的生产成本总额
为 24000 元，市场售价总额为 30000 元
（不含增值税）。

（4）购买不需安装生产经营用设备一台，
增值税专用发票注明价款 70000 元，增值
税税额为 9100 元，符合增值税抵扣条件，
款项已用银行存款支付。

（5）在建工程领用 A 原材料 10000 元，对
应购买时的增值税进项税额为 1300 元。

（6）盘亏一批原材料 A，成本为 2000 元，
原支付增值税进项税额 260 元。经查系
管理不善造成的材料丢失，尚未经批准
处理。

（7）对外销售产品一批，产品成本为
30000 元，交易价格为 40000 元，增值税
税率为 13%，消费税税率为 10%。满足收
入确认条件，款项尚未收到。

（8）出售房屋一幢，账面原值 1000000
元，已提折旧 400000 元，取得出售不含税
收入 800000 元，清理完毕，适用的增值税
税率为 9%。

（9）本月实际缴纳增值税 10000 元，消费

税 6000 元。

（10）本月计提管理用固定资产折旧 10000 元。

其他资料：2024 年 10 月 31 日资产负债表中的固定资产项目金额为 2000000 元，存货为 50000 元，应付职工薪酬为 2000 元（贷方），应交税费为 1000 元（贷方）。

要求：根据上述资料，回答下列小题。

（1）资料（1）的会计分录正确的是（　　）。

  A. 借：原材料　　　　　　19170
       贷：银行存款　　　　19170

  B. 借：原材料　　　　　　17000
       应交税费——应交增值税
                  2080
       贷：银行存款　　　　19080

  C. 借：原材料　　　　　　17000
       应 交 税 费——应 交 增 值 税
       （进项税额）　2170
       贷：银行存款　　　　19170

  D. 借：原材料　　　　　　18080
       贷：银行存款　　　　18080

（2）下列说法中正确的是（　　）。

  A. 资料（2），委托加工物资的成本为 31000 元

  B. 资料（6），盘亏原材料的进项税额仍可以抵扣

  C. 资料（7），应确认销项税额

  D. 资料（8），出售固定资产净损益为 200000 元

（3）11 月末，资产负债表中"固定资产"项目的金额为（　　）元。

  A. 1060000　　　B. 1460000
  C. 1470000　　　D. 1070000

（4）11 月末，资产负债表中"存货"项目的金额为（　　）元。

  A. 10930　　　　B. 11000
  C. 8930　　　　　D. 12930

（5）根据资料（1）至资料（10），甲公司 2024 年 11 月利润表中"营业利润"的金额为（　　）元。

  A. 164000　　　B. 162000
  C. 6000　　　　　D. 168100

3. 2024 年甲公司发生如下交易或事项：

（1）3 月 2 日，向乙公司销售商品一批，按商品标价计算的金额为 200 万元，该批商品实际成本为 150 万元。由于是成批销售，甲公司给予乙公司 10% 的商业折扣并开具了增值税专用发票，并在销售合同中规定现金折扣条件为 2/10、1/20、N/30，甲公司根据以往经验估计乙公司不会享有现金折扣，乙公司已于当日取得商品控制权。3 月 15 日收到乙公司支付全部款项。假定计算现金折扣时不考虑增值税。

（2）5 月 5 日，甲公司由于产品质量原因对上月出售给丙公司的一批商品按售价给予 10% 的销售折让，该批商品售价为 300 万元，增值税税额为 39 万元。货款已结清。经认定，同意给予折让并以银行存款退还折让款，同时开具红字增值税专用发票。

（3）9 月 20 日，销售一批材料，增值税专用发票上注明的售价为 15 万元，增值税税额为 1.95 万元。款项已由银行收妥。该批材料的实际成本为 10 万元。

（4）11 月 10 日，向本公司行政管理人员发放自产产品作为福利。该批产品的实际成本为 8 万元，市场售价为 10 万元。

（5）11 月 15 日，出售一台设备，售价 100 万元，增值税税额为 13 万元，该设备原价为 80 万元，已计提折旧 20 万元，未计提减值准备。

（6）12 月 20 日，收到国债利息收入 20 万元，以银行存款支付销售费用 5.5 万元，支付税收滞纳金 2 万元。

要求：假定除上述资料外，不考虑其他相关因素，分析回答下列问题。

（1）根据资料（1），下列各项中，会计处理结果正确的是（　　）。

  A. 3 月 2 日，甲公司应确认主营业务收入 180 万元

  B. 3 月 2 日，甲公司应确认销售商品

主营业务收入 176 万元

C. 3 月 15 日，甲公司应冲减主营业务收入 1.8 万元

D. 3 月 15 日，甲公司应确认财务费用 1.8 万元

（2）根据资料（2）～（5），下列各项中，会计处理正确的是（　　）。

A. 5 月 5 日，甲公司发生销售折让时的会计分录：

借：主营业务收入　　30

　　应交税费——应交增值税（销项税额）　　3.9

　　贷：银行存款　　33.9

B. 9 月 20 日，甲公司销售材料时的会计分录：

借：银行存款　　16.95

　　贷：其他业务收入　　15

　　　　应交税费——应交增值税（销项税额）

　　　　　　　　　　　　1.95

借：其他业务成本　　10

　　贷：原材料　　10

C. 11 月 10 日，甲公司向本公司行政管理人员发放自产产品时的会计分录：

借：管理费用　　11.3

　　贷：应付职工薪酬——非货币性福利　　11.3

借：应付职工薪酬——非货币性福利　　11.3

　　贷：主营业务收入　　10

　　　　应交税费——应交增值税（销项税额）

　　　　　　　　　　　　1.3

借：主营业务成本　　8

　　贷：库存商品　　8

D. 11 月 15 日，出售设备：

借：固定资产清理　　60

　　累计折旧　　20

　　贷：固定资产　　80

借：银行存款　　113

　　贷：固定资产清理　　60

　　　　应交税费——应交增值税（销项税额）　　13

　　　　营业外收入　　40

（3）根据资料（1）～（5），甲公司 2023 年度利润表中"营业收入"项目的金额是（　　）万元。

A. 165　　　　　　B. 173.2

C. 175　　　　　　D. 215

（4）根据资料（1）～（6），下列各项中，关于甲公司 2023 年期间费用和营业利润计算结果正确的是（　　）。

A. 期间费用为 7.3 万元

B. 期间费用为 16.8 万元

C. 营业利润为 48.4 万元

D. 营业利润为 46.4 万元

（5）根据资料（1）～（6），下列各项中，关于甲公司 2023 年度利润表中"所得税费用"和"净利润"的计算结果正确的是（　　）。

A. 所得税费用 7.1 万元

B. 净利润 39.3 万元

C. 所得税费用 7.6 万元

D. 净利润 37.65 万元

提高演练参考答案及解析

一、单项选择题

1.【答案】B 【解析】长期借款是长期负债，应付票据是流动负债，因此应付票据应排在长期借款前面。

2.【答案】A 【解析】货币资金包括库存现

金、银行存款和其他货币资金。选项 B、C 应在"应收票据"项目中列示，选项 D 在"交易性金额资产"项目中列示。

3.【答案】D 【解析】其他非流动资产项目应根据有关科目的期末余额减去将于一年内（含一年）收回数后的金额计算填列。

4.【答案】D 【解析】选项 A、B，固定资产和在建工程应根据科目余额减去其备抵科目余额后的净额填列；选项 C，应付账款应根据应付账款和预付款项两个科目所属的相关明细科目的期末贷方余额计算填列，故本题正确答案选 D。

5.【答案】D 【解析】资产负债表中的"应收账款"项目应根据"应收账款"所属明细科目的借方期末余额 70000 元与"预收账款"所属明细科目的借方期末余额 50000 元合计数减去"坏账准备"科目期末余额 5000 元填列。应收账款项目 = 70000 + 50000 - 5000 = 115000（元）。

6.【答案】D 【解析】"长期借款"项目，需要根据"长期借款"总账科目余额扣除"长期借款"科目所属的明细科目中将在一年内到期且企业不能自主地将清偿义务展期的长期借款后的金额计算填列。而"长期借款"科目所属的明细科目中将在一年内到期的长期借款的金额应记入"一年内到期的非流动负债"项目，选项 D 正确。

7.【答案】A 【解析】资产负债表存货项目的金额 = 20000 + 15000 + 8000 + 25000 - 3000 = 65000（元）。

8.【答案】C 【解析】资产负债表中的"预付账款"项目应根据"预付账款"所属明细科目的借方期末余额 50000 元与"应付账款"所属明细科目的借方期末余额 40000 元合计填列。50000 + 40000 = 90000（元）。

9.【答案】C 【解析】资产负债表中的"未分配利润"项目，应根据"本年利润"和"利润分配"科目的余额填列。

10.【答案】D 【解析】选项 A，根据明细账科目余额计算填列。选项 B、C，根据总

账科目余额直接填列。

11.【答案】C 【解析】本题考查资产负债表的编制。"工程物资"科目金额应列入"在建工程"项目。2024 年 12 月 31 日，该公司资产负债表中"存货"项目期末余额应列报的金额 = 20 + 30 - 8 = 42（万元），选项 C 正确。

12.【答案】A 【解析】本题考查资产负债表的编制。"长期待摊费用"项目，反映企业已经发生但应由本期和以后各期负担的分摊期限在一年以上的各项费用。本项目应根据"长期待摊费用"科目的期末余额，减去将于一年内（含一年）摊销的数额后的金额分析填列。但长期待摊费用的摊销年限只剩一年或不足一年的，或预计在一年内（含一年）进行摊销的部分，不得归类为流动资产，仍在各该非流动资产项目中填列，不转入"一年内到期的非流动资产"项目。2024 年 12 月 31 日甲公司资产负债表中"长期待摊费用"项目金额应为 3600 万元，选项 A 正确。

13.【答案】D 【解析】本题考查现金流量表的概述。申请开具银行汇票与以银行存款购买 3 个月内到期的债券，属于现金与现金等价物之间的转换，不影响现金流量净额，选项 A、B 错误；到期无力偿还的银行承兑汇票，应借记"应付票据"科目，贷记"短期借款"科目，不涉及现金与现金等价物，所以不影响现金流量净额，选项 C 错误。

14.【答案】D 【解析】本题考查资产负债表的编制。"应收账款"项目，反映资产负债表日以摊余成本计量的，企业因销售商品、提供服务等经营活动应收取的款项。该项目应根据"应收账款"科目的期末余额，减去"坏账准备"科目中相关坏账准备期末余额后的金额分析填列，选项 D 正确。

15.【答案】A 【解析】本题考查利润表的编制。辞退补偿金不区分部门，发生时

一律记入"管理费用"科目，所以该企业 2024 年列入利润表"管理费用"项目的本期金额 = 80 + 220 + 5 + 55 = 360（万元），选项 A 正确。

16. 【答案】B 【解析】本题考查现金流量表的编制。企业代扣代缴的个人所得税，应在现金流量表的"支付给职工以及为职工支付的现金"项目中列示，选项 A 错误；企业收取的因自然灾害毁损的办公楼的保险赔偿金，应在现金流量表的"处置固定资产、无形资产和其他长期资产收回的现金净额"项目中列示，选项 C 错误；企业发行股票筹集资金所发生的审计费用，应在现金流量表的"支付的其他与筹资活动有关的现金"项目中列示，选项 D 错误。

17. 【答案】B 【解析】本题考查资产负债表的编制。相关选项的会计分录如下：
（1）因台风造成的 M 材料毁损：
借：待处理财产损溢
　　贷：原材料
借：营业外支出
　　贷：待处理财产损溢
"营业外支出"不属于留存收益项目，选项 A 错误。
（2）盘盈一台生产设备：
借：固定资产
　　贷：以前年度损益调整
借：以前年度损益调整
　　贷：盈余公积
　　　　利润分配——未分配利润
"盈余公积""利润分配——未分配利润"属于留存收益项目，且"以前年度损益调整"科目影响期初项目，选项 B 正确。
（3）出售以成本模式计量的投资性房地产：
借：银行存款
　　贷：其他业务收入
借：其他业务成本
　　投资性房地产累计折旧
　　投资性房地产减值准备

　　贷：投资性房地产
"其他业务收入""其他业务成本"不属于留存收益项目，选项 C 错误。
（4）转销无法支付的甲公司货款：
借：应付账款
　　贷：营业外收入
"营业外收入"不属于留存收益项目，选项 D 错误。

18. 【答案】B 【解析】2024 年 12 月 31 日未分配利润项目金额 = 10 + 210 - 15 = 205（万元）。

19. 【答案】D 【解析】资产负债表中"固定资产"项目，应根据"固定资产"科目期末余额，减去"累计折旧"和"固定资产减值准备"后的净额，以及"固定资产清理"科目的期末余额填列，因此，固定资产项目金额 = 800 - 80 - 50 + 20 = 690（万元）。

20. 【答案】B 【解析】资产负债表中的"存货"项目，应根据"材料采购""原材料""周转材料""委托加工物资""在途物资""发出商品""生产成本"等科目的期末余额合计，减去"存货跌价准备"科目期末余额后的金额填列。材料采用计划成本核算，以及库存商品采用计划成本或售价金额核算法核算的企业，还应按加或减"材料成本差异""商品进销差价"科目后的金额填列。因此，该企业期末资产负债表中"存货"项目应填列的金额 = 500 + 300 - 30 = 770（万元），选项 B 正确。

21. 【答案】B 【解析】会计分录为：
借：研发支出——费用化支出
　　　　　　　　　　　　650
　　　　　——资本化支出
　　　　　　　　　　　　150
　　贷：银行存款　　　　800
借：管理费用　　　　　650
　　贷：研发支出——费用化支出
　　　　　　　　　　　　650
资产负债表中"开发支出"项目应根据

"研发支出"科目所属"资本化支出"明细科目余额填列,所以 2023 年 7 月 31 日资产负债表"开发支出"项目的金额为 150 万元。

22. 【答案】D 【解析】资产负债表"应付账款"项目的填列。按照"应付账款"和"预付账款"科目所属的相关明细科目的期末贷方余额合计数填列。80000 + 15000 = 95000(元)。

23. 【答案】C 【解析】货币资金项目金额 = 50 + 10 + 60 = 120(万元)。商业承兑汇票属于应收票据,不属于企业的货币资金,故本题正确答案选 C。

24. 【答案】C 【解析】"固定资产"项目应根据"固定资产"科目的期末余额,减去"累计折旧"和"固定资产减值准备"科目的期末余额后的金额,以及"固定资产清理"科目的期末余额填列。"固定资产"项目"期末余额"栏应填列的金额 = 2500 − 700 − 300 + 80 = 1580(万元),选项 C 正确。

25. 【答案】B 【解析】2024 年 12 月 31 日资产负债表中"预付款项"项目的列示金额 = "预付账款"科目期末借方余额 + "应付账款"科目期末借方余额 − "坏账准备"科目与预付账款有关的金额 = 100 + 50 − 5 = 145(万元),选项 B 正确。

26. 【答案】C 【解析】"预收款项"项目应根据"预收账款"科目所属各明细科目的期末贷方余额合计数填列,所以甲公司 2024 年 12 月 31 日资产负债表中"预收款项"项目的期末余额为 55 万元,故本题正确答案选 C。

27. 【答案】A 【解析】应收账款项目应根据"应收账款"和"预收账款"科目所属各明细科目的期末借方余额合计数,减去"坏账准备"科目中有关坏账准备期末余额后的净额填列,选项 A 正确。

28. 【答案】A 【解析】预收款项应根据"预收账款"科目所属各明细科目的期末贷方余额合计数填列。所以甲公司 2024

年 12 月 31 日资产负债表中"预收款项"项目的期末余额 = 35 + 20 = 55(万元),选项 A 正确。

29. 【答案】A 【解析】本题考查利润表概述。利润表是反映企业在一定会计期间经营成果的报表,因此,利润表是一个期间报表,编制的依据是各损益类账户的本期发生额,选项 A 正确。

30. 【答案】B 【解析】本题考查利润表的编制。消费税 15 万元,是源自建造不动产领用应税消费品,所以该消费税应记入"在建工程"科目,不影响"税金及附加"项目。所以甲公司 2024 年利润表"税金及附加"项目本期金额 = 5.6 + 2.4 + 10 + 2 = 20(万元),选项 B 正确。

31. 【答案】A 【解析】本题考查利润表的编制。咨询费用属于管理费用,出售专利权实现的净收益属于资产处置损益,对外公益性捐赠支出与合同违约金属于营业外支出,所以上述业务能够影响利润表"营业利润"项目的为咨询费用和出售专利权实现的净收益。因此,上述业务影响该企业 2023 年 9 月利润表中"营业利润"的金额 = − 15 + 20 = 5(万元),选项 A 正确。

32. 【答案】B 【解析】本题考查现金流量表的结构原理。销售废品的收入,计入"收到其他与经营活动有关的现金"项目,不计入"销售商品、提供劳务收到的现金"项目,选项 B 正确。

33. 【答案】B 【解析】本题考查所有者权益变动表。盈余公积转增股本在所有者权益变动表"股本"项目和"盈余公积"项目反映,选项 B 正确。

34. 【答案】C 【解析】销售应税矿产品应交的资源税,应通过"税金及附加"科目核算,选项 A 错误;建造办公楼领用的自产应税消费品应交的消费税,应通过"在建工程"科目核算,选项 B 错误;按期摊销的以租赁方式租入的办公楼的装修费,应通过"管理费用"科目核算,选项 D 错误。

35.【答案】C 【解析】"营业利润"项目"本期金额"的列报金额 = 1500 - 600 - 200 - 60 + 100 = 740（万元）。

36.【答案】A 【解析】选项 A，计入营业外支出；选项 B，计入资产减值损失；选项 C，计入管理费用；选项 D，计入资产处置损益。

37.【答案】A 【解析】利润表"财务费用"项目的填列要求。现金折扣和利息收入与借款利息的方向相反，因此，财务费用 = 80 - 8 - 32 = 40（万元）。

38.【答案】A 【解析】选项 A，销售自产应税化妆品应交的消费税，计入税金及附加；选项 B，进口原材料应交的关税，计入原材料成本；选项 C，购进生产设备应交的增值税，计入应交税费；选项 D，购入土地使用权交纳的契税，计入相关资产成本。

39.【答案】A 【解析】甲公司 2024 年 12 月应计入营业成本项目的金额 = 80（销售自产产品计入主营业务成本）+ 30（销售原材料计入其他业务成本）+ 10（出租固定资产计提的折旧额，计入其他业务成本）= 120（万元），选项 A 正确。

40.【答案】C 【解析】甲公司 2024 年 12 月 31 日利润表中"营业收入"项目填列金额 = 1000 - 75 - 8 + 50 = 967（万元），选项 C 正确。

41.【答案】B 【解析】选项 A，计入资产处置收益；选项 C，计入营业外收入；选项 D，计入投资收益。

42.【答案】A 【解析】营业收入包括主营业务收入和其他业务收入，则 A 公司 12 月应确认的营业收入金额 = 60 + 10 = 70（万元）。

43.【答案】C 【解析】净利润 = 利润总额 - 所得税费用，计算利润总额时不需要考虑所得税费用，计算净利润时需要考虑，故选项 C 不属于"利润总额"项目的内容。

44.【答案】D 【解析】领用应税消费品用于生产非应税消费品，应负担的消费税 15 万元，通过"生产成本"科目核算；出租房产取得租金收入 10 万元应负担的房产税 1.2 万元与签订一份价值 100 万元货物销售合同应负担的印花税 3 万元，通过"税金及附加"科目核算。上述经济业务对 2024 年利润表中"税金及附加"项目影响的金额 = 1.2 + 3 = 4.2（万元），选项 D 正确。

45.【答案】D 【解析】现金流量表的格式应有利于反映企业业务活动的性质和现金流量的来源，其基本原理是以权责发生制为基础提供的会计核算资料为依据，按照收付实现制基础进行调整计算，以反映现金流量增减变动及其结果，即将以权责发生制为基础编制的资产负债表和利润表资料按照收付实现制基础调整计算编制现金流量表，选项 D 错误。

46.【答案】D 【解析】选项 A、B、C 都是影响经营活动产生的现金流量，但不属于筹资活动产生的现金流量。

47.【答案】A 【解析】投资活动产生的现金流量，是指企业长期资产的购建和不包括现金等价物范围在内的投资及其处置活动产生的现金流量。

48.【答案】A 【解析】用盈余公积转增资本属于所有者权益的内部变动，不影响所有者权益的总额。该企业 2023 年度所有者权益变动表中所有者权益合计"本年年末余额"的列报金额 = 1500 + 400 - 80 = 1820（万元）。

二、多项选择题

1.【答案】ABC 【解析】财务报表项目应当以总额列报，以下三种情况不属于抵销：（1）一组类似交易形成的利得和损失以净额列示的，不属于抵销（选项 A 正确）；（2）资产或负债项目按扣除备抵项目后的净额列示的（选项 B 正确）；（3）非日常活动产生的利得和损失，以同一交易形成的收益扣减相关费用后的净额列示更能反映交易实质（选项 C 正确）。企业欠客户的应付款不得与其他客户欠本企业的应收款相抵销（选项 D 错误）。

2. 【答案】BC　【解析】资产负债表中"应付账款"项目应根据"预付账款"科目所属明细科目的贷方期末余额与"应付账款"科目所属明细科目的贷方期末余额合计数填列。

3. 【答案】ABCD　【解析】选项 A、B、C、D 都属于资产负债表中"货币资金"项目包含的内容。

4. 【答案】ABC　【解析】"长期借款"项目，需要根据"长期借款"总账科目余额扣除"长期借款"科目所属的明细科目中将在一年内到期且企业不能自主地将清偿义务展期的长期借款后的金额计算填列，属于根据总账科目和明细账科目余额分析计算填列的项目，选项 D 错误。

5. 【答案】AB　【解析】依据重要性原则和性质或功能相同或相近的"应付利息""应付股利""其他应付款"等科目的余额汇总列报"其他应付款"项目，选项 A 正确；"货币资金"项目应按照"库存现金""银行存款""其他货币资金"科目的余额汇总列报，选项 B 正确；"长期借款"项目应根据"长期借款"的总账科目与明细账科目的余额分析计算填列，选项 C 错误；"资本公积"项目应根据总账科目余额填列，选项 D 错误。

6. 【答案】BCD　【解析】选项 A，持有待售资产属于流动资产。

7. 【答案】ABD　【解析】本题考查资产负债表的编制。"其他应收款"项目应根据"应收利息""应收股利""其他应收款"科目的期末余额合计数，减去"坏账准备"科目中相关坏账准备期末余额后的金额填列。确认被投资方已宣告但尚未发放的现金股利，应记入"应收股利"科目，选项 A 正确；支付的租入包装物押金与为职工代垫的房租，应记入"其他应收款"

科目，选项 B、D 正确；为购买方代垫的商品包装费，记入"应收账款"科目，选项 C 错误。

8. 【答案】AD　【解析】本题考查利润表的编制。出售生产设备取得的收益与出售专利权取得的收益，记入"资产处置损益"科目，选项 A、D 正确；出售包装物取得的收入与出售原材料取得的收入，记入"其他业务收入"科目，选项 B、C 错误。

9. 【答案】CD　【解析】本题考查现金流量表的编制。购建固定资产支付的现金与购买债券支付的现金，属于投资活动产生现金流量，选项 A、B 错误。

10. 【答案】ABCD　【解析】本题考查所有者权益变动表。在所有者权益变动表上，企业至少应当单独列示反映下列信息的项目：（1）综合收益总额；（2）会计政策变更和差错更正的累积影响金额；（3）所有者投入资本和向所有者分配利润等；（4）提取的盈余公积；（5）实收资本、其他权益工具、资本公积、其他综合收益、专项储备、盈余公积、未分配利润的期初和期末余额及其调节情况。选项 A、B、C、D 正确。

11. 【答案】ABCD　【解析】本题考查附注。附注的主要内容：（1）企业的基本情况；（2）财务报表的编制基础；（3）遵循企业会计准则的声明；（4）重要会计政策和会计估计；（5）会计政策和会计估计变更以及差错更正的说明；（6）报表重要项目的说明；（7）或有和承诺事项、资产负债表日后非调整事项、关联方关系及其交易等需要说明的事项；（8）有助于财务报表使用者评价企业管理资本的目标、政策及程序的信息。选项 A、B、C、D 正确。

12. 【答案】AD　【解析】资产负债表中的"预付款项"项目应根据"预付账款"和"应付账款"科目所属各明细科目期末借方余额的合计数减去"坏账准备"科目中有关预付账款计提的坏账准备期末余

额后的净额填列，选项 A 正确；"短期借款""资本公积"项目应根据总账科目余额直接填列，选项 B、C 不正确；"应付账款"项目应根据"应付账款"和"预付账款"科目所属各明细科目的期末贷方余额合计数填列，选项 D 正确。

13. 【答案】CD 【解析】选项 A，长期借款要根据总账科目和明细账科目余额分析计算填列；选项 B，在建工程要根据"在建工程""工程物资"科目余额减去其备抵科目余额后的净额填列。

14. 【答案】ABD 【解析】选项 C 不正确，递延收益应在资产负债表"负债"项目中列示。

15. 【答案】BCD 【解析】选项 A，预付职工差旅费通过"其他应收款"科目核算，应在资产负债表"其他应收款"项目反映。

16. 【答案】ABCD 【解析】选项 A、B、C、D 均为资产类项目，都有备抵科目，要以净额填列。

17. 【答案】AB 【解析】利润表中营业成本 = 主营业务成本 + 其他业务成本。选项 A、B，记入"其他业务成本"科目；选项 C，记入"固定资产清理"科目；选项 D，记入"营业外支出"科目。

18. 【答案】ABD 【解析】选项 C，应记入"资产减值损失"项目。

19. 【答案】BD 【解析】原材料的盘亏损失如果属于一般经营损失的，扣除赔款和净残值后的净损失计入管理费用，如果属于非常损失的，扣除赔款和净残值后的净损失计入营业外支出；应收账款减值损失计入信用减值损失，故本题选项 B、D 正确。

20. 【答案】ABCD 【解析】已销商品成本，记入"主营业务成本"科目，影响营业利润；原材料销售收入记入"其他业务收入"科目，影响营业利润；出售固定资产净收益，记入"资产处置损益"科目，影响营业利润；转让股票所得收益，

计入"投资收益"科目，影响营业利润，故本题正确答案选 A、B、C、D。

21. 【答案】BD 【解析】选项 A，应列入利润表"研发费用"项目；选项 C，应列入利润表"销售费用"项目。

22. 【答案】ABC 【解析】题目中的业务不涉及其他收益。

23. 【答案】CD 【解析】选项 A，应计入管理费用；选项 B，转销确实无法支付的应付账款，按其账面余额转入营业外收入。

24. 【答案】ABCD 【解析】综合收益总额 = 净利润 + 其他综合收益税后净额。因此，选项 A、B、C、D 均影响综合收益总额。

25. 【答案】BD 【解析】选项 A，资产减值损失；选项 C，资产减值损失。

26. 【答案】AD 【解析】选项 A，记入"资产处置损益"科目；选项 D，记入"资产处置损益"科目；选项 B，记入"其他业务收入"科目；选项 C，记入"其他业务收入"科目。因此，选项 A、D 正确。

27. 【答案】BD 【解析】选项 A 在"投资收益"项目列示；选项 C 在"资产处置收益"项目列示。

28. 【答案】ACD 【解析】选项 A，属于"投资活动产生的现金流量"；选项 C、D，属于"筹资活动产生的现金流量"。

29. 【答案】ABCD 【解析】筹资活动产生的现金流量，是指涉及企业财务规模的更改或财务结构组成变化的活动，也就是指导致企业资本及债务规模和构成发生变动的活动产生的现金流量。如向银行借入款项收到现金、归还银行借款支付现金、吸收投资、发行股票、分配利润等，选项 A、B、C、D 正确。

30. 【答案】ABCD 【解析】本题考查资产负债表的编制。资产负债表的填列方法有五种：（1）根据总账科目余额填列；（2）根据明细账科目余额计算填列；（3）根据总账科目与明细账科目余额分析填列；（4）根据有关科目余额减去其

备抵科目余额后的净额填列；（5）综合运用上述填列方法分析填列。选项 A、B、C、D 正确。

31. 【答案】BD 【解析】本题考查资产负债表的编制。"应付账款"项目，反映资产负债表日以摊余成本计量的、企业因购买材料、商品和接受服务等经营活动应支付的款项。本项目应根据"应付账款"和"预付账款"科目所属的相关明细科目的期末贷方余额合计数填列，选项 B、D 正确。

32. 【答案】BCD 【解析】本题考查利润表的编制。权益法核算的长期股权投资中，被投资单位持有的其他债权投资发生公允价值变动，应通过"其他综合收益"科目核算，不影响利润表的"利润总额"项目，选项 A 错误；自用房产转为以公允价值计量的投资性房地产时，公允价值低于账面价值的差额，应通过"公允价值变动损益"科目核算，影响利润表的"利润总额"项目，选项 B 正确；自然灾害导致的固定资产净损失，应通过"营业外支出"科目核算，影响利润表的"利润总额"项目，选项 C 正确；应收账款发生预期信用损失，应通过"信用减值损失"科目核算，影响利润表的"利润总额"项目，选项 D 正确。

33. 【答案】ABD 【解析】购买原材料属于经营活动产生的现金流量。

34. 【答案】ABCD 【解析】在所有者权益变动表上，企业至少应当单独列示反映下列信息的项目：（1）综合收益总额；（2）会计政策变更和差错更正的累积影响金额；（3）所有者投入资本和向所有者分配利润等；（4）提取的盈余公积；（5）实收资本、其他权益工具、资本公积、其他综合收益、专项储备、盈余公积、未分配利润的期初和期末余额及其调节情况。

35. 【答案】ABCD 【解析】所有者权益变动表中"上年年末余额"项目，反映企业上年资产负债表中实收资本（或股本）、其他权益工具、资本公积、库存股、其他综合收益、盈余公积、未分配利润的年末余额。

36. 【答案】ABCD 【解析】四个选项说法都正确。

三、判断题

1. 【答案】× 【解析】财务报告根据编报期不同，分为年度财务报告和中期财务报告。

2. 【答案】× 【解析】资产负债表是反映企业某一特定日期的财务状况的报表，故本题说法错误。

3. 【答案】× 【解析】"使用权资产"项目，反映的是承租人企业持有的使用权资产的期末账面价值。

4. 【答案】× 【解析】"其他应付款"项目，应根据"应付利息""应付股利""其他应付款"科目余额计算填列。

5. 【答案】× 【解析】"固定资产清理"科目贷方余额，应在资产负债表"固定资产"项目中以负数填列，故本题说法错误。

6. 【答案】√ 【解析】货币资金项目需根据几个总账科目的期末余额计算填列，即库存现金、银行存款和其他货币资金三个总账科目的期末余额合计数。

7. 【答案】× 【解析】"其他应收款"项目应根据"应收利息""应收股利""其他应收款"期末余额合计数，减去相关"坏账准备"期末余额后的金额填列。

8. 【答案】√ 【解析】"开发支出"项目应根据"研发支出"科目所属的"资本化支出"明细科目期末余额填列。

9. 【答案】× 【解析】资产负债表中"预付款项"项目应当根据"预付账款"明细账的期末借方余额加"应付账款"明细账的期末借方余额合计数减"预付账款"对应的坏账准备后的净额填列，故本题说法错误。

10. 【答案】× 【解析】"研发费用"项目金

额＝内部研发过程中的费用化支出＋计入管理费用的内部研发无形资产的摊销额。

11.【答案】× 【解析】本题考查利润表的编制。企业根据会计准则的规定，计算确定的当期所得税和递延所得税之和，即为应从当期利润总额中扣除的所得税费用。

12.【答案】√ 【解析】本题考查现金流量表的结构原理。"支付其他与经营活动有关的现金"项目，反映企业经营租赁支付的租金、支付的差旅费、业务招待费、保险费、罚款支出等其他与经营活动有关的现金流出，金额较大的应当单独列示。

13.【答案】× 【解析】本题考查利润表的编制。其他综合收益的税后净额包括不能重分类计入损益的其他综合收益和将重分类计入损益的其他综合收益等项目。

14.【答案】√ 【解析】企业出售单独计价的包装物的收入计入其他业务收入，成本计入其他业务成本，填列在利润表中"营业成本"项目。

15.【答案】√ 【解析】根据企业利润表的填列要求，"资产处置收益""公允价值变动收益""投资收益"项目如为损失，则可以"－"号填列。

16.【答案】× 【解析】企业"其他综合收益的税后净额"项目，反映企业根据企业会计准则规定未在损益中确定的各项利得和损失扣除所得税影响后的净额。

17.【答案】√ 【解析】投资活动产生的现金流量，是指与非流动资产的取得或处置有关的活动产生的现金流量，包括企业长期资产的购建和不包括在现金等价物范围内的投资及其处置活动产生的现金流量，如购买股票或债券支付现金、销售长期投资收回现金、购建或处置固定资产、无形资产等。

18.【答案】√ 【解析】现金流量表的"期末现金及现金等价物余额"一般与资产负债表中期末"货币资金"的金额一致。

19.【答案】× 【解析】编制调整分录时，应以利润表项目为基础，从"营业收入"项目开始并结合资产负债表项目逐一分析调整。

20.【答案】√ 【解析】此为教材原文，说明了所有者权益变动表的作用。

21.【答案】√ 【解析】所有者权益变动表"本年金额"栏内各项目金额应根据资产负债表所有者权益项目金额或"实收资本（或股本）""其他权益工具""资本公积""库存股""其他综合收益""专项储备""盈余公积""利润分配""以前年度损益调整"等科目及其明细科目的发生额分析填列。

22.【答案】× 【解析】"营业收入"项目应根据"主营业务收入"和"其他业务收入"科目的发生额计算填列。

23.【答案】× 【解析】这是采用直接法编制现金流量表的优势。

24.【答案】× 【解析】企业的所有者权益变动表上应单独列示会计政策变更和差错更正的累积影响金额。

25.【答案】× 【解析】企业对报表重要项目的说明，应当按照资产负债表、利润表、现金流量表、所有者权益变动表及其项目列示的顺序，采用文字和数字描述相结合的方式进行披露，报表重要项目的明细金额合计，应当与报表项目金额相衔接。

26.【答案】× 【解析】并非所有事项均需要在附注中说明，例如不重要的会计估计就无须在附注中说明，故本题说法错误。

四、不定项选择题

1.（1）【答案】AD 【解析】营业收入＝主营业务收入300＋其他业务收入50＝350（万元）。
营业成本＝主营业务成本240＋其他业务成本30＝270（万元）。

（2）【答案】B 【解析】企业计提坏账准备：

借：信用减值损失 2

  贷：坏账准备 2

企业计提存货跌价准备：

借：资产减值损失 1

  贷：存货跌价准备 1

（3）【答案】B 【解析】财务人员工资计入管理费用，因此管理费用金额 = 9 + 1.5 = 10.5（万元）。

（4）【答案】A 【解析】利润总额 = 营业收入 350 − 营业成本 270 − 管理费用 10.5 − 销售费用 25 − 信用减值损失 2 − 资产减值损失 1 + 公允价值变动损益 12 + 营业外收入 15 = 68.5（万元）。

（5）【答案】ABC 【解析】应交所得税 = 400 × 25% = 100（万元）。

递延所得税资产增加 = 期末 15 − 期初 5 = 10（万元）。

递延所得税负债增加 = 期末 8 − 期初 3 = 5（万元）。

借：所得税费用 95

  递延所得税资产 10

  贷：应交税费——应交所得税

          100

    递延所得税负债 5

（6）【答案】AD 【解析】出售无形资产收入记入"资产处置损益"科目；出售交易性金融资产收入记入"投资收益"科目。

2.（1）【答案】C 【解析】购入材料的运费按 9% 计入增值税进项税额，增值税进项税额 = 16000 × 13% + 1000 × 9% = 2170（元）；原材料的入账价值 = 16000 + 1000 = 17000（元）。

分录为：

借：原材料 17000

  应交税费——应交增值税（进项税额） 2170

  贷：银行存款 19170

（2）【答案】CD 【解析】选项 A，委托加工的商品收回后用于连续生产应税消费品，其消费税不计入委托加工物资的成本，所以，委托加工物资成本 = 20000 + 10000 = 30000（元）；选项 B，非正常损失对应的进项税额不得抵扣；选项 D，出售固定资产的净损益 = 处置固定资产取得的价款 − 处置固定资产的账面价值 = 800000 − (1000000 − 400000) = 200000（元）。

（3）【答案】B 【解析】"固定资产"项目的金额 = 2000000（11 月初固定资产项目的金额）+ 70000 − (1000000 − 400000) − 10000 = 1460000（元）。

（4）【答案】B 【解析】本月资产负债表中存货项目的金额 = 50000（11 月初存货的金额）+ 17000［资料（1）］+ 20000［资料（2）委托加工物资金额］− 20000［资料（2）原材料金额］+ 10000［资料（2）加工费］− 24000［资料（3）领用产品］− 10000［资料（5）领用原材料］− 2000［资料（6）盘亏原材料］− 30000［资料（7）销售商品］= 11000（元）。

（5）【答案】D 【解析】甲公司 2024 年 11 月利润表中"营业利润"的金额 = 30000［资料（3）确认的主营业务收入］− 24000［资料（3）确认的主营业务成本］− 33900［资料（3）确认的销售费用］+ 40000［资料（7）确认的主营业务收入］− 30000［资料（7）确认的主营业务成本］− 4000［资料（7）确认的税金及附加］− 10000［资料（10）计提的管理用固定资产折旧］+ 200000［资料（8）处置固定资产确认的资产处置损益］= 168100（元）。

3.（1）【答案】AC 【解析】3 月 2 日：

借：应收账款 203.4

  贷：主营业务收入 180

    应交税费——应交增值税（销项税额） 23.4

借：主营业务成本　　150
　　贷：库存商品　　　　150
3 月 15 日：
借：银行存款　　　201.6
　　主营业务收入　　1.8
　　贷：应收账款　　　203.4
故本题正确答案选 A、C。

(2)【答案】ABC　【解析】11 月 15 日，出售设备的分录为：
借：固定资产清理　　60
　　累计折旧　　　　20
　　贷：固定资产　　　　80
借：银行存款　　　113
　　贷：固定资产清理　　60
　　　　应交税费——应交增值税
　　　　（销项税额）　　13
　　　　资产处置损益　　40
选项 D 错误，故本题正确答案选 A、B、C。

(3)【答案】B　【解析】营业收入 = 180 - 1.8（资料 1）- 30（资料 2）+ 15（资料 3）+ 10（资料 4）= 173.2（万元）。

(4)【答案】BC　【解析】期间费用 = 11.3（资料 4）+ 5.5（资料 6）= 16.8（万元）。
营业利润 =（180 - 150 - 1.8）（资料 1）- 30（资料 2）+（15 - 10）（资料 3）+（10 - 8 - 11.3）（资料 4）+ 40（资料 5）+（20 - 5.5）（资料 6）= 48.4（万元），故本题正确答案选 B、C。

(5)【答案】AB　【解析】利润总额 = 48.4 - 2 = 46.4（万元）；
所得税费用 = [46.4 + 2 - 20] × 25% = 7.1（万元）；
净利润 = 利润总额 - 所得税费用 =（48.4 - 2）- 7.1 = 39.3（万元）。

第九章　产品成本核算

重难点分析

本章重点应掌握成本核算对象的确定、基本生产费用的归集和分配、生产费用在完工产品和在产品之间的归集和分配等内容，特别是辅助生产费用的归集和分配核算较为复杂，需要加深理解。本章考点涉及考试题型较多，在选择题、判断题、不定项选择题中均有可能出现，考生在复习过程中应勤加练习、重视计算。2025 年本章考点无实质性变化。

基本内容框架

产品成本核算
- 成本核算的概述
  - 产品成本核算的要求
  - 产品成本核算的一般程序
  - 产品成本核算对象
  - 产品成本项目
- 产品成本的归集和分配
  - 基本生产费用的归集和分配
    - 材料、燃料、动力费用的归集和分配
    - 职工薪酬的归集和分配
    - 辅助生产费用的归集和分配
    - 制造费用的归集和分配
  - 生产费用在完工产品和在产品之间的归集和分配
    - 约当产量比例法
    - 在产品按定额成本计价法
    - 定额比例法
- 产品成本计算方法
  - 产品成本计算方法概述
  - 产品成本计算的品种法
  - 产品成本计算的分批法
  - 产品成本计算的分步法
    - 逐步结转分步法
    - 平行结转分步法

基础训练

一、单项选择题

1. 采矿企业一般按照（　　）确定成本核算对象。
   A. 采掘步骤　　　B. 采掘的产品

   C. 订单　　　　　D. 类别

2. 下列各项中，不属于制造企业产品成本项目的是（　　）。
   A. 管理费用　　　B. 直接人工
   C. 直接材料　　　D. 制造费用

3. 某企业本月投产 M 产品 1300 件，N 产品 2400 件，生产 M、N 两种产品共耗用材料 600 吨，每吨 400 元。每件产品材料消耗定额为 M 产品定额 0.2 吨/件，N 产品定额 0.1 吨/件。M 产品分配的材料费用为（　　）元。
   A. 104000　　　　B. 156000
   C. 115200　　　　D. 124800

4. 下列各项中，属于辅助生产费用分配方法的是（　　）。
   A. 约当产量法　　B. 交互分配法
   C. 定额成本法　　D. 定额比例法

5. 计划成本分配法下，企业应将辅助生产车间实际发生的费用与按计划单位成本分配转出的费用之间的差额采用简化方法全部计入（　　）。
   A. 管理费用　　　B. 财务费用
   C. 制造费用　　　D. 生产成本

6. 季节性生产企业特别适合的制造费用分配标准是（　　）。
   A. 生产产量比例分配法
   B. 生产工人工资比例分配法
   C. 机器工时比例分配法
   D. 按年度计划分配率分配法

7. 生产费用在完工产品与在产品之间分配，可以采用约当产量比例法进行。下列各项中，适用该方法的是（　　）。
   A. 加工成本的比重相差较大
   B. 各月在产品数量变动很小
   C. 各月在产品数量变动较大
   D. 各月末在产品数量较少

8. 某企业只生产和销售甲产品，2023 年 9 月初，在产品成本为 35 万元。9 月份发生如下费用：生产耗用材料 60 万元，生产工人工资 20 万元，行政管理部门人员工资 15 万元，制造费用 10 万元。月末在产品成本 30 万元，该企业 9 月份完工甲产品的生产成本为（　　）万元。
   A. 95　　　　　　B. 12.5
   C. 11　　　　　　D. 9

9. 平行结转分步法的优点是（　　）。

A. 能够提供各生产步骤的半成品资料
B. 能够为半成品的实物管理提供数据
C. 各生产步骤可以同时计算产品成本
D. 便于各生产步骤的成本管理

二、多项选择题

1. 下列各项中，属于产品成本核算要求的有（　　）。
   A. 遵守一致性原则
   B. 正确划分各种费用支出的界限
   C. 确定归集和分配生产费用的具体对象
   D. 编制产品成本报表

2. 下列各项中，关于产品成本计算品种法的表述正确的有（　　）。
   A. 以产品品种作为成本核算对象
   B. 一般定期计算产品成本
   C. 适用于多步骤、小批生产产品的企业
   D. 适用于单步骤、大量生产产品的企业

3. 下列各项中，通过成本项目核算的有（　　）。
   A. 直接材料　　　B. 直接人工
   C. 制造费用　　　D. 燃料及动力

4. 下列关于逐步结转分步法核算的特点的说法中，正确的有（　　）。
   A. 不能提供各个生产步骤的半成品成本资料
   B. 能够全面地反映各个生产步骤的生产耗费水平，更好地满足各生产步骤成本管理的要求
   C. 逐步结转分步法在各步骤完工产品和在产品之间分配生产成本
   D. 逐步结转分步法根据成本在下一步骤成本计算单中的反映方式，分为综合结转和分项结转两种方法

5. 下列关于制造费用的说法，正确的有（　　）。
   A. 制造费用项目一经确定，不应任意变更
   B. 制造费用一般应先分配辅助生产的制造费用，然后再分配基本生产的制造费用
   C. 制造费用可以采用生产工人工时比例法

等多种方法分配计入产品成本，企业可以自行确定分配方法，也可以随意变更

D. 制造费用应当按车间分别进行，不应将各车间的制造费用汇总，在企业范围内统一分配

6. 下列关于产品成本计算方法的表述中，正确的有（　　）。

A. 品种法下一般定期计算产品成本

B. 分批法下成本计算期与产品生产周期基本一致，而与核算报告期不一致

C. 逐步结转分步法下，在产品的成本在最后完成以前，不随实物转出而转出，不能为各生产步骤在产品的实物管理及资金管理提供资料

D. 平行结转分步法下，成本结转工作量较大

7. 下列关于约当产量比例法的说法中，正确的有（　　）。

A. 这种方法适用于各项消耗定额或成本定额比较准确、稳定，但各月末在产品数量变动较大的产品

B. 计算约当产量时各工序产品的完工程度可事先制定，产品工时定额不变时可长期使用

C. 如果材料是在生产开始时一次性投入的，无论在产品的完工程度如何，都应与完工产品负担同样的材料成本

D. 如果材料是随着生产过程陆续投入的，则应按照各工序投入的材料成本在全部材料成本中所占的比例计算在产品的约当产量

8. 下列各项中，属于企业生产费用在完工产品和在产品之间分配方法的有（　　）。

A. 在产品按定额成本计价法

B. 交互分配法

C. 约当产量比例法

D. 不计算在产品成本法

三、判断题

1. 设置有关成本和费用明细账不属于成本核算的一般程序。　　　　　（　　）

2. 小批单件生产产品的，一般只按照产品品种确定成本核算对象。　　（　　）

3. 按本月支付职工薪酬金额分配职工薪酬的分配处理方法，适用于月份之间职工薪酬差别较大的情况。　　　　　　（　　）

4. 计划成本分配法分配辅助生产费用的优缺点是，只需分配一次，计算简单，但是分配结果不够准确。　　　　　（　　）

5. 制造费用分配时，应将各车间的制造费用进行汇总，并在企业范围内统一分配。

　　　　　　　　　　　　　　（　　）

6. 品种法下计算产品成本一般是不定期的，既可以是月末，也可以是年末。（　　）

7. 分批法的成本计算期是固定的，与产品生产周期不一致。　　　　　（　　）

8. 平行结转分步法需要计算结转各步骤所产半成品的成本。　　　　　（　　）

基础训练参考答案及解析

一、单项选择题

1. 【答案】B　【解析】采矿企业一般按照所采掘的产品确定成本核算对象，选项 B 正确。

2. 【答案】A　【解析】企业应当根据生产经营特点和管理要求，按照成本的经济用途和生产要素内容相结合的原则或者成本性态等设置成本项目。对于制造企业而言，一般可设置"直接材料""燃料及动力""直接人工""制造费用"等项目。

3. 【答案】D　【解析】本题考查材料、燃料、动力的归集与分配。

（1）材料消耗量分配率 =（400 × 600）/（0.2 × 1300 + 0.1 × 2400）= 480；

（2）M 产品分配的材料费用 = 0.2 × 480 × 1300 = 124800（元）。

选项 D 正确。

4.【答案】B 【解析】选项 A、C、D 属于生产成本在在产品与完工产品之间分配的方法。辅助生产费用的分配应通过辅助生产费用分配表进行。辅助生产费用的分配方法很多，如直接分配法、交互分配法、计划成本分配法、顺序分配法和代数分配法等。

5.【答案】A 【解析】本题考查辅助生产费用的归集和分配——计划成本分配法。计划成本分配法下，企业应将辅助生产车间实际发生的费用与按计划单位成本分配转出的费用之间的差额采用简化方法全部计入管理费用，选项 A 正确。

6.【答案】D 【解析】选项 A 是常用的分配标准；选项 B 适用于各种产品生产机械化程度相差不多的企业；选项 C 适用于产品生产的机械化程度较高的车间；选项 D 特别适用于季节性生产企业。

7.【答案】C 【解析】约当产量比例法适用于产品数量较多，各月在产品数量变化也较大，且生产成本中直接材料成本和直接人工等加工成本的比重相差不大的产品。

8.【答案】A 【解析】行政管理部门人员的工资 15 万元应该记入"管理费用"科目，不在生产成本科目中进行归集。
该企业 9 月份完工甲产品的生产成本 = 35 + 60 + 20 + 10 − 30 = 95（万元）。

9.【答案】C 【解析】平行结转分步法的优点是：各步骤可以同时计算产品成本，平行汇总计入产成品成本，不必逐步结转半成品成本；能够直接提供按原始成本项目反映的产成品成本资料，不必进行成本还原，因而能够简化和加速成本计算工作。

二、多项选择题

1.【答案】ABD 【解析】产品成本核算的要求主要有：（1）做好各项基础工作；（2）正确划分各种费用支出的界限，选项 B 正确；（3）根据生产特点和管理要求选择适当的成本计算方法；（4）遵守一致性原则，选项 A 正确；（5）编制产品成本报表，选项 D 正确；确定归集和分配生产费用的具体对象是产品成本核算对象的内容，选项 C 错误。

2.【答案】ABD 【解析】多步骤、小批生产产品的企业适用分批法，选项 C 错误。

3.【答案】ABCD 【解析】本题考查产品成本项目。直接材料、直接人工、制造费用与燃料及动力都属于生产成本，选项 A、B、C、D 均正确。

4.【答案】BCD 【解析】逐步结转分步法能够提供各个生产步骤的半成品成本资料，故选项 A 错误。

5.【答案】ABD 【解析】制造费用可以采用生产工人工时比例法等多种方法分配计入产品成本，由企业自行确定，但方法一经确定，不得随意变更。

6.【答案】AB 【解析】本题考查成本会计的基本原理——产品成本计算方法。逐步结转分步法下需要结转半成品成本，并能够为各生产步骤的在产品实务管理及资金管理提供资料，选项 C 错误；平行结转分步法下，能够直接提供按原始成本项目反映的产成品成本资料，不必进行成本还原，因而能够简化和加速成本计算工作，选项 D 错误。

7.【答案】BCD 【解析】定额比例法适用于各项消耗定额或成本定额比较准确、稳定，但各月末在产品数量变动较大的产品。选项 A，适用定额比例法。

8.【答案】ACD 【解析】交互分配法属于辅助生产费用的分配方法，选项 B 错误。

三、判断题

1.【答案】× 【解析】成本核算的一般程序包括：（1）确定成本核算对象；（2）确定成本项目；（3）设置有关成本和费用明细账；（4）收集并审核发生的费用；（5）归集并分配全部生产费用，得出成本核算对象成本；（6）结转产品销售成本。

2.【答案】× 【解析】小批单件生产产品

的，一般按照每批或每件产品确定成本核算对象。

3. 【答案】× 【解析】职工薪酬的分配，实务中通常有两种处理方法：一是按本月应付金额分配本月职工薪酬费用，该方法适用于月份之间职工薪酬差别较大的情况；二是按本月支付职工薪酬金额分配本月职工薪酬费用，该方法适用于月份之间职工薪酬差别不大的情况。

4. 【答案】× 【解析】计划成本分配法的优缺点是便于考核和分析各受益单位的成本，有利于分清各单位的经济责任，但成本分配不够准确。题干所述内容是直接分配法的优缺点。

5. 【答案】× 【解析】制造费用应当按照生产车间分别进行，不应将各车间的制造费用汇总，在企业范围内统一分配。

6. 【答案】× 【解析】在品种法下，一般定期（通常在每月末）计算产品成本。

7. 【答案】× 【解析】分批法下，产品成本计算期是不固定的，通常与生产周期一致。

8. 【答案】× 【解析】本题考查产品成本计算方法——分批法。平行结转分步法主要用于不需分步计算半成品成本的情形，在计算各步骤成本时，不计算各步骤所产半成品的成本，也不计算各步骤所耗上一步骤的半成品成本。

提 高 演 练

一、单项选择题

1. 区别产品成本计算方法的最主要标志是（　　）。
   A. 产品成本计算对象
   B. 产品成本计算期
   C. 完工产品与在产品之间的费用分配
   D. 要素费用的归集与分配

2. 造船、重型机器制造、精密仪器制造、新产品试制适用的成本核算方法是（　　）。
   A. 品种法
   B. 分批法
   C. 逐步结转分步法
   D. 平行结转分步法

3. 企业发生的下列支出中，属于生产费用的是（　　）。
   A. 生产部门发生的招待费
   B. 市场部门发生的折旧费
   C. 财务部门发生的水电费
   D. 车间管理部门发生的差旅费

4. 下列情况中，适用分步法计算产品成本的是（　　）。
   A. 单件、小批生产
   B. 小批大量生产

C. 大量大批多步骤生产
D. 单步骤生产

5. 甲公司基本生产车间领用甲种材料2000千克，单价12元，材料成本合计24000元，生产A产品400件，B产品100件。A产品消耗定额为2千克，B产品消耗定额为4千克。采用定额比例法分配材料成本。A产品应分配的材料成本为（　　）元。
   A. 16000　　　　　B. 8000
   C. 4800　　　　　D. 9600

6. 亚美公司是一家制造业企业，生产甲、乙两种产品，甲产品的单位定额工时为50小时，乙产品的单位定额工时为80小时。2023年9月，亚美公司生产甲、乙产品共发生生产工人职工薪酬42000元。本月生产甲产品240件，乙产品200件，假定该公司按工时比例分配职工薪酬，则乙产品应分配的职工薪酬为（　　）元。
   A. 16154　　　　　B. 18000
   C. 19090　　　　　D. 24000

7. 某企业生产甲、乙两种产品，8月份共发生生产工人工资90000元，福利费20000元。上述人工费按生产工时比例在甲、乙产品间分配，其中甲产品的生产工时为

1200 小时，乙产品的生产工时为 800 小时。该企业生产甲产品应分配的人工费为（　　）元。

A. 78000　　　　B. 69000

C. 66000　　　　D. 48000

8. 甲公司有供电和供水两个辅助生产车间，2024 年 10 月供电车间供电 8000 度，费用 120000 元，供水车间供水 5000 吨，费用 36000 元，供电车间耗用水 200 吨，供水车间耗用电 600 度，甲公司采用直接分配法进行核算，2024 年 10 月供水车间分配率是（　　）。

A. 7.375　　　　B. 7.625

C. 7.2　　　　D. 7.5

9. 甲工业企业下设供水、供电两个辅助生产车间，采用交互分配法进行辅助生产费用的分配。2024 年 11 月，供电车间交互分配前实际发生的生产费用为 10 万元，应负担供水车间的水费为 2 万元；供电总量为 50 万千瓦时（其中：供水车间耗用 10 万千瓦时，基本生产车间耗用 20 万千瓦时，行政管理部门耗用 20 万千瓦时）。供电车间 2024 年 11 月对辅助生产车间以外的受益单位分配的电费为（　　）万元。

A. 12　　　　B. 2

C. 10　　　　D. 62

10. 交互分配法下，辅助生产费用交互分配后的实际费用，需要再按提供的劳务量或产品量在（　　）之间分配。

A. 辅助生产车间以外的受益单位

B. 各受益单位

C. 各辅助生产车间

D. 各受益的基本车间

11. 某制造业企业采用机器工时比例法分配制造费用。11 月基本生产车间生产甲、乙两种产品，共发生制造费用 2000 万元，甲产品机器工时为 1000 小时，乙产品机器工时为 1500 小时。不考虑其他因素，乙产品应分配的制造费用金额为（　　）万元。

A. 1500　　　　B. 1200

C. 1000　　　　D. 800

12. 某企业只生产一种产品，采用约当产量比例法将生产费用在完工产品和在产品之间进行分配，材料在产品投产时一次投入。月初在产品直接材料成本为 10 万元，当月耗用材料成本为 50 万元，当月完工产品 30 件，月末在产品 30 件，完工程度 60%，本月完工产品成本中直接材料成本为（　　）万元。

A. 30　　　　B. 22.5

C. 25　　　　D. 37.5

13. 某企业 A 产品经过两道工序加工完成，生产成本采用约当产量比例法在完工产成品和在产品之间分配。2024 年 2 月与 A 产品有关的资料如下：A 产品第一道工序定额 60 小时，第二道工序定额 140 小时，各工序内在产品完工程度平均为 60%。A 产品本月完工产成品 800 件。月末在产品数量为：第一道工序 120 件，第二道工序 160 件。2024 年 2 月 A 产品在产品约当产量为（　　）件。

A. 136.8　　　　B. 105

C. 96.8　　　　D. 187.2

14. 下列各项中，关于逐步结转分步法特点的表述不正确的是（　　）。

A. 适用于大量大批连续式复杂性生产的企业

B. 成本计算期与产品的生产周期一致

C. 月末生产费用要在各步骤完工产品和在产品之间进行分配

D. 成本核算对象是各种产品的生产步骤

二、多项选择题

1. 关于成本核算对象的内容，下列表述正确的有（　　）。

A. 成本核算对象是生产费用承担的客体

B. 具体的成本核算对象应根据企业生产经营特点和管理要求加以确定

C. 大量大批单步骤生产的企业，以每批或每件产品为成本核算对象

D. 成本核算对象的确定是正确计算产品

成本的前提

2. 下列各项中，关于产品成本计算方法表述正确的有（　　）。

A. 平行结转分步法不计算各步骤所产半成品的成本

B. 逐步结转分步法需要计算各步骤完工产品成本和在产品成本

C. 品种法下，月末存在在产品的，应将生产成本在完工产品和在产品之间进行分配

D. 分批法下，产品成本计算期与财务报告期一致

3. 下列各项中，关于产品成本计算品种法特点的表述正确的有（　　）。

A. 不定期计算产品成本

B. 适用于单步骤、大量生产的企业

C. 期末在产品数量较多时，完工产品与在产品之间需分配生产费用

D. 以产品品种作为成本核算的对象

4. 采用定额比例法分配完工产品和月末在产品费用，应具备的条件有（　　）。

A. 各月末在产品数量变化较大

B. 各月末在产品数量变化不大

C. 消耗定额或成本定额比较稳定

D. 消耗定额或成本定额波动较大

5. 下列各项中，关于品种法的表述正确的有（　　）。

A. 广泛适用于单步骤、大量大批生产的企业

B. 广泛适用于单件小批生产的企业

C. 定期计算产品成本

D. 成本核算对象是产品品种

6. 下列各项费用中，不应计入产品生产成本的有（　　）。

A. 销售费用　　　B. 管理费用

C. 财务费用　　　D. 制造费用

7. 下列各项中，关于分批法的表述正确的有（　　）。

A. 成本计算期与产品生产周期基本一致

B. 一般不需要在完工产品和在产品之间分配成本

C. 以产品的批别作为成本核算对象

D. 需要计算和结转各步骤产品的生产成本

8. 下列关于计划成本分配法的表述中，正确的有（　　）。

A. 直接将辅助生产车间发生的费用分配给辅助生产车间以外的各个受益单位或产品

B. 辅助生产车间为各受益单位提供的劳务或产品，都按劳务或产品的计划单位成本进行分配

C. 成本分配不够准确，适用于辅助生产劳务或产品计划单位成本比较准确的企业

D. 辅助生产车间实际发生的费用与按计划单位成本分配转出的费用之间的差额采用简化计算方法全部计入管理费用

9. A企业有供水和供电两个辅助生产车间。供电车间待分配费用12000元，供水车间待分配费用2000元。供电车间提供电资源60000度，其中供水车间耗用10000度。供水车间提供水资源8000吨，其中供电车间耗用4000吨。基本生产车间和管理部门耗电分别为38000度和12000度；基本生产车间和管理部门耗水分别为3000吨和1000吨。A企业采用交互分配法分配辅助生产费用。则供水车间对外费用分配率和供电车间对外费用分配率分别为（　　）。

A. 0.2　　　　　B. 0.22

C. 0.25　　　　　D. 0.75

10. 某产品由三道工序加工而成，原材料在每道工序之初投入，各工序的材料消耗定额分别为20千克、30千克和50千克。用约当产量法分配原材料费用时，下列关于各工序在产品的完工程度计算，正确的有（　　）。

A. 第一道工序的完工程度为20%

B. 第二道工序的完工程度为50%

C. 第三道工序的完工程度为100%

D. 第二道工序的完工程度为35%

11. 下列各项中，属于将工业企业生产费用在完工产品与在产品之间进行分配的方法有（　　）。

A. 按年度计划分配率分配法

B. 约当产量比例法

C. 在产品按定额成本计价法

D. 在产品按固定成本计价法

三、判断题

1. 根据企业生产经营特点和管理要求，单步骤、大量生产的产品一般采用品种法计算产品成本。　　　　　　　　　（　　）

2. 分步法可用于一般企业中的新产品试制或试验的生产、在建工程以及设备修理作业等。　　　　　　　　　　　（　　）

3. 分批法的成本计算期是固定的，与产品生产周期不一致。　　　　　　　（　　）

4. 在辅助生产费用分配方法中，直接分配法的计算结果比交互分配法更准确。（　　）

5. 交互分配法的特点是辅助生产费用通过一次分配即可完成，减轻了分配工作量。
　　　　　　　　　　　　　　　（　　）

6. 采用计划成本分配法分配辅助生产费用时，辅助生产车间实际发生的费用与按计划单位成本转出的费用之间的差额，为简化计算，计入制造费用。　　（　　）

7. 企业归集制造费用，经分配后，"制造费用"科目及其所属明细账都没有月末余额。　　　　　　　　　　　　　（　　）

8. 车间管理人员的工资和福利费不属于直接工资，因而不能计入产品成本，应计入管理费用。　　　　　　　　　（　　）

9. 定额比例法适用于各项消耗定额或成本定额比较准确、稳定，而且各月末在产品数量变化不是很大的产品。　　（　　）

10. 计划成本分配法适用于生产成本在完工产品和在产品之间分配。　　　（　　）

11. 逐步结转分步法的缺点是不能提供各个生产步骤的半成品成本资料。（　　）

四、不定项选择题

某企业生产 M、N 两种产品，采用品种法计算产品成本。M、N 两种产品月初、月末均无在产品，制造费用和职工薪酬均按生产工时比例在 M、N 产品之间进行分配。2024 年 12 月该企业有关成本费用资料如下：

（1）生产 M、N 产品领用材料 2400 千克、车间管理部门领用材料 25 千克。发出材料单位成本每千克 40 元。本月投产 M 产品 300 件、N 产品 200 件；M 产品材料消耗定额为 5 千克、N 产品材料消耗定额为 2.5 千克；材料费用在 M、N 产品之间按照定额消耗量比例分配。

（2）"职工薪酬分配表"列示：车间生产工人薪酬为 500000 元，车间管理人员薪酬为 60000 元，企业行政管理人员薪酬为 80000 元。本月 M 产品生产工时 3000 小时，N 产品生产工时 2000 小时。

（3）计提生产车间设备折旧费 45000 元、企业行政管理部门设备折旧费 15000 元。本月 M、N 产品全部完工。

要求：根据上述资料，不考虑其他因素，分析回答下列问题。

（1）根据资料（1），下列各项中，该企业 12 月领用材料的相关会计处理表述正确的是（　　）。

A. 借记"制造费用"科目 1000 元

B. 借记"生产成本——M 产品"科目 54000 元

C. 借记"生产成本——N 产品"科目 24000 元

D. 借记"管理费用"科目 1000 元

（2）根据期初资料和资料（2），下列各项中，该企业 12 月 M、N 产品分配生产工人职工薪酬的会计处理结果表述正确的是（　　）。

A. M 产品分配的职工薪酬为 300000 元

B. N 产品分配的职工薪酬为 200000 元

C. N 产品分配的职工薪酬为 120000 元

D. M 产品分配的职工薪酬为 180000 元

（3）根据资料（3），下列各项中，该企业 12 月计提折旧费的会计处理正确的是（　　）。

A. 借：管理费用　　　　60000

贷：累计折旧　60000

B. 借：生产成本　45000
　　　管理费用　15000
　　　　贷：累计折旧　60000

C. 借：制造费用　45000
　　　管理费用　15000
　　　　贷：累计折旧　60000

D. 借：制造费用　60000
　　　　贷：累计折旧　60000

（4）根据期初资料、资料（1）～（3），该企业 12 月归集的"制造费用"是

（　　）元。

A. 45000　　　　B. 105000

C. 106000　　　D. 46000

（5）根据期初资料、资料（1）～（3），下列各项中，该企业 12 月 M、N 产品完工产品总成本计算正确的是（　　）。

A. M 产品完工产品总成本为 435600 元

B. M 产品完工产品总成本为 297000 元

C. N 产品完工产品总成本为 260400 元

D. N 产品完工产品总成本为 266400 元

提高演练参考答案及解析

一、单项选择题

1.【答案】A　【解析】成本计算对象的确定，是正确计算产品成本的前提，也是区别各种成本计算方法的主要标志。

2.【答案】B　【解析】造船、重型机器制造、精密仪器制造、新产品试制一般是单件小批生产，因此适用分批法。

3.【答案】D　【解析】本题考查会计要素——费用。生产部门发生的招待费与财务部门发生的水电费，应记入"管理费用"科目，属于期间费用，选项 A、C 错误；市场部门发生的折旧费，应记入"销售费用"科目，属于期间费用，选项 B 错误。

4.【答案】C　【解析】分步法适用于大量大批的多步骤生产，如冶金、纺织、机器制造等。

5.【答案】A　【解析】材料消耗量分配率 = 材料实际总消耗量÷各种产品材料定额消耗量之和 = 24000÷（2×400 + 4×100）= 20（元/千克）；
A 产品应分配的材料成本 = 400×2×20 = 16000（元）。

6.【答案】D　【解析】生产职工薪酬费用分配率 = 各种产品生产职工薪酬总额÷各种产品生产工时之和 = 42000÷（240×50 + 200×80）= 1.5；

甲产品应分配的生产职工薪酬 = 甲产品生产工时×生产职工薪酬费用分配率 = 240×50×1.5 = 18000（元）；
乙产品应分配的生产职工薪酬 = 乙产品生产工时×生产职工薪酬费用分配率 = 200×80×1.5 = 24000（元），选项 D 正确。

7.【答案】C　【解析】甲产品应负担的人工费 =（90000 + 20000）÷（1200 + 800）×1200 = 66000（元）。

8.【答案】D　【解析】供水车间的分配率 = 36000÷（5000 – 200）= 7.5。

9.【答案】C　【解析】交互分配前供电车间发生的费用为 10 万元；应负担供水车间的水费为 2 万元；供水车间耗电 10 万千瓦时，应负担的费用 = 10÷50×10 = 2（万元），所以，供电车间 2024 年 11 月对辅助生产车间以外的受益单位分配电费的总成本 = 10 + 2 – 2 = 10（万元）。

10.【答案】A　【解析】对各辅助生产车间交互分配后的实际费用，再按提供的劳务量或产品量在辅助生产车间以外的各受益单位之间进行分配。

11.【答案】B　【解析】制造费用分配率 = 2000÷（1000 + 1500）= 0.8；甲产品当月应分配的制造费用 = 1000×0.8 = 800（万元）；乙产品当月应分配的制造费用 = 1500×0.8 = 1200（万元），选项 B

正确。

12.【答案】A 【解析】材料在产品投产时一次投入，在产品约当产量同在产品的数量。材料分配率＝（10＋50）÷（30＋30）＝1（万元/件），本月完工产品成本中直接材料成本＝完工产品数量×分配率＝30×1＝30（万元）。

13.【答案】A 【解析】A产品在产品约当产量＝（60×60%÷200）×120＋［（60＋140×60%）÷200］×160＝21.6＋115.2＝136.8（件）。

14.【答案】B 【解析】逐步结转分步法的成本计算期是固定的，与产品的生产周期不一致，选项B不正确。

二、多项选择题

1.【答案】ABD 【解析】产品成本核算对象是指确定归集和分配生产费用的具体对象，也即生产费用承担的客体，选项A正确；成本核算对象的确定，是设立成本明细分类账户、归集和分配生产费用以及正确计算产品成本的前提，选项D正确；企业应当根据生产经营特点和管理要求来确定成本核算对象，选项B正确；大量大批单步骤生产的企业，以产品品种为成本核算对象，选项C错误。

2.【答案】ABC 【解析】分批法下，产品成本的计算是与生产任务通知单的签发和结束紧密配合的，因此，产品成本计算是不定期的。成本计算期与产品生产周期基本一致，但与财务报告期不一致。

3.【答案】BCD 【解析】品种法一般定期计算产品成本，选项A错误。

4.【答案】AC 【解析】定额比例法适用于各项消耗定额或成本定额比较准确、稳定，但各月在产品数量变动较大的产品。

5.【答案】ACD 【解析】品种法适用于单步骤、大量生产的企业，如发电、供水、采掘等企业，选项A正确、选项B错误；品种法的主要特点：一是成本核算的对象

是品种，选项D正确；二是品种法下一般定期（每月月末）计算产品成本，选项C正确；三是月末一般不存在在产品，如果有在产品，数量也很少。

6.【答案】ABC 【解析】企业成本项目一般包括直接材料、燃料及动力，直接人工，制造费用等，企业的销售费用、管理费用和财务费用属于企业的期间费用，不计入产品的成本。

7.【答案】ABC 【解析】分批法计算产品成本时，其特点为：以产品的批别作为成本核算对象；成本计算期与产品生产周期基本一致；一般不需要在完工产品和在产品之间分配成本。需要计算和结转各步骤产品的生产成本，是分步法核算产品成本的特点。

8.【答案】BCD 【解析】计划成本分配法的特点是辅助生产为各受益单位提供的劳务或产品，都按劳务或产品的计划单位成本进行分配，辅助生产车间实际发生的费用与按计划单位成本分配转出的费用之间的差额采用简化计算方法全部计入管理费用。这种方法便于考核和分析各受益单位的成本，有利于分清各单位的经济责任，但成本分配不够准确。该分配方法适用于辅助生产劳务或产品计划单位成本比较准确的企业，选项B、C、D正确；直接将辅助生产车间发生的费用分配给辅助生产车间以外的各个受益单位或产品，是直接分配法的核算特点，选项A错误。

9.【答案】BD 【解析】
（1）交互分配。
供电车间交互分配率＝供电车间待分配费用÷供电车间提供的劳务总量＝12000÷60000＝0.2。
供水车间交互分配率＝供水车间待分配费用÷供水车间提供的劳务总量＝2000÷8000＝0.25。
供电车间应承担的交互费用＝供电车间耗用供水车间的劳务量×供水车间交互分配率＝4000×0.25＝1000（元）。

供水车间应承担的交互费用 = 供水车间耗用供电车间的劳务量 × 供电车间交互分配率 = 10000 × 0.2 = 2000（元）。

供电车间交互分配后的实际辅助生产费用 = 供电车间待分配费用 + 供电车间交互转入费用 - 供电车间交互转出费用 = 12000 + 1000 - 2000 = 11000（元）。

供水车间交互分配后的实际辅助生产费用 = 供水车间待分配费用 + 供水车间交互转入费用 - 供水车间交互转出费用 = 2000 + 2000 - 1000 = 3000（元）。

（2）对外分配。

供电车间对外费用分配率 = 供电车间交互分配后的实际辅助生产费用 ÷ 供电车间对外提供的劳务总量 = 11000 ÷ 50000 = 0.22。

供水车间对外费用分配率 = 供水车间交互分配后的实际辅助生产费用 ÷ 供水车间对外提供的劳务总量 = 3000 ÷ 4000 = 0.75。

10.【答案】ABC　【解析】原材料在每一道工序开始时一次投入，从总体上看属于分次投入，投入的次数等于工序的数量。用约当产量法分配原材料费用时，各工序在产品的完工程度 = 本工序投入的原材料累计消耗定额 ÷ 原材料的消耗定额合计。

第一道工序完工程度 = 20 ÷（20 + 30 + 50）= 20%；

第二道工序完工程度 =（20 + 30）÷（20 + 30 + 50）= 50%；

第三道工序完工程度 =（20 + 30 + 50）÷（20 + 30 + 50）= 100%。

11.【答案】BCD　【解析】将生产成本在完工产品和在产品之间进行分配，常用的分配方法有：不计算在产品成本法、在产品按固定成本计价法、在产品按所耗直接材料成本计价法、约当产量比例法、在产品按定额成本计价法、在产品按完工产品成本计价法、定额比例法等，选项 B、C、D 正确；按年度计划分配率分配法属于辅助生产费用分配方法，选项 A 错误。

三、判断题

1.【答案】√　【解析】单步骤大量生产的产品一般采用品种法计算产品成本。

2.【答案】×　【解析】分批法主要适用于单件、小批生产的企业，如造船、重型机器制造、精密仪器制造等，也可用于一般企业中的新产品试制或试验的生产、在建工程以及设备修理作业等。

3.【答案】×　【解析】分批法下，产品成本计算是不定期的，与产品的生产周期基本一致。

4.【答案】×　【解析】本题考查辅助生产费用的归集与分配。直接分配法下，各辅助生产费用只进行对外分配，分配一次，计算简单，但分配结果不够准确；交互分配法的优点是提高了分配的正确性，但同时加大了分配的工作量。因此，交互分配法的计算结果比直接分配法更准确。

5.【答案】×　【解析】交互分配法，是对各辅助生产车间的成本费用通过两次分配完成。

6.【答案】×　【解析】计划成本分配法的特点是辅助生产为各受益单位提供的劳务或产品，都按劳务或产品的计划单位成本进行分配，辅助生产车间实际发生的费用与按计划单位成本分配转出的费用之间的差额采用简化计算方法全部计入管理费用。

7.【答案】×　【解析】制造费用的归集和分配，除了采用年度计划分配率分配法的企业外，"制造费用"科目及其所属明细账都没有余额。

8.【答案】×　【解析】车间管理人员的工资和福利费应计入制造费用，然后转入生产成本，最终分配计入相关产品的成本中。

9.【答案】×　【解析】定额成本法适用于各项消耗定额或成本定额比较准确、稳定，而且各月末在产品数量变化不是很大的产品。

10.【答案】×　【解析】生产成本在完工产品和在产品之间进行分配常用的分配方

法有：不计算在产品成本法、在产品按固定成本计价法、在产品按所耗直接材料成本计价法、约当产量比例法、在产品按定额成本计价法、在产品按完工产品成本计价法、定额比例法等。计划成本分配法属于辅助生产费用的分配方法。

11.【答案】× 【解析】逐步结转分步法的优点是：（1）能提供各个生产步骤的半成品成本资料；（2）为各生产步骤的在产品实物管理及资金管理提供资料；（3）能够全面地反映各生产步骤的生产耗费水平，更好地满足各生产步骤成本管理的要求。主要缺点是成本结转工作量大，各生产步骤的半成品成本如果采用逐步综合结转方法，还要进行成本还原，增加了核算的工作量。

四、不定项选择题

（1）【答案】AC 【解析】M产品的材料定额消耗量 = 5 × 300 = 1500（千克）；N产品的材料定额消耗量 = 2.5 × 200 = 500（千克）；材料消耗量分配率 = 2400 ÷（1500 + 500）= 1.2；M产品分配负担的材料费用 = 1500 × 1.2 × 40 = 72000（元）；N产品分配负担的材料费用 = 500 × 1.2 × 40 = 24000（元）；车间管理部门领用的材料成本计入制造费用的金额 = 25 × 40 = 1000（元）。

资料（1）会计分录如下：
借：生产成本——M产品
　　　　　　　　72000
　　　　　　——N产品
　　　　　　　　24000
　　制造费用　　　1000
　贷：原材料 [（2400 + 25）× 40]
　　　　　　　　97000

（2）【答案】AB 【解析】生产工人职工薪酬分配率 = 500000 ÷（3000 + 2000）= 100；

M产品应分配的职工薪酬 = 100 × 3000 = 300000（元）；

N产品应分配的职工薪酬 = 100 × 2000 = 200000（元）。

资料（2）会计分录如下：
借：生产成本——M产品
　　　　　　　　300000
　　　　　　——N产品
　　　　　　　　200000
　　制造费用　　　60000
　　管理费用　　　80000
　贷：应付职工薪酬　640000
车间生产工人薪酬计入生产成本；车间管理人员薪酬计入制造费用；企业行政管理人员薪酬计入管理费用。

（3）【答案】C 【解析】资料（3）会计分录如下：
借：制造费用　　　45000
　　管理费用　　　15000
　贷：累计折旧　　　60000

（4）【答案】C 【解析】制造费用 = 25 × 40 [资料（1）] + 60000 [资料（2）] + 45000 [资料（3）] = 106000（元）；制造费用分配率 = 106000 ÷（3000 + 2000）= 21.2；M产品分配的制造费用 = 3000 × 21.2 = 63600（元）；N产品分配的制造费用 = 2000 × 21.2 = 42400（元）。

（5）【答案】AD 【解析】M产品完工产品总成本 = 72000 + 300000 + 63600 = 435600（元）；

N产品完工产品总成本 = 24000 + 200000 + 42400 = 266400（元）。

第十章　政府会计基础

重难点分析

本章重点应掌握政府单位会计核算内容，要关注财务会计与预算会计的"平行记账"账务处理，重点掌握国库集中支付（直接支付和授权支付），预算结转结余及分配以及固定资产的账务处理。本章考点涉及考试题型主要为单项选择题、多项选择题、判断题。

2025 年教材本章内容变化不大，具体内容变化如下：（1）第二节"非财政拨款结余的核算"中增加了"专用结余的核算""经营结余的核算""其他结余的核算""非财政拨款结余分配的核算"的内容。（2）第二节"资产业务"中新增了"同类或类似资产的市场价格"和"固定资产"的定义。

基本内容框架

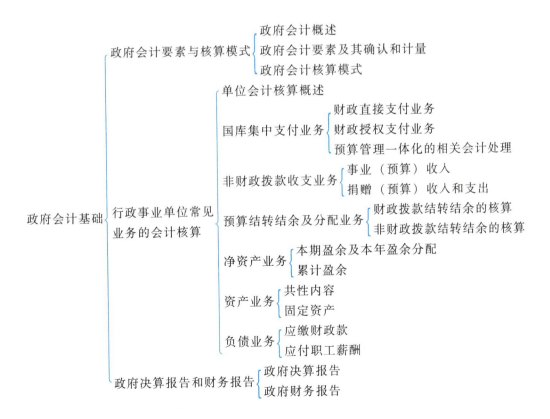

基 础 训 练

一、单项选择题

1. 下列各项中，属于政府财务会计要素的是（　　）。
   - A. 预算收入
   - B. 预算支出
   - C. 预算结余
   - D. 费用

2. 在财政授权支付方式下，单位收到代理银行盖章的"财政授权支付到账通知书"时，根据到账通知书所列数额，财务会计应编制的会计分录为（　　）。
   - A. 借：业务活动费用
       贷：零余额账户用款额度
   - B. 借：零余额账户用款额度
       贷：财政拨款收入
   - C. 借：资金结存——零余额账户用款额度
       贷：财政拨款预算收入
   - D. 借：零余额账户用款额度
       贷：财政拨款预算收入

3. 年末，完成非财政拨款专项资金结转后，留归本单位使用的非财政拨款结转计入（　　）。
   - A. 本期盈余
   - B. 银行存款
   - C. 专用基金
   - D. 非财政拨款结余——结转转入

4. 单位的下列业务中，需要进行预算会计核算的是（　　）。
   - A. 受托代理的现金收支业务
   - B. 应上缴财政的现金收支业务
   - C. 购买固定资产
   - D. 计提固定资产折旧

5. 单位对外捐赠现金资产的，按照实际捐赠的金额，在预算会计中借记的科目是（　　）。
   - A. 资金结存
   - B. 其他费用
   - C. 待处理财产损溢
   - D. 其他支出

6. 单位应当按规定报经批准后对资产进行处置。对于资产盘盈、盘亏、报废或毁损的，应当在报经批转前将相关资产账面价值转入（　　）科目，待报经批准后再进行资产处置。
   - A. 固定资产清理
   - B. 资产处置费用
   - C. 待处理财产损溢
   - D. 以前年度盈余调整

7. 下列行政事业单位的固定资产中，应当计提折旧的是（　　）。
   - A. 房屋和构筑物
   - B. 图书和档案
   - C. 文物和陈列品
   - D. 以名义金额计量的固定资产

二、多项选择题

1. 下列各项中，属于政府负债的有（　　）。
   - A. 发行的地方政府债券
   - B. 政府举借的外国政府贷款
   - C. 发行的国债
   - D. 政府举借的国际组织贷款

2. 下列行政事业单位的资产中，其初始成本不能采用名义金额计量的有（　　）。
   - A. 公共基础设施
   - B. 保障性住房
   - C. 政府储备物资
   - D. 无形资产

3. 年末，转入"财政拨款结转"科目的有（　　）。
   - A. 事业收入
   - B. 财政拨款支出
   - C. 事业支出
   - D. 财政拨款收入

4. 实行预算管理一体化的单位，收到的国库集中支付凭证及相关原始凭证，应按照凭证上的国库集中支付入账金额，进行会计处理。预算会计处理为，借记"行政支出""事业支出"等科目，可以贷记的科目有（　　）。
   - A. 财政拨款收入
   - B. 财政应返还额度

C. 财政拨款预算收入

D. 资金结存——财政应返还额度

5. 下列各项中，对于事业单位核算开展专业业务活动及其辅助活动实现的收入，不应使用的科目有（　　）。

A. 财政拨款（预算）收入

B. 事业（预算）收入

C. 非同级财政拨款（预算）收入

D. 投资收益

6. 下列各项中，关于政府综合财务报告的表述正确的有（　　）。

A. 年度预算收支执行情况是其反映的对象

B. 数据来源于预算会计核算结果

C. 编制基础为权责发生制

D. 编制主体是各级政府财政部门、各部门、各单位

三、判断题

1. 反映行政事业单位财务会计财务状况的等式为"资产 – 负债 = 所有者权益"，反映运行情况的等式为"收入 – 费用 = 本期盈余"。　　　　　　　　　（　　）

2. 预算支出是指报告期内导致政府会计主体净资产减少的、含有服务潜力或经济利益的经济资源的流出。　　　　　（　　）

3. "双基础"指的是政府会计应当实现预算会计和财务会计的双重功能。（　　）

4. 事业收入是指事业单位开展专业业务活动及其辅助活动实现的收入，以及从同级政府财政部门取得的各类财政拨款。（　　）

5. 捐赠预算收入是指单位接受其他单位或者个人捐赠取得的收入，包括现金捐赠收入和非现金捐赠收入。　　　（　　）

6. 应缴财政款是指单位取得或应收的按照规定应当上缴财政的款项，包括应缴国库的款项和应缴财政专户的款项，在取得应缴财政款时，需要进行财务会计处理，同时进行预算会计处理。　　　（　　）

7. 事业单位占有使用的、单位价值虽未达到规定标准，但使用年限超过 1 年（不含 1 年）的大批同类办公桌椅，应当作为固定资产进行核算。　　　　　（　　）

8. 政府财务报告是综合反映政府会计主体年度预算收支执行结果的文件。　（　　）

基础训练参考答案及解析

一、单项选择题

1. 【答案】D　【解析】政府财务会计要素包括资产、负债、净资产、收入和费用。选项 A、B、C 属于预算会计要素。

2. 【答案】B　【解析】在财政授权支付方式下，单位收到代理银行盖章的"授权支付到账通知书"时，根据通知书所列数额，在预算会计中借记"资金结存——零余额账户用款额度"科目，贷记"财政拨款预算收入"科目；同时在财务会计中借记"零余额账户用款额度"科目，贷记"财政拨款收入"科目，选项 B 正确。

3. 【答案】D　【解析】年末，完成非财政拨款专项资金结转后，留归本单位使用的非财政拨款结转记入"非财政拨款结余——

结转转入"科目，选项 D 正确。

4. 【答案】C　【解析】对于单位受托代理的现金以及应上缴财政的现金所涉及的收支业务，仅需要进行财务会计处理，不需要进行预算会计处理。计提固定资产折旧不涉及现金收支，无须进行预算会计核算。

5. 【答案】D　【解析】单位对外捐赠现金资产的，按照实际捐赠的金额，在财务会计中借记"其他费用"科目，贷记"银行存款""库存现金"等科目；同时在预算会计中借记"其他支出"科目，贷记"资金结存——货币资金"科目。

6. 【答案】C　【解析】对于资产盘盈、盘亏、报废或毁损的，应当在报经批准前将相关资产账面价值转入"待处理财产损溢"科目，待报经批准后再进行资产处

置，选项 C 正确。

7.【答案】A 【解析】单位应当按月对固定资产计提折旧，下列固定资产除外：（1）文物和陈列品；（2）特种动植物；（3）图书和档案；（4）单独计价入账的土地；（5）以名义金额计量的固定资产。

二、多项选择题

1.【答案】ABCD 【解析】政府负债包括代表政府发行的国债、地方政府债券，举借的国际金融组织和外国政府贷款、其他政府债务以及或有债务等。选项 A、B、C、D 均正确。

2.【答案】ABC 【解析】对于投资和公共基础设施、政府储备物资、保障性住房、文物文化资产等经管资产而言，其初始成本只能按照前三个层次进行计量，不能采用名义金额计量。

3.【答案】BD 【解析】年末，将财政拨款收入和对应的财政拨款支出结转入"财政拨款结转"科目，选项 B、D 正确。

4.【答案】CD 【解析】单位应当根据收到的国库集中支付凭证及相关原始凭证，按照凭证上的国库集中支付入账金额，同时进行财务会计和预算会计处理。在预算会计下借记"行政支出""事业支出"等科目，贷记"财政拨款预算收入"科目（使用本年度预算指标）或"资金结存——财政应返还额度"科目（使用以前年度预算指标）。

5.【答案】ACD 【解析】财政拨款（预算）收入是指事业单位从同级政府财政部门取得的各类财政拨款，选项 A 符合题意；非同级财政拨款（预算）收入是指事业单位从非同级政府部门取得经费拨款，选项 C 符合题意；投资收益核算事业单位股权投资和债券投资所实现的收益或发生的损失，选项 D 符合题意。

6.【答案】CD 【解析】选项 A、B 属于政府决算报告的内容；选项 C 属于政府综合

财务报告的编制基础；选项 D，既属于政府决算报告的编制主体，也属于政府综合财务报告的编制主体。

三、判断题

1.【答案】× 【解析】反映政府单位财务状况的等式为"资产－负债＝净资产"，反映运行情况的等式为"收入－费用＝本期盈余"。

2.【答案】× 【解析】费用是指报告期内导致政府会计主体净资产减少的、含有服务潜力或者经济利益的经济资源的流出。

3.【答案】× 【解析】政府会计应当实现预算会计和财务会计的双重功能是指"双功能"；预算会计实行收付实现制，国务院另有规定的，从其规定；财务会计实行权责发生制是指"双基础"。

4.【答案】× 【解析】事业收入是指事业单位开展专业业务活动及其辅助活动实现的收入，不包括从同级政府财政部门取得的各类财政拨款。

5.【答案】× 【解析】捐赠收入指单位接受其他单位或者个人捐赠取得的收入，包括现金捐赠收入和非现金捐赠收入。捐赠预算收入指单位接受捐赠的现金资产。

6.【答案】× 【解析】对于单位受托代理的现金、不属于本年度部门预算的现金，以及应上缴财政的、应转拨的、应退回的现金所涉及的收支业务，仅需要进行财务会计处理，不需要进行预算会计处理。

7.【答案】√ 【解析】固定资产一般分为六类：房屋和构筑物；设备；文物和陈列品；图书和档案；家具和用具；特种动植物。单位价值虽未达到规定标准，但使用年限超过 1 年（不含 1 年）的大批同类物资，如图书、家具、用具、装具等，应当确认为固定资产。

8.【答案】× 【解析】政府决算报告是综合反映政府会计主体年度预算收支执行结果的文件。

提 高 演 练

一、单项选择题

1. 某事业单位为开展专业业务活动，通过财政授权支付方式购买不需要安装的固定资产，按照实际支付的金额，借记"固定资产"科目，贷记"零余额账户用款额度"科目，同时，借记（　　）科目，贷记"资金结存——零余额账户用款额度"科目。

A. 事业支出　　　　B. 经营支出

C. 行政支出　　　　D. 其他支出

2. 下列各项中，关于财政拨款结转核算应在年末转入"财政拨款结转——累计结转"科目的是（　　）。

A. 财政拨款结转——本年收支结转

B. 财政补助结转——年初余额调整

C. 财政拨款结余——归集调入

D. 财政补助结余——归集调出

3. 下列关于政府单位财政拨款结转结余的核算，表述不正确的是（　　）。

A. 年末财政拨款结余的明细科目，除累计结余外，均无余额

B. 从其他单位调入的财政拨款结转资金，在财务会计中应贷记"累计盈余"科目

C. 年末应将财政拨款结转的余额全部转入财政拨款结余

D. 因以前年度会计差错调整财政拨款结转资金的，在财务会计中应借记或贷记"以前年度盈余调整"科目

4. 下列关于单位会计核算的说法中，正确的是（　　）。

A. 对于纳入部门预算管理的现金收支业务，只需进行财务会计核算

B. 对于纳入部门预算管理的现金收支业务，只需进行预算会计核算

C. 对于纳入部门预算管理的现金收支业务，既需要进行财务会计核算，又需要进行预算会计核算

D. 所有的现金收支业务，都需要进行财务会计核算的同时进行预算会计核算

5. 2024 年末，某事业单位完成财政拨款收支结转后，对财政拨款结转各明细项目进行综合分析，根据有关规定将一项目结余资金 800000 元转入财政拨款结余。不考虑其他因素，该事业单位应编制的会计分录是（　　）。

A. 借：财政拨款结余　　　800000
　　　贷：财政拨款结转　　　800000

B. 借：财政拨款结余　　　800000
　　　贷：事业基金　　　　800000

C. 借：财政拨款结转　　　800000
　　　贷：财政拨款结余　　　800000

D. 借：事业基金　　　　　800000
　　　贷：财政拨款结余　　　800000

6. 某事业单位为增值税一般纳税人，2024 年 9 月该单位对外提供技术服务，开出的增值税专用发票上注明技术服务收入为 100000 元，增值税税额为 6000 元，全部款项已存入银行，符合收入确认条件。下列各项中，该事业单位收到技术服务收入时，预算会计处理正确的是（　　）。

A. 借：银行存款　　　　　106000
　　　贷：事业收入　　　　106000

B. 借：资金结存——货币资金
　　　　　　　　　　　　106000
　　　贷：事业预算收入　　106000

C. 借：资金结存——货币资金
　　　　　　　　　　　　100000
　　　贷：事业预算收入　　100000

D. 借：银行存款　　　　　100000
　　　贷：事业收入　　　　100000

7. 单位对外捐赠固定资产等非现金资产的，在财务会计中应当将资产的账面价值转入（　　）科目。

A. 资产处置费用

B. 待处理财产损溢

C. 固定资产清理

D. 营业外支出

8. 下列各项中，属于事业单位净资产的是（ ）。

A. 财政拨款结余

B. 累计盈余

C. 非财政拨款结余

D. 专用结余

二、多项选择题

1. 下列关于政府会计的相关描述，正确的有（ ）。

A. 政府会计实行"双基础"

B. 政府会计应当实现预算会计和财务会计双重功能

C. 政府会计主体应当编制决算报告和财务报告

D. 政府会计主体只需要编制决算报告

2. 下列各项中，符合政府会计核算体系"双基础"要求的有（ ）。

A. 政府会计由预算会计和财务会计构成

B. 政府预算会计实行收付实现制

C. 政府财务会计实行权责发生制

D. 政府会计主体应当编制决算报告和财务报告

3. 下列各项中，属于政府非流动资产的有（ ）。

A. 公共基础设施

B. 文物文化资产

C. 库存物品

D. 保障性住房

4. 下列各项中，属于政府会计负债计量属性的有（ ）。

A. 现值　　　　B. 公允价值

C. 名义金额　　D. 历史成本

5. 下列各项中，属于事业单位净资产的有（ ）

A. 专用基金　　B. 专用结余

C. 经营结余　　D. 无偿调拨净资产

6. 下列各项中，事业单位应通过"应缴财政款"科目核算的有（ ）。

A. 应缴国库的款项

B. 应交的所得税

C. 应交的增值税

D. 应缴财政专户的款项

7. 下列各项中，事业单位采用财政直接支付方式上缴代扣的个人所得税时，财务会计核算涉及的会计科目有（ ）。

A. 零余额账户用款额度

B. 其他应交税费——应交个人所得税

C. 财政拨款收入

D. 财政应返还额度

8. 下列各项中，关于政府决算报告的表述错误的有（ ）。

A. 以权责发生制为编制基础

B. 以财务会计核算生成的数据为准

C. 反映政府年度预算收支执行情况

D. 反映政府某一特定日期的财务状况

9. 下列各项中，关于事业单位固定资产折旧原则的说法正确的有（ ）。

A. 当月增加的固定资产，当月开始计提折旧

B. 当月增加的固定资产，下月开始计提折旧

C. 当月减少的固定资产，当月需要计提折旧

D. 当月减少的固定资产，当月不再计提折旧

三、判断题

1. 政府会计主体对负债进行计量，一般应当采用重置成本。（ ）

2. 应付职工薪酬属于非流动负债。（ ）

3. 政府会计主体的负债包括偿还时间与金额基本确定的负债和由或有事项形成的预计负债。（ ）

4. 财政拨款结转结余不参与事业单位的结余分配。（ ）

5. 事业单位因开展科研及辅助活动从非同级政府部门取得的经费拨款，应当通过"非同级财政拨款收入"科目核算。（ ）

6. 事业收入是指事业单位开展专业业务活动及其辅助活动实现的收入，包括从同级政府财政部门取得的各类财政拨款。（ ）

7. 按照规定上缴、缴回、单位间调剂结转结

余资金产生的净资产变动额，通过"累计盈余"科目核算。　　　　（　　）

8. 接受捐赠的非现金资产通常以名义金额入账。　　　　　　　　（　　）

9. 固定资产提足折旧后，如果继续使用，可以继续计提折旧。　　　　（　　）

10. 应缴财政款是指单位取得或应收的按照规定应当上缴财政的款项，包括应缴国库的款项和应缴财政专户的款项，需要进行预算会计处理。　　　　　（　　）

提高演练参考答案及解析

一、单项选择题

1. 【答案】A 【解析】在财政授权支付方式下，按规定支用零余额账户额度时，借记"业务活动费用""单位管理费用""库存物品""固定资产"等科目，贷记"零余额账户用款额度"科目，同时在预算会计中借记"行政支出""事业支出"等科目，贷记"资金结存"科目。

2. 【答案】A 【解析】年末，单位冲销有关明细科目余额，将"财政拨款结转——本年收支结转、年初余额调整、归集调入、归集调出、归集上缴、单位内部调剂"科目余额转入"财政拨款结转——累计结转"科目。

3. 【答案】C 【解析】年末，单位对财政拨款结转各明细项目执行情况进行分析后，按照有关规定将符合财政拨款结余性质的项目余额转入财政拨款结余，借记"财政拨款结转——累计结转"科目，贷记"财政拨款结余——结转转入"科目，而不是全部转入财政拨款结余。

4. 【答案】C 【解析】单位对于纳入部门预算管理的现金收支业务，在采用财务会计核算的同时应当进行预算会计核算；对于其他业务，仅需进行财务会计核算。

5. 【答案】C 【解析】年末，按照有关规定将符合财政拨款结余性质的项目余额转入财政拨款结余：
借：财政拨款结转——累计结转　　　　800000
　　贷：财政拨款结余——结转转入　　　　800000

6. 【答案】B 【解析】编制预算会计分录：
借：资金结存——货币资金　　　　106000
　　贷：事业预算收入　　106000

7. 【答案】A 【解析】单位对外捐赠库存物品、固定资产等非现金资产的，在财务会计中应当将资产的账面价值转入"资产处置费用"科目，如未支付相关费用，预算会计则不作账务处理。

8. 【答案】B 【解析】单位财务会计中净资产的来源主要包括累计实现的盈余和无偿调拨的净资产。在日常核算中，单位应当在财务会计中设置"累计盈余""专用基金""无偿调拨净资产""权益法调整""本期盈余""本年盈余分配""以前年度盈余调整"等科目。选项A、C、D，属于事业单位预算结余。

二、多项选择题

1. 【答案】ABC 【解析】政府会计主体应当编制决算报告和财务报告，选项D错误。

2. 【答案】BC 【解析】政府会计体系的"双基础"是指：预算会计实行收付实现制，国务院另有规定的，从其规定；财务会计实行权责发生制。这是兼顾了当前实际情况和长远改革方向的制度安排，使得政府会计核算既能反映预算收支等流量信息，又能反映资产、负债等存量信息。

3. 【答案】ABD 【解析】政府非流动资产包括固定资产、在建工程、无形资产、长期投资、自然资源资产、政府储备资产、保障性住房、公共基础设施、文物文化资产等。选项C，属于流动资产。

4.【答案】ABD 【解析】政府负债的计量属性主要包括历史成本、现值和公允价值。选项C，属于政府会计资产的计量属性。

5.【答案】AD 【解析】事业单位的净资产包括本期盈余、本年盈余分配、专用基金、无偿调拨净资产、权益法调整、以前年度盈余调整、累计盈余等。故选项A、D正确。

6.【答案】AD 【解析】应缴财政款是指单位取得或应收的按照规定应当上缴财政的款项，包括应缴国库的款项（选项A）和应缴财政专户的款项（选项D）。

7.【答案】BC 【解析】会计分录：
借：应付职工薪酬
　　贷：其他应交税费——应交个人所得税
借：其他应交税费——应交个人所得税
　　贷：财政拨款收入

8.【答案】ABC 【解析】选项A、B、C，属于政府财务报告的内容。

9.【答案】AD 【解析】当月增加的固定资产，当月开始计提折旧；当月减少的固定资产，当月不再计提折旧，选项A、D正确。

三、判断题

1.【答案】× 【解析】政府会计主体对负债进行计量，一般应当采用历史成本。采用现值、公允价值计量的，应当保证所确定的负债金额能够持续、可靠计量。

2.【答案】× 【解析】流动负债是指预计在1年内（含1年）偿还的负债，包括短期借款、应付及预收款项、应付职工薪酬、应缴款项等。非流动负债是指流动负债以外的负债，包括长期借款、长期应付款、应付政府债券和政府依法担保形成的债务等。

3.【答案】√ 【解析】政府会计主体的负债分为偿还时间与金额基本确定的负债和由或有事项形成的预计负债。

4.【答案】√ 【解析】单位应当严格区分财政拨款结转结余和非财政拨款结转结余。财政拨款结转结余不参与事业单位的结余分配，单独设置"财政拨款结转"和"财政拨款结余"科目核算。

5.【答案】× 【解析】事业单位因开展科研及辅助活动从非同级政府部门取得的经费拨款，应当通过"事业（预算）收入——非同级财政拨款"科目核算，不通过"非同级财政拨款收入"核算。

6.【答案】× 【解析】事业收入是指事业单位开展专业业务活动及其辅助活动实现的收入，不包括从同级政府财政部门取得的各类财政拨款。

7.【答案】√ 【解析】按照规定上缴、缴回、单位间调剂结转结余资金产生的净资产变动额，以及对以前年度盈余的调整金额，也通过"累计盈余"科目核算。

8.【答案】× 【解析】接受捐赠的非现金资产，对于存货、固定资产、无形资产而言，其成本按照有关凭据注明的金额加上相关税费等确定；没有相关凭据可供取得，但按规定经过资产评估的，其成本按照评估价值加上相关税费等确定；没有相关凭据可供取得，也未经资产评估的，其成本比照同类或类似资产的市场价格加上相关税费等确定；没有相关凭据且未经资产评估、同类或类似资产的市场价格也无法可靠取得的，按照名义金额（人民币1元）入账。对于投资和公共基础设施、政府储备物资、保障性住房、文物文化资产等经管资产而言，其初始成本只能按照前三个层次进行计量，不能采用名义金额计量。

9.【答案】× 【解析】固定资产提足折旧后，无论能否继续使用，均不再计提折旧；提前报废的固定资产，也不再补提折旧。已提足折旧的固定资产，可以继续使用的，应当继续使用，规范实物管理。

10.【答案】× 【解析】应缴财政款是指单位取得或应收的按照规定应当上缴财政的款项，包括应缴国库的款项和应缴财政专户的款项。由于应缴财政的款项不属于纳入部门预算管理的现金收支，因此不进行预算会计处理。